高等院校财经专业精品教材

STATISTICS

统计学

（第三版）

冯力 主编

东北财经大学出版社
Dongbei University of Finance & Economics Press
大连

图书在版编目（CIP）数据

统计学 / 冯力主编. —3版. —大连：东北财经大学出版社，2018.7
（高等院校财经专业精品教材）
ISBN 978-7-5654-3172-2

Ⅰ. 统… Ⅱ. 冯… Ⅲ. 统计学-高等学校-教材 Ⅳ. C8

中国版本图书馆CIP数据核字（2018）第112872号

东北财经大学出版社出版
（大连市黑石礁尖山街217号 邮政编码 116025）
网 址：http://www.dufep.cn
读者信箱：dufep@dufe.edu.cn
大连永盛印业有限公司印刷 东北财经大学出版社发行

幅面尺寸：170mm×240mm 字数：412千字 印张：20
2018年7月第3版 2018年7月第8次印刷

责任编辑：时 博 责任校对：文 贺
封面设计：潘 凯 版式设计：钟福建

定价：42.00元

教学支持 售后服务 联系电话：（0411）84710309

如有印装质量问题，请联系营销部：（0411）84710711

第三版前言

统计学是以现象数量方面为研究对象的一门方法科学。它应人类社会的需求而产生，也应人类社会的进步而发展。作为一门方法科学，统计学在人类社会生活几乎所有领域都有着广泛的应用。统计学自其产生到现在的300多年时间里，特别是在近几十年以来，已经逐步成为一门被普遍接受的学科。各行各业的实践活动也都越来越重视和强调统计方法的运用。国内外各类高等院校特别是财经类院校一般都设有统计学课程。

本教材是在认真总结长期教学实践和教材编写经验的基础上，结合财经类院校的培养方向，参考和借鉴国内外各类高质量统计学教材的有益经验，历时多年编写完成的统计学基础性教材。主要面向具有一定概率论与数理统计基础的非数学专业的在校本科生以及实际从事数据分析活动的工作人员。

为了教学活动的便利，我们将整个统计方法体系的构成内容分为基础统计与高级统计两部分。针对单变量或双变量截面数据的描述与推断方法属于基础统计。本教材集中讲解基础统计的方法原理。考虑到统计指数和时间序列分析在国民经济活动中的特殊重要性，又在教材中专门设置了指数和时间序列两个章节。时间序列主要介绍数据分析人员在长期实践中总结出来的通俗而行之有效的常规分析方法。

全书共11章：第1章、第4章、第7章、第8章、第9章、第10章、第11章由冯力教授编写；第2章由刘沈忠副教授编写；第3章由冯叔民副教授编写；第5章由孙玉环副教授编写；第6章由马晓君讲师编写。全书由徐建邦教授主审，冯力教授主编并对全书进行了总纂、定稿。

大数据时代，离开统计软件统计几乎没有用武之地，将统计方法原理讲解与统计软件实际操作结合起来展开统计教学，一直是高等院校统计教学改革的重要目标。为此，本教材专门引入SPSS的相关操作方法作为完整教学内容的有机组成部分，旨在避免以往原理教学与软件教学相互脱节的不利状况，有效培养学生的理论水平和实际动手操作能力。此外，本教材中还设置了实验教学的内容，以体现理论教学与实践教学相结合的宗旨。

本教材中各章教学内容的编排遵循这样一条循序渐进的线索:名人言论→引例→方法原理→软件操作→问题思考→判断对错→机上作业→实验课题→名人简介。其中，特别强调方法原理的准确理解与数据处理的熟练操作。

由于时间和水平有限，错误与疏漏在所难免，敬请读者提出宝贵意见，以利于统计教材和统计教学的不断改进。

编者

2018年5月

目　录

第1章　总论

我进行的这项工作所使用的方法，……即用数字、重量和尺度的词汇来表达我自己想说明的问题。

——威廉·配第

引例 1

一家灯泡生产企业采用新技术生产一批具备节能、亮度大、外形美观等诸多优点的新型灯泡。为了顺利打开销售市场，除上述优势之外，管理者觉得还有必要就这种新型灯泡的使用寿命，向消费者做出明确承诺。但灯泡使用寿命的测试是具有破坏性的，显然无法针对每一只灯泡直接给出测试结果。这正是统计方法的用武之地。

统计人员从全部灯泡产品中随机抽取了100只，经过测试获得如下数据（见表1–1）：

表1–1　　100只灯泡使用寿命测试结果（小时）

693	717	665	719	685	709	691	688	705	718
706	715	712	722	691	708	690	692	707	701
664	708	729	694	668	674	692	710	696	702
681	681	661	695	710	658	691	722	651	741
721	685	735	691	693	695	747	694	673	698
720	716	728	713	697	666	699	690	749	713
677	706	733	699	726	684	700	736	708	676
679	718	712	725	704	696	682	689	727	702
695	707	683	696	729	698	698	683	688	701
697	683	692	717	703	706	700	685	689	671

为便于整体观察，这些数据又被整理成表1–2和图1–1的形式。

表1–2　　100只灯泡使用寿命频数分布表

使用寿命（小时）	频数（只）
650~661	2
661~672	6
672~683	8
683~694	22
694~705	23
705~716	17
716~727	12
727~738	7
738~749	2
749~751	1
合计	100

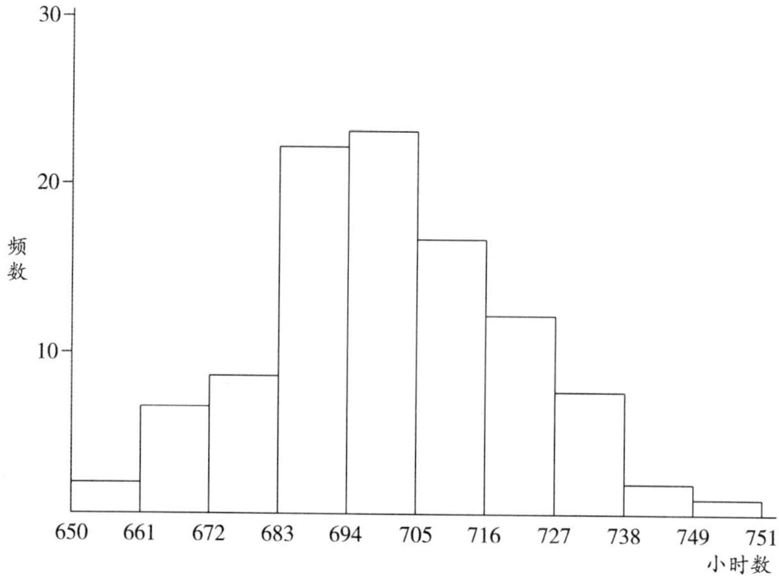

图 1-1　100 只灯泡使用寿命频数分布图

从表 1-2、图 1-1 中可以看出，100 只灯泡的使用寿命最低不低于 650 小时；最高不高于 751 小时；大多数灯泡的使用寿命在 683 小时~727 小时经过计算得知，100 只灯泡的平均使用寿命为 699.85 小时。

统计人员依据统计学的方法原理进一步做出估计：全部灯泡产品的平均使用寿命应该在 695.95 小时~703.75 小时并且承诺，做出这种估计的把握程度为 95%。

如您所见，统计人员在此过程中并没能给出全部灯泡产品中，每一只灯泡使用寿命的确切数值，这或许是一种遗憾，但他们在有一定把握的情况下，给出了全部灯泡产品使用寿命的一般水平及其存在区间，从而为企业产品销售策略的制定提供了比较可靠的数字依据。

除此之外，您还能想出更好的方法来了解和确认这批灯泡产品的使用寿命吗？在没有找到更好的方法之前，不妨先来学习统计方法。

1.1　统计中的常用术语

统计是专门研究如何搜集数据、整理数据、分析数据，以获取研究对象总体有用信息的一门方法科学。为便于今后有关统计方法、原理的系统讲解，有必要先来熟悉一下统计中的几个常用术语。

1.1.1　总体

统计方法的有效运用建立在研究对象的大量性的基础之上。假如我们的研究对象仅仅是一两只灯泡，那就没有必要采用统计方法来确定其使用寿命。统计中习惯将研究对象中所包含的大量个体的全体称为总体，将总体中所包含的个体的数量称为总体容量。

根据我们感兴趣的对象不同，总体可以是刚刚生产出来的一批灯泡，也可以是一群人，还可以是众多的企业等。总体容量可以是有限的，也可以是无限的。

一个总体的确定依赖于我们最初的研究目的，研究目的一经确定，相应的总体也就唯一地确定了。我们的研究目的是要确认全部灯泡产品的使用寿命，那么这批灯泡就构成了一个总体。研究目的变了，是要了解全体在校学生的身体健康情况，那么这一群在校学生就构成了另一个总体。

通常情况下，我们所面对的多为有限总体。但在统计学家那里，他们更喜欢无限总体，因为，对于无限总体，现成的数学方法可以直接加以引用，而不必为分析结果只是一种近似而心有不安。但如果某个有限总体所包含的个体数目足够大，此时将它看作无限总体用数学方法加以处理也应该算做是一种有效的"近似"，结果仍然是可取的。

同一个总体概念，在数学家看来情形又有所不同，在数学家眼里没有所谓个体，他们把某一变量的所有可能取值看作是一个总体，这与我们给出的总体概念是不矛盾的。

1.1.2 总体参数

统计研究的直接目的就是要确认总体在某一个方面的数量特征，譬如全部灯泡产品的平均使用寿命、合格率、使用寿命长短的差异程度等；再譬如全体在校学生的平均身高、平均体重、身高或体重的差异程度等。总体的这些需要我们加以确认的某个方面的数量特征在统计中称作总体参数。

统计过程的最终成果就是获取了总体参数的具体取值。由于总体是唯一确定下来的，所以总体参数的具体取值也将是唯一确定的，从道理上讲，它可以通过总体数据来计算得出，但总体数据往往是无法掌握的，也正是由于这个原因，才需要我们运用统计方法来寻求总体参数的这个未知但却是唯一确定的数字。

1.1.3 样本

统计方法的运用带有迂回性的特点，既然总体数据无法或不便于直接获取，那么就可以先从总体中抽取一部分个体，就这些个体来搜集有关数据，进而间接地估计出总体参数的具体取值。统计中将为了达到对总体参数认识的目的，而从总体中抽取出来的部分个体称作样本，将样本中所包含的个体的数量称作样本容量。总体容量可以是有限的，也可以是无限的，但样本容量却总是有限的，而且通常是远远小于总体容量的。

为了保证对总体参数的推断结果符合给定的把握程度和准确程度，样本的抽取一般要遵循随机原则，即样本中的每一个体都是随机地获得的。与总体的唯一性和确定性形成鲜明对照，样本却是带有随机性的，我们最终获取的样本只是在随机原则背景下存在着的众多或无数个可能样本中的一个。

1.1.4 样本统计量

简言之，由样本数据加工计算出来的用以推断总体参数的数，称作统计量。样本及样本数据的获取是带有随机性的，因此，由样本数据计算出来的统计量的值同样也带有随机性，或者说，样本统计量是随机变量。所谓统计推断，实际上就是用带有随机性的样本统计量的值来推断未知的、然而却是唯一确定的总体参数的值。

1.1.5 变量及其观测尺度

与最初的研究目的相关联，我们总是对总体及其所包含的个体身上的某一个或某几个方面的属性感兴趣，这些属性在统计中又被称作变量。总体中每一个个体的属性是可以无限列举的，构成统计中变量的只是那些我们感兴趣的属性。譬如灯泡的“使用寿命”“质量等级”；在校学生的“性别”“身高”“体重”等，都可以成为统计研究中的变量。

变量可以根据获取该变量观测值时所采用的尺度不同来进行类型划分。变量的观测尺度可以区分为四种类型，即定类尺度、定序尺度、定距尺度和定比尺度，而且仅仅是这四种尺度，没有第五种尺度。

1）定类尺度

总体或样本中每一个个体身上与某一变量相对应的那种属性的具体特征，有时可以直接用数字来刻画和衡量，有时则无法直接用数字来刻画和衡量。定类尺度正适用于这种其属性特征无法用数字直接刻画和衡量情况下的观测值的测量。这是一种最为粗糙的测量尺度，只能对总体或样本中所包含的个体进行平行分类，而且各类别之间不存在顺序上的差异。

譬如，性别这个变量，其观测值就只能采用定类尺度来测量，其具体的观测值为“男”或“女”。此外，像“民族”“行政区划”“职业”等，也都是适合采用定类尺度来获取观测值的变量。

由定类尺度所获得的数据，只能进行是非判断的运算，而不能直接进行大小比较、加减、乘除的运算。

2）定序尺度

与定类尺度相比较，定序尺度的测量结果就要来得较为精确一些，其观测值不仅可以反映个体之间类别上的不同，同时也能够反映不同类别之间顺序上的差异。

譬如，“产品等级”这个变量，采用定序尺度所获取的观测值为“一等品”“二等品”“三等品”，不同等级的产品分属不同的类别，同时各类别之间又存在着顺序上的差异，从“一等品”到“二等品”再到“三等品”，产品质量越来越低。再譬如，“学习成绩”这个变量，其观测值从“优”到“良”再到“及格”最后到“不及格”，不仅反映学生们的学习成绩不尽相同，同时也反映成绩越来越差。

由定序尺度所获得的数据，不仅可以进行是非判断的运算，而且也可以进行大小比较的运算，但不能进行加减、乘除运算。

3）定距尺度

与定序尺度相比较，定距尺度观测结果的精确程度又进了一步，其观测值可以直接表现为数字。这种表现为数字的观测值不仅可以反映个体之间类别的不同、顺序的差异，而且还可以反映差异的多少。

“时间”和“温度”是两个典型的适合采用定距尺度获取观测值的变量。由定距尺度所获得的数据，不仅可以进行是非判断、大小比较的运算，而且还可以进行加减运算，但不能进行乘除运算。从"8点钟"到"16点钟"，两个不同的时间相差8小时，但如果说"16点钟"是"8点钟"的2倍，就没有意义了。

4）定比尺度

与前3种观测尺度相比较，定比尺度是最为精确的观测尺度，其观测值也直接表现为数字。实践中我们所遇到的绝大多数变量都属于适合采用这类尺度获取观测值的变量，譬如，"灯泡使用寿命""年龄""身高""体重"等。由定比尺度所获取的数据不仅适合是非判断、大小比较和加减运算，还可以进行乘除运算。

依据观测尺度不同，可以将变量划分为定类变量、定序变量、定距变量和定比变量四种类型。实践中有时也将定类变量与定序变量合为一类称作品质型变量；将定距变量与定比变量合为一类称作数值型变量。一般的统计软件中则是将变量区分为定类变量、定序变量和数值型变量3种类型。表1-3概括了变量类型划分的具体情况。

表1-3　　　　**变量类型的划分**

变量 / 尺度	品质型变量		数值型变量	
	定类变量	定序变量	定距变量	定比变量
定类（=、≠）	√	√	√	√
定序（<、>）		√	√	√
定距（+、-）			√	√
定比（×、÷）				√

1.2　统计活动的基本程序

尽管在实际的统计活动中，由于研究对象不同，具体的统计内容会有千差万别，但作为从数量方面认识事物的一种专门方法，其整个操作过程还是有着相对固定的步骤和程序的。统计活动的基本程序可用图1-2来概括。

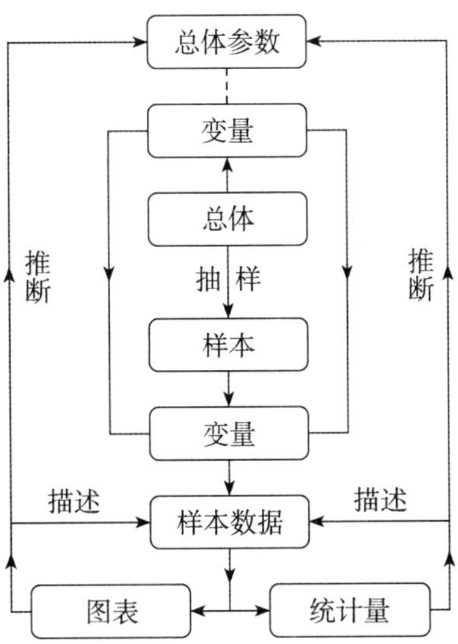

图1-2　统计活动的基本程序

统计活动的全部过程是围绕着总体逐步展开的，总体参数是统计认识的最终目标，但实际的操作过程却是绕了一个圈子，走的是一条迂回路线。由总体按照特定方法抽取样本，就变量针对样本中的每一个个体进行观察和测量得到样本数据，由样本数据计算出统计量的值，再由统计量的值来估计总体参数，从而完成了一个完整的统计推断过程。

原始的样本数据通常是大量、零散、杂乱无章、令人眼花缭乱的，根本无法直接对其做出整体性观察，需要采用专门的方法，以表或图的形式进行整理和加工，将其内在的条理化结构直观地显示出来，以便于阅读和观察。对原始样本数据的这种整理和加工过程，在统计中被称作样本数据的描述。

此外，计算统计量的最终目的是要用于推断总体参数，但统计量的具体取值是根据样本中的全体数据计算得出的，这一计算过程本身又是对样本数据的一种概括和归纳，从这种意义上说，统计量的计算过程也可被看作是对样本数据的一种描述过程。

1.3 统计方法的基本构成

统计是一门方法科学，方法体系庞大而严谨，图1-2告诉我们，其全部方法可以明确地分解为三个构成部分，即抽样方法、描述方法和推断方法。

1.3.1 抽样方法

从总体中抽取样本，这是统计研究的起点。抽样方法多种多样，其主要构成内容如图1-3所示。

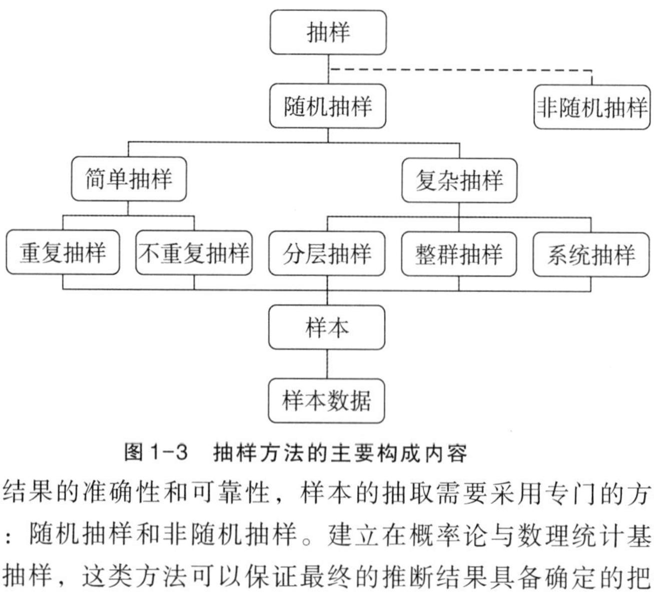

图1-3 抽样方法的主要构成内容

为保证推断结果的准确性和可靠性，样本的抽取需要采用专门的方法。抽样方法大体分为两类：随机抽样和非随机抽样。建立在概率论与数理统计基础上的抽样方法应当是随机抽样，这类方法可以保证最终的推断结果具备确定的把握程度和准确程度。非随机抽样也不失为一类可行的抽样方法，操作简便，易于掌握，但其推断结果不具备确定的把握程度和准确程度。

1）简单随机抽样

针对个体构成比较单纯划一的总体，进行小规模的抽样，可采用简单随机抽样。这是实践中应用最为广泛的一种抽样方法。简单随机抽样具体又分为重复抽样与不重复抽样两种方式。

从总体中随机抽取一个个体获取观测值之后，就把这个个体放回总体中，再从总体中随机抽取第二个个体，依此类推，直至抽取了n个个体，从而形成一个容量为n的样本为止。在此过程中，总体中的每一个个体都有被抽中的可能，而且有可能被重复抽中，所以把这种抽样方法称作重复抽样。

不重复抽样是指从总体中随机抽取一个个体获取观测值之后，不再放回总体中，再从总体中随机抽取第二个个体，直至抽取了n个个体，从而形成一个容量为n的样本为止。在此过程中，总体中的每一个个体都有被抽中的可能，但不会有被重复抽中的情况，所以把这种抽样方法称作不重复抽样。

自有限总体的重复抽样和自无限总体的不重复抽样是最为典型的简单随机抽样，它们有一个共同的特点，即样本是在总体成分始终保持不变的过程中形成的。譬如，自容量为N的总体中抽取容量为n的样本，采取重复抽样时，总体容量始终为N，成分是不变的。再譬如，自无限总体中抽取容量为n的样本，采取不重复抽样时，总体容量始终为无限大，成分也是不变的。自有限总体的重复抽样和自无限总体的不重复抽样在统计中又被称作纯随机抽样。纯随机抽样方法原理是形成其余较为复杂一些抽样方法的基础。本教材中有关统计推断方法原理的讲解，主要是建立在纯随机抽样的基础上的。

实践中，特别是在社会经济统计活动中，我们经常遇到的总体多为有限总体。需要注意的是，有限总体的不重复抽样与纯随机抽样是不同的，它是在总体成分不断改变的情况下形成样本的，其样本结构以及此后的估计和运算都与纯随机抽样有所区别。但由于其抽样操作过程比重复抽样要简便，所以在实践活动中比较常用。通常情况下为计算上的简便，只要总体容量充分大，也可以将这种抽样视同纯随机抽样，把握的标准一般为$n/N<0.05$。

2）分层抽样

对于那些规模比较大、个体构成比较复杂的总体，实施简单随机抽样往往会大量增加调查成本，而且效果也不一定理想。这时，可根据统计研究的目的以及相关的限制条件，在不破坏随机原则的前提下，选用分层抽样、整群抽样或系统抽样等较为复杂一些的抽样方法。

如果总体中所包含的大量个体，分别归于性质上具有明显差异的不同类别，出于调查成本或保持样本具有充分代表性上的考虑，可将这些不同的类别看作是总体中的子总体，先从各个子总体中按照简单随机抽样的方法抽取一定数量的个体，再将这些被抽中的个体合并起来形成最终的样本，这种抽样方法称作分层抽样，又称分类抽样。

分层抽样做得好，不仅可以节省调查成本，而且会大大提高样本对总体的代表性，还可以用来对不同子总体进行独立分析。

3）整群抽样

如果总体容量过大，出于大幅度降低调查成本的考虑，可先将总体中的全部个体区分为容量及结构相似的不同的子总体，以子总体为单位按照简单随机抽样的方法抽取一定数量的子总体，再将这些被抽中的子总体中所包含的个体合并起来形成最终的样本，这种抽样方法称作整群抽样。

整群抽样最明显的优点就是实施便利、成本低。但以群来划分子总体时，要注意保证群内个体之间的差异性以及每一个群对总体的代表性，理想的情况是每一个群都是总体的一个缩影，否则容易造成较大误差。

4）系统抽样

如果所需的样本容量很大，样本中每一个个体的抽取过程就会变得非常烦琐，为便利起见，可对总体中的每一个个体进行编号，并顺序地排成一列，再随机地确定一个号码为抽样起点，然后，每隔一定的距离抽取一个个体，直至抽取了一个容量为n的样本为止，这种抽样方法称作系统抽样，又称等距抽样。

在系统抽样中，抽样起点一经确定，其余的入样个体也就随之确定，实施起来非常便利，实践中常用来替代简单随机抽样。而且，在总体中的个体之间存在较大差异的情况下，系统抽样所获取的样本往往比简单随机抽样更具有代表性。

1.3.2 描述方法

样本生成于总体，采取任何一种抽样方法所获取的样本数据，其中都包含着有关总体的重要信息。认识和了解总体要从认识和了解样本数据开始。

然而，原始的样本数据往往是大量而零散的，根本就无法直接对其进行整体性观察，其内在的结构条理必须借助某种专门的方法加以整理和概括，才能够直观而准确地被描述出来。对样本数据的描述方法可分为两大类：图表描述与统计量描述，具体内容如图1-4所示。

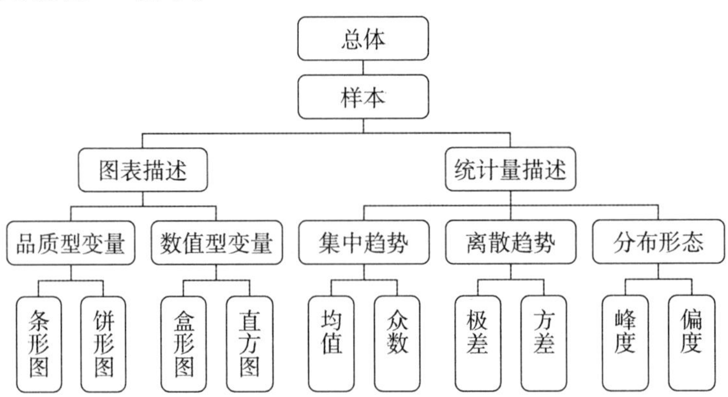

图1-4 描述方法的基本构成内容

统计描述的核心目的是要显示出样本中所包含的众多个体，在给定变量的各个不同取值上的分布状况。可通过频数分布表来描述这种分布状况，而更为生动直观的描述方法则是在频数分布表的基础上绘制频数分布图。

适用于品质型变量数据的频数分布图主要有条形图和饼形图；适用于数值型变量数据的频数分布图主要有直方图和盒形图；此外，还有茎叶图、点线图等。

实践中我们所遇到的变量多为数值型变量，对于数值型变量来说，其频数分布图所显示出来的频数分布特征通常有3种类型：即钟形分布、U形分布和J形分布。各种类型，特别是钟形分布下的频数分布的具体特征，可进一步通过统计量的计算给出数值上的刻画。用于数据频数分布特征刻画的描述性统计量主要有3种类型：

描述集中趋势的统计量：具体包括均值、众数、中位数等统计量；

描述离散趋势的统计量：具体包括极差、方差、标准差等统计量；

描述分布形态的统计量：具体包括峰度、偏度等统计量。

此外，分位数，特别是上下四分位数，也常被用于描述数据分布的集中趋势和离散趋势。有关统计描述方法的具体内容，将在第2章和第3章中详细介绍。

1.3.3　推断方法

在一定的准确程度和把握程度下，用样本统计量的值来推断对应的总体参数，这是统计研究的最终目的，推断方法也是统计学方法体系中的主体。

在实际问题的研究中，有时候我们仅对与总体相联系的某一个变量感兴趣，有时候却是对两个变量及两个变量之间的关系感兴趣，还有的时候是对3个或3个以上的变量之间的关系感兴趣，推断过程中所涉及的变量个数越多，方法也会变得越繁杂。

经历了一个长期的由简入繁的历史发展过程，迄今为止，统计方法已经形成了一个非常庞大的体系，完整掌握这个方法体系中的内容，需要一个循序渐进的过程。可以将这个方法体系中的全部内容，区分为基础统计方法与高级统计方法两个组成部分，我们应当先从基础统计方法开始学习。

针对单个变量或两个变量之间的关系，由样本到总体的推断方法，可归于基础统计方法，其主要构成内容可用图1-5来概括。

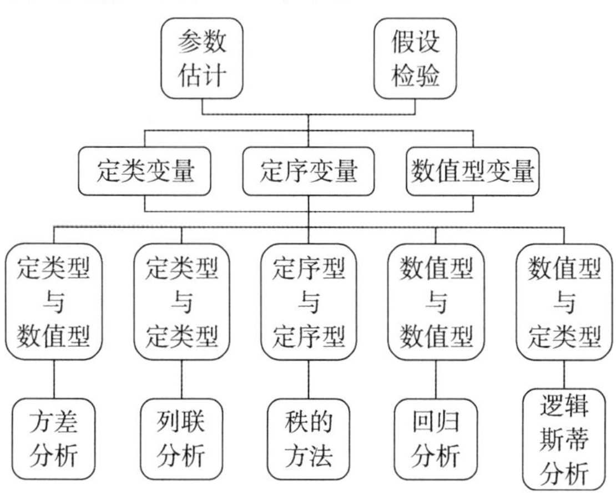

图1-5　基础统计推断方法的主要构成内容

假设检验与参数估计所提供的思想方法和基本原理，贯穿于各种统计推断过程的始终。无论是就单个变量的统计推断，还是就两个变量之间关系的统计推断，都是以假设检验与参数估计的方法原理为指导的。

在就两个变量之间的关系进行统计推断时，由于变量所属的类型不同，推断过程中所表现出来的方法特点也会有所不同，具体分为：方差分析、列联分析、回归分析等。这些基础统计方法是本教材讲解的主要内容。

如果我们所面对的是时间序列样本数据，对应地又会有时间序列分析的专门方法；如果是就3个或3个以上变量的关系进行统计推断，还会有主成分分析、因子分析等各种多元统计分析方法。对于这些高级统计方法，建议您在掌握了本教材所讲解的基础统计方法之后，再通过其他书籍去学习和掌握。

1.4　样本数据的基础结构

样本数据是就某一个或某几个变量，针对样本中的每一个个体所搜集到的观测值的集合。我们在实际的数据处理活动中所遇的样本数据，包括原始数据和通过其他途径所获得的二手数据，其表面上的结构形式可能是各式各样的，有的数据以纸质问卷为载体，有的二手数据甚至已经被加工成某种复杂的表格形式，但归根结底，它们都是源自同一种基础结构。

对数据处理人员来说，准确把握样本数据的这种基础结构，有时甚至比熟练掌握某种复杂表格的制作技巧要来得更为重要。在运用计算机统计软件进行数据处理时，第一个步骤就是要将手中各种形式的样本数据，依照其基础结构形式转换成统计软件能够识别的数据集。样本数据的基础结构如图1-6所示。

变量

观测

观测值 n × p	变量 1	变量 2	…	变量 k	…	变量 p
观测 1	X_{11}	X_{12}	…	X_{1k}	…	X_{1p}
观测 2	X_{21}	X_{22}	…	X_{2k}	…	X_{2p}
⋮	⋮	⋮	⋮	⋮	⋮	⋮
观测 j	X_{j1}	X_{j2}	…	X_{jk}	…	X_{jp}
⋮	⋮	⋮	⋮	⋮	⋮	⋮
观测 n	X_{n1}	X_{n2}	…	X_{nk}	…	X_{np}

图1-6　样本数据的基础结构

样本数据的基础结构可显示成如图1-6所示的数据阵列的形式，包含两个而且仅仅是两个构成要素：变量与观测。变量是构成样本数据的第一个要素，一个具体的样本数据可以有一个变量，也可以有两个，甚至几十个变量。观测指的是样本中的某一个个体在各个变量下的全体测量值。假如某个样本的容量为n，那么观测的个数就是n。

要把观测与观测值相区别，观测的个数对应样本容量，观测值的个数则同时对应样本容量与变量的个数。如果在一个容量为n的样本中，其变量的个数为p，则观测值的个数应为$n \times p$。

表1-4给出了某城市在一次13~15岁青少年健康检查中所获得的样本数据。

表1-4　**30名青少年身高体重的样本数据**

序号	性别	年龄	身高（cm）	体重（kg）	序号	性别	年龄	身高（cm）	体重（kg）
1	男	13	156.0	47.5	16	女	14	164.7	44.1
2	男	13	155.0	37.8	17	女	14	160.5	39.2
3	男	13	144.6	38.6	18	女	14	147.0	36.4
4	男	13	161.5	41.6	19	女	14	153.2	39.1
5	男	13	161.3	43.3	20	女	14	157.9	40.4
6	女	13	158.0	47.3	21	男	15	166.0	57.0
7	女	13	161.0	47.1	22	男	15	169.0	58.5
8	女	13	162.0	47.0	23	男	15	170.0	51.0
9	女	13	164.3	43.0	24	男	15	165.1	58.0
10	女	13	144.0	33.8	25	男	15	172.0	55.0
11	男	14	157.9	49.2	26	女	15	159.4	44.7
12	男	14	176.1	54.5	27	女	15	161.3	45.4
13	男	14	168.0	50.0	28	女	15	158.0	44.3
14	男	14	164.5	44.0	29	女	15	158.6	42.8
15	男	14	153.0	45.1	30	女	15	169.0	51.1

该数据包含5个变量，30个观测，150个观测值。5个变量中，性别为品质型变量，年龄、身高、体重为数值型变量。尽管在数据分析中我们对序号并不感兴趣，但从数据结构上看，也应把它当作一个变量。而在引例1所给出的灯泡使用寿命的样本数据中，则仅包含1个变量，100个观测，100个观测值。

1.5　统计中的误差

我们在本章最初给出的引例1中看到，统计人员从全部灯泡产品中随机抽取了一个容量为100的样本，经过一番实际测量后获得了样本数据，由样本数据又进一步计算出样本均值为699.85小时，并据此来推断全部灯泡产品的平均使用寿命。您一定在担心，这种推断是否存在误差，这的确是一个很重要的问题。假如全部灯泡产品的实际平均使用寿命是700小时，那么，699.85小时-700小时=-0.15小时，这里的误差就是0.15小时。

统计中通过抽样来推断总体参数总是会产生误差的，这种误差当然是越小越好。为了控制、减少，乃至消除误差，首先要对误差的来源有一个清晰的了解。统计中的误差可分为两大类：随机误差与非随机误差。

1.5.1 随机误差

这是由样本的随机性所造成的样本统计量的值与对应的总体参数之间的差异。在由总体抽取样本的过程中，客观上存在着众多甚至无数个可能样本，我们实际抽到的只是其中的一个样本而已。总体参数虽然未知，但它是唯一地确定的，而不同的可能样本，其统计量的具体取值却是不尽相同的，因此，样本统计量的值与总体参数真值之间是必然存在差异的，某一个样本统计量的值刚好与总体参数相等，那反倒是偶然的事情。很明显，这种误差完全是由于样本的随机性所造成的，在理论上就是不可避免的。

1.5.2 系统误差

非随机误差具体又分为两类：一类是系统误差，另一类是登记性误差。所谓系统误差指的是，由于在实际抽取样本的过程中，破坏了样本的随机结构，而造成的样本统计量的值与对应的总体参数之间的差异。系统误差与随机误差不同，随机误差是在遵循了随机原则的前提下而必然产生的误差，系统误差正好相反，是违背了随机原则所造成的误差。

譬如，从全校学生宿舍总体中抽取一个容量为30的样本，依据随机原则2号楼的303房间被抽中，而隔壁的302房间未被抽中。派出的调查人员在实地搜集数据时，由于303房间始终没人，为图方便而以302房间替代，这就破坏了样本的随机结构，此时便会产生系统误差。再譬如，以全体在校本科生为总体来抽取样本，可采用学生处登记的学生名单为抽样框，但由于学生的转出和转入变动，此名单实际上已经过时，与现实的在校本科生总体已经不存在一一对应的关系，采用这种已经不能完全代表总体的抽样框来抽取样本，同样也会破坏样本的随机结构，所获得的样本数据同样也会产生系统误差。

1.5.3 登记性误差

所谓登记性误差指的是在统计过程中，由于测量不准、记录笔误、被访者有意无意地漏报错报瞒报虚报数据、运算过程出现错误等人为原因，所造成的样本统计量的值与对应的总体参数之间的差异。

譬如，身高原本是170cm，但由于尺子不准或观察有误而测成171cm；原始数据是170cm，但在数据录入时却错打成1 700cm；被访者的月收入明明是8 000元，填表时却填了2 000元；计算过程中本应采用这种公式，却错误地选用了另一个不正确的公式等，诸如此类，都属于登记性误差。

很明显，系统误差与登记性误差主要是由于数据搜集和处理过程的操作不当所造成的误差，这在理论上原本是可以避免的。统计误差的构成可概括为图1-7。

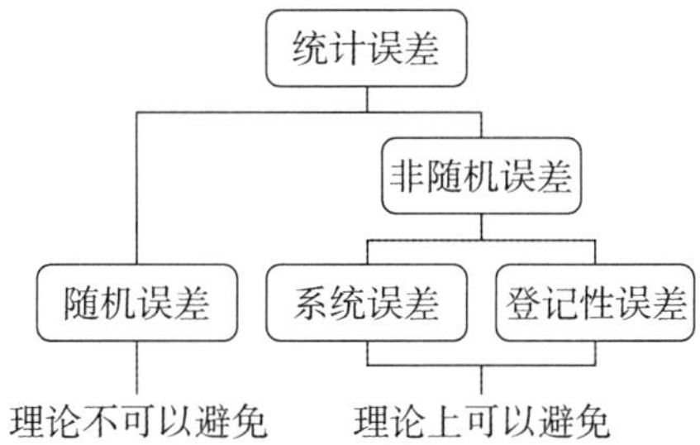

图1-7　统计中的误差

随机误差虽然理论上不可避免，但在实际问题中却可以根据具体要求加以控制。譬如，在同样的推断把握程度下，可通过扩大样本容量来减少随机误差。系统误差与登记性误差虽然在理论上是可以避免的，但其产生的具体原因，在实际工作中却是五花八门的，很难完全消除。统计工作的一个重要的努力目标，就是尽量避免乃至完全消除统计活动中的系统误差和登记性误差。

本教材中此后有关推断方法原理的讲解，多数情况下都是假定问题中只存在随机误差，而不存在系统误差或登记性误差。

1.6　将样本数据转换为SPSS数据集

1.6.1　SPSS简介

统计要与大量的数据打交道，涉及十分繁杂的计算和图表绘制，现在的数据分析工作如果离开统计软件几乎是无法正常开展的。因此，在准确理解和掌握了统计方法原理之后，再来掌握一、两种统计分析软件的实际操作，是十分必要的。

常见的统计软件有SAS、SPSS、S-PLUS、MINITAB、EXCEL等。这些统计软件的功能和作用基本相同，但各自有所侧重，有的比较专业一些，有的则比较通用。其中SAS与SPSS是目前在大型企业、各类院校以及科研机构中较为流行的两种统计软件。特别是SPSS，界面友好、功能强大、易学、易用，包含了几乎全部尖端的统计分析方法，具备完善的数据定义、操作管理和开放的数据接口以及灵活而美观的统计表格和统计图形制作，在各类院校以及科研机构中SPSS更为流行。在本教材中，我们选择SPSS作为数据处理工具，并结合统计方法原理的讲解进度，逐步介绍SPSS的操作方法。

SPSS原是Statistical Package for the Social Science的英文缩写，意思是社会科学统计软件包。但是随着SPSS产品服务领域的扩大和服务深度的增加，SPSS公司已于2000年正式将其英文全称更改为Statistical Product and Service Solutions，意为统计产品与服务解决方案。SPSS最初是由美国斯坦福大学的三位研究生在20世纪60年代末研制的，当时只是面向个别企事业单位的日常数据处理活动，但很快就普及和流行起来。后来，为适应各种操作系统平台的要求经历了多次版本更新。进入90年代后，随着微机Windows操作系统的出现和盛行，又相继诞生了SPSS第5到第16版，统称为SPSS for Windows版。SPSS for Windows的最新版本为SPSS for Windows17.0版。各种版本的SPSS for Windows大同小异。至SPSS for Windows13.0版，其各方面的功能已经几近完全成熟。本教材选用的是SPSS for Windows16.0全模块英文版。

1.6.2 SPSS的安装、启动和退出

1）安装

作为Windows操作系统的应用软件产品，SPSS for Windows安装的基本步骤与其他常用的软件基本相同。具体步骤如下：

（1）启动计算机，将SPSS软件安装光盘插入光盘驱动器。

（2）运行资源管理器，鼠标双击光盘驱动器图标。

（3）在资源管理器目录窗口中找到SPSS的起始安装文件setup并执行。此时会看到SPSS安装的初始窗口，系统将自动进行安装前的准备工作。

（4）按照安装程序的提示，用户根据自己的需要填写和选择必要的参数。一般的选项为：

①接受软件使用协议。

②指定将SPSS软件安装到计算机的某个目录下。

③选择安装类型。SPSS有典型安装（Typical）、压缩安装（Compact）和用户自定义安装（Custom）3种安装类型。一般选择典型安装即可。

④选择安装组件。SPSS具有组合式软件的特征，在安装时用户可以根据自己的分析需要，选择部分模块安装。一般可采用安装程序的默认选择。

⑤选择将软件安装在网络服务器上还是本地计算机上。通常安装在本地计算机上。

⑥输入软件的合法序列号。在购买SPSS软件时厂商会提供序列号。

2）启动

安装完毕后，应注意查看是否有安装成功的提示信息出现，以判断是否已经将SPSS成功地安装到计算机上了。安装成功后就可以启动运行SPSS for Windows软件了。SPSS有3种启动方法：

（1）由程序启动，步骤如下：点击【开始】→【程序】→【SPSS for Windows】。

（2）双击SPSS图标启动。

（3）如果已经建立了SPSS数据集，可双击SPSS数据集图标启动。

SPSS启动后，屏幕上将会出现显示版本的提示画面和文件选择对话框，并同

时打开SPSS主窗口。

3）退出

SPSS有3种退出方法：

（1）双击主窗口左上角的窗口菜单控制图标。

（2）在主窗口中按下列步骤退出：点击【File】→【Exit】。

（3）单击主窗口右上角叉子图标。

1.6.3　SPSS的主要界面

SPSS软件运行过程中会出现多个界面，各个界面用处不同，其中，最主要的界面有3个：数据浏览界面、变量浏览界面和结果输出界面。

1）数据浏览界面

数据浏览界面是启动SPSS出现SPSS主窗口后的默认界面，主要由以下几个部分组成：标题栏、菜单栏、工具栏、编辑栏、变量名栏、内容栏、窗口切换标签、状态栏，如图1-8所示。

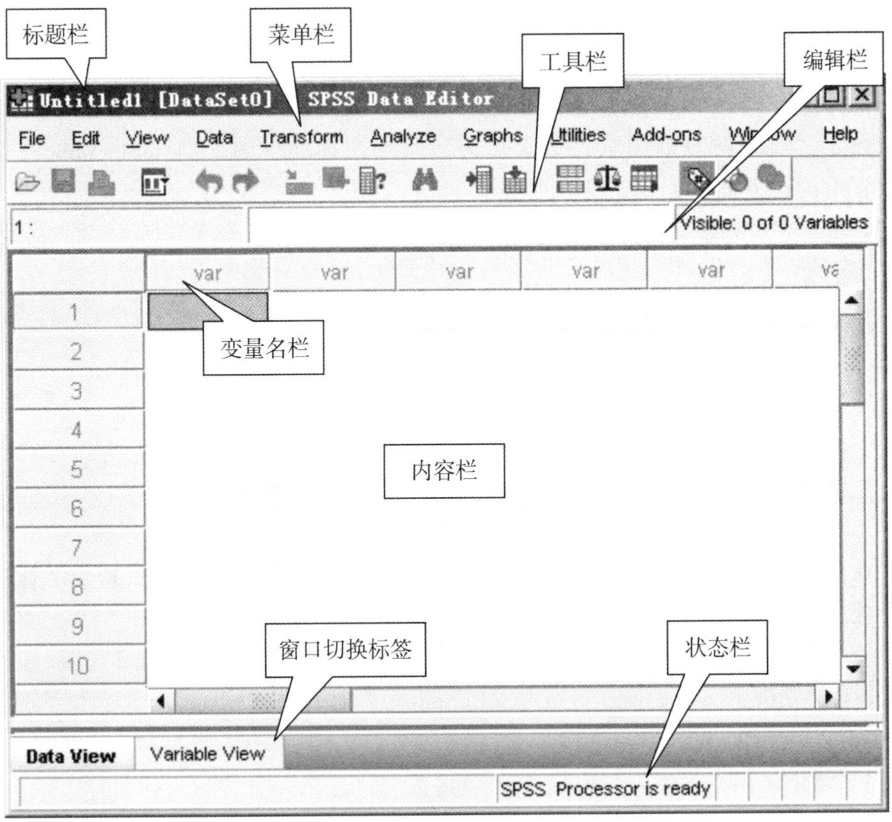

图1-8　数据浏览界面

（1）标题栏。标题栏显示数据编辑的数据文件名。

（2）菜单栏。菜单栏包括SPSS的10个命令菜单，每个菜单对应一组相应的功能。“File”是文件的操作菜单；“Edit”是文件的编辑菜单；“View”是用户界面设置菜单；“Data”是数据的建立与编辑菜单；“Transform”是数据基本处理菜单；“Analyze”是统计分析菜单；“Graphs”是统计图形菜单，输出各种分析图形；“Utilities”是统计分析实用程序菜单；“Windows”是窗口控制菜单；“Help”是帮助菜单。

（3）工具栏。工具栏中列示了一些常用操作工具的快捷图标。操作者可以根据需要增减工具栏中的快捷图标，以使操作更为方便。

（4）编辑栏。编辑栏中可以输入数据，以使它显示在内容区指定的方格里。

（5）变量名栏。变量名栏列出了数据文件中所包含变量的变量名。

（6）内容栏。内容栏列出了数据文件中的所有观测值。左边的序号列示了数据文件中的所有观测。观测的个数通常与样本容量的大小一致。

（7）窗口切换标签。窗口切换标签处有两个标签：“Data View”和“Variable View”，即数据浏览和变量浏览。“Data View”对应的表格用于样本数据的查看、录入和修改。“Variable View”用于变量属性定义的输入与修改。

（8）状态栏。状态栏用于显示SPSS当前的运行状态。SPSS被打开时，将会显示“SPSS Processor is ready”的提示信息。

2）变量浏览界面

在主窗口中的数据浏览界面上点击窗口切换标签中的“Variable View”，即可进入变量浏览界面，如图1-9所示。

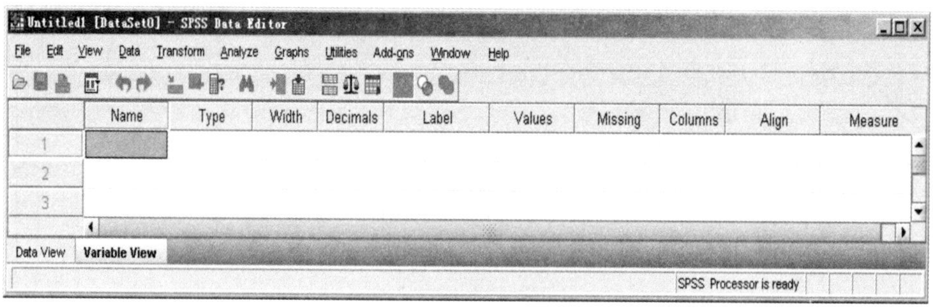

图1-9 变量浏览界面

在变量浏览界面中可对数据文件中的各个变量进行定义。建立SPSS数据集时，需要定义变量的10个属性。这10个属性分别是变量名（Name）、变量记数方式（Type）、宽度（Width）、小数位数（Decimals）、变量标签（Label）、取值标签（Values）、缺失值（Missing）、列宽（Columns）、对齐方式（Align）、数据测量尺度（Measure）。

3）结果输出界面

结果输出界面是SPSS的另一个主要界面，该界面的主要功能是显示和管理SPSS统计分析的结果、报表及图形。结果输出界面主要由4个部分组成：菜单栏、工具栏、输出结果区和索引输出区，如图1-10所示。

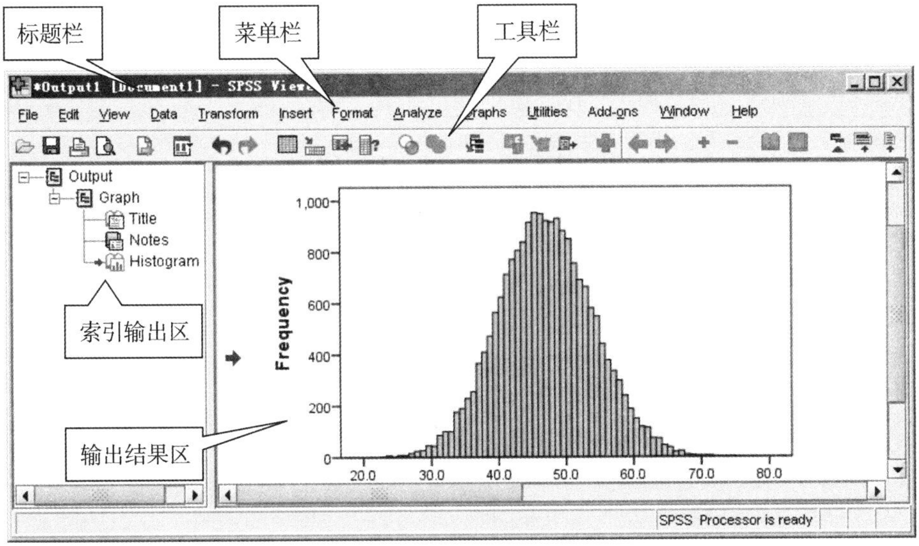

图1-10　结果输出界面

索引输出区用于显示已有分析结果的标题和内容索引，以简洁的方式反映和提示输出结果区的各项输出内容，以便于用户查找和操作。索引输出以一个索引树结构显示，当需要查找输出结果时，只要单击索引树上相应的图表名称，该图标就会显示在窗口中。

输出结果区输出的是研究者所要得到的具体图表，与索引输出区的内容是一一对应的。输出结果区的图表可以进行编辑等操作。如果要选取某一图表进行编辑，可双击该图表，当图表四周出现黑色边框时，即可对图表中的数据进行编辑。

1.6.4　建立SPSS数据集

将样本数据转换成SPSS数据集，这是运用SPSS软件进行数据处理的第一步。SPSS数据集的结构形式的选择和运用是很灵活的，可根据实际需要选择不同的结构形式。为方便此后的数据处理和运算，原则上应按照样本数据的基础结构形式来建立SPSS数据集。

现将表1-4所给出的30名青少年身高、体重的样本数据，转换成SPSS数据集。具体步骤如下：

1）确定变量个数

该数据包含序号、性别、年龄、身高、体重5个变量，其中性别为品质型变量，年龄、身高、体重为数值型变量，此处，也可将序号看作数值型变量。

2）定义变量属性

在SPSS主窗口的左下角处，点击“Variable View”标签，切换至变量浏览界面。打开变量浏览界面之后，即可对5个变量一一加以定义了。SPSS数据集要求定义变量的10个属性，即Name、Type、Width、Decimals、Label、Values、Missing、Columns、Align、Measure。

（1）Name：变量名。定义变量名时需注意以下几个问题：

①变量名必须以字母为首，后面跟A~Z、0~9字符，对于字符数量，在SPSS for Windows13.0以上版本中没有具体限制。但需要注意，“?”“!”“/”“\”等不能用做变量名，变量名也不能带扩展名，如A1.2。

②有些关键词不能作为变量名，如AND、NOT、EQ、LT、LE、GT、GE、NE、TO、BY、CROSSTABS、WITH、ALL、THRU、PERCENTAGE。SPSS不区别大小写字符，但程序中的命令和关键词要用大写字母，表示系统内定，变量名等宜用小写字母，表示人为指定。

③可以用中文作变量名，但最好不用，因为涉及兼容性的问题，很多情况下的输出可能会产生乱码，造成不便。

本数据集中的5个变量的变量名可分别定义为number、gender、age、height、weight。

（2）Type：变量记数方式。点击【Type】按钮，将会出现…标志，点击此标志将会出现如图1-11所示的记数方式对话框。在此对话框中有8种类型可供选择。

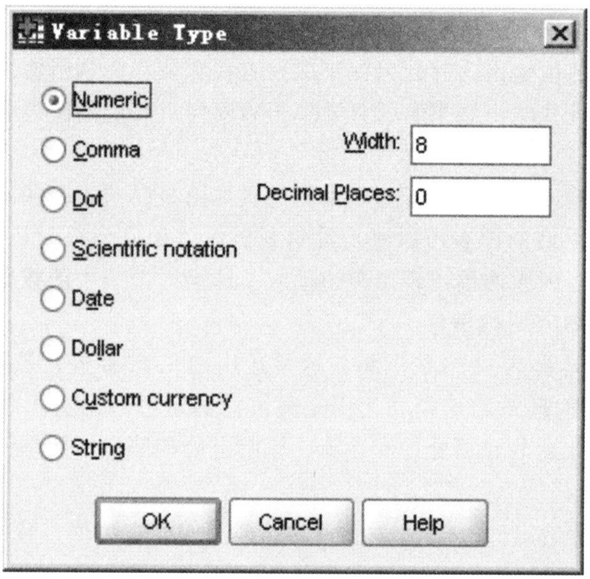

图1-11　记数方式对话框

①Numeric：数值记数。通常情况下，可选Numeric，这也是SPSS的默认选项。系统默认长度为8，小数位数为2。本例中的5个变量可都选用Numeric。

②Comma：带逗号记数，即整数部分每3位数加一个逗号，其余定义方式与数值记数一样。例如，输入123456，将显示123，456。

③Dot：带圆点记数。不论数值大小，均以整数形式出现，每3位加一个圆点(但不是小数点)。

④Scientific notation：科学计数。

⑤Date：日期型记数。

⑥Dollar：货币型记数。

⑦Custom currency：自定义记数。

⑧String：字符串。选中该选项后，可在数据输入时输入中文或英文字符。通常情况下字符串型少用为宜。

（3）Width：宽度。运算宽度，默认值为8，运算宽度实际上只会改变输出结果的显示宽度，数据的存储结果与运算的精度不受宽度的影响。本例中的5个变量，number选择2、gender选择1、age选择2、height选择5、weight选择4。

（4）Decimals：小数位数。默认为2位小数。本例中的5个变量，number、gender、age均选择0，height、weight均选择1。

（5）Label：变量标签。用来扼要说明变量名的含义，本例中5个变量名number、gender、age、height、weight下的变量标签可分别定义为：序号、性别、年龄、身高、体重。

（6）Values：取值标签。用于针对品质型变量的取值进行编码。譬如，在针对性别变量gender定义取值标签时，可定义1代表男，2代表女，如图1-12所示。

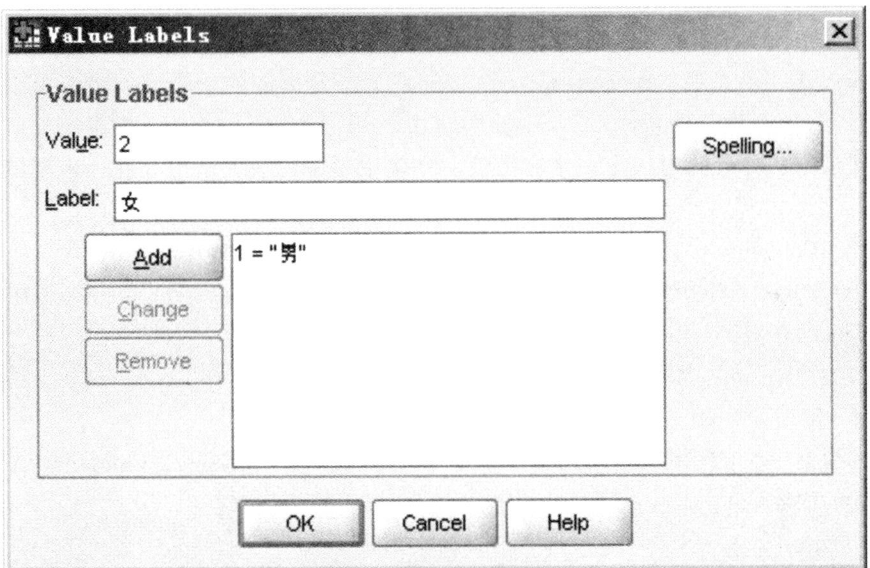

图1-12　取值标签对话框

在第一个“Value”文本框中输入1，再在第二个“Label”文本框中输入“男”，点击【Add】按钮确认，即可定义“1=‘男’”，再定义“2=‘女’”。最后点击【OK】按钮即可。

（7）Missing：缺失值。SPSS有两类缺失值，系统缺失值和用户缺失值。在Data View界面中，任何空着的数字单元都被认为是系统缺失值，用点号“.”表示。由于特殊原因形成的缺失值，称为用户缺失值。譬如在统计过程中，可能需要区别一些被访者不愿意回答的问题，然后将它们标为用户缺失值，统计软件可识别这些标志，带有缺失值的观测将被特别处理。

单击【Missing】按钮，再单击弹出的“…”按钮，进入Missing Values对话框，如图1-13所示。

图1-13 Missing Values对话框

对话框中有3个选项，默认值为最上方的“No missing values”，即无自定义缺失值的方式。第二项“Discrete missing values”，指定离散的缺失值，最多可以定义3个值。最后一项“Range plus one optional discrete missing values”，指定缺失值存在的区间范围，并可同时指定一个离散值。本例中不考虑缺失值的存在，采用默认值选项。

（8）Columns：列宽。可输入变量所在列的列宽，默认为8。

（9）Align：对齐方式。对齐方式有3种选择：left为左对齐，center为居中对齐，right为右对齐。

（10）Measure：数据测量尺度。数据测量尺度有3种选择：nominal（定类型）、ordinal（定序型）和scale（数值型）。

本数据中5个变量的定义内容见表1-5，其中省略了Missing、Columns、Align 3个属性的内容。

表1-5 数据中变量属性的定义

序号	Name	Type	Label	Values	Width	Decimals	Measure
1	number	Numeric	序号	None	2	0	scale
2	gender	Numeric	性别	1=男，2=女	1	0	nominal
3	age	Numeric	年龄	None	2	0	scale
4	height	Numeric	身高	None	5	1	scale
5	weight	Numeric	体重	None	4	1	scale

3）录入样本数据

变量定义完成后，在SPSS主窗口中的左下角处，点击“Data View”标签，切换至数据浏览界面，通过键盘输入5个变量、30个观测下的150个观测值。建立数据集的大部分手动工作量集中在样本数据的录入。首先要求准确，其次要求快捷。本例中的数据录入完成后，所建立起来的SPSS数据集如图1-14所示。

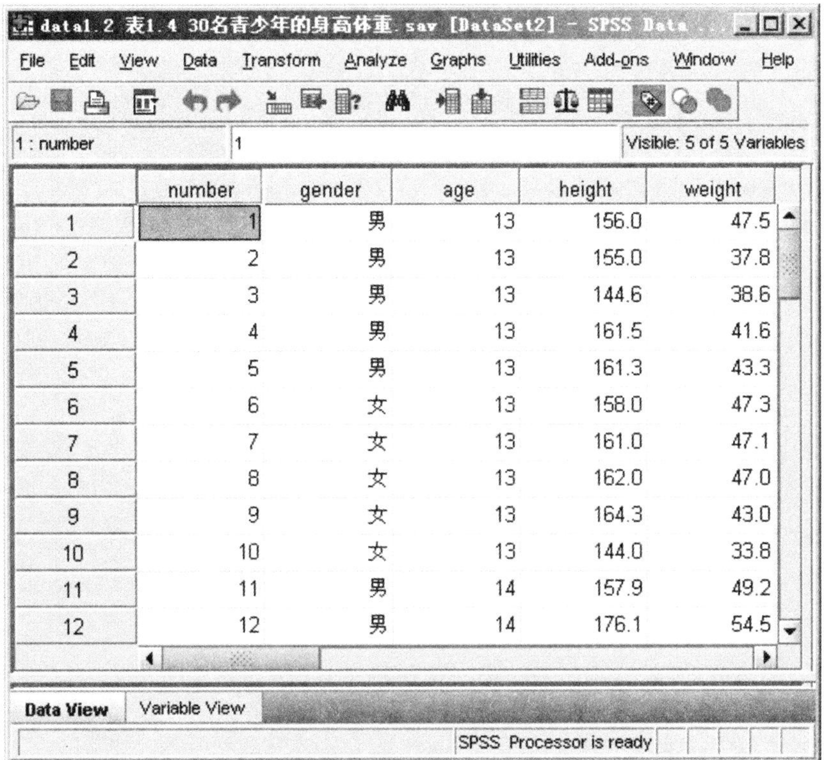

图1-14 30名青少年身高体重的SPSS数据集

1.6.5 建立SPSS分组数据集

有时我们拿到手的不是原始的样本数据，而是经过别人分组汇总加工后的二手数据，将这种二手数据转换成SPSS数据集有两种方法：一种方法是将其还原为未分组的基础结构形式，建立如上所述的SPSS数据集；另一种方法是为减少工作量起见，直接就二手数据的结构形式建立SPSS分组数据集。表1-6给出了一个常见类型的二手数据。

表1-6 两个民族血型调查的样本数据

组别	A型	B型	O型	AB型	合计
维吾尔族	442	483	416	172	1 513
回 族	369	384	487	115	1 355
合 计	811	867	903	287	2 868

在该数据的基础结构中，包含血型和民族两个定类变量，观测的个数为2 868个，观测值的个数为5 736个。显然没必要将其还原为基础结构后，再来编制未分组的SPSS数据集，直接利用表中的分组结果编制分组数据集会来得更为简便、快捷。

数据中血型变量的4个取值A型、B型、O型、AB型，可分别编码为1、2、3、4；民族变量的两个取值维吾尔族、回族，可分别编码为1、2。两个变量不同取值联合分组下的交叉频数是一个派生变量。于是，建立分组数据集时，可采用下列方式定义有关变量，参见表1-7。

表1-7　　分组数据集中变量属性的定义

序号	Name	Type	Label	Values	Measure
1	number	Numeric	序号	None	scale
2	blood	Numeric	血型	1=A型，2=B型，3=O型，4=AB型	nominal
3	nation	Numeric	民族	1=维吾尔族，2=回族	nominal
4	frequency	Numeric	交叉频数	None	scale

数据录入完成后，所建立起来的SPSS数据集如图1-15所示。其中的交叉频数变量frequency在此后的计算中将充当权数来使用。

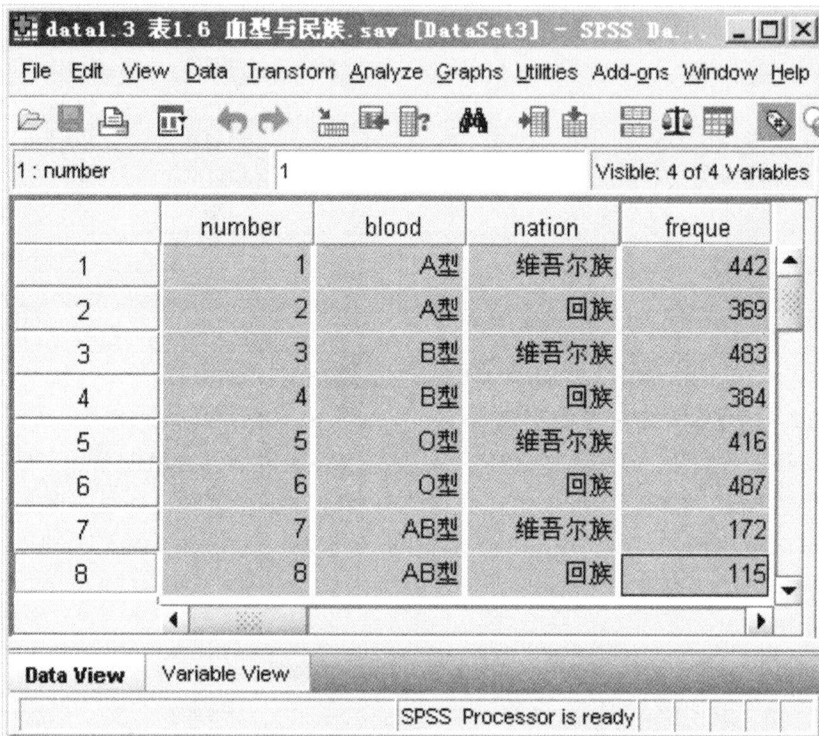

图1-15　血型与民族样本数据的SPSS数据集

本章小结

本章作为本教材的总论，对于整个教材的阅读和学习，具有提纲挈领的作用。统计学概念繁多、体系庞大、计算公式艰涩、方法原理拐弯抹角而且应用灵活，初学者很难找到入门捷径。

本章最初所给出的引例1，是一个贴近每一个人日常生活的统计案例，看似简单，但它的确是实际统计活动的一个缩影。

本章还给出了一个统计活动的基本程序图。此图概括了实际统计工作的全部过程，帮助您准确理解统计的大量性和迂回性的特点。本教材中各章节的具体内容也是根据这个基本程序图进行编排的。此后的学习要经常回顾此图，这会使您在与众多图表、公式、概念、方法、软件操作纠缠扭打的过程中，始终保持一个清醒的头脑。

围绕统计活动的基本程序图，本章还给出了统计中的几个常用术语，总体、样本、变量、总体参数、统计量，这些概念要相互联系起来理解和把握。总体在其中处于核心地位，统计的整个概念体系是围绕总体概念构建起来的。

结合统计活动的基本程序图，我们将全部统计方法归类为抽样方法、描述方法与推断方法三个基本构成。本教材的讲解，将主要集中于描述方法与推断方法。抽样方法可大体分为非随机抽样与随机抽样两大类，随机抽样又进一步分为简单随机抽样与复杂随机抽样两类。本教材接下来关于推断方法原理的讲解，将以简单随机抽样为理论背景。理解了各类抽样方法的基本原则和主要特点之后，如果您对有关的具体技术细节感兴趣，可参照阅读其他的专业书籍，本教材未做详细介绍。

无论采取哪一种抽样方法，其阶段性成果都表现为样本数据。样本数据的基础结构很简单，只包含变量与观测两个要素，并可显示为数据阵列的形式。但在实际的数据处理活动中，我们所遇到的包括二手数据在内的各种样本数据，总是复杂多样的，有时反而会使您抓不准其基础结构，这会影响到统计软件数据集的准确编制，甚至会影响此后数据处理活动的顺利开展。有效的解决办法是多在机器上亲自动手编制数据集。

本教材选择SPSS作为课程中的数据处理工具。SPSS的有关操作方法，将结合方法原理的讲解分散在不同章节中进行介绍，本章已经介绍了建立SPSS未分组数据集和分组数据集的操作方法。

问题思考

1. 在引例1中，统计人员有办法给出全部灯泡产品中每一只灯泡使用寿命的确切数值吗？

2. 在引例1中，统计人员走了怎样的一条迂回路线，给出了全部灯泡产品的平均使用寿命？

3. 引例1中给出的100只灯泡使用寿命频数分布表（表1-2）和频数分布图（图1-1），在整个数据分析过程中能起到什么作用？

4. 采取重复抽样的方式从10 000只灯泡中随机抽取100只，理论上存在多少个可能样本？实践中实际抽取到的是几个样本？

5. 总体与样本有何异同点？总体参数与样本统计量有何异同点？

6.结合您的生活经验尽可能多地列举定类变量、定序变量、定距变量和定比变量的例子。

7.变量与变量值有何区别？观测与观测值有何区别？变量值与观测值有何区别？

8.如何把握样本数据的基础结构？SPSS分组数据集中的频数，在将来的运算过程中会起什么作用？

判断对错

1.统计的最终目的是了解和把握总体中所包含的大量个体在某一变量上的取值情况。 (　　)

2.统计中的随机误差理论上是可以避免的。 (　　)

3.统计中的系统误差理论上是不可避免的。 (　　)

4.统计中总体参数的真值不是唯一确定的。 (　　)

5.统计中的变量按照测量尺度可区别为定类、定序、定距和定比4种类型，而且仅仅是这4种类型。 (　　)

6.原始的定类变量数据只适用于是非判断的数学运算。 (　　)

7.样本数据中某一变量下的观测值的个数就是这个变量的变量值的个数。 (　　)

8.在从总体中随机抽取样本的过程中，可能样本的个数有可能大于总体容量。 (　　)

机上作业

1.为有效地组织饮料进货，超市售货人员记录了一周内5种软饮料的购买次数，获得如下数据（见附表1）：

附表1　　5种软饮料一周内购买次数的原始记录

可口可乐	新奇士	新奇士	雪碧	新奇士
新奇士	可口可乐	雪碧	杏仁露	可口可乐
可口可乐	雪碧	可口可乐	杏仁露	可口可乐
雪碧	醒目	雪碧	可口可乐	雪碧
雪碧	可口可乐	雪碧	杏仁露	杏仁露
杏仁露	杏仁露	雪碧	新奇士	醒目
可口可乐	雪碧	可口可乐	可口可乐	醒目
可口可乐	可口可乐	可口可乐	杏仁露	可口可乐
醒目	杏仁露	雪碧	雪碧	可口可乐
可口可乐	可口可乐	醒目	可口可乐	雪碧

要求：将上述数据转换成SPSS数据集。观察各种软饮料购买频数的差异。

2.为评价某经济学教授的教学质量，教务处从全体学生中随机抽取100人构成一个样本。教学质量的等级分别表示为：A.好；B.较好；C.一般；D.较差；E.差。获得如下数据（见附表2）：

附表2　**某经济学教授教学质量等级的评价结果**

A	B	D	C	D	B	C	B	D	B
B	A	B	A	C	A	C	D	B	E
A	B	D	C	E	D	C	A	C	C
C	A	C	B	A	B	B	D	D	C
B	B	D	D	D	D	A	B	A	C
B	C	B	E	C	C	A	D	B	C
C	B	B	A	B	C	D	B	A	E
B	C	B	B	A	C	C	C	B	C
C	B	A	C	B	C	A	B	C	B
B	C	B	C	B	C	B	A	B	D

要求：将上述数据转换成SPSS数据集。考虑如何评价这位经济学教授的教学质量。

3.从收看民主与法制电视节目的成年人中随机抽取了一个50人的样本，他们的年龄见附表3：

附表3　**50位收看民主与法制电视节目观众的年龄**

34	43	22	40	47	37	44	43	38	51
31	42	38	43	42	42	43	39	37	42
48	42	33	39	46	44	44	33	41	40
43	35	27	39	34	41	41	41	35	38
37	39	37	36	29	35	30	47	44	35

要求：将上述数据转换成SPSS数据集。找出观测值中年龄最大者和年龄最小者。观察观众主要集中在哪个年龄段上。

4.4个班各50名学生的统计学考试成绩见附表4：

附表4　**4个班共200名学生的统计学考试成绩**

一班	96	82	76	73	65	63	73	75	80	93
	92	80	75	72	63	62	71	75	79	92
	92	78	75	70	61	61	70	75	78	90
	86	77	74	69	60	59	67	74	77	86
	85	77	74	66	57	44	66	73	76	85
二班	100	84	71	61	54	52	60	70	83	100
	100	83	70	59	52	51	58	68	82	96
	48	57	68	81	95	94	79	66	57	44
	44	57	64	74	91	91	74	63	56	40
	39	56	62	73	90	85	71	61	55	35
三班	61	60	76	74	65	63	69	75	75	75
	92	80	67	72	57	62	78	77	79	92
	90	78	75	44	66	61	70	80	78	92
	86	93	98	73	82	59	75	74	77	86
	77	85	73	96	57	70	66	73	76	85
四班	81	84	85	60	54	54	60	70	83	98
	99	83	91	59	78	51	58	68	82	96
	45	57	68	99	94	94	52	66	57	48
	43	57	61	76	70	92	74	63	56	41
	39	56	62	73	90	71	71	61	55	37

要求：将上述数据转换成SPSS数据集。对数据做如下的预处理工作：

（1）就全体200名学生成绩进行排序；

（2）分别就各班成绩进行排序；

（3）挑选出各班60分以下和90分以上的成绩；

（4）在200名学生成绩中清点出59分的成绩；

（5）将200名学生成绩升序排序后，分成大小相等的4组；

（6）将200名学生成绩按班级进行拆分。考虑如何评价4个班统计学考试成绩的优劣。

［注：建立了数据集后，在进入正式的统计描述或统计推断之前，出于某种研究和观察的目的，往往需要对数据进行一些预处理工作，这是统计软件操作中必须掌握的内容］

5.为比较新旧两种药物治疗某种疾病的效果是否存在差异，获得了54位患者的治疗效果数据见附表5：

附表5　**新旧两种药物疗效比较数据**

组别	治愈	未治愈	合计
旧药	4	28	32
新药	6	16	22
合计	10	44	54

要求：将上述数据转换成未分组数据集和分组数据集。考虑如何比较两种药物疗效的好坏。

6.为评价两个城市的空气质量状况，研究人员在两个城市各测定了300个采样点，并获得附表6所示的样本数据：

附表6　**甲乙两城市空气质量比较数据**

组别	优	良	轻度污染	中度污染	重度污染	合计
甲城市	193	67	28	7	5	300
乙城市	154	94	28	18	6	300
合计	347	161	56	25	11	600

要求：将上述数据转换成SPSS数据集。考虑如何比较两个城市的空气质量好坏。

7.为了解3种不同的广告策略对某种新产品的促销效果有无差异，获得样本数据见附表7：

附表7　　3种不同广告策略促销效果比较样本数据

策略1	策略2	策略3
529	804	672
658	630	531
793	774	443
514	717	596
663	679	602
719	604	502
711	620	659
606	697	689
461	706	675
529	615	512
498	492	691
663	719	733
604	787	698
495	699	776
485	572	561
557	523	572
353	584	469
557	634	581
542	580	679
614	624	532

要求：将上述数据转换成SPSS数据集。考虑如何比较3种策略促销效果的优劣。

实验课题

1.实验目的

（1）掌握统计的基本程序。

（2）掌握抽样的基本方法。

（3）掌握问卷调查的基本技巧。

（4）掌握建立SPSS数据的基本技能。

（5）掌握SPSS数据预处理的主要操作。

2.实验内容

相关研究表明，中国当前具有大学以上学历的人员，占全部劳动者的比重仍然处于较低的水平，社会对于高学历人才的需求总量，远远大于大学毕业生总人数。然而，最近几年来，大学毕业生找工作却呈现出越来越难的趋势。显然，这种供求失衡状况很大程度上是结构性的。大学毕业生的成功就业是一个双向选择的过程，就业市场中需求一方的影响和制约很重要，而大学生自身的相关条件和就业选择，应当是造成当前这种就业市场结构性失衡的一个重要原因。

学校就业指导处的专家们近些年来一直在为向大学毕业生提供有效的就业指导进行不懈的努力，经常就大学毕业生就业影响因素问题展开理论探讨，并就此列出了一份大学毕业生就业影响因素清单：性别的影响、年龄的影响、地域的影响、出身的影响、家庭的影响、个人信心因素的影响、思想观念的影响、所学专业的影响、身体健康水平的影响、各种专业技能证书的影响、在校学习成绩的影响、学校知名度的影响、个人综合素质的影响、个人外在形象的影响、性格因素的影响、面试表现的影响、个人品质的影响、对就业酬金期望的影响、外语水平的影响、学习能力的影响、与人合作能力的影响、与人沟通能力的影响、组织能力的影响，恋爱状况的影响。

试就上述问题以“大学本科生就业影响因素分析”为题组织一次问卷调查。

3.实验步骤

（1）采取自愿原则组织一个5~10人的课题小组，明确分工。

（2）确定与研究课题相关联的人群总体及样本的抽取方式。

（3）设计一套小型调查问卷。

（4）实施问卷调查，获取样本数据。

（5）将问卷形式的样本数据转换成SPSS数据集。

（6）通过SPSS有关功能熟悉数据。

4.实验指导

（1）与此课题相关联的人群总体，理论上应当是全国全体在校大学本科生。考虑到课题小组的能力限制，可以适当缩小调查总体，譬如，本校的本科生，或本市的本科生，或相同类型学校的本科生。调查总体一旦变化，研究课题的题目也应做出相应改动。

（2）抽样方式的选择需要多动脑筋，在充分考虑调查成本和操作的可行性等因素的前提下，选择采用简单随机抽样或是复杂随机抽样，甚至也可考虑采用非随机抽样。

（3）问卷的发放与回收是关键一环。要尽最大可能保证问卷回收率和有效问卷率。一切取决于调查人员的勤奋程度、科学态度及业务能力。

（4）数据集的建立也是比较费时费力的一环。可以分工协作，每人负责一部分问卷数据的录入，然后进行数据集的合并。样本数据中多数为品质型变量数据，因此问卷设计之初就应当考虑到数据的编码问题。大量数据的录入过程，不可避免地会出现这样或那样的差错，要反复进行核查，确保没有登记性误差，还要尽量避免缺失值。

（5）应当认识到，每一个环节上的工作做得越细，最终的研究结论就越可靠。还应当特别注意，最初的调查方案一定要考虑全面、设计周到，调查活动一旦切实展开，中途回头修改往往已经来不及了。

附录1.1　SPSS数据预处理

SPSS数据预处理是介于建立SPSS数据集与SPSS统计描述和统计推断之间的过渡性操作内容，其作用一方面是帮助数据分析人员熟悉和完善已建好的数据集，另一方面是满足进一步描述和推断的某种特殊需要。

SPSS数据预处理的操作功能主要包含在data和transform两个主菜单中的各个选项里面。下面以如图1-13所示的30名青少年身高体重的数据集为例，介绍几种常用的SPSS预处理操作方法。打开SPSS数据集“data1.2”，点开data或transform主菜单，会看到有许多操作选项。

1.排序

排序有助于研究者浏览数据和了解数据取值的大体范围，使研究者可以快速地发现数据中可能存在的异常值，为进一步明确它们是否对分析产生重要影响提供帮助。

就30名青少年的身高升序排序，操作步骤如下：

（1）选择菜单：点击【Data】→【Sort Cases】，系统弹出如附图1所示的“Sort Cases”对话框。

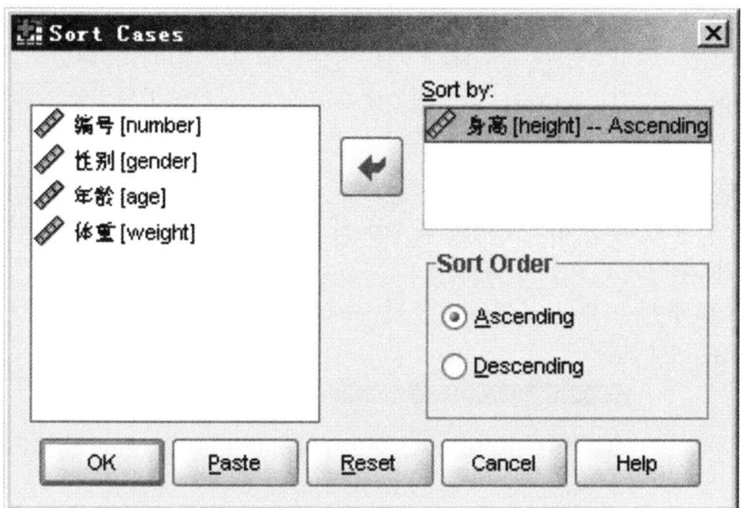

附图1　Sort Cases对话框

（2）在此对话框中指定排序变量“身高［height］”到“Sort by:”框中，并选择“Sort Order”框下的升序排序选项“Ascending”。

（3）点击【OK】，数据浏览窗口中的数据便自动按要求重新排列并显示出来。

2.简单计算

分析中，可能需要针对当前的数据进行某些简单的加工计算，譬如，要计算每位青少年身高与体重的比值，可以利用SPSS中的简单计算功能来完成，操作步骤如下：

（1）选择菜单：点击【Transform】→【Compute】，系统弹出如附图2所示的“Compute Variable”对话框。

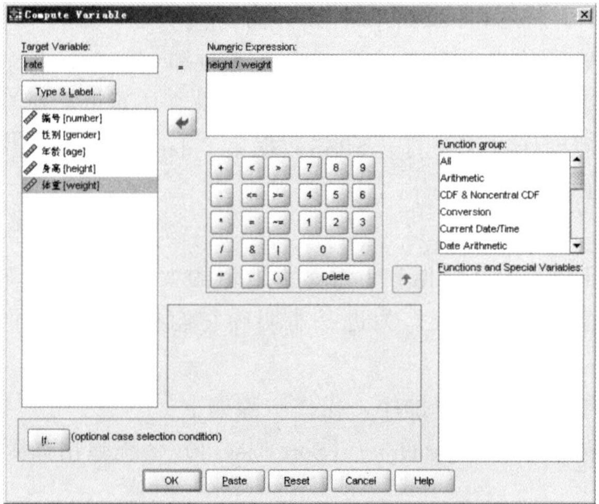

附图2 Compute Variable对话框

（2）在“Numeric Expression”框中利用对话框提供的简单计算器给出算术表达式：height/weight，并在“Target Variable”框中输入将来存放计算结果的变量名，譬如，rate。

（3）点击【OK】，计算结果即可显示在数据浏览界面中。

3.选择观测

如果需要针对30名青少年中的女生做出专门的统计分析，可以利用SPSS中的观测选择功能来完成，操作步骤如下：

（1）选择菜单：点击【Data】→【Select Cases】，系统弹出如附图3所示的“Select Cases”对话框。

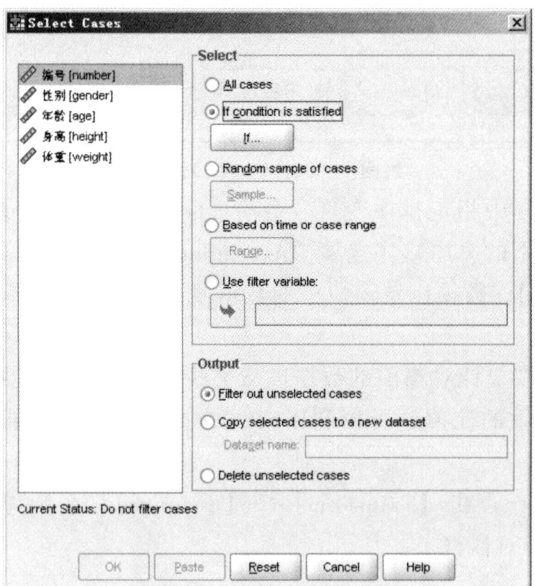

附图3 Select Cases对话框

（2）选择“If condition is satisfied”选项，并点击【If】按钮，系统弹出如附图4所示的“Select Cases：If”对话框。

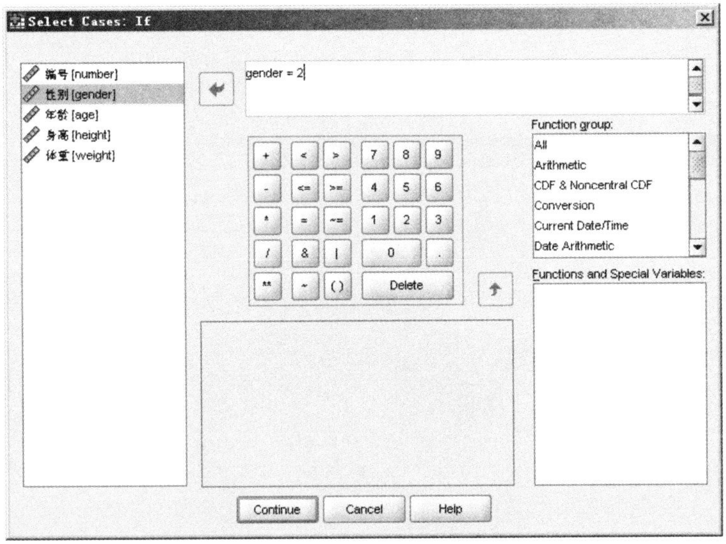

附图4 Select Cases：If对话框

（3）利用对话框中提供的简单计算器给出算术表达式：gender=2。

（4）点击【Continue】→【OK】，系统将自动选定符合条件的所有观测。此后的所有操作将只是针对已选定的观测进行。

4.清点观测

需要清点出身高165cm以上的青少年，可利用SPSS中的清点观测功能来完成，操作步骤如下：

（1）选择菜单：点击【Transform】→【Count Values within Cases...】，系统弹出如附图5所示的“Count Occurrences of Values within Case”对话框。

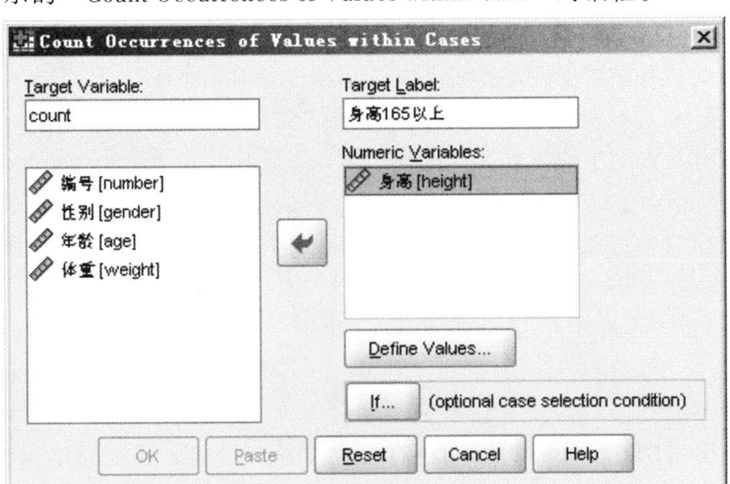

附图5 Count Occurrences of Values within Cases对话框

（2）选择参与清点的变量“身高［height］”进入“Numeric Variables”框内。

（3）在“Target Variable”框中输入一个变量名，譬如，Count，并在“Target Label”框中输入一个变量标签，譬如，身高165cm以上。

（4）按【Define Values】按钮，系统弹出如附图6所示的“Count Values within Cases：Values to Count”对话框。

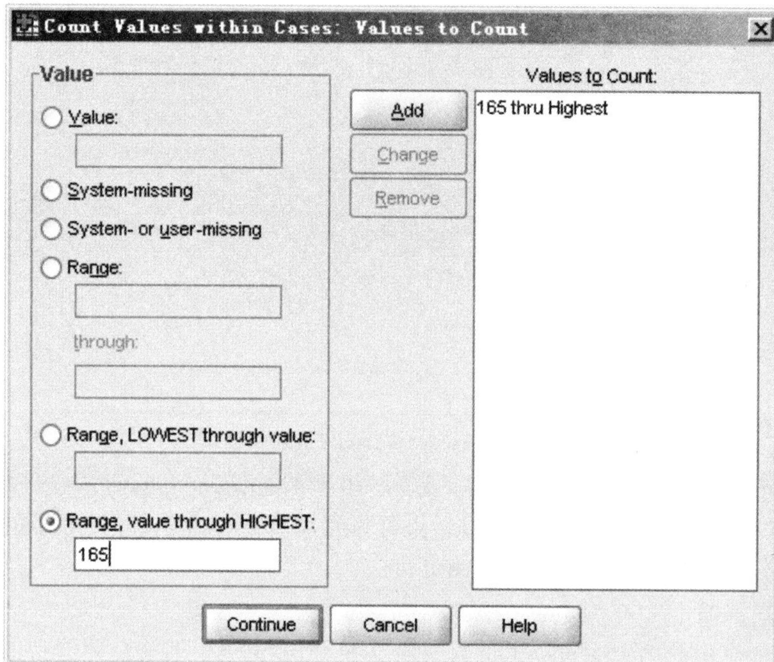

附图6　Count Values within Cases：Values to Count对话框

（5）在“Range，value through HIGHEST：”框内键入165，并点击【Add】按钮。

（6）点击【Continue】→【OK】，系统将会根据用户的定义和选择自动完成清点，并将清点结果在数据浏览界面上以一个新变量显示出来。

5.分类汇总

需要就男女青少年的体重进行比较，譬如，要比较男女青少年的平均体重，可利用SPSS的分类汇总功能，分别计算出男女青少年平均体重，操作步骤如下：

（1）选择菜单：点击【Data】→【Aggregate】，系统弹出如附图7所示的“Aggregate Data”对话框。

（2）在此对话框中指定分类变量“性别［gender］”进入“Break Variable（s）”框内，指定待汇总的变量“体重［weight］”进入“Aggregated Variable（s）”框内。

（3）点击【OK】，SPSS将自动进行分类汇总，并将分类汇总结果在数据浏览界面上以一个新的变量显示出来。如果需要将汇总结果另存为一个SPSS数据文件，可在此之前，选择“Save”下的“Create a new dataset containing only the aggregated variables”选项。系统会自动将汇总结果以“aggr.sav”为名或以操作者给定的文件名存为另一个文件。

6.分组

要将30名青少年的身高按150cm以下、150cm~160cm、160cm~170cm和170cm以上分为4组，可利用SPSS中的重新编码功能，进行如下操作（见附图7、附图8）：

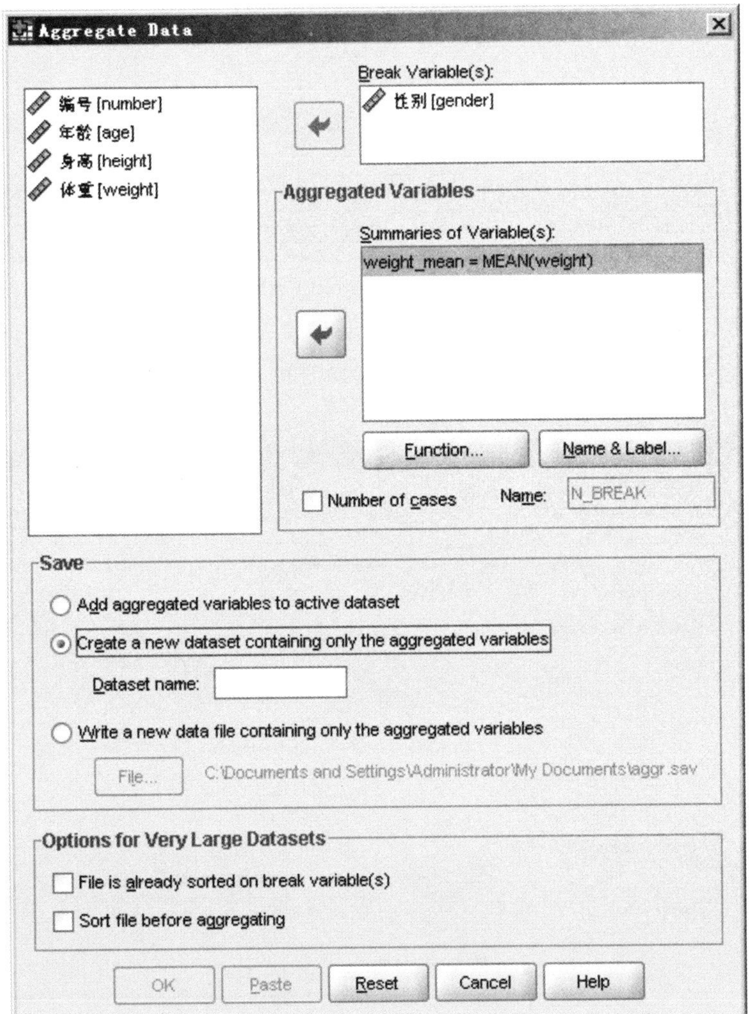

附图7 Aggregate Data对话框

（1）选择菜单：点击【Transform】→【Into Different Variables...】，系统弹出如附图8所示的“Recode into Different Variables”对话框。

（2）选择变量“身高［height］”到“Numeric Variable→Output Variable:”框中。在“Output Variable”框中的“Name:”下，键入存放分组结果的变量名。譬如，range。如有必要，也可在“Label:”下给出相应的变量标签，譬如，身高分组。

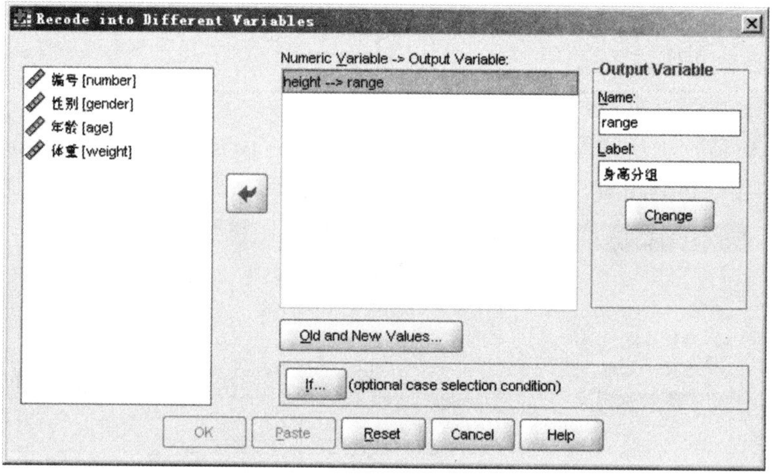

附图 8　Recode into Different Variables 对话框

（3）点击【Old and New Values】按钮进行分组区间定义。在本数据中可进行如下定义：第 1 组：150cm 以下；第 2 组：150cm~160cm；第 3 组：160cm~170cm；第 4 组：170cm 以上，如附图 9 所示。

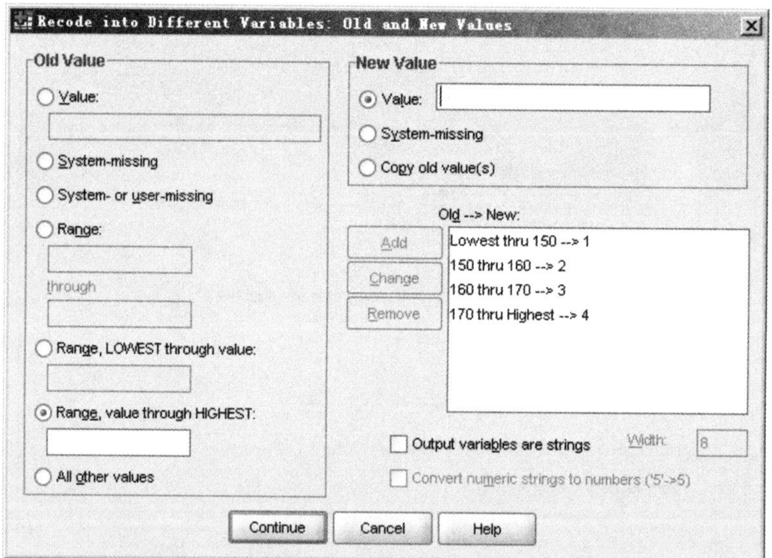

附图 9　Recode into Different Variables：Old and New Values 对话框

（4）点击【Continue】→【OK】，系统将会根据用户定义和选择自动完成分组，并将分组结果在数据浏览界面上以新的变量显示出来。

7.拆分数据

如果打算针对不同年龄的青少年，分别进行此后的一系列有关的数据处理，则需要事先进行拆分数据的操作，操作步骤如下：

（1）选择菜单：点击【Data】→【Split File】，系统弹出如附图 10 所示的

"Split File"对话框。

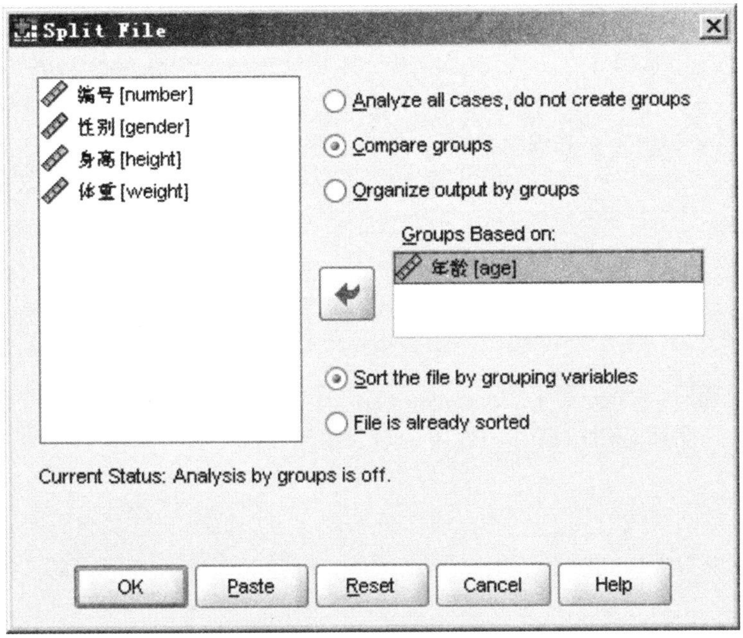

附图10 Split File对话框

（2）选择"Compare groups"选项，并指定拆分变量"年龄［age］"到"Groups Based on"框中。

（3）点击【OK】，系统将会根据用户定义和选择自动完成数据拆分。数据拆分将对今后的所有分析活动一直起作用，即无论进行哪种统计分析，都将是按拆分变量的不同组分别进行分析和计算。如果希望重新对所有数据进行整体分析，则需要重新执行数据拆分，并在附图10所示的对话框中选择"Analyze all case, do not create groups"选项。

附录1.2 问卷调查法

问卷调查是近些年来比较流行的一种数据搜集方式，特别适用于大规模人群中某些社会、经济问题的统计研究。研究人员可根据研究课题的需要，设计出一系列问答题目，以问卷形式交由受访者回答，从而获取与研究课题相关联的某一特定人群总体的样本数据。

一套完整的问卷一般由3部分构成：致敬信、填表说明、问答题目。问卷调查面向人群，需要受访者的密切配合，调查者通过致敬信向受访者表示出应有的尊重是十分必要的。致敬信宜简明扼要，说明此次调查的目的和意义即可。此外在致敬信中还应留下调查者的联系方式。致敬信的格式要求可参照下面的例子。这是一次大学校风调查问卷中所采用的致敬信：

亲爱的同学：您好!

值此新学期开始之际，为支持校风建设，改善教学环境，我们特地组织了这次调查活动。恳切希望您在百忙中予以支持和帮助。请您根据自己的情况如实填写，您填写的每一项内容都将对我们的研究起到重要作用!

谢谢您的合作!并衷心祝愿您学习进步，心想事成!

×××大学学生会

联系人：×××　联系电话：×××

2018年3月1日

问卷要向大量人群发放，填写方法必须一致，否则会造成此后的数据录入和整理工作中不必要的混乱和不便。特别是对问卷中某些可能会引起歧义的地方，一定要加以详细说明。填表说明可放在问卷的扉页上，也可放在问卷的封底上。下面的例子是一次产品质量跟踪调查问卷中的填表说明：

填表说明

1.问卷中画横线________处，请您填入符合自己情况的数字和答案；

2.问卷中的多项选择题，请在符合您自己情况的该项前的序号上，画一个○；

3.单项选择题，如无特别要求，请选填其中的一个答案；

4.您所填的数字我们将严守秘密，如有泄露您可追究我们的责任。

再一次感谢您的合作!

问答题目是调查问卷的主体，需要研究人员根据研究课题的要求以及被调查人群的特点巧妙构思，精心设计。一般情况下，一个问答题目对应着样本数据中的一个变量，所以要尽量避免多项选择题。问答题目要直观、简短、易填，要尽量避免被访者的复杂计算和回忆。除非十分必要，一般不宜直接触及个人隐私及刺激性话题。有以下几种题型可供问卷设计时参考：

1.填写题

在问题的后面划一道横线，被访者将答案填在横线上，如：

专业：________年级：________性别：________

2.是非题

在问题的后面列出是与否、好与坏、对与错、同意与不同意等互斥两种判断，如：

您在学习中是否感到有压力?

①是　②否

3.多选题

在问题的后面列举出两个以上的答案，供被访者选答其中最符合自己实际情况的一个答案，如：

您认为促使您努力学习的动力：

①自己的前途和未来　　②来自家庭的压力

③父母亲人的鼓励　　④数目不菲的奖学金

4.矩阵式

将问题排成行，同时将各种答案排成列，如：

您觉得下列手机的质量如何

	差	较差	一般	较好	好
苹果	□	□	□	□	□
华为	□	□	□	□	□
VIVO	□	□	□	□	□
OPPO	□	□	□	□	□
三星	□	□	□	□	□

5.表格式

将一系列问题统一安排在一个表格中，供被访者填答，如：

您认为您所需要的手机所具备的起码的功能应当有哪些

网络类型	□GSM □CDMA □GPRS
手机外形	□翻盖 □大屏幕 □双屏显示 □内置天线 □可更换外壳
通话功能	□录音 □语音拨号 □免提通话 □通话时间提示
数据功能	□GPRS □红外线 □蓝牙 □中文短信 □无线下载 □群发短信 □数据传输 □MMS彩信 □移动QQ □电子邮件 □EMS增强知信 □微信
简单功能	□闹钟 □录音机 □简单游戏 □秒表 □阳历农历转换 □自动开关机
高级功能	□和弦下载 □录制铃声 □动画屏保 □收音机 □PDA功能 □程序下载 □JAVA支持 □数码相机 □内置MP3播放器

问卷设计没有一定之规，熟悉了问卷格式、设计原则和常见题型之后，完全可以根据课题的研究需要，结合被调查人群的心理特点，充分调动灵感，自主发挥。但在问卷设计人员的头脑中始终要有这样一条清晰的设计线索：明确当前的研究课题→确定对应的人群总体→列举总体的相关属性→选定最终的研究变量→编制可行的问答题目→给出题目的备选答案。

完美的问卷设计，应该是以小的篇幅、简捷的问答题目获取充分而真实的数据，并可在此后的数据分析过程里，从中提炼出对课题研究有所裨益的深层信息。下面给出的是一个小型的调查问卷样式，仅供参考。

大学生传统文化素质调查问卷

为了解当今大学生对中国传统文化的态度，特作此调查。非常感谢您的合作。您填写的每一项内容都将对我们的研究起到重要作用!

文化传播学院

联系人：××× 联系电话：×××

2018年4月23日

对于选择题，您在所选答案上打钩即可。必要时可做多项选择。再一次感谢您的合作!

1.您所在专业：A.理工类　B.经济类　C.人文类　D.艺术类　E.外语类

2.年级：A.大一　B.大二　C.大三　D.大四　E.研究生以上

3.性别：A.男　B.女

4.中国传统文化在今天仍有生命力吗？A.有　B.没有

5.您的中国传统文化知识来自：A.学校　B.家庭　C.自学

请按比重由大到小排列____________>____________>____________

6.您常看中国传统文化的书籍吗？A.是　B.否

7.您经常访问中国传统文化的网站吗？A.偶尔　B.经常　C.从不

8.您耐心地听完过一场京剧吗？A.是　B.否

9."天行健，君子以自强不息"及"天地之大德曰生。"这出自哪部作品？

A.论语　B.道德经　C.庄子　D.易经

10.儒家的代表人物是：A.孔子　B.荀子　C.庄子　D.孟子　E.墨子

11.您认为中国传统文化的基本精神是：A.天人合一　B.和为贵　C.有所为，有所不为　D.厚德载物，自强不息

12."四书五经"分别指的是：A.大学、中庸、论语、孟子　诗、书、礼、易、春秋　B.大学、中庸、论语、孟子　诗、书、礼、乐、春秋　C.尚书、礼记、论语、孝经　诗、书、礼、乐、春秋　D.尚书、礼记、论语、孝经　诗、书、礼、易、春秋

13.一直作为中国士大夫高尚节操的象征是：A.古筝　B.古琴　C.箫　D.笛

14.儒家的思想核心是：A.仁　B.德　C.无为　D.天人合一

15.佛教源于：A.中国西藏　B.印度河流域　C.恒河流域　D.中亚地区

16.被誉为"中国的莎士比亚"的是谁？A.关汉卿　B.王实甫　C.孔尚任　D.纪君祥

17.不属于中国古代十大古曲的是：A.高山流水　B.二泉映月　C.十面埋伏　D.胡笳十八拍

18.《梅花三弄》中的三弄含义是：A.三次相遇　B.经过三个乐师共同创作　C.梅花的3种品质　D.曲中泛音曲调在不同徽位重复了三次

19.汉字的形体您知道几种？________（填写知道的数目即可，下同）

20.构成汉字的法则，您知道几条？_______

21.近代人们习惯称道的"颜柳欧赵"四大家，您知道其中的几家？_______

22.《清明上河图》是谁画的？A.王冕　B.张大千　C.张择端　D.吴道子

23.堪称中国古代韵律诗的开山之作是：A.关雎　B.小雅　C.国殇　D.硕鼠

24.属于"初唐四杰"作品的是：A.《在狱咏蝉》　B.《登鹳雀楼》　C.《登幽州台歌》　D.《送杜十四之江南》

25."宫保鸡丁"是哪个地方的名吃？A.西安　B.四川　C.福建　D.江苏

名人简介

威廉·配第（William Petty，1623—1687）：英国古典政治经济学创始人，统计学家。威廉·配第出生于英国一个手工业者家族，从事过商船上的水手、服务员、医生、音乐教授等许多职业。他13岁进入卡昂大学学习，后进入牛津大学研修医

学，1649年获医学博士学位。曾担任牛津大学解剖学教授。1650年到英国驻爱尔兰军队中去做医生。1651年成为爱尔兰总督小克伦威尔的侍从医生。后来逐渐离开医学，从政、从商，发展为贵族。他头脑聪明，学习勤奋，敢于冒险，善于投机，晚年成为拥有大片土地的大地主，还先后创办了渔场、冶铁和铝矿企业。威廉·配第的主要贡献是最先提出了劳动决定价值的基本原理，并在劳动价值论的基础上考察了工资、地租、利息等范畴，他把地租看作剩余价值的基本形态。威廉·配第还在其著名的《政治算术》一书中，第一次采用“用数字说明事实”的方法，因此，马克思称他为“政治经济学之父，在某种程度上也可以说是统计学的创始人”。

第2章 图表描述

在花费同样的时间和劳动的情况下，完整细致地检查数据的收集过程或者说试验过程，常常会增加10倍或12倍的收益。实验结束后向一个统计学家咨询的，常常是要他提出一个后续的检验，他或许能指出实验失败的原因。

——罗纳尔德·艾尔默·费希尔

引例2

某财经大学学生就业指导处，每年都要吸引许多公司来校园参加招聘工作洽谈会。为确定吸引公司工作的重点，就业指导处专门在应届毕业生中做了一项调查，询问每一位学生的就业意向，其中包括：会计、金融、管理、营销、其他，并获得表2-1所示的原始数据：

表2-1 260名毕业生就业意向的调查数据

管理	会计	会计	金融	金融	会计	管理	营销	营销	其他
会计	管理	会计	营销	会计	会计	管理	会计	会计	其他
管理	会计	其他	营销	会计	会计	金融	会计	会计	管理
其他	管理	营销	营销	金融	营销	其他	会计	营销	管理
其他	会计	营销	金融	金融	营销	金融	会计	营销	其他
管理	会计	其他	管理	金融	会计	金融	营销	会计	会计
营销	管理	其他	会计	会计	会计	管理	营销	会计	其他
管理	会计	会计	管理	会计	会计	营销	营销	营销	会计
会计	管理	会计	管理	金融	管理	会计	营销	管理	会计
会计	管理	营销	金融	金融	管理	会计	营销	营销	管理
金融	管理	营销	金融	其他	会计	营销	其他	会计	会计
金融	会计	营销	营销	金融	会计	会计	其他	会计	会计
会计	会计	营销	营销	金融	营销	金融	营销	会计	其他
其他	营销	会计	会计	金融	会计	金融	金融	会计	管理
会计	会计	会计	营销	其他	会计	会计	会计	会计	管理
营销	会计	营销	营销	其他	管理	会计	会计	会计	管理
营销	会计	金融	营销	其他	管理	营销	金融	营销	金融
其他	营销	营销	金融	其他	其他	营销	金融	营销	金融
营销	金融	会计	金融	其他	营销	营销	营销	营销	金融
营销	营销	营销	金融	金融	其他	营销	营销	营销	金融
营销	营销	会计	会计	金融	管理	营销	营销	营销	金融
会计	会计	金融	金融	会计	管理	营销	金融	营销	其他
金融	会计	会计	营销	金融	管理	营销	金融	营销	金融
金融	金融	会计	金融	金融	管理	营销	金融	其他	其他
会计	会计	金融	金融	金融	管理	营销	营销	其他	金融
会计	会计	金融	金融	金融	管理	营销	营销	其他	其他

毫无疑问，数据中包含着毕业生就业意向的有用信息，但仅从表面观察，很难从中获得有用的观察结果，更无从谈起深入的分析和计算。

通过调查所获得的原始数据，往往都是观测值众多而且结构零散的，不加以系统整理，很难进行有效的整体性观察。大量、零散的原始数据自有其内在的条理化结构，图表描述是揭示原始数据内在结构条理的有效手段。

2.1　品质型数据的图表描述

2.1.1　频数分布表

表2-1中的原始数据涉及一个变量，即“就业意向”，这是一个定类变量，有5个变量值，即：会计、金融、管理、营销、其他。尽管260个观测值之间是存在差异的，但这种差异并不是漫无边际的，它们分别归属于5个不同的变量值中的一个。如果先将260个观测值按所属变量值不同划分为5组，再汇总得出各组观测值的个数，原本大量零散的原始数据就会在不损失任何原有细节的前提下得以简化，并显示出一种条理化的结构，参见表2-2。

表2-2　**260名毕业生就业意向频数分布表**

就业意向	频数（人）	频率（%）
会计	76	29.2
金融	54	20.8
管理	33	12.7
营销	68	26.2
其他	29	11.1
合计	260	100

观察表2-2中的数据，可以获得以下明晰的印象：260名应届毕业生中，就业选择倾向于会计的人数为76，占总人数的29.2%；倾向于金融的人数为54，占总人数的20.8%；倾向于管理的人数为33，占总人数的12.78%；倾向于营销的人数为68，占总人数的26.2%；其他为29，占11.2%。

表2-2称作频数分布表，其编制过程包含两个步骤：第一步，对原始数据按照变量值不同进行分组；第二步，汇总得出各组中观测值的个数。各组中观测值的个数通常称作各该组的频数。频数分布表给出了全体观测值在不同组之间的分布状况，我们可以通过观察频数分布来把握数据的整体特征。

表2-2中的频率是对频数进一步加工计算所得出的派生结果，它是各组频数与全体观测值个数的比值。频率是对频数分布状况的进一步概括和抽象，它与频数所反映的内容本质上是一致的。

2.1.2　条形图与饼形图

为了更加直观地显示出数据的频数分布状况，可以在频数分布表的基础上绘制频数分布图。适用于定类数据的频数分布图主要是条形图和饼形图。图2-1给出了

260名毕业生就业意向的频数分布条形图。

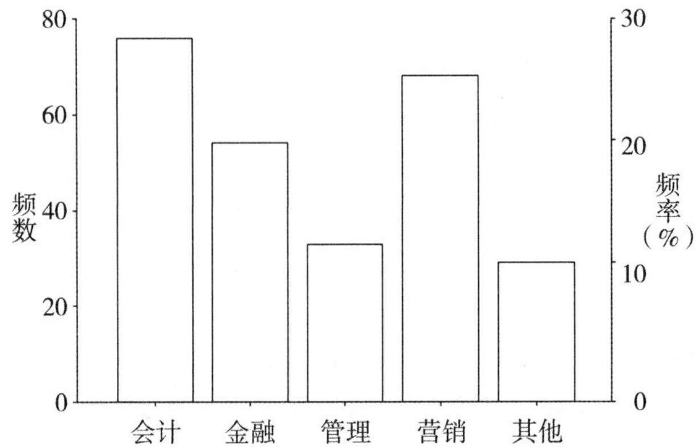

图2-1 260名毕业生就业意向的频数分布条形图

条形图的绘制，通常以横轴表示变量及其分组，以纵轴表示频数。每个条形的长短代表该组频数的多少。条形的宽窄及各条形之间的间隔没有实际含义，考虑到图形美观和避免引起歧义，通常取相等的宽窄和间隔。条形图的纵轴也可以表示频率，采用频率所绘制出来的条形图与采用频数的条形图整体形状没有差别。

图2-2给出了260名毕业生就业意向的频数分布饼形图。在饼形图中，整个圆的面积代表了频数的100%，各个扇形的面积代表各组的频率。饼形图的扇形面积也可以表示频数，但在实际工作中人们一般习惯于在条形图中采用频数，在饼形图中采用频率。

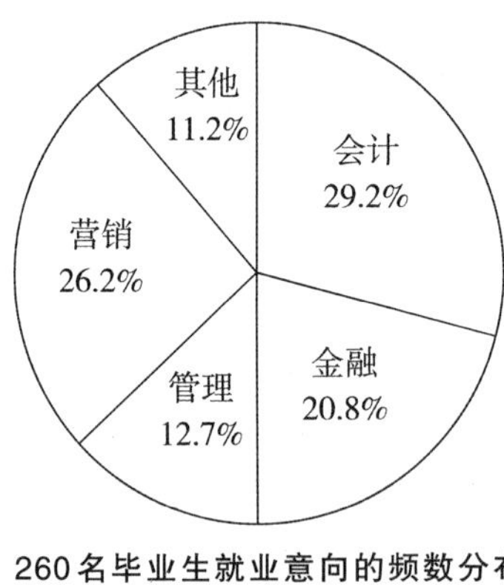

图2-2 260名毕业生就业意向的频数分布饼形图

饼形图与条形图所反映的内容是完全相同的，但从图示效果上看，饼形图似乎可以更为醒目地表现出频数分布的整体结构状态；条形图则似乎更便于进行不同组之间频数差异的比较。

实际工作中，如果对各组频数高低的顺序感兴趣，还可以在条形图中重新排列各个条形的位置，如图2-3所示。

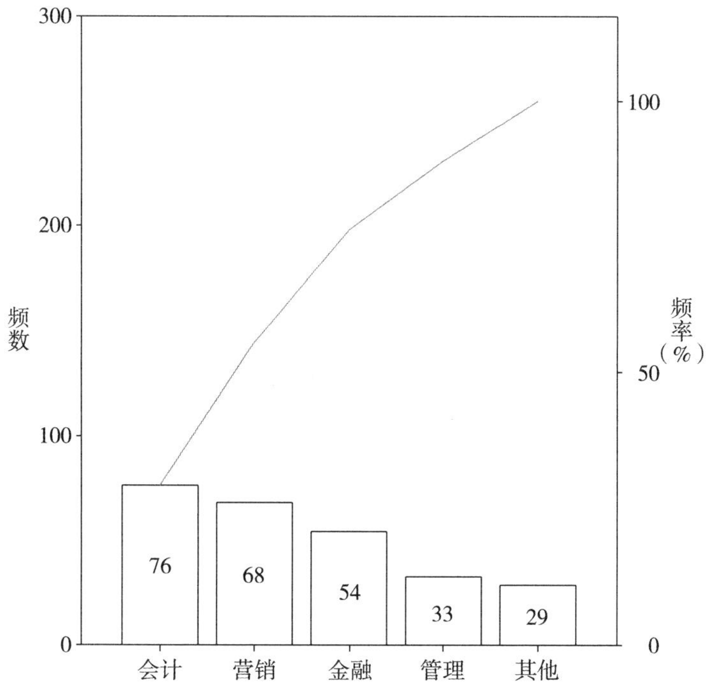

图2-3　260名毕业生就业意向频数分布帕累托图

图2-3称作帕累托图。它是按各组频数高低排序绘制的条形图，由此图可以清楚地看到频数高低变化的整体情况。图中的虚线表示由频数最高组向频数最低组逐步计算的累积频数。

以上是围绕定类数据所介绍的图表描述方法，这些方法同样适用于定序数据。例如，为评价某城市的空气质量状况，研究人员在该城市中测定了300个采样点，并获得如表2-3所示的测定结果：

表2-3　**300个采样点空气质量评价数据**

空气质量等级	采样点个数
优	193
良	67
轻度污染	28
中度污染	7
重度污染	5
合计	300

表2-3是一个定序变量数据，由此数据所绘制的频数分布条形图及饼形图如图2-4和图2-5所示。

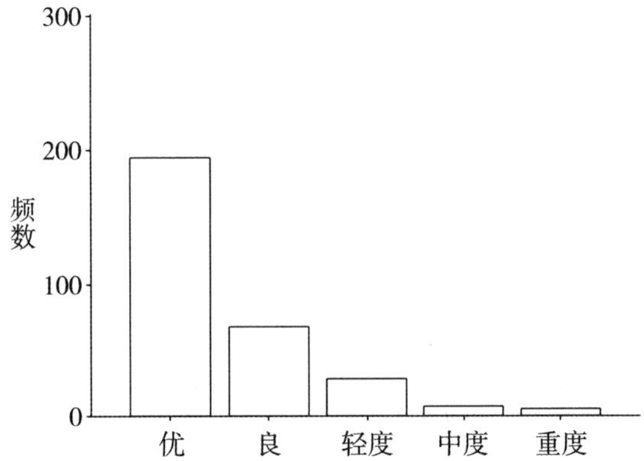

图2-4　300个采样点空气质量等级频数分布条形图

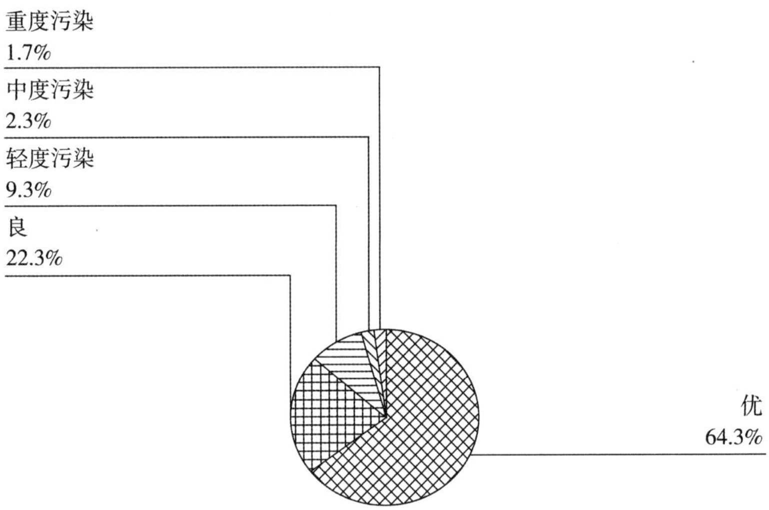

图2-5　300个采样点空气质量等级频数分布饼形图

由于定序数据的取值是具有顺序性的，所以其频数分布表及频数分布图中的分组次序是不可随意调换位置的，分组次序的混乱意味着原始数据中的信息缺失。定类数据则不存在分组的排列次序问题。

从频数分布表中，可以方便地读出某一组频数的多少。对于定序数据，如果需要直接从表中读出某一变量以上或以下累积频数的多少，则需要在频数分布表的基础上进一步加工绘制累积频数分布表，参见表2-4。

累积频数的计算分为向上累积与向下累积两种情况。向上累积回答某一变量值以下的累积频数是多少；向下累积回答某一变量值以上的累积频数是多少。

也可以根据累积频数计算出累积频率。还可以根据累积频数表绘制累积频数图，如图2-6所示。

表2-4 **300个采样点空气质量评价数据**

空气质量等级	采样点个数	向上累积		向下累积	
		累积频数	累积频率（%）	累积频数	累积频率（%）
优	193	193	64	300	100
良	67	260	87	107	36
轻度污染	28	288	96	40	13
中度污染	7	295	98	12	4
重度污染	5	300	100	5	1
合计	300	—	—	—	—

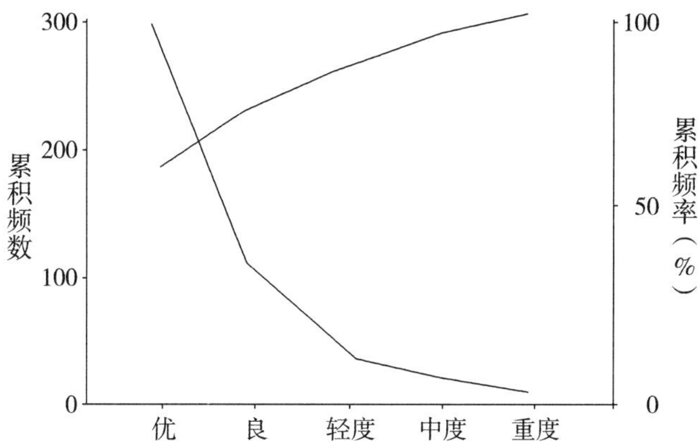

图2-6 300个采样点空气质量等级累积频数图

2.2 数值型数据的图表描述

2.2.1 组距式频数分布表

进行数值型数据图表描述的目的，同样是尽可能直观地显示其频数分布状态，其基础性工作也同样是通过分组与汇总来编制频数分布表。

如果数据中的变量值个数不是很多，则可以参照与品质型数据同样的方法，以单个变量值作为分组标准来编制频数分布表。但在日常数据处理活动中，我们所遇到的数值型数据，其变量值及观测值的个数往往是很多的，如果仍以单个变量值作为分组标准，那么最终得出的频数分布表就会由于组数太多而拖得很长，这样反倒不便于对频数分布状态进行整体性观察。

例如，为科学考核教学效果，任课教师每学期期末都要对自己所担任课程的学生考试成绩进行统计分析。一般来讲，学生期末考试成绩的频数分布呈现出“两头小中间大”的特征是合理的。某班级60名学生统计学课程的期末考试成绩数据见表2-5：

表2-5　　60名学生统计学课程的期末考试成绩数据　　单位：分

65	81	72	59	71	51	85	66	66	70
72	71	79	76	77	68	65	73	64	72
82	73	77	75	80	85	89	74	86	83
87	77	67	80	78	69	64	67	79	60
62	78	59	99	74	68	63	69	67	67
84	69	72	62	74	73	68	83	74	65

本数据共有60个观测值，其变量值个数多达31个。若以单个变量值来确定组别，就会有31组，组数太多，已经失去了用来进行整体性观察的意义。

实践中，对于规模比较大、变量值个数比较多的数值型数据一般是采用组距式频数分布表。组距式频数分布表能够更强地概括显示频数分布状态。

表2-6是根据表2-5中的原始数据所编制的一个组距式频数分布表。表2-6概括地描述了60名学生统计学课程期末考试成绩的频数分布状态，看得出来，这是一种“两头小中间大”的分布特征。

表2-6　　60名学生统计学课程的期末考试成绩组距式频数分布表

成绩分组（分）	频数（人）
50~60	4
60~70	21
70~80	24
80~90	10
90~100	1
合计	60

组距式频数分布表不是以单个变量值来确定组别，而是以表示一定取值范围的两个变量值来确定组别，并以此为标准进行各组频数的汇总。在组距式频数分布表中，每一组中较小的那个变量值称作该组的下限，较大的那个变量值称作该组的上限；下限到上限之间的距离称作该组的组距；下限与上限之间的中点位置称作该组的组中值。譬如，在“70~80”这一组中，下限为70，上限为80，组距为10，组中值为75。组距式频数分布表通常都是等距的，这主要是为了保证各组之间分布频数的可比性。

组距式频数表具有很强的概括力，数据规模无论多大，都可以通过组距的延伸加以分组和汇总。但它也有一个严重的缺陷，即组距越大原始数据中的细节损失就越多。譬如，“70~80”这一组所对应的频数为24，但已经无从知晓这24位同学的考试成绩具体是多少。理想的情况是：既显示出频数分布的整体特征，又不丢失原始数据的任何细节，但在实践中很难找到这种两全的办法。

由原始数据编制组距式频数分布表的具体步骤如下：

第一步：确定组数。组数的确定应以能够充分显示频数分布的整体特征为原则。但这一原则在实际工作中却是不易把握的。组距过长，组数过少，会损失原始数据中的大量细节；组距过短，组数过多，又不便于对数据的频数分布特征做出整体性观察。

很难找到一个确定组数的可操作的客观标准。数据分析人员往往是根据自身的经验来主观地确定组数。在表2-6中，我们根据经验将原始数据分为5组，从整理的结果上看，还是比较直观地显示了频数分布的整体特征。

有人曾提出确定组数的一个公式：组数=1+3.3log（n）。根据这个公式，表2-5中数据的组数=1+3.3log（n）=1+3.3log60=6.87，四舍五入，60名学生期末考试成绩的分组数目似应确定为7组。但这只是一个经验公式，不是绝对的标准。

第二步：确定各组的组距。组距=（最大观测值-最小观测值）/组数。在表2-5的原始数据中，最大观测值为99，最小观测值为51，如果组数确定为5，则各组的组距=（最大观测值-最小观测值）/组数=（99-51）/5=9.6，四舍五入，组距可确定为10。

第三步：确定组限。有了组距之后，只要确定了最小组的下限，则其余各组的组限也将随之确定。最小组下限的确定也带有一定的主观性，但必须遵循的一个重要原则是：最小组的下限必须包含数据中最小的观测值。考虑到表2-5数据中的最小观测值为51，组距为10，可将最小组的下限确定为50。于是，各组的组限依次为：“50~60”“60~70”“70~80”“80~90”“90~100”。

实践中我们所遇到的数值型变量多为连续型的，对于连续型变量数据来说，任何两个变量值之间都存在着无数个可能的观测值，为避免频数汇总过程中的遗漏，相临两组之间，较小一组的上限应当与较大一组的下限相重合。譬如，在“60~70”与“70~80”两组之间，较小组的上限70，与较大组的下限70是重合的。对于离散型数据，则没有这种硬性规定。

第四步：频数汇总。频数汇总过程中要遵循“不重不漏”的原则。“不漏”指的是原始数据中的全部观测值必须包含在最小组的下限与最大组的上限所界定的范围之内。“不重”指的是同一个观测值在频数汇总过程中不能重复统计。譬如，如果某一观测值为80，则不得同在“70~80”与“80~90”两组中同时统计频数。实际工作中一般遵循“上限不计本组内”的原则，即取值为80的这个观测值要计入以80为下限的“80~90”这一组的频数之内，而不应计入以80为上限的“70~80”这一组的频数之内。

此外，也可在数值型变量数据频数分布表的基础上，编制累积频数分布表，参见表2-7。

表 2-7　　60名学生统计学课程的期末考试成绩组距式累积频数分布表

成绩分组	频数（人）	向上累积		向下累积	
		累积频数	累积频率（%）	累积频数	累积频率（%）
50~60	4	4	7	60	100
60~70	21	25	42	56	93
70~80	24	49	82	35	58
80~90	10	59	98	11	18
90~100	1	60	100	1	2
合计	60	—	—	—	—

2.2.2 直方图

组距式频数分布表所描述的频数分布状态可以通过直方图显示得更为直观。图2-7给出了就表2-6所绘制的60名学生期末考试成绩频数分布直方图。

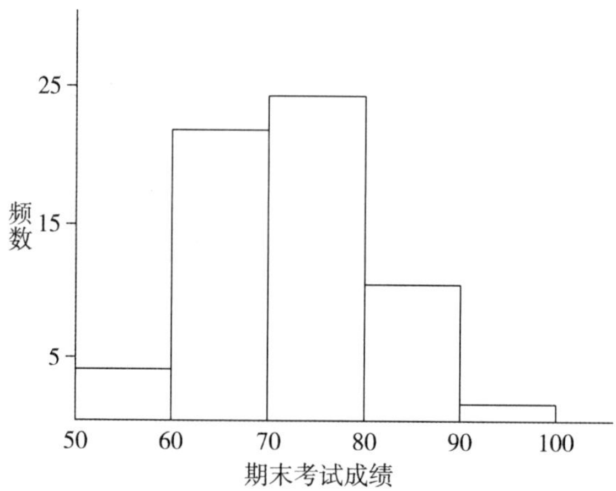

图2-7　60名学生统计学课程期末考试成绩频数分布直方图

直方图是直接根据组距式频数分布表绘制出来的，通常以横轴表示变量及其分组，纵轴表示各组的频数。直方图乍看起来与条形图形状有些相似，但两者之间有着本质的区别。条形图的宽窄是没有含义的，直方图的宽窄则表示各组的组距。制作条形图时通常要使各个条形之间保持一定的间隔，在直方图中各组之间则是没有间隔的。直方图是以面积来显示数据的，当某一组的频数为零时，代表该组数据的条形高度为零，相应地，条形面积也为零。

为强调频数分布的整体特征，还可以在直方图的基础上进一步加工制作出频数分布折线图或曲线图。折线图是将直方图中各个条形上端的中点用直线连接起来所形成的图形，它可以通过折线与横轴所围成的面积来显示数据。图2-8是根据图2-7中的直方图所绘制的折线图。

假定数据规模无限扩大，同时组距无限缩小，而组数又无限增多，那么折线图就将趋近于一条平滑的曲线，从而形成频数分布曲线图。图2-9是根据图2-7中的直方图所绘制的曲线图。

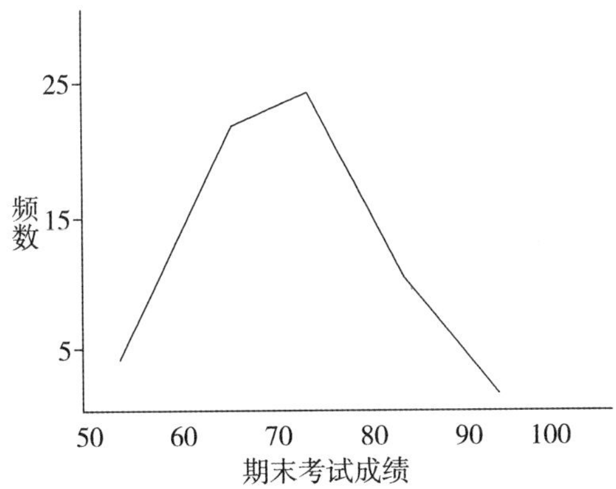

图2-8　60名学生统计学课程期末考试成绩频数分布折线图

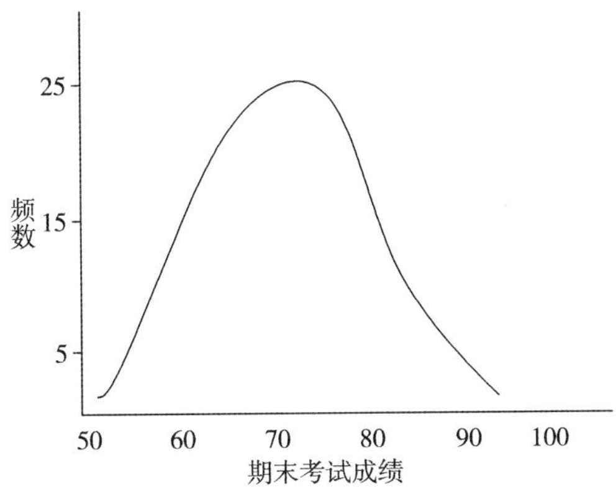

图2-9　60名学生统计学课程期末考试成绩频数分布曲线图

直方图及其所派生出的折线图与曲线图具有很强的概括性，适用于规模比较大的数值型数据的频数分布显示，而且要比组距式频数分布表本身来得更为生动而直观，因而成为实际数据处理工作中最为常用的一种频数分布图形。但它有一个明显的缺陷，即在确定组数及组距的过程中带有一定的主观性。

2.2.3　盒形图

盒形图是描述频数分布的又一种常用图形。直方图的主观性缺陷在盒形图这里可以得到比较有效的避免。图2-10是由表2-5中的期末考试成绩数据所绘制的频数分布盒形图。

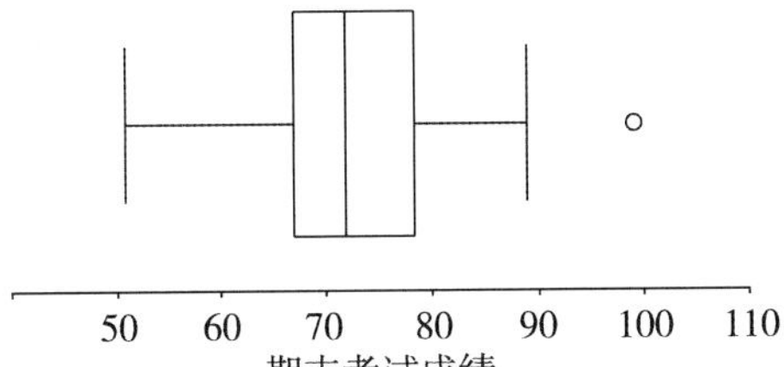

图2-10　60名学生统计学课程期末考试成绩频数分布盒形图

盒形图的绘制利用了数据中与频数分布整体特征密切关联的5个统计量：最小观测值、下四分位数、中位数、上四分位数、最大观测值。要看懂盒形图，必须首先搞清这5个统计量的含义。

将数据中的全部观测值按照从小到大的顺序排成一列，处于第1位置上的观测值即为该数据的最小观测值；处于第1/4位置上的观测值即为下四分位数；处于第1/2位置上的观测值即为中位数；处于第3/4位置上的观测值即为上四分位数；处于最后位置上的观测值即为该数据的最大观测值。依此定义，可得表2-5数据中的最小观测值、下四分位数、中位数、上四分位数、最大观测值分别为：51、67、72、78.75、99。图2-10中的盒形图就是根据这5个统计量的值绘制出来的。

图2-10中方盒的左侧边界对应下四分位数，右侧边界对应上四分位数。从下四分数到上四分位数之间的距离称为四分位差，也就是说方盒的宽窄代表着四分位差的大小。方盒内的竖线对应中位数。

由下四分位数和上四分位数的定义可知，数据中大于下四分数，小于上四分位数的观测值的个数，占全部观测值个数的50%，也就是说，方盒中包含了数据中50%的处于中间位置的观测值。由中位数的定义可知，数据中小于或大于中位数的观测值的个数，各占全部观测值个数的50%，也就是说中位数处于全部数据的中间位置。

于是，通过观察方盒的宽窄以及中位数在方盒中的相对位置，就可以大体判断出频数分布的离散程度及其对称性。方盒越宽表明频数分布的离散程度越高；方盒越窄则表明离散程度越低；中位数在方盒中的相对位置趋近于中间，则表明频数分布具有较强的对称性。

方盒两侧延伸出来的线段是一个人为给定的变动范围。在数据处理活动中，如果某一个观测值的大小超出了这个范围，则将被数据处理人员识别为异常值。图2-10中右侧的圆点就是一个偏大的异常值。由方盒右侧延伸出来的线段长短一般取1.5倍四分位差范围内的最大观测值；左侧延伸出来的线段长短则取1.5倍四分差范围内的最小观测值。

2.2.4 茎叶图

盒形图的绘制不带有主观性，相比直方图这是它的一个优点，但其绘制过程要涉及一系列描述性统计量的值的确定，非专业人员一般很难一下子看得懂。此外，盒形图的绘制同样也会损失原始数据中的许多细节，这是它与直方图所共有的一个缺点。

茎叶图则力求在完整描述数据频数分布特征的同时，保留原始数据中的全部细节。图2-11是由表2-5中的期末考试成绩数据所绘制的频数分布茎叶图。

频数	茎	叶
1	5.	1
2	6.	99
6	6.	022344
15	6.	555667777888999
14	7.	01122223334444
9	7.	567778899
7	8.	0012334
5	8.	55679
1	9.	9

图2-11 60名学生统计学课程期末考试成绩频数分布茎叶图

茎叶图包含“茎”与“叶”两个要素。图2-11中竖向排列的茎，显示各个观测值的十位数；对应每一节茎向右横向排列的叶，显示各个观测值的个位数。在图形右侧由全部观测值的个位数堆积形成的外部轮廓线，正好显示了频数分布的整体特征。与此同时，原始数据的全部细节并没有任何损失。

另外，在图形的左侧还给出了对应每一节茎所确定的各个分组的频数，这使得整个茎叶图具有了一种多功能的性质，既是频数分布图，又是频数分布表。

2.2.5 频数分布的类型

频数分布所显示出来的特征是由变量本身的性质决定的，而不是由我们采取的描述方法不同所决定的，不同性质的变量其频数分布会表现出不同的特征。实践中，常见的频数分布特征可区别为3个基本类型。

1）钟形分布

这是最常见的频数分布类型，其频数分布的图形轮廓好像一座倒扣过来的钟，呈现出一种“两头小中间大”的特征，变量的取值越靠近中间，频数就越高；越靠近两边频数就越低。钟形分布具体又分为对称、左偏、右偏3种情况，如图2-12所示。

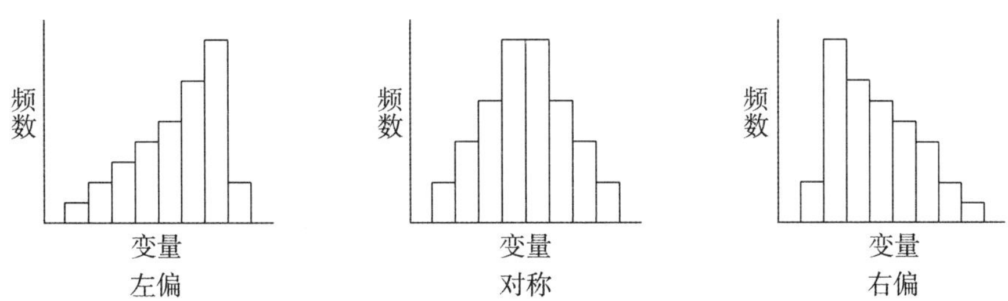

图2-12 钟形分布

2）U形分布

U形分布的特征刚好与钟形分布相反，变量的取值越靠近中间，频数越低；越靠近两边频数越高，频数分布的图形轮廓好像字母“U”，如图2-13所示。

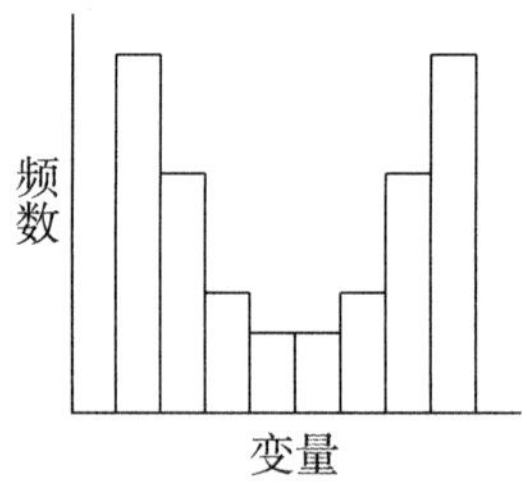

图2-13 U形分布

3）J形分布

J形分布的特征是：随着变量取值的增大或减小频数逐渐增高，频数分布的图形轮廓好像字母“J”。具体又区分为正J形分布和反J形分布两种情况，如图2-14所示。

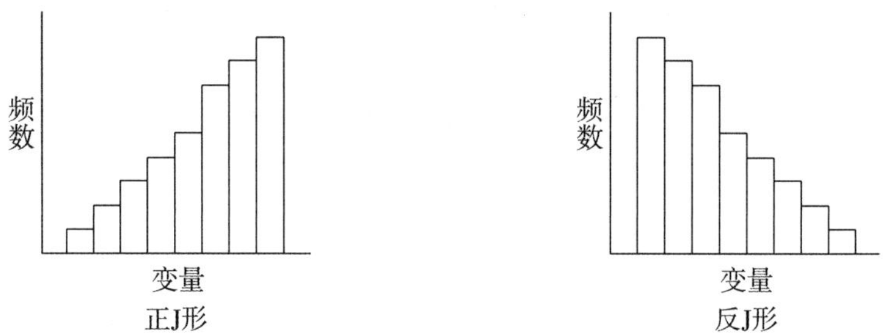

图2-14 J形分布

2.3 双变量关系的图表描述

2.3.1 散点图

前面所介绍的都是单变量数据的图表描述方法。实践中我们经常会遇到多变量数据，并希望通过图形来观察变量之间关系。

例如，家具销售商认为家具销售与住宅面积密切相关。为证实这一想法，专门搜集了其所在地区近10年来相关的统计数据，具体见表2-8。

表2-8 本地区近10年新增住宅面积和家具销售额

年份	新增住宅面积（万平方米）	家具销售额（万元）
1	65	9
2	62	12
3	69	15
4	76	19
5	89	22
6	105	32
7	116	43
8	134	55
9	164	67
10	170	76
合计	1 050	350

表2-8中的数据涉及新增住宅面积与家具销售额两个数值型变量，仅就表2-8中观测值的数字上观察，是难以对两个变量之间的关联性做出明确判断的。散点图是通过样本数据判断和把握两个变量之间关联性的一个非常有用的图形工具，适用于两个数值型变量之间关系的描述。图2-15是就表2-8中的数据所绘制的散点图。

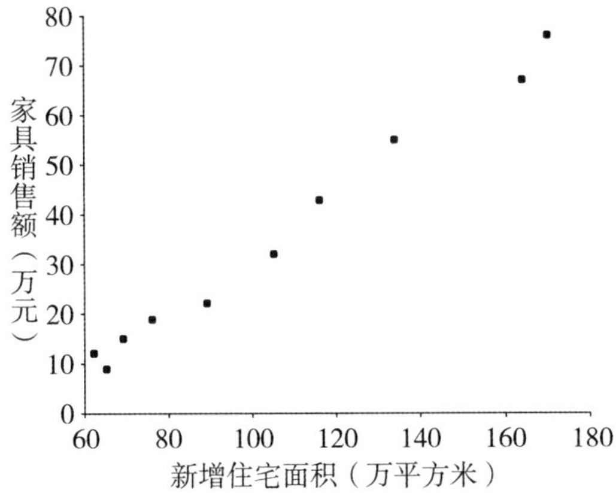

图2-15　新增住宅面积与家具销售额散点图（万平方米）

图2-15中的横轴表示新增住宅面积的取值，纵轴表示家具销售额的取值。这两个变量在样本数据中的每一对取值决定了图中的一个点。观察这些点的分布状况，可以帮助我们判断和把握两个变量之间的关系类型及其相互关联的密切程度。从图2-15形中不难看出，新增住宅面积与家具销售额两者之间具有一种正向的线性关联，各个点整体上沿着一条向上的直线上下波动。

散点图还有一个明显的优点，就是在图形的绘制过程中没有损失原始数据的任何细节。取每个点在横轴和纵轴上的投影，即可重新完整获得原始数据。

2.3.2　交叉频数分布图

若要通过图形来观察两个品质型变量之间的关系，可根据样本数据绘制交叉频数分布图。

例如，为开展诺基亚、摩托罗拉、爱立信、三星4种品牌手机的广告设计活动，广告公司经理需要知道他们在学生群体中的市场占有情况。为此，专门针对不同身份的学生进行了一次关于手机使用情况的调查。被调查的学生需要回答他们愿意购置哪种品牌的手机，并说明他们是初中生、高中生还是大学生。调查过程所获得的数据见表2-9。

表2-9　　**4种品牌手机在学生手机市场占有情况的调查数据**

组别	初中生	高中生	大学生	合计
诺基亚	27	29	33	89
摩托罗拉	18	43	51	112
爱立信	38	15	24	77
三星	37	21	18	76
合计	120	108	126	354

表2-9是由原始数据加工整理所获得的一个交叉频数分布表，涉及手机品牌与使用者身份两个品质型变量。观察表中的数字，可以得出有关手机市场占有情况的初步判断。若要深入一步，观察两个变量之间的内在关联情况，可以绘制交叉频数分布图，如图2-16所示。

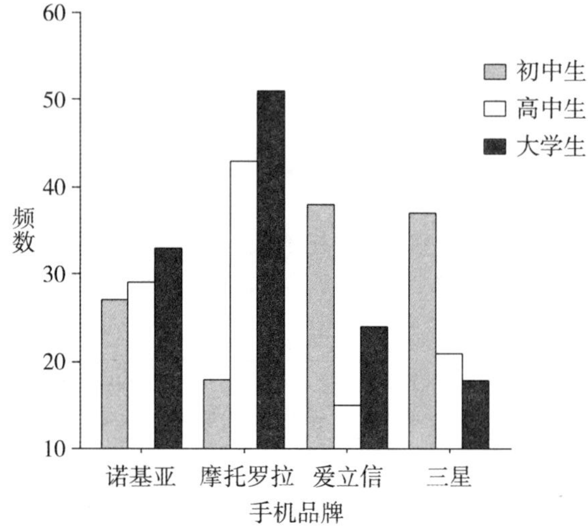

图2-16 手机品牌与使用者身份交叉频数分布图

从图2-16中可以清楚地看到，初中生、高中生和大学生手机使用者在不同品牌手机中的分布是有所差异的。交叉频数分布图实际上是对单变量条形图的一种组合运用，借助此图可以直观地观察两个品质型变量数据的交叉频数分布情况。

2.4 运用SPSS进行图表描述

2.4.1 运用SPSS制作单项频数分布表

针对260名毕业生就业意向调查数据制作单项频数分布表的SPSS主要操作如下：

（1）打开“表2-1”对应的SPSS数据集“data2.1”。在SPSS主窗口选择菜单：点击【Analyze】→【Descriptive Statistics】→【Frequencies】，弹出如图2-17所示的“Frequencies”对话框。

（2）选择变量“就业意向［jyyx］”进入“Variable（s）”框内。选中“Display frequency tables”复选项，点击【OK】。系统输出260名毕业生就业意向单项频数分布表，如图2-18所示。

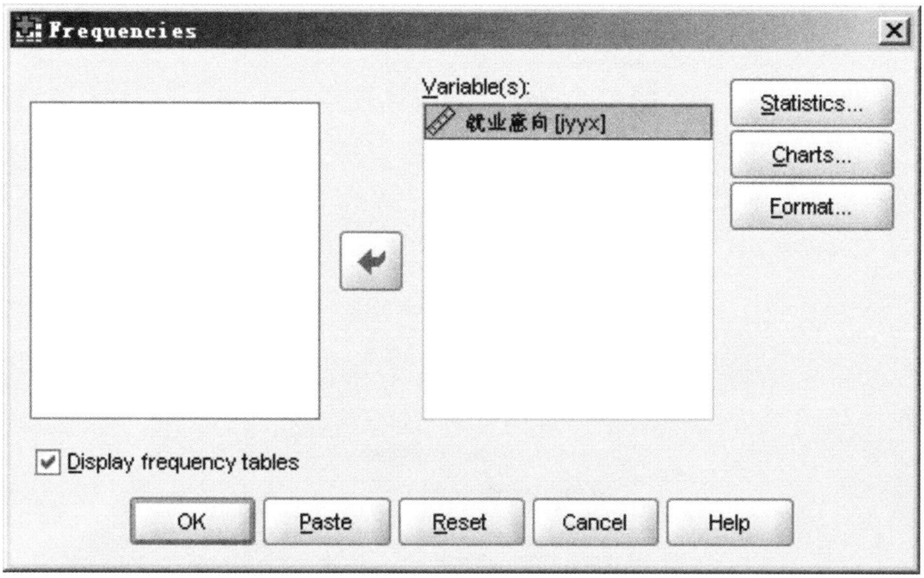

图2-17　Frequencies对话框

就业意向				
	Frequency	Percent	Valid Percent	Cumulative Percent
Valid 会计	76	29.2	29.2	29.2
金融	54	20.8	20.8	50.0
管理	33	12.7	12.7	62.7
营销	68	26.2	26.2	88.8
其他	29	11.2	11.2	100.0
Total	260	100.0	100.0	–

图2-18　260名毕业生就业意向单项频数分布表

2.4.2　运用SPSS制作条形图

针对260名毕业生就业意向调查数据制作频数分布条形图的SPSS主要操作如下：

（1）打开“表2-1”对应的SPSS数据集“data2.1”。在SPSS主窗口选择菜单：点击【Graphs】→【Legacy Dialogs】→【Bar...】，系统弹出如图2-19所示的“Bar Charts”对话框。

（2）点击【Define】按钮，系统弹出如图2-20所示的“Define Simple Bar: Summaries for Groups of Cases”对话框。

（3）选择变量“就业意向［jyyx］”进入“Category Axis:”框内，点击【OK】。系统输出260名毕业生就业意向频数分布条形图，如图2-21所示。

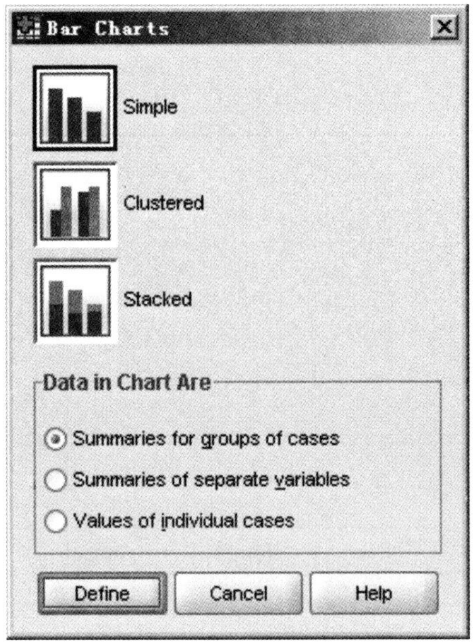

图 2-19 Bar Charts 对话框

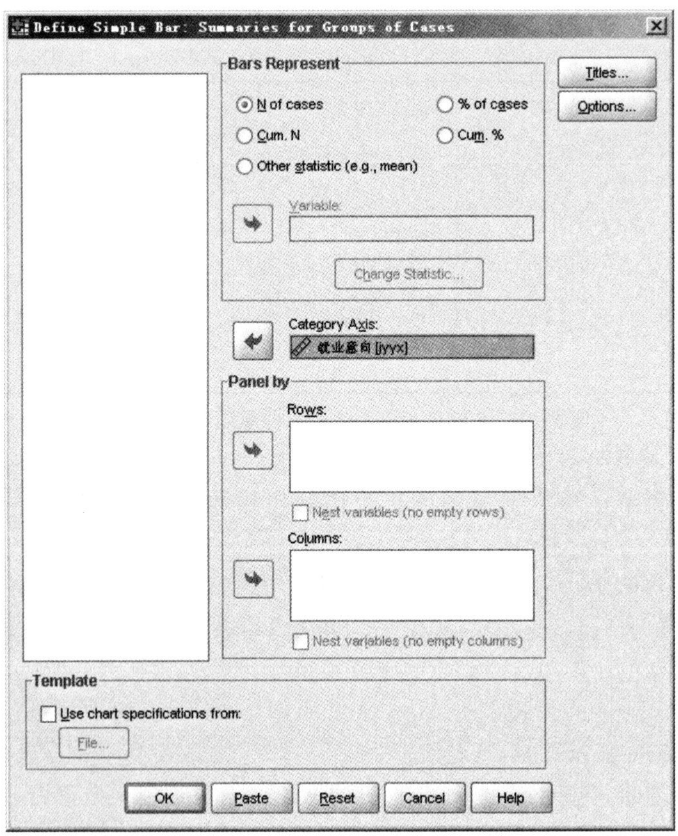

图 2-20 Define Simple Bar：Summaries for Groups of Cases 对话框

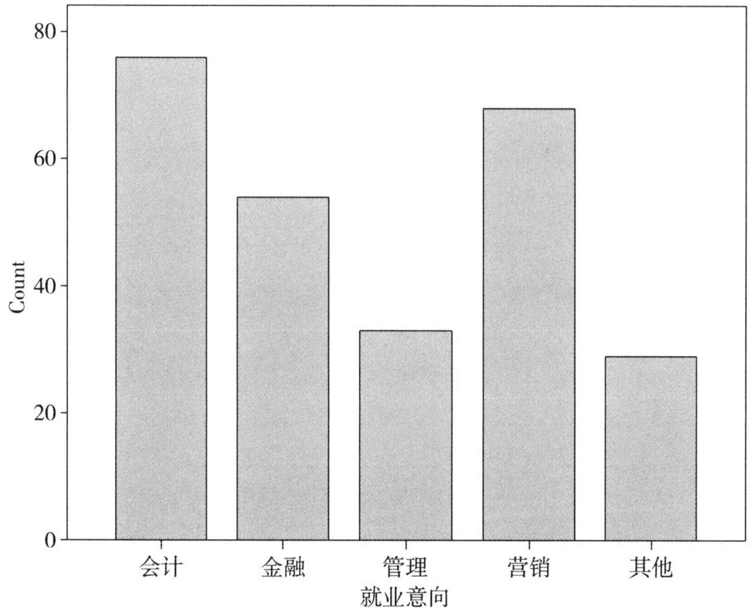

图2-21 260名毕业生就业意向频数分布条形图

2.4.3 运用SPSS制作饼形图

针对260名毕业就业意向调查数据制作频数分布饼形图的SPSS主要操作如下：

（1）打开“表2-1”对应的SPSS数据集“data2.1”。在SPSS主窗口选择菜单：点击【Graphs】→【Legacy Dialogs】→【Pie…】，系统弹出如图2-22所示的“Pie Charts”对话框。

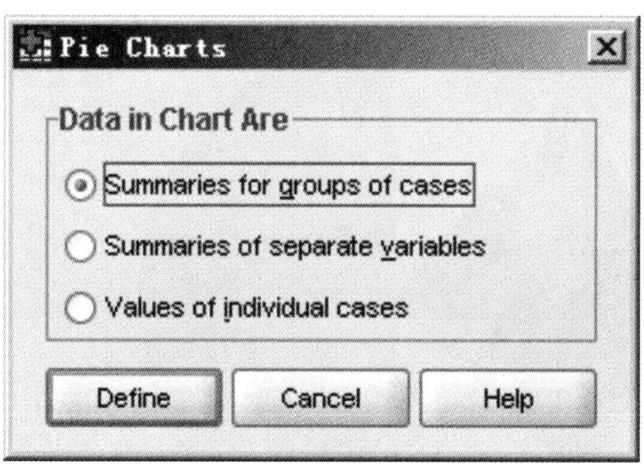

图2-22 Pie Charts对话框

（2）点击【Define】按钮，系统弹出如图2-23所示的“Define Pie：Summaries for Groups of Cases”对话框。

（3）选择变量“就业意向［jyyx］”进入“Define Slices by:”框内，点击【OK】。系统输出260名毕业生就业意向频数分布饼形图，如图2-24所示。

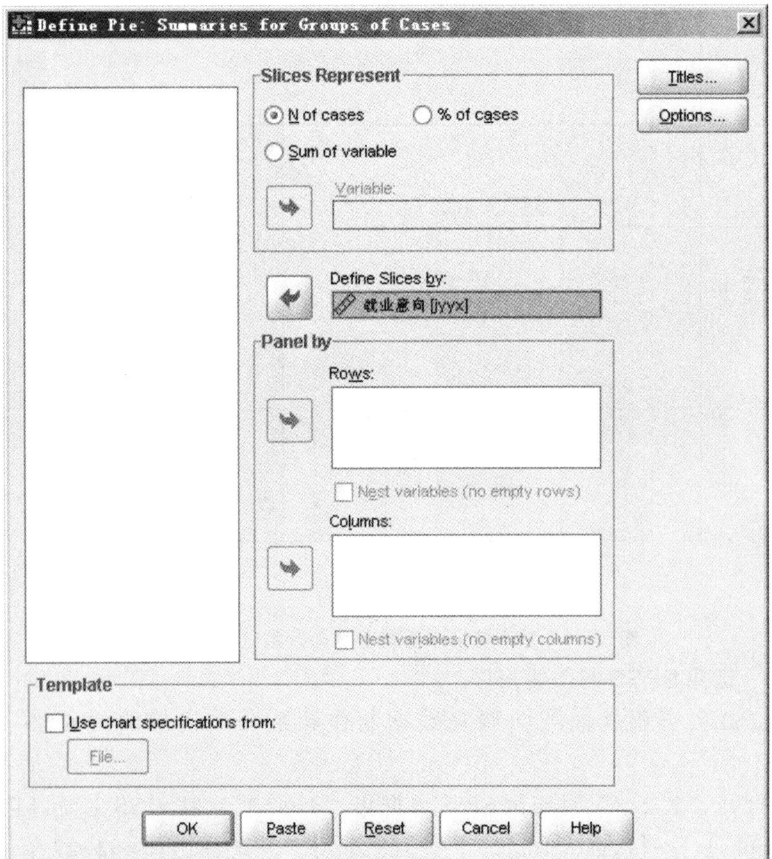

图2-23 Define Pie： Summaries for Groups of Cases对话框

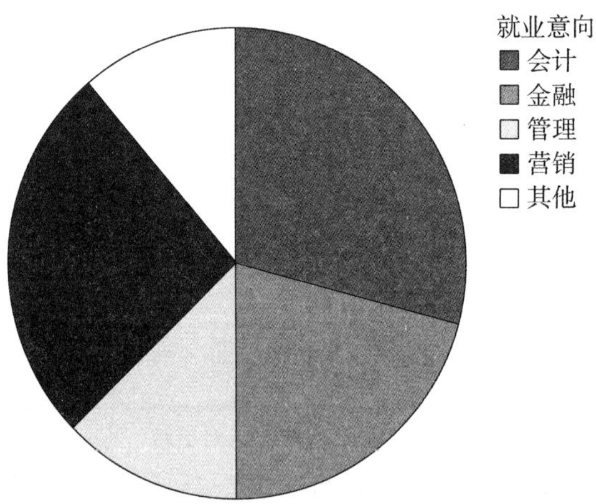

图2-24 260名毕业生就业意向频数分布饼形图

2.4.4 运用SPSS制作直方图

针对60名学生统计学课程的期末考试成绩数据制作直方图的SPSS主要操作如下：

（1）打开“表2-5”对应的SPSS数据集“data2.5”。在SPSS主窗口选择菜单：点击【Graphs】→【Legacy Dialogs】→【Histogram…】，系统弹出如图2-25所示的“Histogram”对话框。

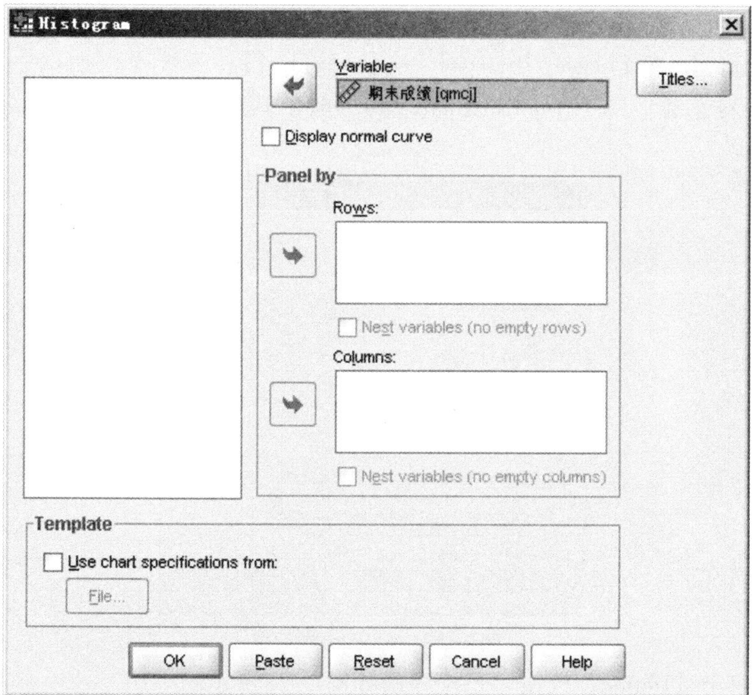

图2-25　Histogram对话框

（2）选择变量“期末成绩［qmcj］”进入“Variable:”框内，点击【OK】。系统输出60名学生统计学课程的期末考试成绩频数分布直方图，如图2-26所示。

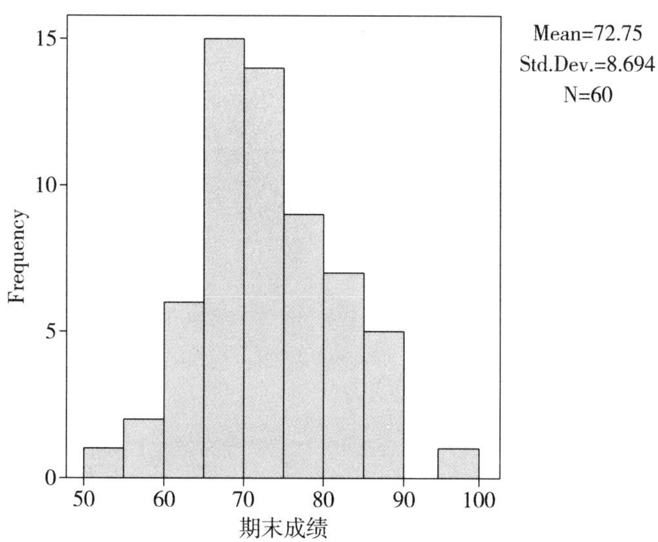

图2-26　60名学生统计学课程的期末考试成绩频数分布直方图

2.4.5 运用SPSS制作盒形图

针对60名学生统计学课程的期末考试成绩数据制作盒形图的SPSS主要操作如下：

（1）打开“表2-5”对应的SPSS数据集“data2.5”。在SPSS主窗口选择菜单：点击【Graphs】→【Legacy Dialogs】→【Boxplot…】，系统弹出如图2-27所示的“Boxplot”对话框。在“Data in Chart Are”框中选中“Summaries of separate variables”选项。

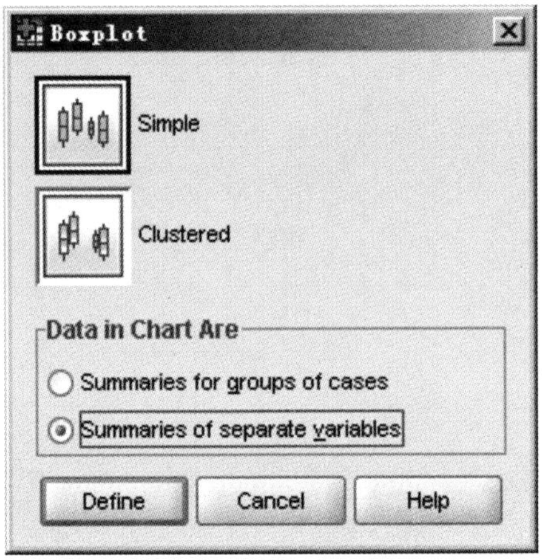

图2-27 Boxplot对话框

（2）点击【Define】按钮，系统弹出如图2-28所示的“Define Simple Boxplot: Summaries of Separate Variables”对话框。

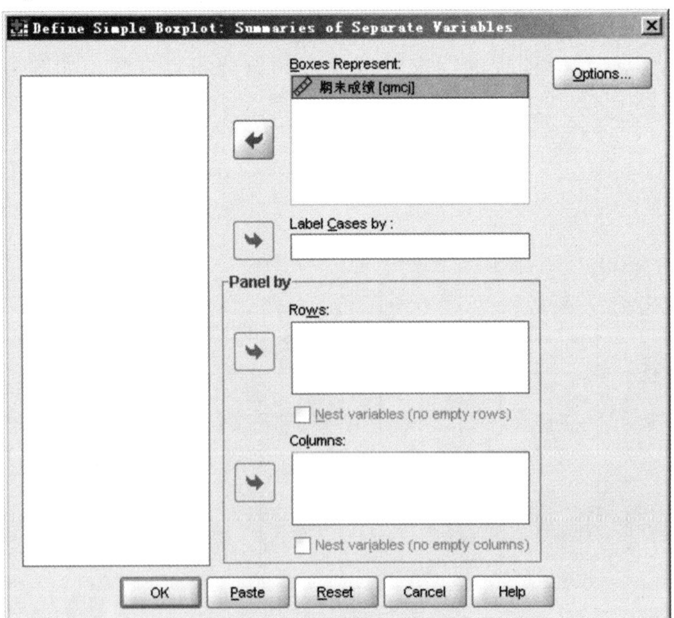

图2-28 Define Simple Boxplot: Summaries of Separate Variables对话框

（3）选择变量“期末成绩［qmcj］”进入“Box Represent:”框内，点击【OK】。系统输出60名学生统计学课程的期末考试成绩频数分布盒形图，如图2-29所示。

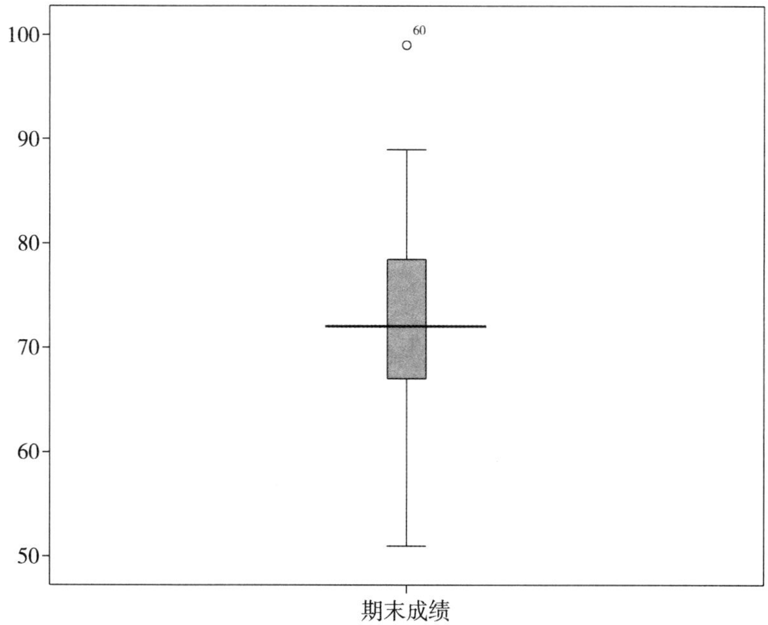

图2-29　60名学生统计学课程的期末考试成绩频数分布盒形图

2.4.6　运用SPSS制作茎叶图

针对60名学生统计学课程的期末考试成绩数据制作茎叶图的SPSS主要操作如下：

（1）打开“表2-5”对应的SPSS数据集“data2.5”。在SPSS主窗口选择菜单：点击【Analyze】→【Descriptive Statistics】→【Explore】，系统弹出如图2-30所示的“Explore”对话框。

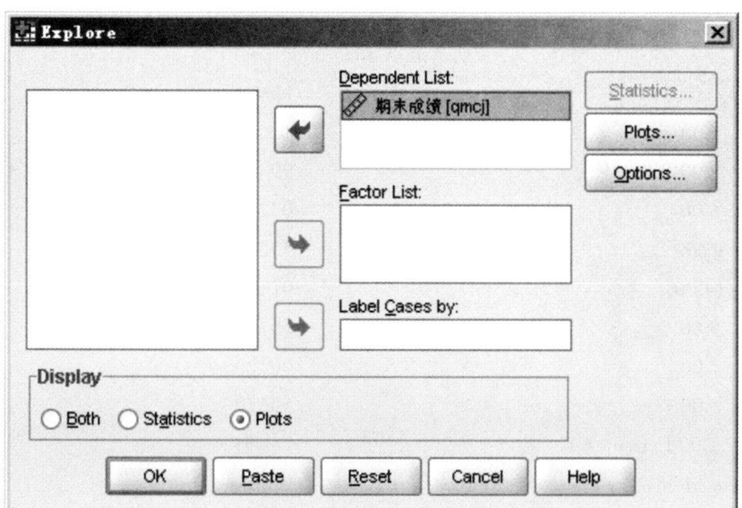

图2-30　Explore对话框

（2）选择变量“期末成绩［qmcj］”进入“Dependent List:”框内。在“Display”框中选中“Plots”选项，点击【Plots...】按钮，系统弹出如图2-31所示的“Explore：Plots”对话框。

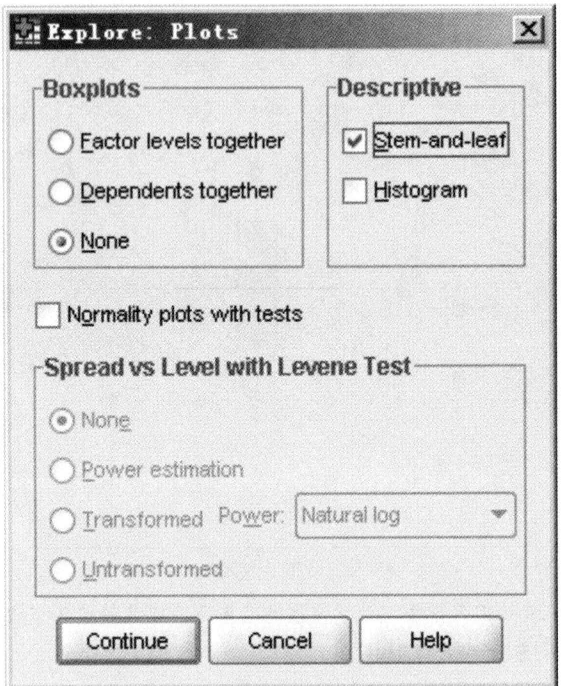

图2-31　Explore：Plots对话框

（3）在“Boxplots”框内选中“None”选项。在“Descriptive”框内选中“Stem-and-leaf”选项，点击【Continue】→【OK】。系统输出60名学生统计学课程的期末考试成绩频数分布茎叶图，如图2-32所示。

期末成绩Stem-and-Leaf Plot

Frequency	Stem	&	Leaf
1.00	5	.	1
2.00	5	.	99
6.00	6	.	022344
15.00	6	.	556677777888999
14.00	7	.	01122223334444
9.00	7	.	567778899
7.00	8	.	0012334
5.00	8	.	55679
1.00 Extremes			(>=99)
Stem width:	10		
Each leaf:	1 case（s）		

图2-32　60名学生统计学课程的期末考试成绩频数分布茎叶图

2.4.7　运用SPSS制作散点图

针对表2-8中的“本地区近10年新增住宅面积和家具销售额”数据制作散点图的SPSS主要操作如下：

（1）打开“表2-8”对应的SPSS数据集“data2.7”。在SPSS主窗口选择菜单：点击【Graphs】→【Legacy Dialogs】→【Scatter/Dot…】，系统弹出如图2-33所示的“Scatter/Dot”对话框。

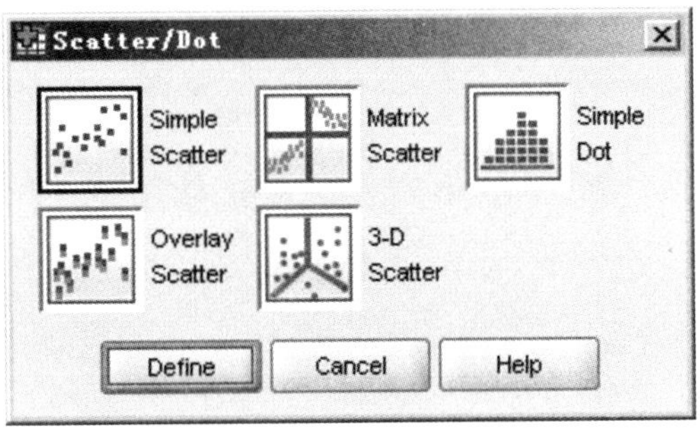

图2-33　Scatter/Dot对话框

（2）选中“Simple Scatter”选项，并点击【Define】按钮，系统弹出如图2-34所示的“Simple Scatterplot”对话框。

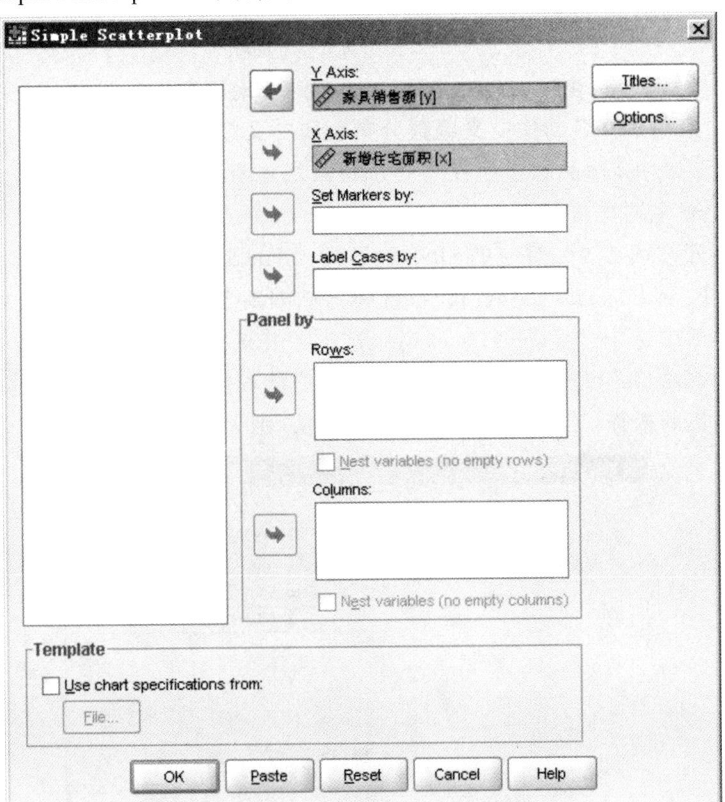

图2-34　Simple Scatterplot对话框

(3) 选择变量“新增住宅面积 [x] ”进入“X Axis:”框内，再选择变量“家具销售额 [y] ”进入“Y Axis:”框内，点击【OK】。系统输出新增住宅面积与家具销售额散点图，如图2-35所示。

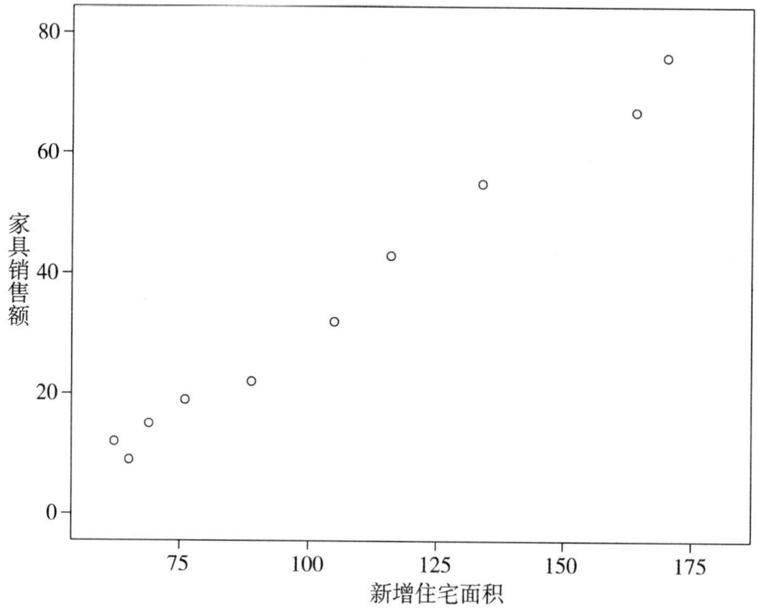

图2-35 新增住宅面积与家具销售额散点图

2.4.8 运用SPSS制作交叉频数分布表和交叉频数分布图

针对表2-8中4种品牌手机在学生手机市场占有情况的调查数据制作交叉频数分布图的SPSS主要操作如下：

(1) 打开“表2-9”对应的SPSS数据集“data2.9”。在SPSS主窗口选择菜单：点击【Data】→【Weight Cases:】，系统弹出如图2-36所示的“Weight Cases”对话框。在此对话中选中“Weight Cases by”选项，并选择变量“交叉频数 [f] ”进入“Frequency Variable”框内，然后点击【OK】。此项操作是一个赋权过程，适用于已分组数据集的操作。如果是未分组的数据集，则无须此项操作。

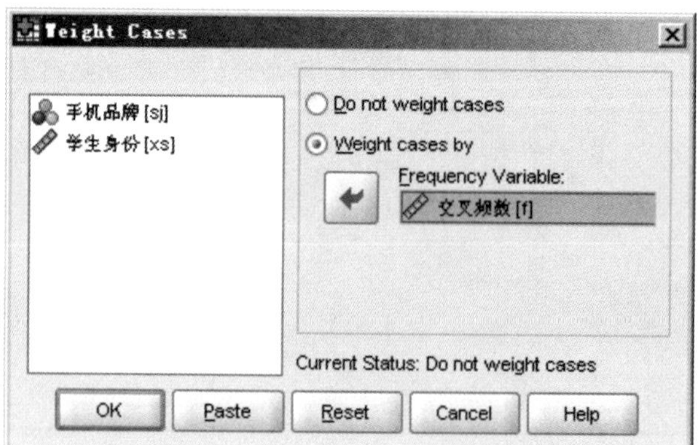

图2-36 Weight Cases对话框

（2）在SPSS主窗口选择菜单：点击【Analyze】→【Descriptive Statistics】→【Crosstabs...】，系统弹出如图2-37所示的“Crosstabs”对话框。

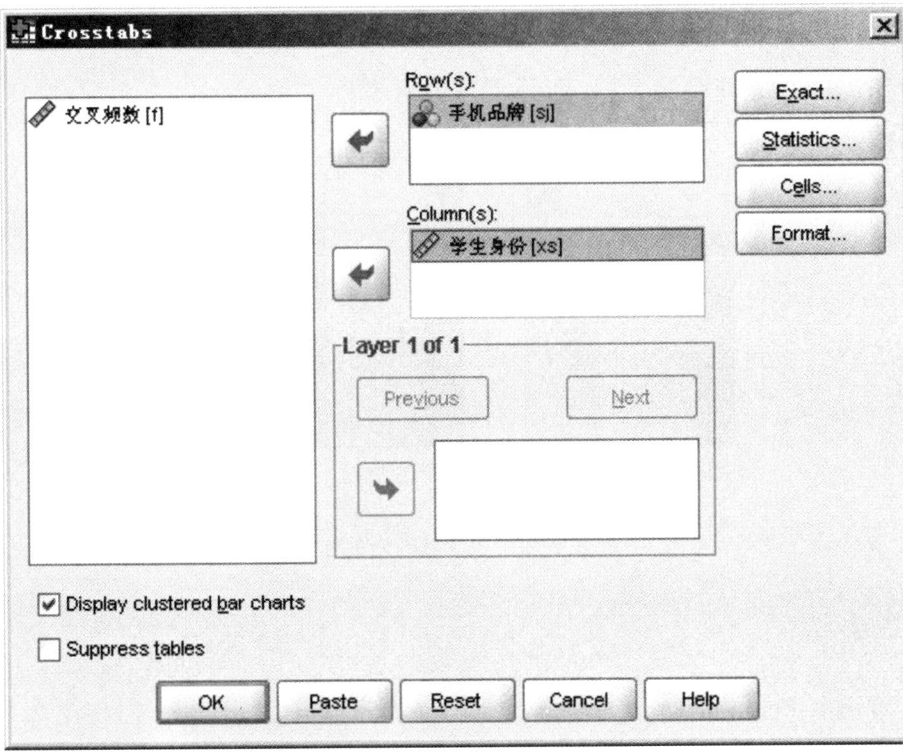

图2-37　Crosstabs对话框

（3）选择变量“手机品牌［sj］”进入“Row（s）:”框内，再选择变量“学生身份［xs］”进入“Column:”框内。选中“Display clustered bar charts”选项，点击【OK】。系统输出如图2-38所示的交叉频数分布表和如图2-39所示的交叉频数分布图。

手机品牌		学生身份			Total
		初中生	高中生	大学生	
	诺基亚	27	29	33	89
	摩托罗拉	18	43	51	112
	爱立信	38	15	24	77
	三星	37	21	18	76
Total		120	108	126	354

图2-38　交叉频数分布表

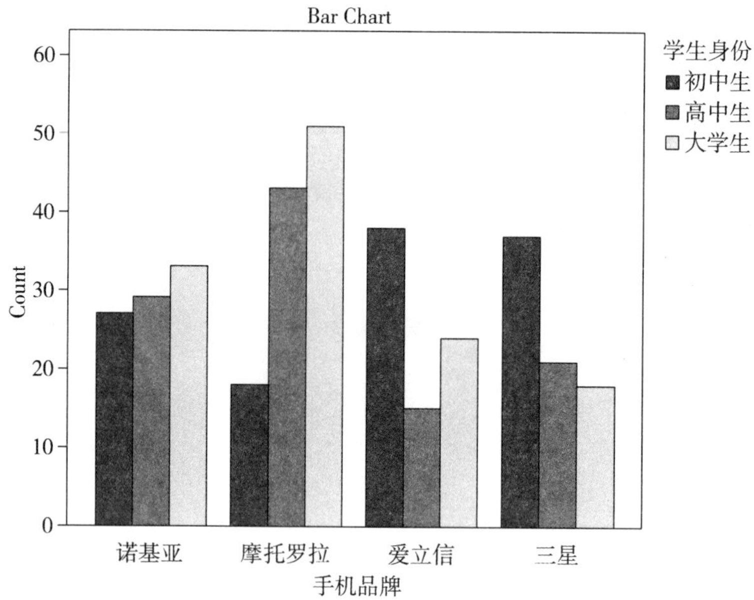

图 2-39 交叉频数分布图

本章小结

图表描述的目的是以表和图为工具，对最初大量、零散、杂乱无章的样本数据加以分组和汇总，从而显示出数据本身内在的结构条理，以便于今后进一步的分析和计算。数据整理过程包含两个基本步骤：一是分组；二是汇总。所谓分组就是将样本数据中的观测值，按照变量的不同取值区分为不同组；汇总则是在分组的基础上统计出不同组的频数。

数据整理的直接结果是频数分布表。频数分布表显示了样本数据本身所固有的结构条理——频数分布状况。为使数据的频数分布状况表现得更为生动而直观，可以在频数分布表的基础上绘制频数分布图，使之更加便于数据处理人员的肉眼观察。

不同类型的变量，其样本数据的图表描述方法略有不同。对于品质型变量的样本数据，常用的频数分布表是单项式频数分布，常用的频数分布图主要有条形图和饼形图。

对于数值型变量的样本数据，常用的频数分布表是组距式频数分布表，这是因为数值型变量样本数据的规模往往比较大，变量值的个数又比较多，单项式频数表通常难以实现对样本数据频数分布特征的整体性观察。数值型变量样本数据的频数分布图形主要有直方图、盒形图和茎叶图。这些不同的图形各有其优缺点，实际数据处理活动应当注意合理地选择运用。

对于定序数据和数值型数据，除了频数分布表之外，为了回答某一变量以上或以下累积频数是多少的问题，还可绘制累积频数分布表。

此外，本章还简要介绍了散点图和交叉频数分布图两种双变量样本数据的图形显示方法。散点图适用于两个数值型变量关系的描述；交叉频数分布图适用于两个品质型变量关系的描述。

问题思考

1.条形图与饼形图各自有何特点？在实际运用中应当注意什么问题？

2.为什么对于规模比较大的数值型样本数据，常常采用组距式频数分布表？如何编制组距式频数分布表，编制过程中应当注意哪些问题？

3.直方图与条形图有何区别？

4.如何制作盒形图？盒形图与直方图各自的优缺点是什么？

5.如何制作茎叶图？为什么说茎叶图对于原始数据没有任何信息损失？茎叶图与直方图有何异同？

6.何种类型的数据适用散点图？散点图是如何制作的？散点图对原始数据有细节损失吗？

7.交叉频数分布图适用于何种类型的数据？交叉频数分布图与简单条形图有何区别与联系？

8.SPSS中可以通过哪些途径制作条形图、饼形图、直方图、盒形图、茎叶图、交叉频数分布图？

9.频数分布有哪些主要类型？其中最常见的是哪种类型？

判断对错

1.就给定数据编制组距式频数分布表时，组距越大，组数越多。（　）

2.条形图和饼形图最适用于数值型变量数据的频数分布显示。（　）

3.频数分布茎叶图对原始数据没有细节损失。（　）

4.频数分布盒形图中的“盒子”，包含了整个数据中的50%的观测值。（　）

5.频数分布盒形图中的“盒子”越宽，表明数据频数分布的离散程度越小。（　）

6.直方图与盒形图对原始数据没有任何细节损失。（　）

7.U形分布是日常生活中最常见的频数分布类型。（　）

8.二维散点图适用于两个数值型变量的关系显示，其对原始数据没有细节损失。（　）

机上作业

1.为评价家电行业售后服务质量，随机抽取了一个由100个家庭所构成的样本进行调查。服务质量的等级分别表示为：A.好；B.较好；C.一般；D.较差；E.差。调查结果见附表1。

附表1　　售后服务质量评价调查表

B	E	C	C	A	D	C	B	A	E
D	A	C	B	C	D	E	C	E	E
A	D	B	C	C	A	E	D	C	E
B	A	C	D	E	A	B	D	D	B
C	B	C	E	D	B	C	C	B	C
D	A	C	B	C	D	E	C	E	B
B	E	C	C	A	D	C	B	A	E
B	A	C	D	E	A	B	D	D	C
A	D	B	C	C	A	E	D	C	B
C	B	C	E	D	B	C	C	B	C

要求：

（1）绘制服务质量等级频数分布表。

（2）绘制服务质量等级频数分布条形图和饼形图。

2.为确定一批灯泡的使用寿命，从中随机抽取了100只进行测试，测试结果见附表2。

附表2　　100只灯泡使用寿命测试结果　　单位：小时

700	716	728	719	685	709	691	684	705	718
706	715	712	722	691	708	690	692	707	701
708	729	694	681	695	685	706	661	735	665
668	710	693	697	674	658	698	666	696	698
706	692	691	747	699	682	698	700	710	722
694	690	736	689	651	673	749	708	696	727
688	689	683	685	702	741	698	713	676	702
701	671	718	707	683	717	733	712	683	692
693	697	664	681	721	720	677	679	695	691
713	699	725	726	704	729	703	696	717	688

要求：

（1）编制100只灯泡使用寿命组距式频数分布表。

（2）绘制100只灯泡使用寿命频数分布直方图、盒形图与茎叶图。

3.在某大学，微积分是统计学课程的先修科目，抽取15名学生作为样本，并记录每个学生微积分和统计学的成绩，具体见附表3所示。

附表3　　15名学生微积分和统计学的成绩

微积分	65	58	93	68	74	81	58	85	88	75	63	79	80	54	72
统计学	74	72	84	71	68	85	63	73	79	65	62	71	74	68	73

要求：

（1）根据上述数据绘制散点图。

（2）通过散点图分析，微积分与统计学成绩之间的关系是怎样的？

4.A、B两班共80名学生的数学考试成绩见附表4。

附表4　　A、B两班学生的数学考试成绩（满分为150分）

A班	141	150	141	149	118	110	120	145	148	103
	141	149	123	128	135	143	150	120	128	106
	150	131	132	146	128	132	127	144	112	130
	119	133	110	137	132	126	105	142	129	119
B班	149	148	140	146	134	138	136	142	141	125
	123	126	119	119	137	120	128	117	116	71
	141	130	122	121	131	120	132	121	112	74
	137	128	128	136	118	136	129	113	108	82

要求：

（1）绘制80名学生数学考试成绩频数分布盒形图。

（2）绘制A、B两班各40名学生数学考试成绩频数分布盒形图。

5.睡觉打鼾与心脏病是否有关联？一次调查所获得的数据见附表5。

附表5　　打鼾与心脏病关联性调查表

	从不打鼾	每晚打鼾	总计
有心脏病	24	30	54
没有心脏病	1 355	224	1 579
总计	1 379	254	1 633

要求：

（1）绘制交叉频数分布图。

（2）分析打鼾与心脏病之间的关联性。

6.为了解和掌握商品广告次数与商品销售额的关联性，某商场记录了10个星期里面广告次数与销售额数据（见附表6）。

附表6　　10个星期里面的广告次数与销售额

星期	1	2	3	4	5	6	7	8	9	10
广告次数（次）	2	5	1	3	4	1	5	3	4	2
销售额（百元）	50	57	41	54	54	38	63	48	59	46

要求：绘制散点图，并观察广告次数与销售额两者之间的关系。

实验课题

1.实验目的

（1）锻炼搜集样本数据的实际能力。

（2）掌握样本数据图表描述的有关方法。

（3）了解数据搜集与处理过程中容易产生统计误差的各个环节。

（4）锻炼较大型的数据搜集、整理和描述活动的组织与协调能力。

（5）熟练掌握运用SPSS进行图表描述的基本技能。

2.实验工具

（1）课堂广播软件。

（2）Word软件。

（3）各种汉字输入法软件。

（4）SPSS软件11.0或16.0版本。

3.实验内容

电脑打字几乎成为各种文案工作的必备工具。无论采用何种文字输入方法，既快又准是对每一位打字人员的基本要求。每一位同学都应当要求自己熟练掌握这项技能。为了解同学们的打字能力，准备在全班范围内搞一项打字竞赛活动，并对竞赛过程中所产生的数据进行搜集、描述、分析和评价。

4.实验步骤

（1）教师给出一个汉字文档。

（2）学生对照汉字文档，限时10分钟，尽可能准确、快速地展开打字输入比赛。

（3）比赛结束后，相互清点打字结果。

（4）提交打字的word文档，文档中要标明：正确输入的字数、打错的字数、打字人的性别、所采用的输入法。

（5）教师将全部提交结果打包后，以原始数据的形式分发给每一位学生。

（6）学生将原始数据转换为SPSS数据集。

（7）选择运用已经掌握的各种图表描述方法，给出尽可能准确、全面的统计描述。

5.实验指导

（1）清点打字结果时，可利用word的字数统计功能，标点符号计算在内，但仍须认真检查打错的字数。

（2）数据集中至少可以设置“正确输入的字数”“错误输入的字数”“打字人性别”“采用的输入法”4个变量。

（3）对数据进行图表描述时，可以利用性别、输入法等分组进行对比分析。

（4）为使图表美观，可充分利用SPSS中的图表编辑功能，具体操作时双击想要编辑的图表即可打开图形编辑器。

名人简介

罗纳尔德·艾尔默·费希尔（Ronald Aylmer Fisher，1890—1962）：英国著名统计学家、遗传学家，现代数理统计学的主要奠基人之一。费希尔出生在一个没落的拍卖商人家庭，1909年靠一笔助学金进入剑桥大学附属的一个学院学习数学和物理，1913年毕业后在一家投资公司工作，两年后到一所中学教数学和物理，并开始致力于生物统计学研究。1919年在罗萨姆斯泰德农业试验站做统计工作，这使他获得了丰富的实验数据和资料。费希尔在抽样分布理论、相关回归分析、多元统计分析、最大似然估计理论、实验设计、方差分析、假设检验等方面都颇有建树。费希尔还是统计遗传学的创始人之一，是著名的遗传学家和优生学家。费希尔培养了一批优秀的学生，并形成了一个实力雄厚的学派。先后出版《研究工作者的统计方法》《实验设计》等专著6部，发表的近300篇论文收集在《费希尔文集》中。1929年当选为英国皇家学会会员，1952年被授予爵士称号。

第3章　描述性统计量

统计学家具有处理复杂问题的非凡能力，当科学的探索者在前进的过程中荆棘载途时，唯有统计学可以帮助他们打开一条通道。

——弗朗西斯·高尔顿

引例3

食品加工厂新上一条可以自动封装袋装食品的生产线。每袋食品的重量是50克，过于偏离这个标准，会产生不合格品。为检验生产线的运转状况，质检人员随机从生产线上抽取了100袋食品，测得重量数据如表3-1、图3-1所示。

表3-1　　100袋食品的重量（克）

46	48	47	40	47	45	46	44	44	44
53	51	55	54	53	51	50	53	49	52
55	52	49	53	59	51	60	55	53	48
53	57	56	54	57	55	56	49	53	51
52	50	57	54	49	52	52	52	49	52
54	61	52	53	57	53	51	53	57	49
47	50	57	48	49	47	52	51	46	49
48	41	58	49	48	58	57	46	59	45
47	47	48	60	53	48	56	43	47	46
47	47	48	43	45	47	42	45	50	46

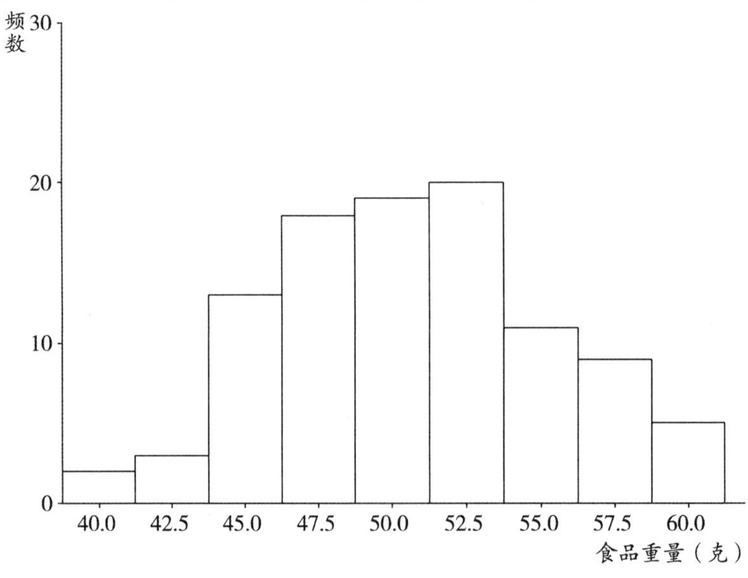

图3-1　100袋食品重量频数分布

观察图3-1可知，100袋食品的重量是存在差异的，有的偏大一些，有的偏小一些，整体上呈现出一种离散状态；但这种离散又不是没有限度的，靠近中间的重量，频数较高，偏离的重量，频数则逐渐降低，整体上又具有一种向中间某一确定位置集中的趋势；频数分布整体形态并不是完全对称的，而是略有向右侧偏斜的倾向；从集中速度的变化上看，左侧从第二组开始速度加快，右侧从第三组开始速度加快，从而使分布图形的形状开始变得陡峭起来。

观察频数分布图，可以帮助我们对频数分布趋于集中的位置、离散程度的大小、分布图形的对称性以及集中速度变化的快慢，这4个方面的主要特征形成一个粗略的判断，但远未达到精确的测定。集中位置在哪里？离散程度有多大？是否对称？偏斜了多少？集中速度变化是快还是慢？这些问题单凭肉眼观察，是得不出答案的。

需要一种尺度，用以测量频数分布所表现出来的上述4个方面的特征，这在数据处理活动中就形成了一系列描述性统计量的计算。

3.1　集中趋势描述性统计量

观察图3-2中的a和b两个数据，其对称性、离散程度以及集中速度的变化都是相同的，但所表现出来的集中倾向却有着明显的不同，分别是向两个不同的位置上集中。

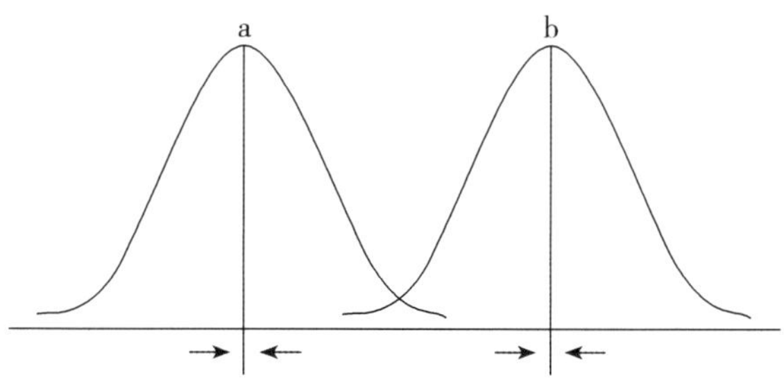

图3-2　集中位置不同

计算集中趋势描述性统计量，目的就是要找到这个位置。这个位置上的变量值是整个数据的一个代表性数值，代表了全体观测值的一般水平。如果要比较a和b两个数据整体水平的高低，有效的做法就是首先找到他们各自趋于集中的位置，再用这两个位置上的数值进行比较。统计中用以寻找和确定频数分布集中位置的方法有很多，这里介绍几种最重要的方法。

3.1.1　均值

用以确定数据分布趋于集中位置的统计量主要有均值、中位数和众数3种，其中的均值是最为常用的一种。均值的计算方法很简单，将数据中全体观测值求和再除以观测值的个数即可得到该数据的均值，记作$\bar{x}$。其计算公式可表示为：

$$\bar{x}=\frac{\sum_{i=1}^{n}x_i}{n}$$

式中：n代表样本容量，即观测的个数；x_i代表各个观测值。

依此公式计算表3-1中100袋食品重量样本数据的均值：

$$\bar{x}=\frac{\sum_{i=1}^{n}x_i}{n}=\frac{46+48+\cdots+50+46}{100}=50.67\text{（克）}$$

均值是以算术平均的方法，将各个观测值之间的差异抽象化，从而测定数据分布趋于集中的具体位置，同时也给出了全体观测值的一个代表性水平。

实践中可能会遇到各种形式的数据，计算均值时要注意根据具体情况灵活变通地运用上述均值公式。例如，某生产车间的工人按日产零件数分组数据见表3-2。

表3-2 **工人日产零件数**

日产零件 x_i	5	6	7	8	9
工人数 f_i	36	42	50	30	20

这是一个分组数据，很明显，根据均值的定义，应该采取下面的方法来计算该车间工人平均日产零件数：

$$\text{平均日产零件数}=\frac{5\times36+6\times42+7\times50+8\times30+9\times20}{36+42+50+30+20}=\frac{1\,202}{178}=6.75\text{（件）}$$

如果用x_i代表分组的变量值，f_i代表各组频数，可总结出由分组数据计算均值的公式如下：

$$\bar{x}=\frac{\sum_{i=1}^{n}x_i f_i}{\sum_{i=1}^{n}f_i}$$

需要注意的是，此时式中的x_i代表的已经不是原始的观测值，而是分组变量值；n代表的已经不是样本容量，而是由变量值进行分组的个数。

尽管此公式是根据分组数据由均值的定义公式变换而来的，但它在统计计算中已经从形式上被固定下来，称作加权均值。因为我们注意到：如果将式中的x_i看作被平均的对象，f_i则对平均的结果起着权衡轻重的作用，哪一个变量值所对应的频数大，计算结果就有向哪一个变量值靠近的倾向。频数f_i在公式中又被称作权数。

特别地，如果数据未被分组，则每一个被平均对象x_i所对应的权数f_i就是相等的，权数都是1，此时加权均值的公式就会转换为原来的形式比较简单的均值定义公式，所以，也可以将加权均值看作是均值的一个代表性的公式。

此外，我们还注意到：在简单均值公式中，假如被平均对象的取值的变化是均匀或对称的，则公式又可进一步简化为：

$$\bar{x}=\frac{x_1+x_n}{2}$$

此公式称作中距。式中的x_1代表最小的观测值，x_n代表最大的观测值。

简单均值、加权均值、中距是均值计算的3种不同形式的计算公式，但它们所反映的内容是完全一致的，条件具备，三者之间可以互相转换，它们在实践中经常是结合起来运用的。例如，60名学生期末考试成绩见表3-3。

表3-3　**60名学生期末考试成绩**

成绩分组	组中值 x_i	学生数 f_i
50~60	55	4
60~70	65	21
70~80	75	24
80~90	85	10
90~100	95	1
合计	—	60

由此数据计算60名学生考试成绩的均值，需要进行两次平均。第一次是采用中距来计算各组的组中值；第二次是以组中值作为被平均对象，计算加权均值：

$$\bar{x}=\frac{\sum_{i=1}^{n}x_i f_i}{\sum_{i=1}^{n}f_i}=\frac{55\times4+65\times21+75\times24+85\times10+95\times1}{4+21+24+10+1}=\frac{4\,330}{60}=72.17\text{（分）}$$

计算组中值的过程是假设各个组里面的频数变化是均匀或对称的，以中距作为该组里面全体观测值的代表性水平；考虑到各组的频数是有差异的，所以在第二次平均过程中采用了加权均值的公式。

均值计算公式有两个重要的数学性质：第一，所有观测值与其均值的离差之和等于0，即：$\sum_{i=1}^{n}(x_i-\bar{x})=0$；第二，所有观测值与其均值的离差平方和最小，即 $\sum_{i=1}^{n}(x_i-\bar{x})^2$ 最小。

第一个数学性质表明，全体观测值与均值的正负离差是可以相互抵消的，从而使均值处于一个具有充分代表性的平衡的位置上；第二个数学性质表明，均值实现了与全体观测之间的最佳拟合，全体观测与任意一个不是均值的数值的离差平方和都要大于与均值的离差平方和。均值的这两个数学性质从数理上说明了均值作为全体观测值代表性水平的合理性。也正是由于这个原因，才使得均值成为最重要也是最常用的集中趋势的描述性统计量。

3.1.2　中位数

均值是寻找和确定数据分布趋于集中位置的一种常用方法，中位数则是又一种常用方法。将全体观测值按照从小到大的顺序排成一列，处于中间位置上的观测值就是该数据的中位数，记作 m_e。例如，9个家庭人均月收入原始数据见表3-4。

表3-4　**9个家庭人均月收入原始数据**　单位：元

1 550	760	800	1 180	880	980	2 100	1 260	1 640

排序结果见表3-5：

表3-5 **9个家庭人均月收入排序** 单位：元

760	800	880	980	1 180	1 260	1 550	1 640	2 100

则中位数为排序后的第5个观测值1 180元。

由此可见，计算中位数关键是要确定其所在位置，确定中位数位置的公式为：

$$\frac{n+1}{2}$$

如果数据中观测值的个数是偶数，则可采用下列公式计算中位数的值：

$$m_e=\frac{1}{2}\left[x_{(n/2)}+x_{(n/2+1)}\right]$$

例如，10名球员身高排序结果见表3-6。

表3-6 **10名球员身高排序** 单位：cm

170	172	175	178	178	180	183	185	188	188

则10名球员的身高中位数为：

$$m_e=\frac{1}{2}\left[x_{(n/2)}+x_{(n/2+1)}\right]=\frac{1}{2}\times(178+180)=179\ (\text{cm})$$

根据中位数的定义，可计算出表3-1中100袋食品重量样本数据的中位数为51克。

3.1.3 众数

众数也是确定数据分布集中位置的一种常用方法。不同观测值在样本数据中出现的次数是不尽相同的，出现次数最多的观测值，就是该数据的众数，记作m_o。

例如，在表3-2车间工人日产零件数的数据中，日产零件为7件的人数最多，为50人，因此7件就是该数据的众数。

需要注意的是，一个样本数据可能有不止一个众数。例如，在表3-6球员身高数据中，出现次数最多的观测值有两个，178cm和188cm，因此该数据有两个众数。

还需要注意的是，一个样本数据有时可能没有众数。例如，在表3-4家庭人均月收入的数据中，每一个观测值都只出现了一次，因此，此数据没有众数。

因此，在实际数据处理活动中，众数一般只适用于数据规模比较大且具有明显集中趋势的情况。

在引例3表3-1的数据中，经过清点可以确定，出现次数最多的观测值是53.0克，因此该数据的众数为53.0克，如图3-3所示。

如您所见，尽管由同一数据所计算出来的均值、中位数和众数，可能会略有差异，但都不失为寻找和确定数据分布集中位置的合理方法。均值是通过计算得出的，中位数与众数则都是通过寻找特定位置而确定下来的。因此，均值通常被称为计算平均数，而中位数与众数则被称为位置平均数。

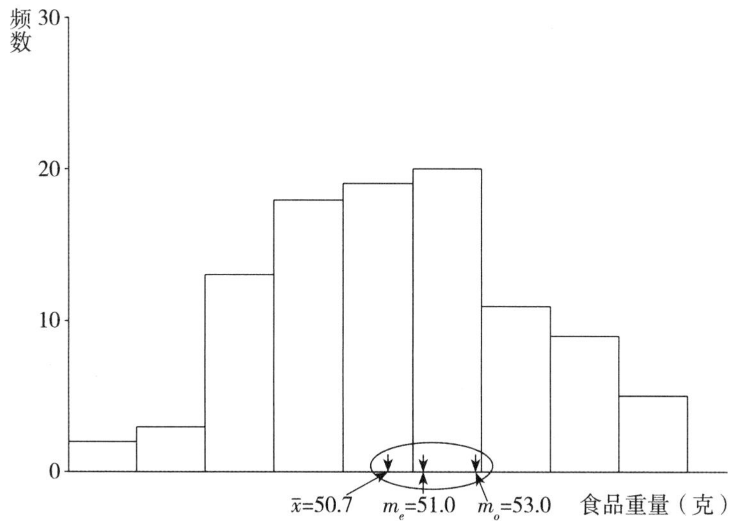

图3-3 100袋食品重量的均值、中位数与众数

3.1.4 均值、中位数和众数的比较

全体观测值都参与了均值的运算，因此一般情况下均值要比中位数和众数具有更好的综合性。然而，均值的这一优点同时却又是它的缺点，当数据中存在偏大或偏小的极端值时，均值的计算结果也将随之偏大或偏小，易受极端值的影响，这样反倒会降低其代表性。

中位数与众数都是由位置确定的，因此不受极端值的影响。数据分布集中趋势明显并存在偏斜情况时，中位数与众数有时会比均值反而更具有说服力。因此，数据处理活动中，均值、中位数和众数通常都是视具体情况而相互参照使用的。

可以这样来概括：均值是全体观测值的重心，众数是全体观测值的重点，中位数是全体观测值的中心。

此外，在钟形分布下，均值、中位数和众数之间一般还具有以下比较确定的关系：对称分布下，均值=中位数=众数；左偏分布下，均值<中位数<众数；右偏分布下，均值>中位数>众数，如图3-4所示。

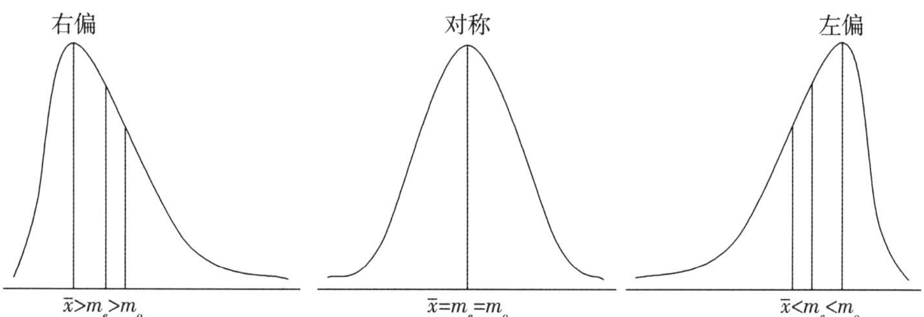

图3-4 均值、中位数、众数的关系

经验表明，频数分布偏斜程度较低时，大体有：$(m_o - m_e) = 2(m_e - \bar{x})$。

3.2 离散程度描述性统计量

均值、中位数和众数描述了数据频数分布的集中趋势，测定出观测值趋于集中的位置，找到了全体观测值的代表性水平，但这只是问题的一个方面。从图3-5中可以看出，尽管数据a与数据b频数分布的集中位置是相同的，但离散程度明显不同。数据b的离散程度远远大于数据a。显然，频数分布的离散程度越小，均值、中位数和众数对全体观测值的代表性就越强；离散程度越大，这种代表性就越弱。

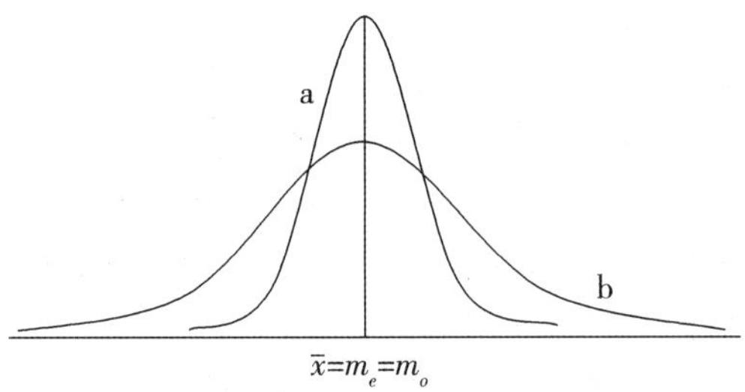

图3-5 离散程度不同

因此，还需要另外一种尺度，用以测量数据频数分布离散程度的大小。描述数据离散程度最为常用的统计量是方差及标准差，另外几个比较重要的统计量是极差、四分位差和平均差。

3.2.1 极差、四分位差及平均差

1）极差

数据中最大观测值与最小观测值之差称为极差，记作R。其计算公式为：

$$R = max(x_i) - min(x_i)$$

式中：$max(x_i)$和$min(x_i)$分别代表最大观测值与最小观测值。

依此公式，在引例3的表3-1中，100袋食品重量的最小观测值为40.00克，最大观测值为61.00克，所以此数据的极差为21.00克。

极差给出了全体观测值的最大变动范围，一般情况下，极差越大表明频数分布的离散程度越大。

极差计算简便，含义直观，通常情况下也可以说明离散程度大小的问题，但极少被单独使用，这主要是因为其计算过程仅仅是基于数据中的两个特殊观测值，所以极易受极端值的影响，一旦最小观测值过小或最大观测值过大，则会出现夸大离散程度的情况。

2）四分位差

数据中的上四分位数与下四分位数之差称为四分位差，记作Q_d。其计算公式为：

$$Q_d = Q_U - Q_L$$

式中：Q_U和Q_L分别代表上四分位数和下四分位数。

将全体观测值按照从小到大的顺序排成一列，处于第1/4位置上的观测值就是该数据的下四分位数，处于第3/4位置上的观测值就是该数据的上四分位数。与确定中位数的方法相类似，确定下四分位数位置的公式为：

$$\frac{n+1}{4}$$

确定上四分数位置的公式为：

$$\frac{3(n+1)}{4}$$

依照上述定义，引例3中100袋食品重量的下四分位数为47.00克，上四分位数为53.75克，因此该数据的四分位差为6.75克（53.75−47.00）。

四分位差给出了全体观测值中处于中间位置的50%观测值的变动范围，一般情况下，四分位差越大，表明中间50%观测值的离散程度越大，从而间接地反映出数据整体的离散程度也就越大。

四分位差避免了极差的缺陷，不再受最大观测值与最小观测值极端情况的影响。而且，由于中位数正处于上下四分位数之间，所以它能够在一定程度上说明中位数代表性的强弱。但由于四分位差也是基于数据中的两个特殊观测值而得出的，所以它与极差一样，缺乏对全体观测值离散状态的全面的概括能力。例如，现有两个样本数据（见表3-7、图3-6）。

表3-7　　两个离散程度不同的样本数据

数据1	11	11	12	12	13	13	13	14	14	14	15
	15	15	16	16	16	16	17	18	19	19	—
数据2	11	12	13	13	13	13	14	14	14	14	15
	15	15	15	15	16	16	16	17	18	19	—

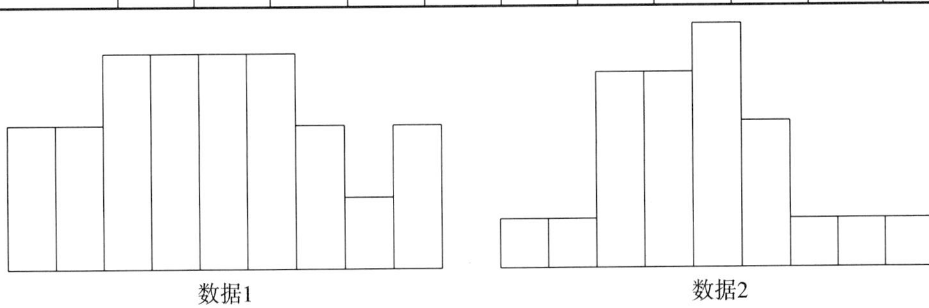

图3-6　两个离散程度不同的样本数据

经过计算可知，数据1与数据2的极差是相同的，都是8；四分位差也是相同的，都是3。然而从图3-6中却可以清楚看到，两个数据的离散程度并不相同，数据1的离散程度明显大于数据2。这表明无论是极差，还是四分位差，都没能完整概括全体观测值的差异情况。

3）平均差

平均差是各个观测值与其均值离差绝对值的均值，记作M_d。其计算公式为：

$$M_d = \frac{\sum_{i=1}^{n}|x_i - \bar{x}|}{n}$$

引例3中100袋食品重量的均值为50.67克，依公式计算100袋食品重量的平均差：

$$M_d = \frac{\sum_{i=1}^{n}|x_i - \bar{x}|}{n} = \frac{|46 - 50.67| + |48 - 50.67| + \cdots + |50 - 50.67| + |46 - 50.67|}{100}$$

=4.59（克）

平均差以均值作为衡量各个观测值离散程度的标准，计算出各个观测值相对于均值的离差并取绝对值，再就离差绝对值取均值，其计算结果可理解为全体观测值相对于均值的平均离散程度。

与极差和四分位差相比较，平均差全面而完整地反映了数据整体离散程度的高低，应当说，已经算是比较完美的尺度了，但由于其计算过程中包含着取绝对值的步骤，这非常不便于进一步的数学推导，所以仍有加以改进的必要。

3.2.2 方差与标准差

样本方差是各个观测值与其均值离差平方的均值，记作s^2。其计算公式为：

$$s^2 = \frac{\sum_{i=1}^{n}(x_i - \bar{x})^2}{n - 1}$$

依公式计算引例3中100袋食品重量样本数据的方差：

$$s^2 = \frac{\sum_{i=1}^{n}(x_i - \bar{x})^2}{n - 1} = \frac{(46 - 50.67)^2 + \cdots + (50 - 50.67)^2 + (46 - 50.67)^2}{100 - 1}$$

=21.21

这一计算结果也可以理解为全体观测值相对于均值的平均离散程度。样本方差保持了平均差全面而完整的优点，又通过取离差平方的方式避免了取绝对值的过程，因而方便了今后的数学推导。

应当指出，样本方差计算公式中的分母不是样本容量n，而是$n-1$。$n-1$称为样本的自由度。所谓样本自由度，简而言之，就是样本的全体观测中可以自由取值的观测的个数。若要计算样本方差分子中的离差平方和$\sum_{i=1}^{n}(x_i - \bar{x})^2$，必须首先给出样本均值，相对于各个观测来讲，样本均值是一个给定的数，在样本均值给定的前提下，样本的n个观测中就只有$n-1$个观测是可以自由取值的，而不是n个。所以，样本自由度为$n-1$。

如果仅仅是出于对样本数据离散程度的单纯的描述目的，以离差平方和$\sum_{i=1}^{n}(x_i - \bar{x})^2$除以样本容量n来计算样本方差也是合理的。但如果目的是要以样本方差来推断总体方差，则分母必须取样本自由度$n-1$。因为，数理统计的研究表明，分母为自由度$n-1$的样本方差是总体方差的无偏估计量；而分母为样本容量n的样本方差则是有偏的。有关这方面的具体内容请参见第4章参数估计。

样本方差的平方根称为样本标准差，记作s。其计算公式为：

$$s=\sqrt{\frac{\sum_{i=1}^{n}(x_i-\bar{x})^2}{n-1}}$$

依此公式，计算引例3中100袋食品重量样本数据标准差：

$$s=\sqrt{\frac{\sum_{i=1}^{n}(x_i-\bar{x})^2}{n-1}}=\sqrt{\frac{(46-50.67)^2+\cdots+(50-50.67)^2+(46-50.67)^2}{100-1}}$$

$=\sqrt{21.21}=4.61$（克）

值得注意的是，样本方差是没有明确的计量单位的，而样本标准差则是有计量单位的，其计量单位与观测值的计量单位是相同的。相比之下，样本标准差的计算结果要比样本方差来得更为直观而易于理解。

前面提到，计算样本方差或样本标准差，有时是出于估计总体方差或总体标准差的目的，总体方差是用以描述总体数据离散程度的参数。其计算公式为：

$$\sigma^2=\frac{\sum_{i=1}^{n}(X_i-\mu)^2}{N}$$

式中：σ^2代表总体方差；μ代表总体均值；N代表总体容量；X_i代表总体中的各个观测值。

总体标准差是总体方差的平方根。其计算公式为：

$$\sigma=\sqrt{\frac{\sum_{i=1}^{n}(X_i-\mu)^2}{N}}$$

3.2.3 离散系数

方差及标准差继承了平均差的优点，并具备便于数学推导的优良性质，因而在数据处理活动中被广泛应用，但通常情况下，它们只适用于单个变量数据离散程度的描述，如果需要比较两个不同性质变量数据的离散程度，方差及标准差还是有缺陷的。

从计算公式上看，有两个因素在决定着方差及标准差的计算结果：一是数据的离散程度，数据的离散程度越高，计算出来的数字结果就会越大；离散程度越低，这个数字结果就会越小。二是参与运算的全体观测值本身的数值大小，观测值本身的数值越大，计算出来的数字结果就会越大；观测值本身的数值越小，这个数字结果就会越小。显然，第二个因素与离散程度的高低是无关的，因此，须从方差及标准差中剔除第二个因素的影响，才能更为精确地显示出数据离散程度本身的高低。

离散系数是标准差与均值之比，记作v。其计算公式为：

$$v=\frac{s}{\bar{x}}$$

离散系数以均值作为全体观测值数值大小的代表性水平，将其从标准差中剔除，在精确地显示了离散程度的同时，还消除了计算结果中的计量单位，适用于不同观测值水平或不同计量单位变量数据之间的离散程度的比较。例如，有分别反映男女青年体重的两个样本数据，其均值、标准差及离散系数的计算结果如下：

男青年样本数据：$\bar{x}$=55.58kg，s=4.15kg，v=0.07

女青年样本数据：$\bar{x}$=48.53kg，s=4.02kg，v=0.08

从离散系数上看，女青年体重样本数据的离散程度要高于男青年，这一结论是正确的。但如果采用标准差来进行比较，则会得出相反的错误结论。

引例3中100袋食品重量的离散系数为：$v = s/\bar{x}$=4.61÷50.67=0.09。一般情况下，没有必要就单个变量样本数据计算离散系数；在变量性质及均值都是相同的两个样本数据之间，也不必计算离散系数，可以直接比较标准差。

3.2.4 准确理解标准差

标准差及方差是统计方法体系中极为重要的统计量，许多统计描述和统计推断方法原理的形成，都与其有着密切的关联。下面将要介绍的几项内容，会有助于我们对标准差及方差的深入理解和把握。

1）与标准差有关的一个经验法则

如果数据呈近于对称的钟形分布，则有：约68%的观测值与均值的距离在1个标准差范围之内；约95%的观测值与均值的距离在2个标准差范围之内；几乎所有的观测值与均值的距离在3个标准差范围之内，如图3-7所示。

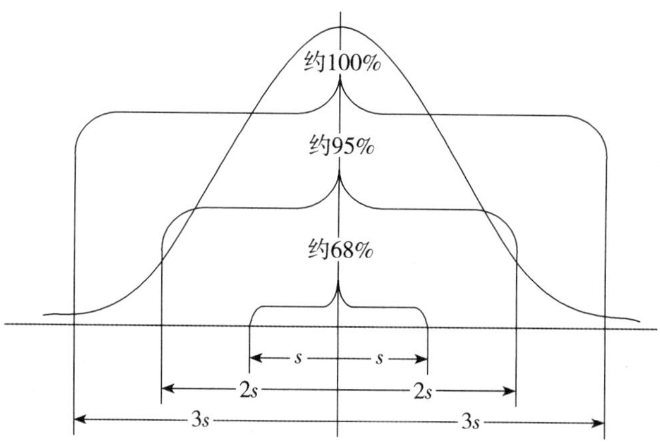

图3-7 关于标准差的一个经验法则示意

这个经验法则表明，我们可以通过生成于全体观测值的均值与标准差，反过来把握全体观测值整体。

2）切贝谢夫定理

在任意分布的一组数据中，至少有（$1-1/z^2$）的观测值与均值的距离在z个标准差范围之内，其中z是任意大于1的值，如图3-8所示。

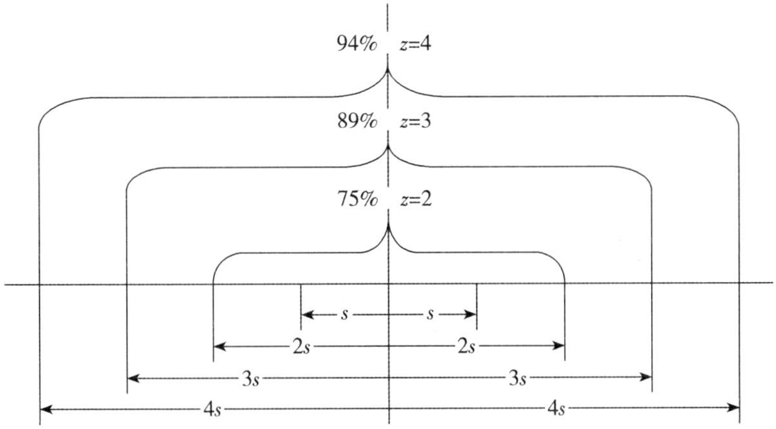

图3-8　切贝谢夫定理示意

在引例3的100袋食品重量样本数据中，均值为50.67克，标准值为4.61克，最小和最大观测值分别为40克和61克。依照切贝谢夫定里，就应该至少有89袋食品重量在50.67±3×4.61，即36.84克至64.50克之间；至少有94袋食品重量在50.67±4×4.61，即32.23克至69.11克之间。事实上，由于本数据接近于对称的钟形分布，所以100袋食品的重量已经全部包含在32.23克至69.11克这一范围之内。

切贝谢夫定理在更广泛的情形下，给出了均值、标准差与全体观测值之间的联系。

3）标准得分

数据处理活动中，经常需要对不同样本数据之间的观测值进行大小比较。但由于变量性质不同，观测值之间往往是无法直接进行比较的。标准得分正是为适应这一需要而采取的一种数据加工方法。

样本数据中某一观测值的标准得分等于该观测值与其均值之差再除以标准差，记作z_i。其计算公式为：

$$z_i = \frac{x_i - \bar{x}}{s}$$

标准得分的计算结果给出了各该观测值与均值之间相对位置的远近，同时又消除了计算单位的限制。不同样本数据之间原本无法直接比较的观测值，可以通过计算标准得分来完成大小比较。

例如，有100对新娘和新郎，新娘的平均年龄为30.0岁，标准差为9.0岁；新郎的平均年龄为32.4岁，标准差为10.0岁。其中年龄最小的新娘为19岁，年龄最小的新郎也为19岁，那么这两个新郎和新娘哪个更年轻一些呢？

这个问题问得看似很奇怪，事实上，由于新郎和新娘原本分属于不同的生理人群总体，所以其生理年龄是不能采用同一尺度来衡量的，虽然最小的新郎和最小的新娘的年龄，按日历年龄计算都是19岁，但两人的生理年龄还是有差异的。计算19岁新郎和19岁新娘的标准得分：

19岁新郎的标准得分：$z_i=\frac{x_i-\bar{x}}{s}=\frac{19-32.4}{10.0}=-1.34$

19岁新娘的标准得分：$z_i=\frac{x_i-\bar{x}}{s}=\frac{19-30.0}{9.0}=-1.22$

计算结果表明，新郎的19岁低于其样本均值1.34倍的标准差，而新娘的19岁却是低于其样本均值1.22倍的标准差。从各自与其均值之间相对位置的远近来看，应该是新郎更显年轻。

应当指出，标准得分并未改变各个观测值原来在数据中的相对位置，也没有改变原数据的分布特征，它只是对各个观测值的大小改换了一个衡量尺度而已。

此外，标准得分还具有一个非常重要的特性：就全体观测值的标准得分所计算出来的均值为0，标准差为1。

3.3 分布形态描述性统计量

3.3.1 偏度

偏度是衡量频数分布形态对称性的统计量，记作*SK*。其计算公式为：

$$SK=\frac{n\sum_{i=1}^{n}(x_i-\bar{x})^3}{(n-1)(n-2)s^3}$$

偏度的计算结果为0，表明频数分布的形态是对称的；如果小于0，则表明是左偏；如果大于0，则表明是右偏。计算结果的绝对值越大，表明左偏或右偏的程度越大，特别是当计算结果的绝对值大于1时，通常被认为是高度偏态。

在引例3的100袋食品重量样本数据中，均值为50.67克，标准值为4.61克，依公式计算100袋食品重量的偏度：

$$SK=\frac{n\sum_{i=1}^{n}(x_i-\bar{x})^3}{(n-1)(n-2)s^3}=\frac{100\times[(46-50.67)^3+\cdots+(46-50.67)^3]}{(100-1)(100-2)\times4.61^3}=0.099$$

计算结果表明这是一种轻度的右偏。应当注意的是，右偏指的是在频数分布图形的右边拖出一条长长的尾巴；左偏是指在频数分布图形的左边延出一条长长的尾巴，如图3-9所示。

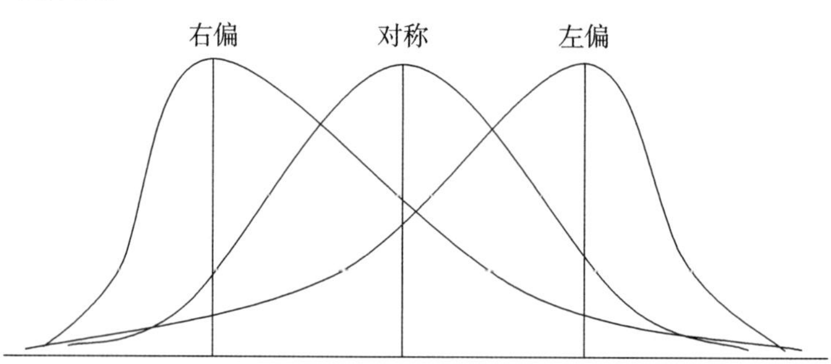

图3-9 频数分布的对称性

3.3.2　峰度

峰度是衡量频数分布形态尖削或陡峭程度的统计量，记作KU。其计算公式为：

$$KU=\frac{n(n+1)\sum_{i=1}^{n}(x_i-\bar{x})^4-3\left[\sum_{i=1}^{n}(x_i-\bar{x})^2\right]^2(n-1)}{(n-1)(n-2)(n-3)s^4}$$

峰度的计算结果为0，称作正态峰；小于0，称作平顶峰，表明频数分布趋于集中的速度变化较慢，分布形态比较平坦；大于0，称作尖顶峰，表明频数分布趋于集中的速度变化较快，分布形态比较尖削或陡峭。

在引例3的100袋食品重量样本数据中，均值为50.67克，标准值为4.61克，依公式计算100袋食品重量的峰度：

$$KU=\frac{n(n+1)\sum_{i=1}^{n}(x_i-\bar{x})^4-3\left[\sum_{i=1}^{n}(x_i-\bar{x})^2\right]^2(n-1)}{(n-1)(n-2)(n-3)s^4}$$

$$=\frac{100\times101\times[(46-50.67)^4+\cdots+(46-50.67)^4]-3\times[(46-50.67)^2+\cdots+(46-50.67)^2]^2\times99}{100\times99\times98\times97\times4.61^4}$$

$$=-0.533$$

计算结果表明这是一种平顶峰，如图3-10所示。

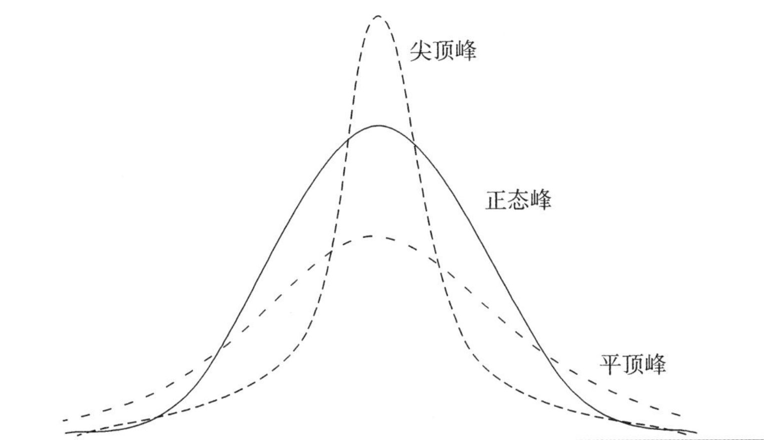

图3-10　频数分布的峰态

3.4　运用SPSS进行统计量描述

SPSS主要有3个途径计算各种描述性统计量。同一种统计量由不同途径所得出的计算结果是完全相同的，只是输出形式有所区别。针对表3-1中100袋食品重量样本数据计算描述性统计量的SPSS主要操作如下：

3.4.1　由"Frequencies"计算描述性统计量

（1）打开"表3-1"对应的SPSS数据集"data3.1"。在SPSS主窗口选择菜单：

点击【Analyze】→【Descriptive Statistics】→【Frequencies】，系统弹出如图3-11所示的"Frequencies"对话框。

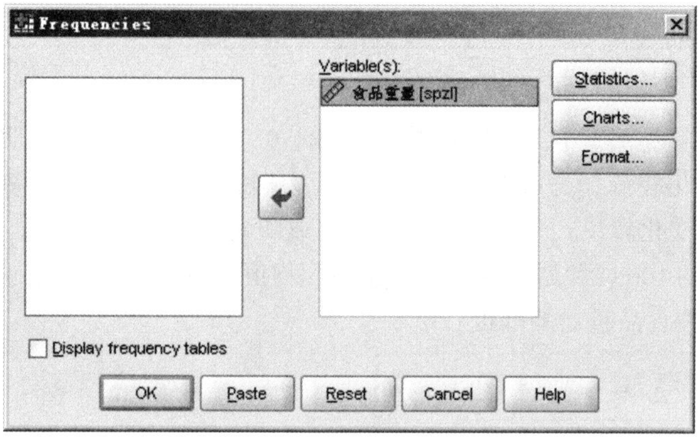

图3-11　Frequencies对话框

（2）选择变量"食品重量［spzl］"进入"Variable（s）"框内。点击【Statistics...】按钮，系统弹出如图3-12所示的"Frequencies：Statistics"对话框。

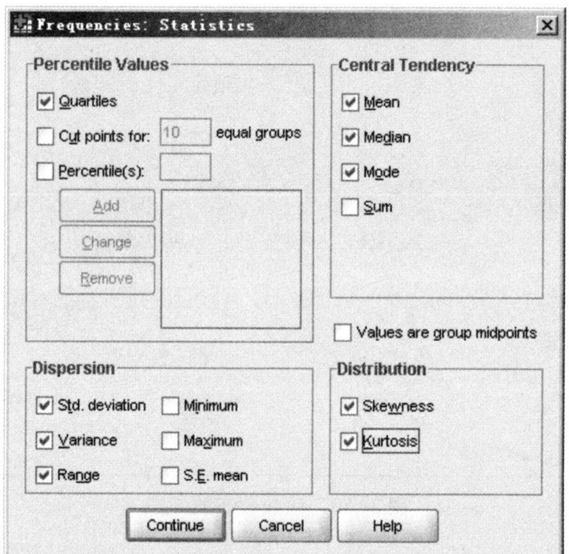

图3-12　Frequencies：Statistics对话框

（3）在"Central Tendency"框内，选中"Mean""Median""Mode"选项，以计算集中趋势描述性统计量均值、中位数和众数。在"Dispersion"框内选中"Std. deviation""Variance""Range"选项，以计算离散程度描述性统计量标准差、方差和极差。在"Percentile Values"框内选中"Quartiles"选项，以计算上下四分位数。在"Distribution"框内，选中"Skewness""Kurtosis"选项，以计算偏度和峰度。

（4）点击【Continue】→【OK】。系统输出描述性统计量SPSS输出结果，如图

3-13所示。

Statistics

食品重量

NValid	100
Missing	0
Mean	50.67
Median	51.00
Mode	53
Std.Deviation	4.606
Variance	21.213
Skewness	.099
Kurtosis	-.533
Range	21
Percentiles　25	47.00
50	51.00
75	53.75

图3-13　描述性统计量SPSS输出结果

3.4.2　由“Descriptives”计算描述性统计量

（1）打开“表3-1”对应的SPSS数据集“data3.1”。在SPSS主窗口选择菜单：点击【Analyze】→【Descriptive Statistics】→【Descriptives】，系统弹出如图3-14所示的“Descriptives”对话框。

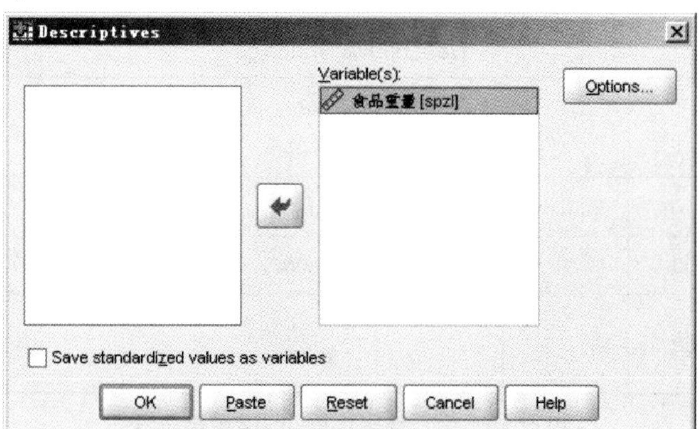

图3-14　Descriptives对话框

（2）选择变量“食品重量［spzl］”进入“Variable（s）”框内。如果需要计算各个观测值的标准得分，可选择“Save standardized values as variables”选项，系统将在数据浏览界面输出标准得分的计算结果。点击【Options...】按钮，系统弹出如图3-15所示的“Descriptives：Options”对话框。

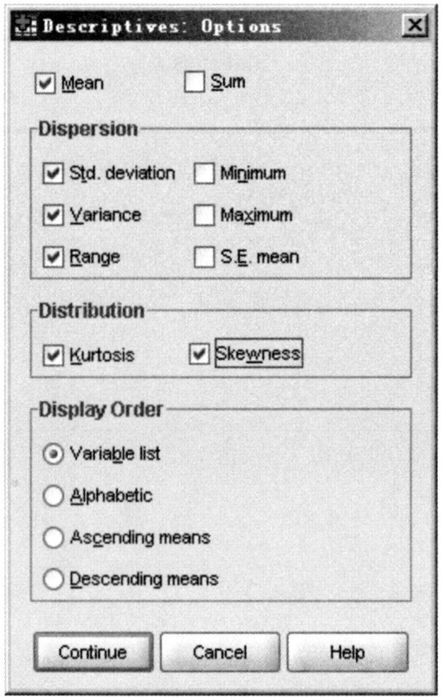

图3-15 Descriptives：Options对话框

（3）在此框内选择“Mean”；在“Dispersion”框内选中“Std. deviation”“Variance”“Range”选项；在“Distribution”框内，选中“Skewness”“Kurtosis”选项。

（4）点击【Continue】→【OK】。系统输出描述性统计量SPSS输出结果，如图3-16所示。

Descriptive Statistics

	N	Range	Mean	Std. Deviation	Variance	Skewness	Kurtosis
	Statistic	Statistic	Statistic	Statistic	Statistic	Statistic	Statistic
食品重量	100	21	50.67	4.606	21.213	.099	-.533
Valid N (listwise)	100						

图3-16 描述性统计量SPSS输出结果

3.4.3 由“Explore”计算描述性统计量

（1）打开“表3-1”对应的SPSS数据集“data3.1”。在SPSS主窗口选择菜单：点击【Analyze】→【Descriptive Statistics】→【Explore】，系统弹出如图3-17所示的“Explore”对话框。

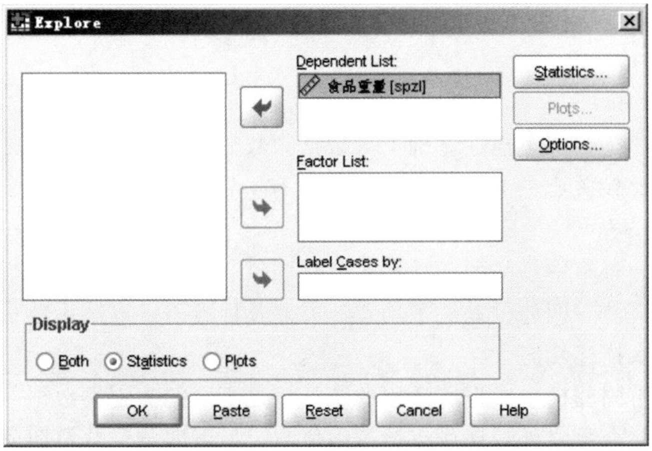

图3-17 Explore对话框

（2）选择变量“食品重量［spzl］”进入“Dependent List:”框内。在“Display”框内选中“Statistics”选项。点击【Statistics...】按钮。系统弹出如图3-18所示的“Explore: Statistics”对话框。

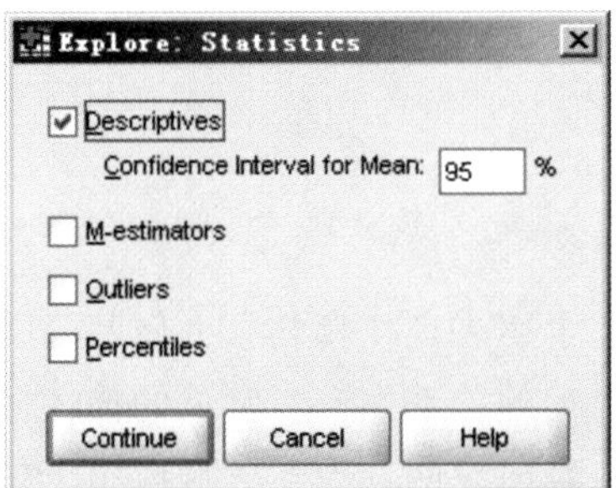

图3-18 Explore：Statistics对话框

（3）在此对话框中选中“Descriptive”。点击【Continue】→【OK】。系统输出描述性统计量SPSS输出结果，如图3-19所示。

Descriptives

	Statistic
食品重量 Mean	50.67
Median	51.00
Variance	21.213
Std.Deviation	4.606
Minimum	40
Maximum	61
Range	21
Interquartile Range	7
Skewness	.099
Kurtosis	-.533

图3-19 描述性统计量SPSS输出结果

本章小结

统计量描述是在图表描述基础上对数据频数分布特征的进一步刻画。数据分析过程中，通常比较关心的频数分布特征主要有4个方面：集中趋势、离散程度、偏态和峰态。

描述频数分布集中趋势的统计量主要有均值、中位数和众数；描述离散程度的统计量主要有极差、四分位差、平均差、方差及标准差、离散系数；偏度用来描述偏态；峰度用来描述峰态。

变量类型不同的样本数据所适用的统计量是不同的。定类数据一般只能计算众数；定序数据除众数之外，还可以计算中位数、上下四分位数及四分位差；数值型变量数据则适于本章所介绍的全部描述性统计量。

均值是最常用的描述集中趋势的统计量，方差及标准差是最常用的描述离散趋势的统计量。均值、方差及标准差在整个统计方法原理体系中处于核心的地位，但这并不意味它们就是完美无缺、能够包揽一切的，每一种统计量都具有各自的优点和缺陷，数据分析过程中应当注意灵活地参照运用。

问题思考

1.数据频数分布的特征主要表现在哪几个方面？

2.统计量描述与图表描述的关系如何？常见的描述性统计量有哪些？

3.均值、中位数、众数有何异同之处？各自适用于什么场合？

4.极差、四分位差与平均差各自的构造原理是什么？适用于什么场合？

5.方差的构造原理是什么？有了方差为什么还要计算标准差？

6.标准差与平均差有何异同之处？

7.为什么要计算离散系数？离散系数的构造原理是什么？

8.标准得分是什么意思？为什么要计算标准得分？

9.如何理解偏度与峰度的计算结果？

10.SPSS可以通过哪些途径计算描述性统计量？

11.证明所有观测值与其均值的离差之和等于0，即$\sum_{i=1}^{n}(x_i-\bar{x})=0$。

12.证明所有观测值与其均值的离差平方和最小，即$\sum_{i=1}^{n}(x_i-x_0)^2>\sum_{i=1}^{n}(x_i-\bar{x})^2$，式中$x_0$为不等于$\bar{x}$的任意数。

判断对错

1. 定类数据与定序数据无法计算均值。（　）

2. 由组距式频数分布表计算均值、众数、中位数、方差及标准差都是近似值。（　）

3. 众数和中位数的结果不受数据中极端值的影响。（　）

4. 中位数将数据分为两半，一半数值比它大，另一半数值比它小。（　）

5. 一般情况下，如果某一数据中的均值 < 中位数 < 众数，则其频数分布为右偏。（　）

6. 对于同水平的两个数据，若要比较其均值的代表性强弱，则标准差大者，均值的代表性差。（　）

7. 只要频数分布具有相同的标准差，就会有相同的分布形态。（　）

8. 调和平均数与算术平均数的计算公式形式不同，但针对同一数据的计算结果必然相同。（　）

9. 针对同一数据计算平均差与标准差，结果必然相同。（　）

机上作业

1. 在一项高校教师科研活动的调研中，以60位教师为样本，搜集每天使用电脑的时间数据（见附表1）。

附表1　**60位教师每天使用电脑小时数**

9.3	5.3	6.3	8.8	6.5	0.6	5.2	6.6	9.3	4.3
6.3	2.1	2.7	0.4	3.7	3.3	5.2	2.7	6.7	6.5
4.3	9.7	7.7	5.2	1.7	8.5	4.2	5.5	5.1	5.6
5.4	4.8	2.1	10.1	1.3	5.6	2.4	2.4	4.7	4.7
2.0	6.7	1.1	6.7	2.2	2.6	9.8	6.4	4.9	5.2
4.5	9.3	7.9	4.6	4.3	4.5	9.2	8.5	6.0	8.1

要求：

（1）将上述数据分9组整理成组距式频数分布表，并绘制频数分布直方图与盒形图。

（2）计算均值、中位数、上四分位数、下四分位数、众数，并在直方图和盒形图中标出它们的位置。

（3）计算极差、四分位差、方差、标准差、离散系数。

（4）计算偏度、峰度并解释计算结果的含义。

2.从某生产车间的业务记录中查到一份关于162名工人日产零件数的分组数据（见附表2）。

附表2　**162名工人日产零件数分组数据**

日产零件数x	20	21	22	23	24	25	26	27	28	29	30	31
工人数f	2	4	15	17	19	22	43	21	9	6	3	1

要求：计算162名工人日产零件数的各种描述性统计量的值。

3.某高校2年级本科学生统计学期末考试成绩见附表3。

附表3　**某高校2年级本科学生统计学期末考试成绩**

成绩	人数
30~40	7
40~50	9
50~60	20
60~70	36
70~80	17
80~90	9
90~100	4

要求：

（1）绘制频数分布直方图。

（2）计算期末考试成绩的均值、众数、中位数、方差、标准差及离散系数。并在直方图中标出均值、中位数和众数的位置。

［提示1：由组距式频数分布表手工计算众数，可采用下列公式推算：

$$M_o = L + \frac{\Delta_1}{\Delta_1 + \Delta_2} \times d$$

式中：M_o代表众数；L代表众数组的下限；Δ_1代表众数组与较小相邻组的频数之差；Δ_2代表众数组与较大相邻组的频数之差；d代表众数组组距。］

［提示2：由组距式频数分布表手工计算中位数，可采用下列公式推算：

$$M_e = L + \frac{\frac{n}{2} - S_{m-1}}{f_m} \times d$$

式中：M_e代表中位数；L代表中位数组的下限；n代表观测值个数；S_{m-1}代表中位数组下限以下的累积频数；d代表中位数组组距。］

4.甲、乙两个班组的工人进行劳动技能竞赛，在规定的时间内加工同一种规格的机器零件。竞赛结果见附表4。

附表4　　甲、乙两班组工人加工零件数

甲班组		乙班组	
加工零件数	人数	加工零件数	人数
35	3	28	7
38	8	34	8
40	10	42	8
45	9	48	7
52	5	58	5

要求：试就上述数据对两个班组的竞赛成绩做出评价。

5.分组测量成人与幼儿身高，获如附表5数据。

附表5　　成人组与幼儿组身高　　单位：cm

成人组	165	166	169	172	177	180	170	172	174	168	173	184
幼儿组	67	68	69	68	70	71	73	72	73	74	75	70

要求：选择运用适当的统计量分析比较成人与幼儿的身高特点。

6.附表6是某足球赛季中20名防守队员场上奔跑的累积千米数。

附表6　　20名防守队员场上奔跑累积千米数

0.68	0.60	0.51	1.02	0.89	0.41	0.94	0.78	0.74	0.54
0.86	0.89	0.37	0.65	1.07	1.17	0.75	0.47	0.83	1.14

要求：确定该数据的最小观测值、下四分位数、中位数、上四分位数、最大观测值。制作盒形图，观察分布特征并检测异常值。

7.附表7是一组大学生外出就餐的月费用样本数据。

附表7　　25名大学生外出吃饭的月费用

253	101	245	467	131
0	225	80	113	69
198	95	129	124	11
178	104	161	0	118
151	55	152	134	169

要求：

（1）计算均值、中位数和众数。

（2）确定上下四分位数。

（3）计算极差和四分位差。

（4）计算方差和标准差。

（5）检测异常值。

（6）计算各个观测值的标准得分，并就标准得分计算均值、方差及标准差。

8.附表8给出了人们乘公交车上班与自己开车上班耗用时间的样本数据。

附表8　　乘公交车上班与自己开车上班耗用时间　　单位：分钟

乘公交车	28	29	32	37	33	25	29	32	41	34
自己开车	29	31	33	32	34	30	31	32	35	33

要求：

（1）分别计算两种上班方式的样本均值、标准差及离散系数。

（2）根据计算结果说明哪一种方式上班更好一些。

实验课题

1.实验目的

（1）结合图表描述掌握各种描述性统计量的构造原理及其应用。

（2）熟练掌握运用SPSS进行统计描述的基本技能。

2.实验工具

（1）课堂广播软件。

（2）SPSS软件11.0或16.0版本。

（3）600名男女学生的统计学和经济学期末考试成绩数据集。

3.实验内容

大学生在校期间的各门课程考试成绩，尽管在学生与学生之间、院系之间、男女生之间以及不同的课程之间，都存在着各种各样的差异，但整体上的分布状况还是有规律可循的。今有金融学院与统计学院600名男女生的统计学和经济学期末考试成绩数据，储存在SPSS数据文件中，文件名：lytjcj.sav。试运用图表描述与统计量描述的方法，对此数据展开尽可能全面和深入的描述与分析。

4.实验步骤

（1）熟悉600名男女生考试成绩的SPSS数据文件。

（2）对数据整体进行图表描述和统计量描述。

（3）运用图表和统计量描述方法对数据进行分组比较。

5.实验指导

（1）进行对比分析时可利用SPSS的拆分数据集功能。具体操作：点击【Data】→【Split file】→【Compare groups】→【“选择需要的分组变量”】→【OK】。

（2）对比分析可以多角度多次进行。譬如，两个学院的统计学课程成绩比较、两个学院的经济学课程成绩比较、各院的男女生成绩比较、两门课程成绩的比较等。

（3）可充分利用聚类式盒形图进行对比分析。具体操作：点击【Graphs】→【Box plot】→【Clustered】→选择【“Summaries for groups of cases”】或【“Summaries of separate variables”】→【Define】→【“选择分析变量和分类变量”】→【OK】。

名人简介

弗朗西斯·高尔顿（Francis Galton，1822—1911）：英国著名生物学家、统计学家，达尔文的近亲表弟。早年在剑桥大学学医，但医生职业对他并无吸引力。22岁那年他获得一笔可观的遗产，决定弃医。1850—1852年，他与友人远赴非洲进行科学考察，1853年被选为英国皇家地理学会会员。高尔顿研究涉猎范围包括地理、天文、气象、物理、机械、人类学、民族学、社会学、统计学、教育学、医学、生理学、心理学、遗传学、优生学、指纹学、照相术、登山术、音乐、美术、宗教等，是一位百科全书式的学者。主要有《气象测量》《遗传的天才》《自然的遗传》《指纹》等15部著作，220篇学术论文。高尔顿主张“无论何时，能算就算”，对统计学的最大贡献是相关性概念的提出和回归分析方法的建立。高尔顿的生物统计学思想经过他的学生皮尔逊、韦尔登的参与和发挥，在英国形成了一个颇有影响的生物统计学派。1901年，高尔顿、皮尔逊、韦尔登创办《生物统计》杂志，成为生物统计学派的一面旗帜。1909年，弗朗西斯·高尔顿被英国王室授予勋爵称号。

第4章　参数估计

科学法则并不是由权威的原理所引导的，也不是由信仰或中世纪哲学来辨明的。统计学是诉诸新知识的唯一法庭。

抽样样本比判断样本更好。

——普拉桑塔·钱德拉·马哈拉诺比斯

引例4

学校网管中心为合理制定校园网络管理条例，需要掌握每天全校学生的平均上网时间。但由于时间及人力限制，目前还无法就全校10 000名学生展开全面调查，因而也无从计算每天全校学生平均上网时间的具体数值。为此，网管中心从全校10 000名学生中随机抽取了36名学生，调查他们每天的上网时间，获得如表4-1、图4-1所示的样本数据。

表4-1　**36名学生每天上网时间样本数据**　单位：小时

3.3	3.1	6.2	5.8	2.3	4.1
5.4	4.5	3.2	4.4	2.0	5.4
2.6	6.4	1.8	3.5	5.7	2.3
2.1	1.9	1.2	5.1	4.3	4.2
3.6	0.8	1.5	4.7	1.4	1.2
2.9	3.5	2.4	0.5	3.6	2.5

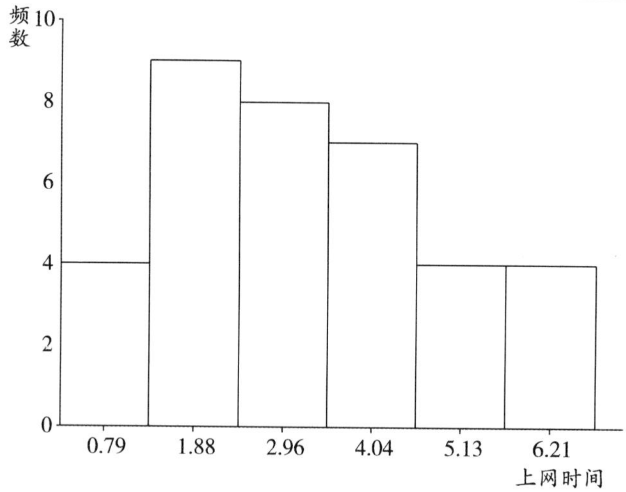

图4-1　36名学生每天上网时间

经计算得：$\bar{x}$=3.32小时，s=1.61小时。能否据此推断出全校10 000名学生的平均上网时间的具体数值呢？

有理由相信，根据样本均值来推断总体均值是可行的，因为，虽然总体均值是未知的，但我们知道它是唯一确定的；而且，样本是来自于总体的，在样本均值与总体均值之间必定存在着某种特定的联系。

然而，尽管总体及总体均值是唯一确定的，但样本及样本均值却是随机获取的，此例中，样本均值$\bar{x}$为3.32小时，该均值的获取是带有随机性的，因此，在没能掌握两者之间的内在联系之前，直接将样本均值作为总体均值的估计值，显然是有些武断的。必须首先搞清样本均值与总体均值之间的内在联系。

4.1　抽样分布

4.1.1　抽样分布的含义

统计量是遵循随机原则由总体抽取样本时所派生出来的随机变量。抽样分布指的是样本统计量作为随机变量的概率分布。只要掌握了一个统计量的抽样分布，就可以得出该统计量在各种可能取值上的概率，这是由样本统计量的值来推断总体参数的基础和前提。

实践中最为常用的统计量是样本均值和样本方差及标准差。我们以样本均值和标准差为例，解释抽样分布的确切含义。

在引例4的问题中，要从一个容量为10 000的总体中，抽取容量为36的样本，事实上有众多的可能样本存在，其数量甚至远远超过总体容量。如果采取不重复抽样就存在10 000!/36!（10 000–36）!个可能样本；如果采取重复抽样则存在$10\ 000^{36}$个可能样本。

假如我们有能力把所有可能样本毫无遗漏地一一全部抽取出来的话，那么就可以根据样本数据计算出每一个样本的均值，而且不同样本的均值，其计算结果也会是不尽相同的。将全部计算结果按取值不同进行分组和汇总，可以得出一个以样本均值为观测的频数分布表，从这个频数表中，我们可以直接得出作为随机变量的样本均值，在所有不同取值上的概率，从而确定样本均值的抽样分布。

同样的道理，我们也可以得出作为随机变量的样本方差或标准差，以及其余有关统计量的抽样分布。

显然，通过手工操作来重复上述所有可能样本的抽取过程，几乎是一件不可能的事情。借助计算，有人曾就某城市7岁男孩总体的身高数据（总体均值为120cm，标准差为5cm）进行过类似的模拟。此次模拟是从总体中随机抽取了容量为36的10 000个样本，并计算出了每一个样本的均值和标准差。当然，10 000个样本并没有涵盖问题中的所有可能样本，但从最后整理得出的频数分布图中，已经可以大略地看出某些规律性的东西，如图4–2和图4–3所示。

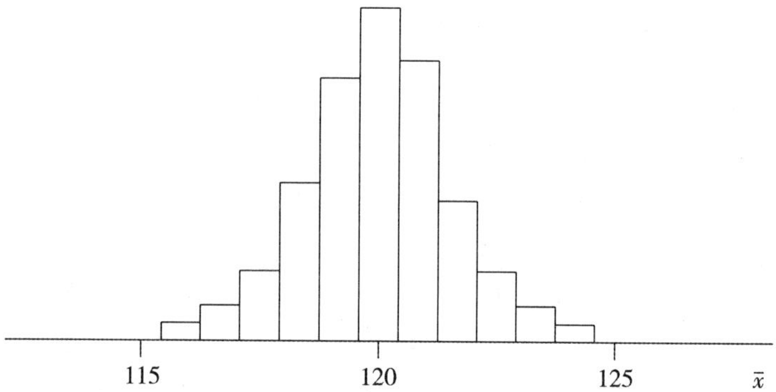

图4-2　样本容量为36的10 000个样本均值的分布（总体均值为120cm）

图4-3　样本容量为36的10 000个样本标准差的分布（总体标准差为5cm）

从图4-2和图4-3中不难看出，各个可能样本的均值或标准差的取值是有差异的，未必全都等于总体的均值或标准差。但其整体上的频数分布却明显具有向总体均值或总体标准差集中的倾向，显示出一种近乎对称的钟形分布的特征。这提示我们，在样本统计量与总体参数之间存在着某种固有的规律性的东西。

4.1.2　样本均值的抽样分布

统计科学发展历史中的一个极为突出的成果，就是发现了样本统计量与总体参数之间的内在联系，数理统计的研究表明：

（1）由均值为μ，方差为σ^2的正态总体中，抽取容量为n的样本时，样本均值$\bar{x}$服从以μ为数学期望，以σ^2/n为方差的正态分布。

此定理表明，任意样本容量下，由正态总体所派生出来的样本均值，都是服从正态分布的，而且是以总体均值为数学期望，以总体方差除以样本容量为方差的正态分布。

当然，如果总体不服从正态分布或事先我们无法确认总体服从正态分布，那么样本容量的大小就是一个需要认真考虑的问题了。

（2）由均值为μ，方差为σ^2的任意总体中，抽取容量为n的样本，当n趋近于无穷大时，样本均值$\bar{x}$服从以μ为数学期望、以σ^2/n为方差的正态分布。

此即所谓中心极限定理，该定理适用于任意总体下$\bar{x}$的抽样分布。依此定理，只要样本容量足够大，无论总体是否为正态分布，样本均值的抽样分布都可以用正态分布来近似，进而达到以样本均值来推断总体均值的目的。

一般情况下，只要样本容量大于等于30，即可采用这种近似。当然这只是一个经验的标准。

图4-4或许可以帮助我们对中心极限定理的实际作用有一个直观的理解和把握：

图4-4就3个不同分布的非正态总体，演示了中心极限定理的奇妙作用。随着样本容量的增加，样本均值$\bar{x}$的抽样分布在逐渐发生变化。样本容量为2时，$\bar{x}$的抽样分布开始呈现与总体分布不同的特征；样本容量为5时，3个$\bar{x}$的抽样分布开始呈现出一种钟形的特征；特别地，当样本容量为30时，3个$\bar{x}$的抽样分布已经近似于正态分布。与此同时，$\bar{x}$的方差也在逐步缩小。

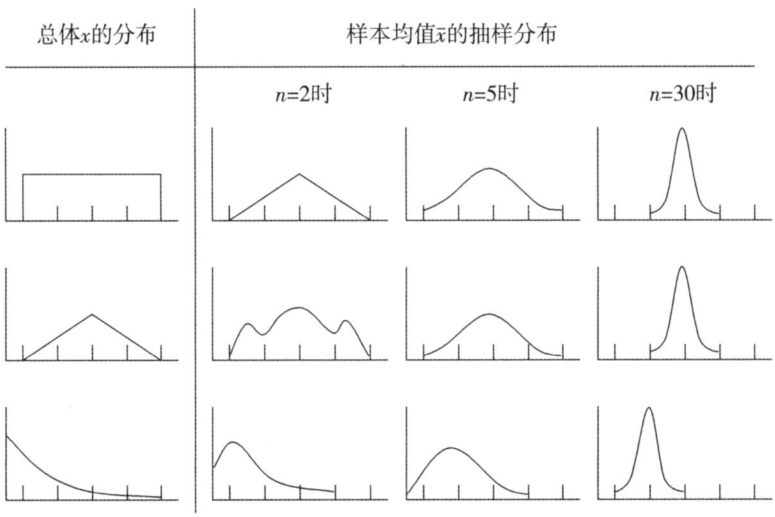

图4-4　中心极限定理的作用

统计理论研究人员针对各种总体，大量地研究了在不同样本容量下，样本均值$\bar{x}$的抽样分布，并且确认：当总体分布是对称的坡形形状时，样本容量为5到10时，即可适用于中心极限定理；但如果总体分布严重偏态或明显非正态，则需要更大的样本容量，通常情况下，样本容量须大于等于30。

4.1.3　样本方差的抽样分布

由样本方差来推断总体方差，同样需要首先掌握样本方差的抽样分布。样本方差的抽样分布与总体分布之间的关系较为密切，实际应用中特别强调总体分布的正态性。数理统计的研究表明：对于来自正态总体的简单随机样本，统计量（$n-1$）s^2/σ^2服从自由度为（$n-1$）的卡方分布，如图4-5所示。

由卡方分布的性质可知，统计量（$n-1$）s^2/σ^2通常为不对称的右偏分布，随着样本容量及自由度的增加，将逐渐趋于对称，并最终趋近于正态分布。但如果样本不是来自于正态总体，则不明显具备这个特点。

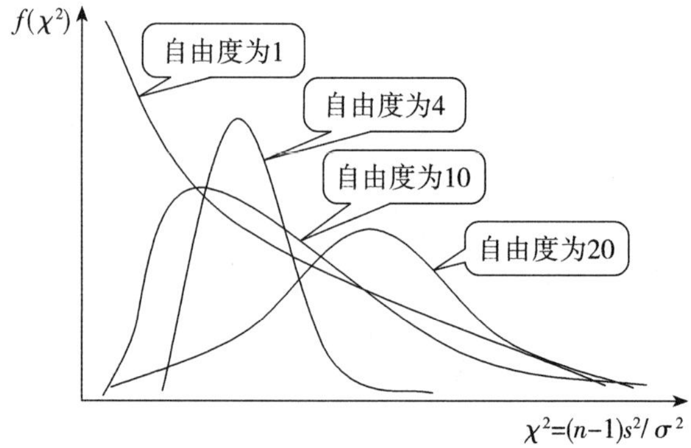

图 4-5 不同自由度下的卡方分布

4.2 点估计

4.2.1 点估计的含义

起初在引例4中，我们没有急于直接以样本均值3.32小时作为总体均值的估计值，那是因为，当时还不清楚样本统计量与总体参数之间的内在联系。抽样分布原理揭示了样本统计量的分布规律，这就为我们的统计推断提供了可靠的基础和前提。

用样本统计量推断总体参数有两种方法：一种是点估计；另一种是区间估计。本节简要介绍点估计的有关内容。

所谓点估计就是用样本统计量的值，直接作为对应总体参数的估计值。譬如，在引例4中，我们可以直接用36名学生每天上网时间的样本均值3.32小时来估计每天全校学生的平均上网时间。

做出这种估计的理论根据是：尽管我们没有掌握全校10 000名学生总体上网时间的分布状况，但所获取的样本均值是近似服从正态分布的随机变量的一个取值，而且此正态分布以总体均值为数学期望，以总体方差除以样本容量为方差，如图4-6所示。

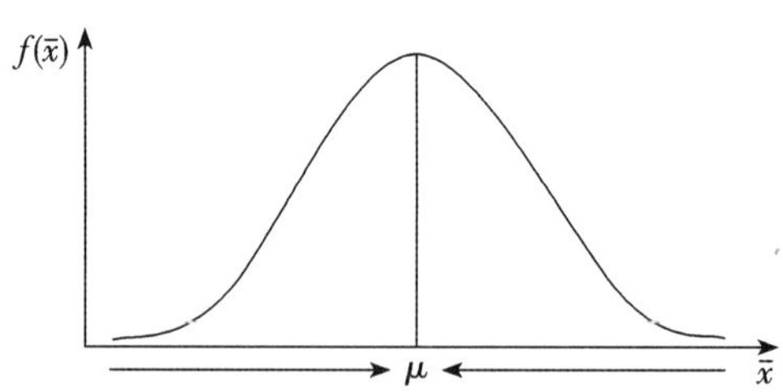

图 4-6 样本均值服从以总体均值为数学期望的正态分布

由于样本均值作为随机变量是以总体均值为数学期望的，所以我们有理由认为，用作估计量的样本均值，更大的可能会在总体均值的附近取值。当然，由于样本的随机性，尽管可能性很小，但根据已经抽取出来的样本所得出的均值也是有可能远离总体均值的。

4.2.2　点估计量的优良标准

通常将我们所感兴趣的待估计的总体参数，用符号记作θ；将用来估计总体参数的统计量称作估计量，记作θ。

将样本均值用做总体均值的估计量，或将样本方差用做总体方差的估计量，表面看来似乎是不言自明、顺理成章的事情，但事实并非如此。实际情况是，对应一个总体参数，往往可能会有许多备选的估计量，譬如，除样本均值之外，样本中位数也可以充当总体均值的一个估计量。因此，需要考虑如何从多个待选的估计量中，选择出估计效果最好的估计量。统计学家在评价估计量的优劣时，给出了3个标准：无偏性、有效性、一致性。

1）无偏性

如果估计量θ的数学期望等于所估计的总体参数θ，即$E(\theta)=\theta$，则称这个估计量θ是总体参数θ的无偏估计量，如图4-7所示。

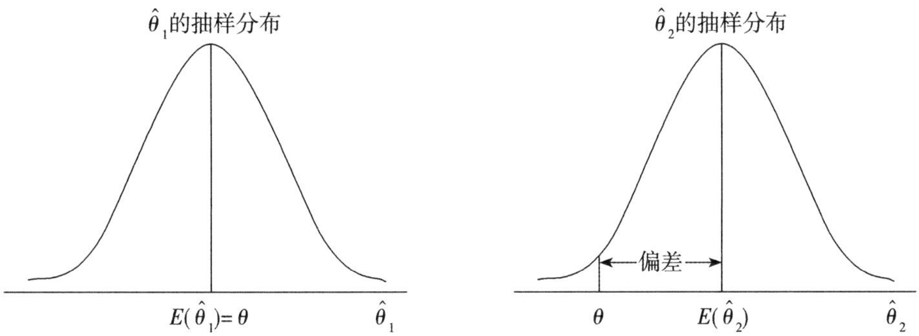

图4-7　有偏估计量与无偏估计量

图4-7中，θ_1的数学期望等于θ，所以θ_1是θ的无偏估计量；而θ_2则是关于θ的有偏估计量。

可以证明，样本均值$\bar{x}$、样本方差s^2各自分别是总体均值μ、总体方差σ^2的无偏估计量。

应当注意的是，除以样本自由度$n-1$的样本方差是总体方差σ^2的无偏估计量，而除以样本容量n的样本方差则是有偏的。

2）有效性

对于同一个总体参数的两个无偏估计量θ_1和θ_2，如果θ_1的方差较小，即$D(\theta_1)<D(\theta_2)$，则称θ_1是比θ_2更为有效的估计量，如图4-8所示。

譬如，样本均值与样本中位数都是总体均值的无偏估计量，但样本中位数抽样分布的方差要大于样本均值，所以样本均值是更为有效的估计量。

3）一致性

随着样本容量的增大，估计量θ的值越来越接近于被估计的总体参数θ，则称估计量θ为具备一致性的估计量。譬如，样本均值$\bar{x}$服从以μ为数学期望，以σ^2/n为方差的正态分布，其无偏性并不依赖于样本容量的大小，但其方差却与样本容量

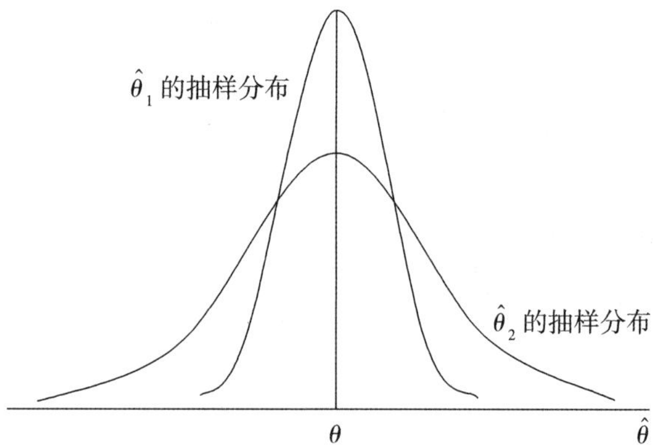

图 4-8　θ_1 为有效估计量

的大小成反比。这意味着，伴随样本容量的增加，样本均值的抽样分布曲线将会越变越窄，与总体均值也会越来越接近。所以说样本均值是总体均值具备一致性的估计量。同样的道理，样本方差也是总体方差的具备一致性的估计量，如图 4-9 所示。

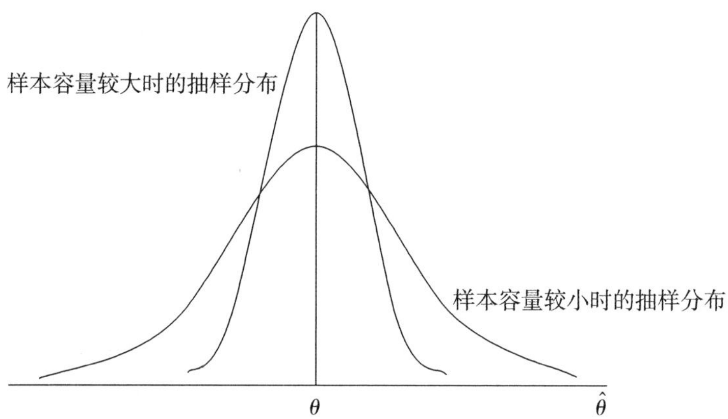

图 4-9　样本容量不同时的抽样分布

正是由于符合了上述的优良标准，样本均值与样本方差才成为统计推断中较为常用的估计量。

4.3　单样本总体均值区间估计

4.3.1　总体方差已知

点估计操作简单，运用灵活，在引例 4 中，由样本数据计算得：$\bar{x}$=3.32（小时），s=1.61（小时），于是可估计总体均值，即每天全校学生平均上网时间为 3.32 小时；可估计总体标准差，即每天全校学生上网时间的标准差为 1.61 小时。

但点估计给不出估计的把握程度和准确程度的高低，这是点估计的固有缺陷。若要对总体参数做出具有一定把握程度和准确程度的推断，就要用到区间估计。

抽样分布原理告诉我们，由正态总体抽取任意容量的样本，或者由任意总体抽取容量充分大的样本，样本均值$\bar{x}$服从以总体均值μ为数学期望，以总体方差σ^2除以样本容量n，即σ^2/n为方差的正态分布，即：$\bar{x}\sim N(\mu,\sigma^2/n)$。

于是，将样本均值$\bar{x}$加以标准化，就可以得出一个服从标准正态分布的统计量，通常将此统计量称作Z统计量：

$$Z=\frac{\bar{x}-\mu}{\sigma/\sqrt{n}}$$

以$Z=0$为对称中心，给定区间$[-Z_{\alpha/2},Z_{\alpha/2}]$，其中$\alpha$是人为给定的一个概率值，则可得$Z$落入此区间的概率值为$1-\alpha$，即：

$$P(-Z_{\alpha/2}\leqslant Z\leqslant Z_{\alpha/2})=1-\alpha$$

即：

$$P(-Z_{\alpha/2}\leqslant\frac{\bar{x}-\mu}{\sigma/\sqrt{n}}\leqslant Z_{\alpha/2})=1-\alpha$$

统计中通常将人为给定的这个概率值α，称作显著性水平，将$1-\alpha$称作置信度。于是由上式不难导出总体均值μ，在置信度$1-\alpha$下的存在区间公式为：

$$\bar{x}-Z_{\alpha/2}\frac{\sigma}{\sqrt{n}},\ \bar{x}+Z_{\alpha/2}\frac{\sigma}{\sqrt{n}}$$

式中：$\bar{x}-Z_{\alpha/2}\sigma/\sqrt{n}$为置信下限，$\bar{x}+Z_{\alpha/2}\sigma/\sqrt{n}$为置信上限。此公式也可写成：

$$\bar{x}\pm Z_{\alpha/2}\frac{\sigma}{\sqrt{n}}$$

依此公式，只要事先掌握总体方差σ_2或标准差σ，连同样本容量n与样本均值$\bar{x}$的具体取值代入公式，即可得出总体均值μ在给定置信度$1-\alpha$下的估计区间。公式中的$Z_{\alpha/2}$，在给定$1-\alpha$或α后，其取值就已经确定下来了。譬如，如果给定置信度$1-\alpha=0.95$，则有$\alpha=0.05$、$\alpha/2=0.025$，通过定积分的逆运算或直接查找标准正态分布表，即可得出$Z_{\alpha/2}=1.96$，如图4-10所示。

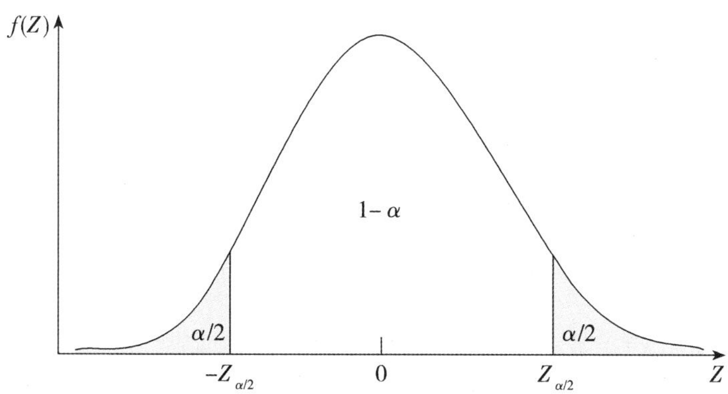

图4-10　Z服从标准正态分布

例如，从袋装食品生产线上随机抽取25袋测量其重量，算得样本均值为105.36克。已知总体重量服从正态分布，总体标准差为10克。若给定置信度为95%，则总体均值的估计区间为：

$$\bar{x} \pm Z_{\alpha/2}\frac{\sigma}{\sqrt{n}}=105.36 \pm 1.96 \times \frac{10}{\sqrt{25}}=105.36 \pm 3.92$$

即（101.44，109.28）。结果表明，该批食品袋的平均重量在101.44克到109.28克之间，做出这一推断的把握程度为95%。

4.3.2 总体方差未知

然而，实践中总体方差及标准差往往都是未知的，因而也无法像总体方差已知情况下那样，构造一个服从标准正态分布的Z统计量。

但此时我们可以用样本标准差s对总体标准差σ做出点估计，进而在Z统计量的基础上获得一个新的统计量，数理统计的研究表明，这个统计量服从自由度为$n-1$的t分布：

$$t=\frac{\bar{x}-\mu}{s/\sqrt{n}}$$

t分布决定于自由度一个参数，与标准正态分布一样，也属于对称的钟形分布，但分布形态通常是高尾的，比较平坦和分散。t分布以标准正态分布为极限分布，随着自由度的增大，t分布将会逐渐趋近于标准正态分布，如图4-11所示。

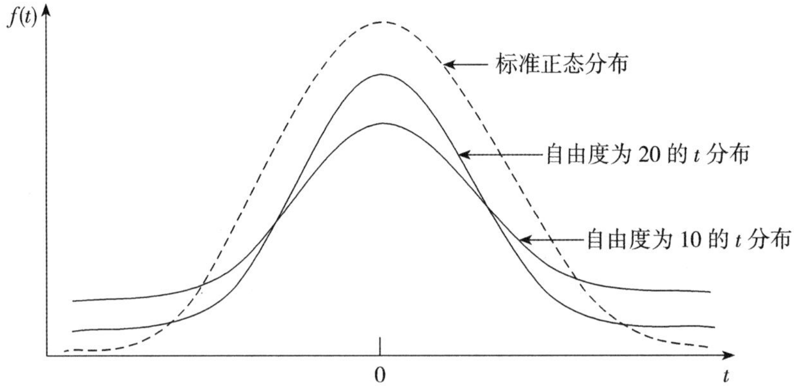

图4-11 不同自由度下的t分布

利用t分布，与总体方差已知时总体均值估计区间的构造方法相同，可以构造出总体均值的$1-\alpha$估计区间为：

$$\bar{x}-t_{\alpha/2}\frac{s}{\sqrt{n}},\ \bar{x}+t_{\alpha/2}\frac{s}{\sqrt{n}}$$

此公式也可写成：

$$\bar{x} \pm t_{\alpha/2}\frac{s}{\sqrt{n}}$$

依此公式，在给定置信度$1-\alpha$或显著性水平α的前提下，只需将样本容量n、样本均值$\bar{x}$以及样本标准差s的具体取值代入公式，即可得出总体均置μ的估计区间。公式中的$t_{\alpha/2}$可通过定积分的逆运算或直接查找t分布表得出。

例如，在引例4中，网管中心抽取了一个容量为36样本，并计算得出：$\bar{x}=3.32$（小时），$s=1.61$（小时）。若给定置信度为95%，则每天全校学生平均上网时间的估计区间为：

$$\bar{x}\pm t_{\alpha/2}\frac{s}{\sqrt{n}}=3.32\pm2.03\times\frac{1.61}{\sqrt{36}}=3.32\pm0.54$$

即（2.78，3.86）。结果表明，每天全校学生平均上网时间在2.78小时到3.86小时之间，做出这一推断的把握程度为95%。

对总体均值进行区间估计时，首先要注意区分正态总体或非正态总体、方差已知或方差未知、大样本或小样本的不同情况，然后再依据抽样分布原理选用适当的公式，构造出总体均值的置信区间，具体做法请参见下面的框图4-12。

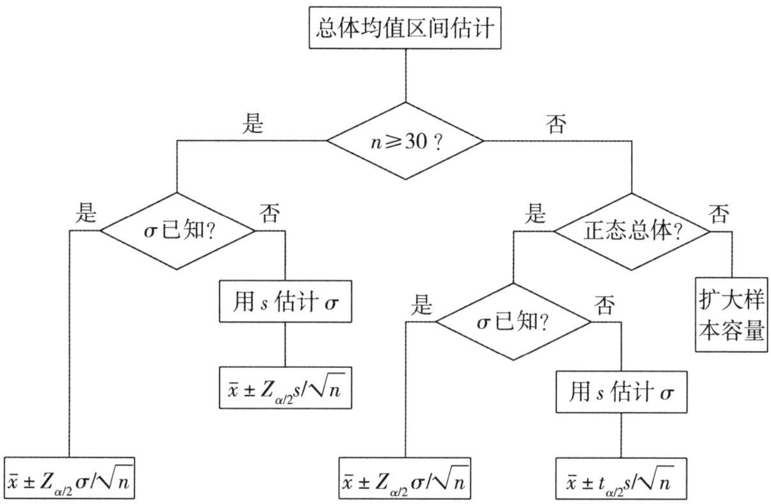

图4-12 总体均值区间估计程序

4.4 两个独立样本总体均值差区间估计

实践中我们有时会面对两个总体，并关心两个总体均值之间的差异情况，需要推断两个总体均值差$\mu_1-\mu_2$的存在区间。

总体均值差的估计原理仍然是抽样分布原理，所采用的估计量是分别来自于两个总体的样本均值之差，即$\bar{x}_1-\bar{x}_2$。关键问题是要准确掌握估计量$\bar{x}_1-\bar{x}_2$的抽样分布。

分别从两个总体抽取样本时，由于抽取方法不同，可区分为独立样本与匹配样本两种情况。如果两个样本是分别从两个总体中独立抽取的，也就是说，此样本的观测值的获取与另一个样本的观测值的获取，相互之间没有关联、互为独立，则称这是两个独立样本。

数理统计的研究表明，分别由两个正态总体独立抽取任意容量的样本，或者由两个任意总体独立抽取容量充分大的样本，则两个样本的均值差$\bar{x}_1-\bar{x}_2$服从以$\mu_1-\mu_2$为数学期望，以$\sigma_1^2/n_1+\sigma_2^2/n_2$为方差的正态分布。这是由两个独立样本均值差来估计两个总体均值差的理论基础和前提。

在由两个独立样本数据对总体均值差进行区间估计时，要区分以下几种不同情况，采取不同的估计方法。

4.4.1 大样本，方差已知

实践中，大样本一般是要求 $n_1 \geq 30$ 且 $n_2 \geq 30$。两个样本的均值差 $\bar{x}_1-\bar{x}_2$ 服从以 $\mu_1-\mu_2$ 为数学期望，以 $\sigma_1^2/n_1+\sigma_2^2/n_2$ 为方差的正态分布，将 $\bar{x}_1-\bar{x}_2$ 标准化后，可得服从标准正态分布的 Z 统计量：

$$Z=\frac{(\bar{x}_1-\bar{x}_2)-(\mu_1-\mu_2)}{\sqrt{\frac{\sigma_1^2}{n_1}+\frac{\sigma_2^2}{n_2}}}$$

于是可得独立样本条件下，大样本且方差已知时，两个总体均值差 $\mu_1-\mu_2$ 的 $1-\alpha$ 估计区间为：

$$(\bar{x}_1-\bar{x}_2)\ \pm Z_{\alpha/2}\sqrt{\frac{\sigma_1^2}{n_1}+\frac{\sigma_2^2}{n_2}}$$

例如，随机独立抽取男女中学生各 30 人测量体重，获得两个样本数据，并计算出男女中学生样本均值分别为：$\bar{x}_1=48.74$、$\bar{x}_2=43.05$。已知男女中学生体重总体方差分别为 $\sigma_1^2=47.78$、$\sigma_2^2=20.93$。若给定置信度为 95%，则男女中学生总体平均体重之差的估计区间为：

$$\begin{aligned}(\bar{x}_1-\bar{x}_2)\ \pm Z_{\alpha/2}\sqrt{\frac{\sigma_1^2}{n_1}+\frac{\sigma_2^2}{n_2}}&=(48.74-43.05)\ \pm 1.96\times\sqrt{\frac{47.78}{30}+\frac{20.93}{30}}\\&=5.69\pm 1.96\times 1.51\\&=5.69\pm 2.96\end{aligned}$$

即（2.73，8.65）。结果表明，男女中学生体重之差平均在 2.73 千克到 8.65 千克之间，做出这一推断的把握程度为 95%。

4.4.2 大样本，方差未知

大样本，但方差未知的情况下，分别以两个样本方差 s_1^2 和 s_2^2 作为两个总体方差 σ_1^2 和 σ_2^2 的点估计，可得 t 统计量：

$$t=\frac{(\bar{x}_1-\bar{x}_2)-(\mu_1-\mu_2)}{\sqrt{\frac{s_1^2}{n_1}+\frac{s_2^2}{n_2}}}$$

于是可得独立样本条件下，大样本但方差未知时，两个总体均值差 $\mu_1-\mu_2$ 的 $1-\alpha$ 估计区间为：

$$(\bar{x}_1-\bar{x}_2)\ \pm Z_{\alpha/2}\sqrt{\frac{s_1^2}{n_1}+\frac{s_2^2}{n_2}}$$

式中的 $Z_{\alpha/2}$ 是对 $t_{\alpha/2}$ 的替代，做出这种替代处理的理由是：在大样本的情况下，t 分布的自由度较大，与标准正态分布已经相当接近，两个临界值之间的差别也不会很大，而临界值 $Z_{\alpha/2}$ 的求取过程要比 $t_{\alpha/2}$ 来得要相对简便一些。

例如，随机独立抽取男女中学生各 30 人测量身高，获得两个样本数据，并计算出样本均值和样本方差分别为：$\bar{x}_1=162.67$、$\bar{x}_2=158.59$；$s_1^2=68.52$、$s_2^2=41.77$。男女中学生身高总体的方差是未知的。若给定置信度为95%，则男女中学生总体平均身高之差的估计区间为：

$$(\bar{x}_1-\bar{x}_2)\ \pm Z_{\alpha/2}\sqrt{\frac{s_1^2}{n_1}+\frac{s_2^2}{n_2}}=(162.67-158.59)\ \pm 1.96\times\sqrt{\frac{68.52}{30}+\frac{41.77}{30}}$$

$$=4.08\pm1.96\times1.92$$

$$=4.08\pm3.76$$

即（0.32，7.84）。结果表明，男女中学生身高之差平均在0.32cm到7.84cm之间，做出这一推断的把握程度为95%。

4.4.3 小样本，方差未知，但方差相等

由方差未知的正态总体抽取小样本时，虽然总体方差未知，但已知两总体方差相等，即$\sigma_1^2=\sigma_2^2=\sigma^2$，则存在自由度为$(n_1+n_2-2)$的t统计量：

$$t=\frac{(\bar{x}_1-\bar{x}_2)-(\mu_1-\mu_2)}{\sqrt{(\frac{1}{n_1}+\frac{1}{n_2})\frac{(n_1-1)s_1^2+(n_2-1)s_2^2}{n_1+n_2-2}}}$$

于是可得独立样本条件下，小样本、方差未知但方差相等时，两个总体均值差$\mu_1-\mu_2$的$1-\alpha$估计区间为：

$$(\bar{x}_1-\bar{x}_2)\ \pm t_{\alpha/2}(n_1+n_2-2)\ \sqrt{(\frac{1}{n_1}+\frac{1}{n_2})\frac{(n_1-1)s_1^2+(n_2-1)s_2^2}{n_1+n_2-2}}$$

式中（$(n_1-1)\ s_1^2+\ (n_2-1)\ s_2^2$）/（$n_1+n_2-2$）是对$\sigma_1^2=\sigma_2^2=\sigma^2$的一个估计，这个估计比单独以$s_2^2$或$s_1^2$作为$\sigma^2$的估计量要来得更加有效，它是以样本自由度为权数对两个样本方差s_1^2和s_2^2的加权平均。

例如，分别由加工同一种零件的两条生产线上，各随机独立抽取12个零件测量长度，获得两个样本数据，并计算出样本均值和样本方差分别为：$\bar{x}_1=32.5$、$\bar{x}_2=28.8$；$s_1^2=15.10$、$s_2^2=19.36$。假定出自两条生产线上的零件的长度服从正态分布，而且方差相等。若给定置信度为95%，则出自两条生产线上的零件的平均长度之差的估计区间为：

$$(\bar{x}_1-\bar{x}_2)\ \pm t_{\alpha/2}(n_1+n_2-2)\ \sqrt{(\frac{1}{n_1}+\frac{1}{n_2})\frac{(n_1-1)s_1^2+(n_2-1)s_2^2}{n_1+n_2-2}}$$

$$=(32.5-28.8)\ \pm t_{0.025}\ (22)\ \times\sqrt{(\frac{1}{12}+\frac{1}{12})\times\frac{(12-1)\times15.10+(12-1)\times19.36}{12+12-2}}$$

$$=3.70\pm2.074\times\sqrt{0.17\times17.23}$$

$$=3.70\pm3.56$$

即（0.14，7.26）。结果表明，出自两条生产线的零件的长度之差平均在0.14cm到7.26cm之间，做出这一推断的把握程度为95%。

4.4.4 小样本，方差未知，方差不等

由方差未知的正态总体抽取小样本时，如果总体方差不等，即$\sigma_1^2\neq\sigma_2^2$，则存在自由度为v的t统计量：

$$t(v)=\frac{(\bar{x}_1-\bar{x}_2)-(\mu_1-\mu_2)}{\sqrt{\frac{s_1^2}{n_1}+\frac{s_2^2}{n_2}}}$$

式中：$v=\left(\frac{s_1^2}{n_1}+\frac{s_2^2}{n_2}\right)^2\bigg/\left[\frac{(s_1^2/n_1)^2}{n_1-1}+\frac{(s_2^2/n_2)^2}{n_2-1}\right]$，为$t$统计量的自由度。

于是可得独立样本条件下，小样本、方差未知且方差不等时，两个总体均值差$\mu_1-\mu_2$的1-α估计区间为：

$$(\bar{x}_1-\bar{x}_2)\ \pm t_{\alpha/2}(v)\sqrt{\frac{s_1^2}{n_1}+\frac{s_2^2}{n_2}}$$

例如，为确认同一种设备的两种组装工艺的优劣，随机抽取10名工人，采用第一种工艺进行组装操作，并记录每名工人所需的时间；再随机抽取另外10名工人，采用第二种工艺进行组装操作，并记录每名工人所需的时间。获得了两个独立的样本数据。经计算得出两个样本的均值及方差分别为：$\bar{x}_1$=31.61、$\bar{x}_2$=27.72；s_1^2=14.16、s_2^2=22.16。假定两种组装工艺所需时间服从正态分布，但方差不等。如果要在95%的置信度下，估计两种组装工艺平均所需时间之差的存在区间，可先计算自由度v：

$$v=\left(\frac{s_1^2}{n_1}+\frac{s_2^2}{n_2}\right)^2\bigg/\left[\frac{(s_1^2/n_1)^2}{n_1-1}+\frac{(s_2^2/n_2)^2}{n_2-1}\right]$$

$$=\left(\frac{14.16}{10}+\frac{22.16}{10}\right)^2\bigg/\left[\frac{(14.16/10)^2}{10-1}+\frac{(22.16/10)^2}{10-1}\right]$$

$$=13.191/0.769=17.154\approx 17$$

进一步可得，两种组装工艺平均所需时间之差的估计区间为：

$$(\bar{x}_1-\bar{x}_2)\ \pm t_{\alpha/2}(v)\sqrt{\frac{s_1^2}{n_1}+\frac{s_2^2}{n_2}}$$

$$=(31.61-27.72)\ \pm t_{0.025}(17)\times\sqrt{\frac{14.16}{10}+\frac{22.16}{10}}$$

$$=3.89\pm 2.1098\times 1.91=3.89\pm 4.0297$$

即（−0.14，7.92）。结果表明，两种组装工艺所需时间之差平均在−0.14至7.92之间，做出这一推断的把握程度为95%。

4.5 两个匹配样本总体均值差区间估计

为了估计两个总体的均值差而抽取两个独立的样本，有时并不一定是最佳的方案，因为两个独样本之间的数据差异，理论上有3个可能的来源：一是总体均值间的实际差异，这正是我们所要推断的内容；二是样本的随机性差异，这是统计推断方法本身所固有的差异，是不可避免的；三是获取观测值时，作为观测对象的个体之间的差异，这种差异是应当加以避免的，否则将会降低估计的精确性。

在独立样本的抽样方案中，没有考虑到第三个差异来源的存在，所以，在获取观测值时，如果作为观测对象的个体之间存在较大的差异，则必然会降低估计的精确性。匹配样本方案，则试图避免第三个差异来源。

例如，某工厂有两种方法供员工执行某生产任务，目前需要确认哪种方法有更短的完成时间。在获取样本数据时有两种可选的方案。第一个方案：抽取工人的一个简单随机样本，其中每个工人使用第一种方法；再抽取工人的另一个简单随机样本，其中每个工人使用第二种方法。

第二个方案：抽取工人的一个简单随机样本，每个工人先用第一种方法，再用第二种方法，每个工人使用两种方法的先后次序是随机安排的。

在第一个方案中，分别抽取了两组工人，每一组的每一个工人提供一个观测值，最终形成两个不相关联的样本数据，即独立样本。在第二个方案中，只随机抽取了一组工人，这一组工人中的每一个工人提供了一对观测值，最终形成了两个相互关联的样本数据，即匹配样本。

显然，在独立样本数据中，个体工人之间体力、技能等方面的差异是影响估计精度的一个潜在的因素。而在匹配样本中，由于每一个工人提供了一对数据，这就避免了工人个体之间体力、技能等因素所可能产生的差异。相比之下，第二个方案是可取的。

匹配样本数据中，每一个观测对象都提供了一对观测值，在进行总体均值差区间估计时，需要对这种配对观测值进行特别的处理。首先要计算每一对观测值之间的差值，记作d，再以d为被平均的对象，计算其均值$\bar{d}$。

假定$\bar{d}$服从以两总体均值差$\mu_1-\mu_2$为数学期望，以两总体间差值的方差σ_d^2除以样本容量n，即σ_d^2/n为方差的正态分布，则存在服从标准正态分布的Z统计量：

$$Z=\frac{\bar{d}-\mu_d}{\sigma_d/\sqrt{n}}$$

于是可得匹配样本条件下，σ_d^2已知时，两个总体均值差$\mu_1-\mu_2$的1-α估计区间为：

$$\bar{d}\pm Z_{\alpha/2}\frac{\sigma_d}{\sqrt{n}}$$

实践中，如果σ_d^2是未知的，事实上通常情况下都是未知的，则可用差值d的样本方差S_d^2来对其做出点估计，从而得出自由度为$n-1$的t统计量：

$$t=\frac{\bar{d}-\mu_d}{s_d/\sqrt{n}}$$

于是可得匹配样本条件下，σ_d^2未知时，两个总体均值差$\mu_1-\mu_2$的1-α估计区间为：

$$\bar{d}\pm t_{\alpha/2}(n-1)\frac{s_d}{\sqrt{n}}$$

例如，由随机抽取的6名工人，就执行某项任务的两种方法，所提供的匹配样本数据见表4-2。

表4-2 **匹配方案的任务完成时间**

工人	方法1的完成时间（分钟）	方法2的完成时间（分钟）	完成时间的差值 d（分钟）
1	6.0	5.4	0.6
2	5.0	5.2	-0.2
3	7.0	6.5	0.5
4	6.2	5.9	0.3
5	6.0	6.0	0.0
6	6.4	5.8	0.6

配对观测值差值 d 的计算结果如表4-2第4栏所示。差值 d 的样本均值与样本标准差的计算过程如下：

$$\bar{d}=\frac{\sum d}{n}=\frac{0.6-0.2+0.5+0.3+0.0+0.6}{6}=0.30$$

$$s_d=\sqrt{\frac{\sum(d-\bar{d})^2}{n-1}}=\sqrt{\frac{0.56}{6-1}}=0.335$$

假定两种方法完成时间之差服从正态分布，若给定置信度为95%，则两种方法平均完成时间之差的估计区间为：

$$\bar{d}\pm t_{\alpha/2}(n-1)\frac{s_d}{\sqrt{n}}=0.3\pm t_{0.025}(6-1)\times\frac{0.335}{\sqrt{6}}$$

$$=0.3\pm 0.035$$

即（-0.05，0.65）。结果表明，两种方法平均完成时间之差在-0.05至0.65之间，做出这一推断的把握程度为95%。

4.6 样本容量的确定

4.6.1 估计单个总体均值时样本容量的确定

区间估计对总体参数的真值，给出了具有一定把握程度和准确程度的推断。把握程度体现在置信度1-α上，置信度越高，则估计的把握程度越高；置信度越低，则估计的把握程度越低。准确程度则体现在估计区间的宽窄上，估计区间越宽，则准确程度越低；估计区间越窄，则准确程度越高。

我们总是希望估计的把握程度和准确程度两者都是越高越好，但提高把握程度与提高准确程度是相互矛盾的。在相同的样本容量下，提高了把握程度势必会降低准确程度；提高了准确程度又势必会降低把握程度，两者之间不可兼得。

若要同时提高把握程度与准确程度，唯一的途径是扩大样本容量。然而，抽取样本是要花费成本的，因此，在给定把握程度与准确程度的前提下，合理的做法是事先确定一个适当的样本容量。样本容量过小，达不到把握程度与提高准确程度的要求；样本容量过大，也是不必要的。

单个总体均值区间估计的基本公式为：$\bar{x}\pm Z_{\alpha/2}\sigma/\sqrt{n}$，它是以样本均值为中心所构建出来的总体均值的存在区间。估计区间的宽窄决定于公式中的$Z_{\alpha/2}\sigma/\sqrt{n}$，这在实践中通常被称作极限误差，记作Δ，即：

$$\Delta=Z_{\alpha/2}\frac{\sigma}{\sqrt{n}}$$

极限误差决定了估计区间的宽窄，即估计的准确程度的高低，这在实践中通常都是需要事先给定的。于是，在给定极限误差与置信度的前提下，确定最低样本容量的公式可由极限误差的公式直接导出，即：

$$n=\frac{\left(Z_{\alpha/2}\right)^2\sigma^2}{\Delta^2}$$

式中的$Z_{\alpha/2}$是由置信度1-α决定的。从公式中不难看出，样本容量的大小与置信度和总体方差成正比，与极限误差成反比。在其他条件不变的前提下，置信度越大、总体方差越大，所需样本容量就越大；极限误差越大，所需样本容量就越小。

实践中，置信度与极限误差都是事先给定的，但总体方差却往往是未知的。解决的办法是借用历史上相同或类似样本的样本方差来代替。如果是一项大规模的调查活动，也可以预先开展一个小规模的试调查，抽取一个初始样本，以该样本的样本方差作为总体方差的估计值，用以确定样本容量。

例如，欲对总体均值构造一个置信度为95%的估计区间，试调查的结果表明，样本标准方差为70。若给定极差误差为20，则所需最小的样本容量为：

$$n=\frac{\left(Z_{\alpha/2}\right)^2\sigma^2}{\Delta^2}$$

$$=\frac{1.96^2\times70^2}{20^2}=47.06$$

应当指出，由公式计算出来的结果常常不是整数，遵循宁多勿少的原则，通常是将小数点后面的数值全部进位成整数。计算结果为47.06，则样本容量最小应当确定为48。

4.6.2　估计两个总体均值差时样本容量的确定

估计两个总体均值差时，样本容量的确定方法与估计单个总体均值时的方法类似。同样的道理可得所需样本容量的计算公式为：

$$n_1=n_2=\frac{(Z_{\alpha/2})^2(\sigma_1^2+\sigma_2^2)}{\Delta^2}$$

例如，某大学教务处想知道本届统计学院与经济学院大学生高等数学成绩的差异情况。根据往届学生的成绩记录，已知两个学院大学生高等数学成绩的标准差为：统计学院σ_1^2=100，经济学院σ_2^2=120。如果置信度为95%，极限误差为4。则两个学院应当分别抽取的样本容量为：

$$n_1=n_2=\frac{(Z_{\alpha/2})^2(\sigma_1^2+\sigma_2^2)}{\Delta^2}$$

$$=\frac{1.96^2\times(100+120)}{4^2}=52.82$$

即两个学院至少应当分别抽取容量为53的样本。

4.7 总体方差区间估计

4.7.1 单样本总体方差区间估计

对于来自正态总体的容量为 n 的简单随机样本，统计量（n−1）s^2/σ^2 服从自由度为 n−1 的卡方分布，如图 4−13 所示。

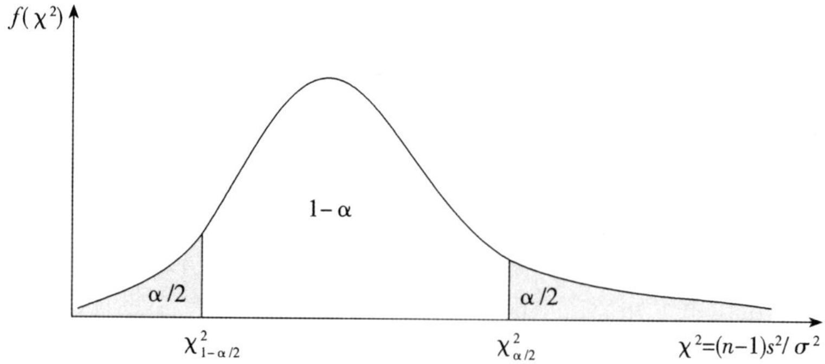

图 4−13 自由度为（n−1）的卡方分布

给定置信度 1−α，则有：

$$P\left(\chi^2_{1-\alpha/2} \leqslant \frac{(n-1)s^2}{\sigma^2} \leqslant \chi^2_{\alpha/2}\right)=1-\alpha$$

即：

$$P\left(\frac{(n-1)s^2}{\chi^2_{\alpha/2}} \leqslant \sigma^2 \leqslant \frac{(n-1)s^2}{\chi^2_{1-\alpha/2}}\right)=1-\alpha$$

于是可得总体方差 σ^2 在置信度 1−α 下的存在区间公式为：

$$\left(\frac{(n-1)s^2}{\chi^2_{\alpha/2}(n-1)}, \frac{(n-1)s^2}{\chi^2_{1-\alpha/2}(n-1)}\right)$$

例如，在一条向塑料容器中灌装液体洗涤剂的生产线上，随机抽取了 20 罐，计算得每罐洗涤剂重量的样本方差为 0.0025。试以 95% 的置信度，估计总体方差的存在区间。

总体方差 σ^2 的 95% 估计区间下限为：

$$\frac{(n-1)s^2}{\chi^2_{\alpha/2}(n-1)}=\frac{(20-1)\times 0.0025}{\chi^2_{0.025}(20-1)}$$

$$=\frac{19\times 0.0025}{\chi^2_{0.025}(19)}=\frac{0.0475}{32.8523}=0.0014$$

总体方差 σ^2 的 95% 估计区间上限为：

$$\frac{(n-1)s^2}{\chi^2_{1-\alpha/2}(n-1)}=\frac{(20-1)\times 0.0025}{\chi^2_{0.975}(20-1)}$$

$$=\frac{19\times 0.0025}{\chi^2_{0.975}(19)}=\frac{0.0475}{8.90655}=0.0053$$

可以推断总体方差在 0.0014 至 0.0053 之间，做出这一推断的把握程度为 95%。

4.7.2 两个独立样本总体方差比区间估计

如果要对两个总体的方差进行比较，可以对两个总体的方差比做出区间估计，两总体方差比越接近于1，就越是两总体方差相等的证据。

进行方差比区间估计时，需要采用两个独立的样本数据，其中一个来自正态总体1；另一个来自正态总体2。设有两个容量分别为n_1和n_2的独立样本，其样本方差分别为S_1^2和S_2^2。由样本方差的抽样分布原理我们知道，存在统计量（n_1-1）s_1^2/σ_1^2和（n_2-1）s_2^2/σ_2^2，分别服从自由度为n_1-1和n_2-2的卡方分布。

数理统计的研究表明，除以各自自由度的两个独立卡方变量之比，服从F分布，且F分布的自由度与两个卡方分布的自由度是相同的。于是有F统计量：

$$\frac{\dfrac{(n_1-1)s_1^2/\sigma_1^2}{(n_1-1)}}{\dfrac{(n_2-1)s_2^2/\sigma_2^2}{(n_2-1)}}$$

化简得：$\dfrac{s_1^2/\sigma_1^2}{s_2^2/\sigma^2}$，该统计量服从分子自由度为$n_1-1$，分母自由度为$n_2-2$的$F$分布，如图4-14所示。

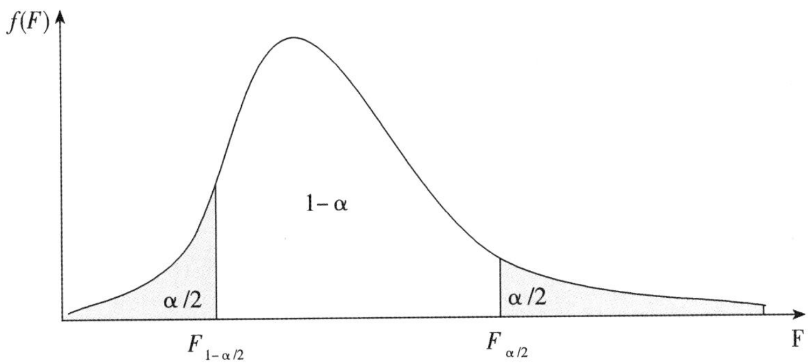

图4-14　自由度为n_1-1和n_2-2的F分布

给定置信度1-α，则有：

$$P\left(F_{1-\alpha/2}\leqslant\frac{s_1^2/\sigma_1^2}{s_2^2/\sigma_2^2}\leqslant F_{\alpha/2}\right)=1-\alpha$$

即：

$$P\left(\frac{s_1^2/s_2^2}{F_{\alpha/2}}\leqslant\frac{\sigma_1^2}{\sigma_2^2}\leqslant\frac{s_1^2/s_2^2}{F_{1-\alpha/2}}\right)=1-\alpha$$

于是，可得总体方差比σ_1^2/σ_2^2的1-α估计区间为：

$$\left(\frac{s_1^2/s_2^2}{F_{\alpha/2}},\frac{s_1^2/s_2^2}{F_{1-\alpha/2}}\right)$$

例如，为研究男女青少年体重上的差异，在13-15岁年龄里随机抽取25名男生和25名女生，获样本数据并得出以下计算结果：

男生：$\bar{x}_1=48.74\quad s_1^2=47.77$

女生：$\bar{x}_2=43.05\quad s_2^2=20.93$

试以90%的置信度，估计男女青少年体重方差比的置信区间。

总体方差比σ_1^2/σ_2^2的90%估计区间下限为：

$$\frac{s_1^2/s_2^2}{F_{\alpha/2}}=\frac{47.77/20.93}{F_{0.05}}=\frac{2.28}{1.98}=1.15$$

总体方差σ^2的90%估计区间上限为：

$$\frac{s_1^2/s_2^2}{F_{1-\alpha/2}}=\frac{47.77/20.93}{F_{0.95}}=\frac{2.28}{0.505}=4.52$$

可以推断，总体方差比σ_1^2/σ_2^2在1.15到4.52之间，做出这一推断的把握程度为90%。总体方差比越接近于1，就越是两总体方差相等的证据，此例中总体1与总体2之间的方差比略有偏大的倾向。

4.8 总体比率区间估计

4.8.1 单样本总体比率区间估计

实践中，除了经常以样本均值和样本方差来估计总体均值和总体方差外，有时还需要采用样本比率对总体比率做出估计。

所谓总体比率指的是总体中具有某种属性的个体的个数与总体中全部个体个数的比值，记作P；样本比率则是指样本中具有某种属性的个体的个数与样本中全部个体个数的比值，记作p。譬如，在分为男生和女生两类的学生群体中，男生人数与全体学生人数的比率；在分为合格品与不合格品的全部产品中，合格品与全部产品的比率；人群中对某项方案赞成的人数与全体成员人数的比率等。

比率问题性质上属于两分类的定类变量问题。设总体容量为N，其中具有某种属性的个体个数为N_1；不具有该种属性的个体个数为N_0，则总体比率为：

$$P=\frac{N_1}{N_1+N_0}=\frac{N_1}{N}$$

设样本容量为n，其中具有某种属性的个体个数为n_1；不具有该种属性的个体个数为n_0，则样本比率为：

$$p=\frac{n_1}{n_1+n_0}=\frac{n_1}{n}$$

从总体中随机抽取一个容量为n的样本，实际上就是进行一次n重贝努里试验，所以样本比率p的抽样分布问题可以通过二项分布来讨论，但采用二项分布进行总体比率估计时，计算上会显得有些烦琐。

数理统计的研究表明：当样本容量充分大时，样本比率P近似服从以总体比率P为数学期望，以$P(1-P)/n$为方差的正态分布。于是，将样本比率P标准化之后，可得服从标准正态分布的Z统计量：

$$Z=\frac{p-P}{\sqrt{P(1-P)/n}}$$

给定置信度1-α，则有总体比率P的存在区间：

$$p \pm Z_{\alpha/2}\sqrt{\frac{P(1-P)}{n}}$$

在上式中，以样本比率p替代总体比率P，于是可得大样本条件下总体比率P的1-α估计区间为：

$$p \pm Z_{\alpha/2}\sqrt{\frac{p(1-p)}{n}}$$

比率问题中大样本的条件通常为：$np \geqslant 5$且$n(1-p) \geqslant 5$。

例如，由某大学生总体中随机抽取100名学生，其中有36名通过了英语六级考试。以95%的置信度估计该大学生总体中通过英语六级考试人数的比率：

样本比率为：

$$p=\frac{36}{100}=0.36$$

$np=100\times0.36=36>5$且$n(1-p)=100\times0.64=64>5$，为大样本。总体比率的95%估计区间为：

$$p \pm Z_{\alpha/2}\sqrt{\frac{p(1-p)}{n}}=0.36\pm1.96\times\sqrt{\frac{0.36\times(1-0.36)}{100}}=0.36\pm0.094$$

即（0.266，0.454）。结论是该大学生总体中通过英语六级考试人数的比率在26.6%至45.4%之间，做出这一推断的把握程度为95%。

4.8.2　两个独立样本总体比率差区间估计

分别由两个总体中抽取两个独立的随机样本，样本容量充分大时，样本比率之差p_1-p_2，服从以P_1-P_2为数学期望的正态分布，其方差为：

$$\frac{P_1(1-P_1)}{n_1}+\frac{P_2(1-P_2)}{n_2}$$

将p_1-p_2加以标准化之后，可得服从标准正态分布的Z统计量：

$$Z=\frac{(p_1-p_2)-(P_1-P_2)}{\sqrt{\frac{P_1(1-P_1)}{n_1}+\frac{P_2(1-P_2)}{n_2}}}$$

给定置信度1-α，则有两总体比率差P_1-P_2的存在区间：

$$(p_1-p_2)\pm Z_{\alpha/2}\sqrt{\frac{P_1(1-P_1)}{n_1}+\frac{P_2(1-P_2)}{n_2}}$$

在上式中以样本比率p_1替代总体比率P_1，以样本比率p_2替代总体比率P_2，于是可得大样本条件下两总体比率差的1-α估计区间为：

$$(p_1-p_2)\pm Z_{\alpha/2}\sqrt{\frac{p_1(1-p_1)}{n_1}+\frac{p_2(1-p_2)}{n_2}}$$

例如，在两批产品中，各随机抽取100件进行检查，结果第一批产品样本的合格率为95%，第二批产品样本的合格率为90%。以95%的置信度估计两批产品合格率之差：

$$(p_1-p_2)\pm Z_{\alpha/2}\sqrt{\frac{p_1(1-p_1)}{n_1}+\frac{p_2(1-p_2)}{n_2}}$$

$$=(0.95-0.90)\pm1.96\times\sqrt{\frac{0.95\times(1-0.95)}{100}+\frac{0.90\times(1-0.90)}{100}}$$

$=0.05\pm1.96\times0.037$

$=0.05\pm0.073$

即（-0.023，0.123）。结论是两批产品合格率之差在-2.3%至12.3%之间，做出这一推断的把握程度为95%。

4.8.3 估计总体比率时样本容量的确定

估计总体比率时，确定样本容量，其方法与估计总体均值时类似。估计单个总体比率时，确定最小样本容量的公式为：

$$n=\frac{(Z_{\alpha/2})^2P(1-P)}{\Delta^2}$$

式中：$P(1-P)$为比率问题的总体方差。

估计两个总体比率差时，确定最小样本容量公式为：

$$n_1=n_2=\frac{(Z_{\alpha/2})^2[P_1(1-P_1)+P_2(1-P_2)]}{\Delta^2}$$

式中：$P_1(1-P_1)$为第一个总体的方差；$P_2(1-P_2)$为第二个总体的方差。

实际应用中，极限误差Δ^2是事先给定的，多数情况下取0.10。给定置信度$1-\alpha$后，$Z_{\alpha/2}$也随之确定。总体比率P都是未知的，解决的办法：一是用类似的样本比率来替代；二是采取试调查的方法，抽取一个初始样本，以该样本的比率来估计总体比率；三是遵循宁多勿少的原则，取$P=0.5$，因为此时P（$1-P$）取得最大值。

例如，根据以往的统计数据，某种产品的合格率为95%，现要求极限误差不超过5%，置信度不小于95%，估计当前产品的合格率，问至少应当抽取多大容量的样本？

$$n=\frac{(Z_{\alpha/2})^2P(1-P)}{\Delta^2}=\frac{1.96^2\times0.95\times(1-0.95)}{0.05^2}=72.99\approx73$$

即至少应抽取73件。

再譬如，欲以95%的置信度估计两条生产线上的产品合格率之差，至少应抽取多大容量的两个独立样本？

$$n_1=n_2=\frac{(Z_{\alpha/2})^2[P_1(1-P_1)+P_2(1-P_2)]}{\Delta^2}$$

$$=\frac{1.96^2\times[0.5\times(1-0.5)+0.5\times(1-0.5)]}{0.1^2}$$

$=192.08\approx193$

即至少应各抽取193件产品。

4.9 运用SPSS进行参数估计

4.9.1 运用SPSS进行单样本总体均值区间估计

SPSS软件系统直接面对的是样本数据，总体方差总是未知的，所以总体均值的区间估计在SPSS这里都是通过构造t统计量来完成的。针对表4-1中36名学生每天上网时间的样本数据，以95%的置信度进行总体均值区间估计，其主要操作如下：

（1）打开“表4-1”对应的SPSS数据集“data4.1”。在SPSS主窗口选择菜单：点击【Analyze】→【Compare Means】→【One-Sample T Test...】，系统弹出如图4-15所示的“One-Sample T Test”对话框。

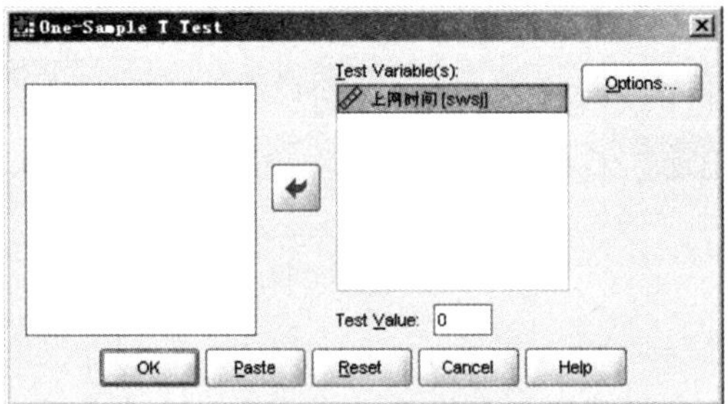

图4-15　One-Sample T Test对话框

（2）选择变量“上网时间［swsj］”进入“Variable（s）”框内。在“Test Value:”框中填入数值“0”。

（3）点击【Options...】按钮，系统弹出如图4-16所示的“One-Sample T Test: Options”对话框。在“Confidence interval:”框中，填入数值95，以给定95%的置信度。

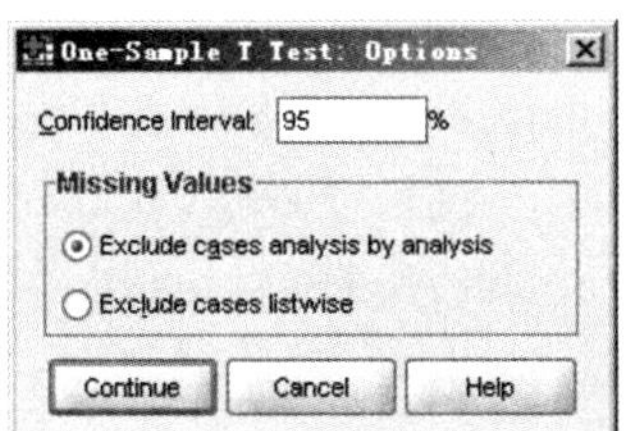

图4-16　One-Sample T Test：Options对话框

（4）点击【Continue】→【OK】。系统输出结果如图4-17所示。

One-Sample Test

	Test Value=0				
	t	*df*	Mean Difference	95% Confidence Interval of the Difference	
				Lower	Upper
上网时间	12.365	35	3.3167	2.772	3.861

图4-17　全校学生上网时间总体均值的95%估计区间

4.9.2　运用SPSS进行两个独立样本总体均值差区间估计

今有来自经济学院和统计学院各10名学生数学期末考试成绩的随机样本数据（见表4-3）。

根据表4-3的数据，以95%的置信度进行总体均值差区间估计，主要操作如下：

表4-3　　经济学院与统计学院各10名学生的数学成绩

经济学院					统计学院				
55	78	76	68	49	58	80	78	73	53
85	63	72	89	91	86	71	72	91	98

(1) 打开"表4-3"对应的SPSS数据集"data4.3"。在SPSS主窗口选择菜单:点击【Analyze】→【Compare Means】→【Independent-Samples T Test】,系统弹出如图4-18所示的"Independent-Samples T Test"对话框。

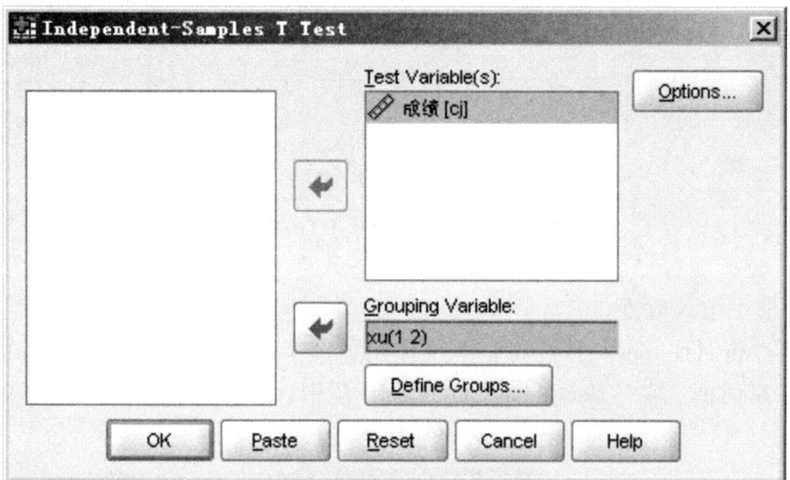

图4-18　Independent-Samples T Test对话框

(2) 选择变量"成绩[cj]"进入"Test Variable(s)"框内;选择变量"学院[xu]"进入"Grouping Variable:"框内。点击【Define Groups...】按钮,系统弹出如图4-19所示的"Define Groups"对话框。在"Group 1:"框中填入数字1;在"Group 2:"框中填入数字2,以指定分组。然后,点击【Continue】。

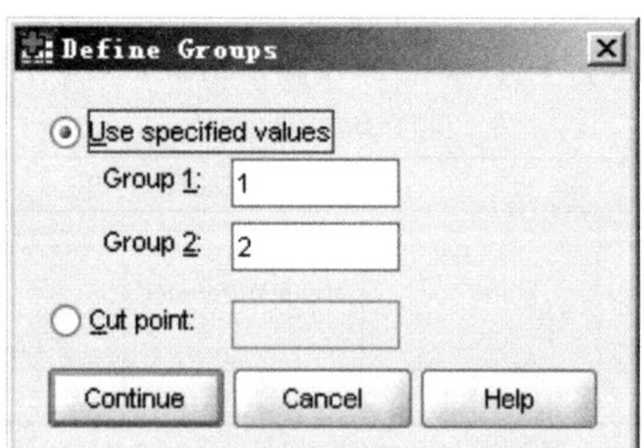

图4-19　Define Groups对话框

(3) 点击【Options...】按钮,在系统弹出"Independent-Samples T Test: Options"对话框中的"Confidence interval:"内给定95%的置信度。

(4) 点击【Continue】→【OK】。系统输出结果如图4-20所示。

Independent Samples Test

		Levene's Test for Equality of Variances		t-test for Equality of Means	
		F	Sig.	95% Confidence Interval of the Difference	
				Lower	Upper
成绩	Equal variances assumed	0.001	0.977	-13.694	12.694
	Equal variances not assumed			-13.694	12.694

图4-20　两个学院学生数学成绩均值差的95%估计区间

4.9.3　运用SPSS进行两个匹配样本总体均值差的区间估计

针对表4-2的两种工作方法完成时间的样本数据，以95%的置信度进行匹配样本总体均值差的区间估计，其SPSS主要操作如下：

（1）打开“表4-2”对应的SPSS数据集“data4.2”。在SPSS主窗口选择菜单：点击【Analyze】→【Compare Means】→【Paired-Samples T Test...】，系统弹出如图4-21所示的“Paired-Samples T Test”对话框。

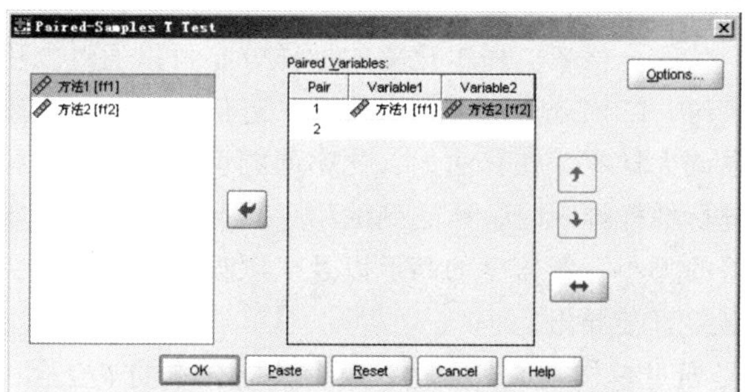

图4-21　Paired-Samples T Test对话框

（2）依次选择变量“方法1［ff1］”和“方法1［ff2］”，进入“Paired Variables:”框内。

（3）点击【Options...】按钮，在系统弹出的“Paired-Samples T Test: Options”对话框中给定95%的置信度。

（4）点击【Continue】→【OK】。系统输出结果如图4-22所示。

Paired Samples Test

		Paired Differences			
		Mean	Std.Deviation	95% Confidence Interval of the Difference	
				Lower	Upper
Pair 1	方法1-方法2	0.3000	0.3347	-0.0512	0.6512

图4-22　两种工作方法完成时间均值差的95%估计区间

本章小结

数据分析活动中，经常需要估计的总体参数是总体均值、总体方差以及总体比率。由样本数据估计总体参数有两种方法：一是点估计，二是区间估计。无论是点估计，还是区间估计，其理论依据都是作为估计量的有关样本统计量的抽样分布原理。本章重点介绍了不同情况下的样本均值的抽样分布的原理，此间涉及正态总体、任意总体；大样本、小样本的区分。

样本均值、样本方差都是对应的总体参数的无偏、有效、一致的估计量。做点估计时，没有给出估计的把握程度和准确程度的具体数值。区间估计则以置信度和极限误差的形式给出了估计的准确程度与把握程度。

可以针对单个总体的均值、也可以针对两个总体之间的均值差给出估计区间，估计过程中会涉及Z统计量和t统计量两种统计量。具体运用时要注意根据总体性质、样本容量和样本结构做出准确的选择。特别是t统计量的运用，更需要注意区分不同情况下的不同t分布的自由度。

本章还简要介绍了总体方差的有关估计方法。实践中除总体均值和总体方差之外，也经常需要对总体比率，即总体中具有某种性质的个体的比重，给出点估计和区间估计，譬如产品的合格率。样本比率的抽样分布可以通过二项分布来讨论，但当样本容量充分大时，二项分布可由正态分布来近似。因此，实践中，比率问题的参数估计，始终强调大样本。在算法上，比率问题可归于均值问题。

实践中，在进行抽样推断时，所遇到的第一个问题往往是样本容量的确定。样本容量与总体方差的大小、置信度的高低以及极限误差的多少有关。确定样本容量的公式可由极限误差直接导出。

SPSS中主要是通过单样本的T检验、两个独立样本的T检验和两个匹配样本的T检验，间接给出总体均值或总体均值差的估计区间。

问题思考

1.总体与样本、总体参数与样本统计量有何区别和联系？

2.由样本数据推断总体参数时，为什么特别强调样本的随机性？

3.样本统计量是随机变量吗？为什么？

4.什么叫抽样分布？样本数据的频数分布与样本均值的抽样分布有何不同？

5.总体分布与样本统计量抽样分布有何区别和联系？

6.样本数据的方差与样本方差的方差（通常称作样本方差的标准误）有何区别和联系？

7.证明样本均值的数学期望等于总体的数学期望，样本均值的方差等于总体方差除以样本容量。

8. 中心极限定理说明了什么？

9. 评价估计量优劣的标准有哪些？

10. 置信度是什么意思？极限误差是什么意思？

11. 在置信度保持不变的前提下，要想缩小估计区间，怎么办？

12. 决定样本容量大小的因素有哪些？

13. 独立样本与匹配样本有何异同点？

14. 请就不同情形下两总体均值差区间估计中的公式选择和运用绘制一个程序框图。

判断对错

1. 参数估计的目的是要把握总体某一方面的数字特征。 (　　)

2. 样本统计量的抽样分布就是样本数据的频数分布。 (　　)

3. 样本容量是指样本的个数。 (　　)

4. 其余条件不变的前提下，置信度越高，总体参数的估计区间就越宽。 (　　)

5. 其余条件不变的前提下，规定的极限误差越小，所需要的样本容量越大。 (　　)

6. 除以样本自由度的样本方差是总体方差的无偏估计量。 (　　)

7. 由任意总体抽取一定容量的样本计算样本均值，则样本均值必然服从正态分布。 (　　)

8. 参数估计中，提高推断的把握程度势必降低推断的准确程度。 (　　)

9. 参数估计中同时提高推断的把握程度和准确程度，唯一途径是增加样本容量。 (　　)

机上作业

1. 证券公司开展了一项中年顾客有价证券投资的调查，随机抽取了70人，获得有价证券投资总额的样本数据见附表1。

附表1　　70人有价证券投资总额

666.9	7.5	77.2	7.5	125.7	516.9	219.9	645.0	2 301.9	235.4
716.4	145.3	26.6	187.2	315.5	89.2	136.4	616.9	440.6	408.2
34.4	296.1	185.4	526.3	380.7	3.3	363.2	51.9	52.2	107.5
82.9	63.0	228.6	308.7	126.7	430.3	82.0	227.0	321.1	403.4
39.5	124.3	118.1	23.9	352.8	156.7	276.3	23.5	31.3	301.2
35.7	154.9	174.3	100.6	236.7	171.9	221.1	43.4	212.3	243.3
315.4	5.9	1 002.2	171.7	295.7	437.0	87.8	302.1	268.1	899.5

要求：

（1）建立SPSS数据集。

（2）描述数据的频数分布状态，观察其分布特征。

（3）分别以90%、95%、95.45%和99%的置信度，给出中年顾客总体有价证券投资总额的均值。

2.某居民区欲采取一项新的卫生管理措施，想了解居民是否赞成，随机询问了50家居民住户，获得调查数据见附表2。

附表2 **50家居民住户对新的卫生管理措施的态度**

赞成	赞成	赞成	赞成	反对	赞成	反对	赞成	赞成	赞成
反对	赞成	赞成	赞成	反对	反对	赞成	反对	赞成	赞成
赞成	赞成	反对	赞成	反对	赞成	反对	赞成	赞成	反对
赞成	反对	赞成	赞成	反对	赞成	赞成	反对	赞成	赞成
反对	赞成	反对	反对	赞成	反对	赞成	赞成	赞成	反对

要求：以95%和99%的置信度，推断小区居民住户总体赞成的比率。

［提示：问题中的变量x有两个取值：赞成和反对。我们以“1”代表赞成，以“0”代表反对。并以“n_1”代表赞成的户数，即变量x取值为1的频数；以“n_0”代表反对的户数，即变量x取值为0的频数。以p代表赞成的比率。则有：

$$\bar{x}=\frac{1\times n_1+0\times n_0}{n_1+n_0}=\frac{n_1}{n_1+n_0}=\frac{n_1}{n}=p$$

$$s^2=\frac{(1-p)\times n_1+(0-p)\times n_0}{n_1+n_0}=p\ (1-p)$$

上述讨论表明：比率问题中的样本均值就是样本比率p本身，比率问题中的样本方差就是p（$1-p$）。同样的道理比率问题中的总体均值就是总体比率P本身，比率问题中的总体方差就是P（$1-P$）。也就是说，样本容量充分大时，比率问题可以转换为均值问题来讨论。］

3.某银行随机抽取了20名学生的常用账户作为样本，获月末余额数据见附表3。

附表3 **20名学生月末余额** 单位：元

3 030	555	1 755	1 117.5	2 092.5	1 612.5	922.5	412.5	322.5	2 407.5
652.5	1 731.6	516.8	3 765.3	416.1	1 387.5	1 043.4	5 760.8	544.32	6 489.7

要求：

（1）假定常用账户月末余额总体服从正态分布，以95%和99%的置信度估计学生总体常用账户月末余额均值。

（2）考虑如果总体不服从正态分布怎么办？

4.打印机墨盒最多打印的页数越多越好。一条新的生产线所生产出来的打印机墨盒最多能打印多少页？为此从生产线上随机抽取了10个墨盒测试打印的页数，见附表4。

附表4　**打印机墨盒打印页数**

2 699	2 031	2 474	2 395	2 376	2 477	1 930	3 015	2 236	2 378

要求：

（1）假设总体服从正态分布，对总体均值做出点估计。

（2）给出总体均值的95%估计区间。

5.从皮鞋成品中随机抽取200双，测试耐穿时间，所获数据被整理成组距式频数分布表见附表5。

附表5　**200双皮鞋耐穿时间样本数据**

耐穿时间（天）	皮鞋数（双）
280~300	20
300~320	30
320~340	60
340~360	80
360~380	10

要求：

（1）给出全部皮鞋成品平均耐穿时间的95%估计区间。

（2）考虑估计中可能会产生哪些非随机误差。

（3）根据皮鞋产品质量标准，300天以上为合格，试以95%的置信度估计全部皮鞋成品的合格率。

6.教务处要求每门课程期末考试都要出两套试卷。为比较已经出好的A卷和B卷的难易程度，随机抽取两组各10名学生，分做A卷和B卷，得分结果见附表6。

附表6　**A卷和B卷的得分**

A卷得分	55	85	91	68	89	72	76	49	63	78
B卷得分	39	77	60	55	51	74	84	61	44	71

要求：

（1）采取独立样本均值比较的方法，给出两套试卷难易差别的95%置信区间。

（2）考虑这种评价方法可能会存在影响估计精度的哪些潜在因素？

7.做健美操可能会有不错的减肥效果。随机抽取15位体形较胖者测量并记录下其体重数据后，组织他们参加健美操训练。49天后重新测量他们的体重。两次测量结果见附表7。

附表7 **15位较胖者两次体重测量数据** 单位：斤

训练前	160	165	170	176	180	182	183	189	190	191
训练后	155	159	166	171	176	180	182	181	188	183

要求：以95%的置信度估计和评价减肥效果的好坏。

8.某药厂为了检查瓶装药片数量，从成品库中随机抽捡100瓶，结果平均每瓶101.5片，标准差为3片。试以95%的把握程度，推断成品库该种药品平均每瓶药片数量的置信区间。如果允许误差减少到原来的1/2，其他条件不变，问需要抽取多少瓶？

9.某冷库欲对贮存的鸡蛋的变质率进行抽样调查，根据以前的资料，鸡蛋贮存期变质率为53%、49%、48%，现在要求允许误差不超过5%，推断的把握程度为95%，问至少要抽取多少鸡蛋进行检验？

实验课题

1.实验目的

（1）掌握单样本总体均值区间估计。

（2）掌握总体均值差区间估计。

（3）熟练掌握相关的SPSS操作。

2.实验工具

（1）课堂广播软件。

（2）SPSS软件11.0或16.0版本。

（3）老年人电视观众虚拟总体。

3.实验内容

某地区的一位针对老年人市场的电视节目赞助商，希望了解老年人每周看电视的时间，因为这个信息对电视节目设计以及广告策略和广告数量的制定有着重要的参考价值。赞助商决定开展这项有关老年人看电视时间情况的抽样调查，但由于经费的限制，样本容量只能限制在200以内，并认为95%置信度是可以接受的。

4.实验步骤

（1）熟悉老年人电视观众虚拟总体［kdssj.sav］。

（2）由总体中抽取容量为100的样本。

（3）针对样本数据进行图表描述与统计量描述。

（4）对老年人总体平均每周看电视时间做出95%的置信区间。

（5）抽取容量为200的样本，重复（3）和（4）步骤，比较两次抽样推断结果的差异。

（6）独立抽取容量各为100的男士和女士的随机样本。

（7）针对样本数据分别进行图表描述与统计量描述。

（8）对男士和女士平均每周看电视时间的差异做出95%的置信区间。

（9）对照总体参数的真值，找出您的推断结论与总体真值之间的差异，说明产生差异的原因。

5.实验指导

（1）步骤（2）中所生成的样本可另存为新文件，以便于熟悉样本数据和进行接下来的其他操作。具体操作：【Data】→【Select Cases】→【Random Sample of Cases】→【Sample】→【Exactly 100 cases from the first 19815】→【Continue】→【Copy selected cases to a new dataset】→【“指定文件名”】→【OK】。

（2）步骤（5）中所生成的样本数据同样建议另存为新文件。

（3）步骤（6）中生成两个容量各为100的样本时，须先将原数据文件分解为“男士”和“女士”两个数据文件，再分别从中抽取样本数据。抽取两个样本数据时，同样建议另存为新文件，并通过“merge files”加以合并，然后再进行其他操作。

附录4.1　几种重要的概率分布

1.正态分布

如果随机变量x的概率密度为：

$$f(x)=\frac{1}{\sigma\sqrt{2\pi}}e^{-\frac{1}{2\sigma^2}(x-\mu)^2},\quad -\infty<x<+\infty$$

则称x服从正态分布，记作$x\sim N(\mu,\sigma^2)$。式中：μ为随机变量x的数学期望，σ^2为随机变量x的方差（如附图1所示）。

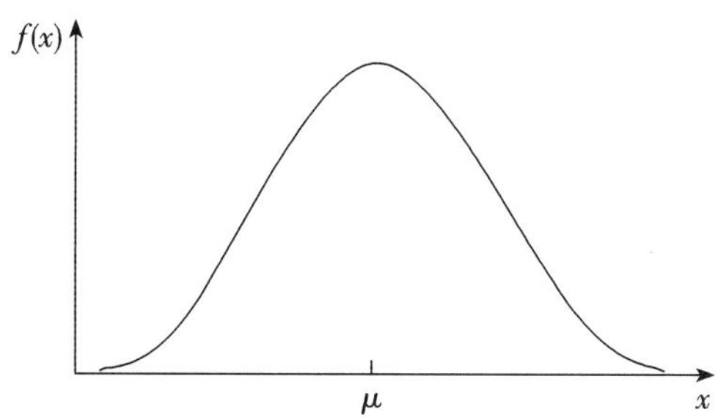

附图1　正态分布的概率密度曲线

正态分布是统计中最重要的概率分布，许多其他的概率分布都以正态分布为极限分布。正态分布的概率密度具有以下特点：

（1）$f(x)\geqslant 0$，即整个概率密度曲线都在x轴的上方。

（2）$f(x)$关于$x=\mu$对称，并在$x=\mu$处取得最大值$1/\sigma\sqrt{2\pi}$。

（3）概率密度曲线的形状决定于σ，σ越大曲线越平缓，σ越小曲线越狭窄。

（4）概率密度曲线以x轴为渐近线。

特别地，当$\mu=0$，$\sigma^2=1$时，服从正态分布的随机变量x的概率密度为：

$$\varphi(x)=\frac{1}{\sqrt{2\pi}}e^{-\frac{x^2}{2}},\quad -\infty<x<+\infty$$

此时称x服从标准正态分布，记作$x \sim N$（0，1）。通常采用$\varphi(x)$表示标准正态分布的概率密度（如附图2所示）。

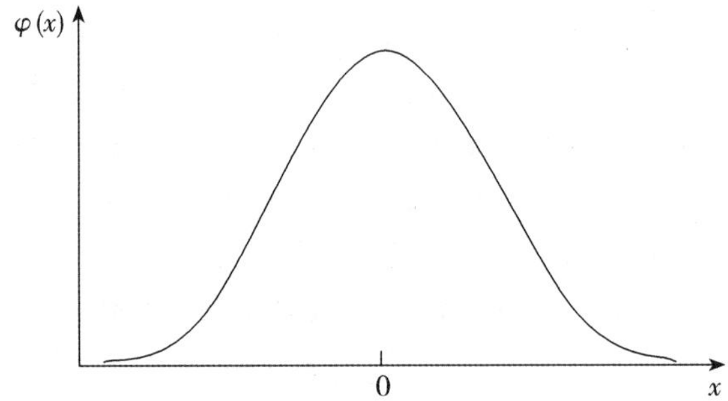

附图2　标准正态分布的概率密度曲线

任何一个正态分布都可以通过线性变换转化为标准正态分布。设$x \sim N(\mu,\sigma^2)$，则有：

$$Z=\frac{x-\mu}{\sigma}\sim N(0,1)$$

经过这种转换之后，计算x落入任意区间的概率，就可以转换为计算Z落入相应区间的概率，这使得概率的计算过程大为简化。

2.χ^2分布

设随机变量x_1，x_2，…，x_n相互独立，且服从标准正态分布，则$x_1^2+x_2^2+\cdots+x_n^2$服从自由度为n的χ^2分布。χ^2分布的概率密度为：

$$f(\chi^2)=\frac{1}{[(n/2)-1]!}\frac{1}{2^{n/2}}(\chi^2)^{(n/2-1)}e^{-\chi^2/2},\quad 0<\chi^2<+\infty$$

式中：n为χ^2随机变量的自由度。

如附图3所示。

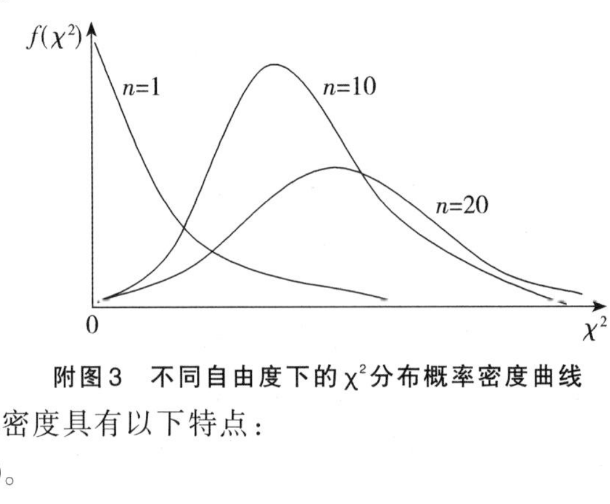

附图3　不同自由度下的χ^2分布概率密度曲线

χ^2分布的概率密度具有以下特点：

（1）$f(\chi^2)>0$。

（2）概率密度曲线的形状决定于自由度n。$n\to+\infty$时，χ^2分布的极限分布为正态分布。

（3）χ^2分布的数学期望为n，方差为$2n$。

3.t分布

设随机变量x~$N(0,1)$、y~$\chi^2(v)$，且x与y相互独立，则$x/\sqrt{y/v}$服从自由度为v的t分布。t分布的概率密度为：

$$f(t)=\frac{[(v-1)/2]!}{\sqrt{v\pi}\ [(v-2)/2]!}\left(1+\frac{t^2}{v}\right)^{-(v+1)/2}$$

如附图4所示。

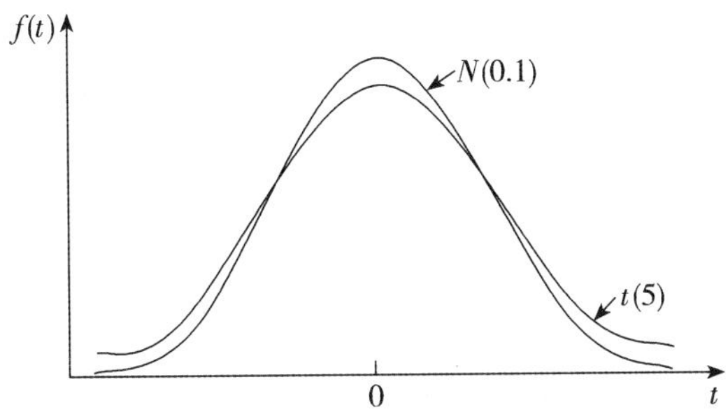

附图4　自由度为5的t分布的概率密度曲线

t分布的概率密度具有以下特点：

（1）$f(t)>0$。

（2）概率密度曲线的形状决定于自由度。$v\to+\infty$时，t分布的极限分布为标准正态分布。

（3）当$v\geqslant2$时，t分布的数学期望为0；当$v\geqslant3$时，方差为$v/(v-2)$。

4.F分布

设随机变量y与z相互独立，且y和z分别服从自由度为m和n的χ^2分布，则ny/mz服从分子自由度为m，分母自由度为n的F分布。F分布的概率密度为：

$$f(F)=\frac{\left(\frac{m+n-2}{2}\right)!}{\left(\frac{m-2}{2}\right)!\left(\frac{n-2}{2}\right)!}\left(\frac{m}{n}\right)^{\left(\frac{m}{2}\right)}\frac{F^{\frac{n-2}{2}}}{\left(1+\frac{m}{n}F\right)^{\frac{m+n}{2}}},\quad 0<F<+\infty$$

如附图5所示。

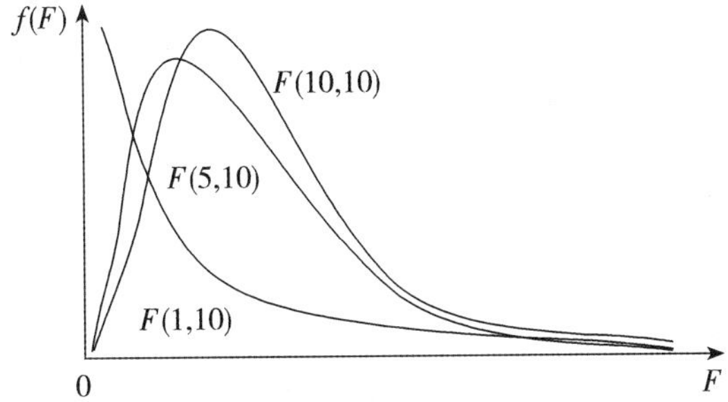

附图5　不同自由度下的F分布概率密度曲线

F分布的概率密度具有以下特点：

（1）$f(F)>0$。

（2）概率密度曲线的形状决定于分子自由度m和分母自由度n。分子自由度m和分母自由度n趋近于无穷大时，F分布的极限分布为正态分布。

（3）当$n>2$时，分布的数学期望为$n/(n-2)$；当$n>4$时，F分布的方差为$2n^2(m+n-2)/m(n-2)(n-4)$。

（4）如果随机变量x服从t（n）分布，则x^2服从F（1，n）的F分布。

5.二项分布

正态分布、χ^2分布、t分布、F分布均属于连续型随机变量的概率分布，二项分布则属于离散型随机变量的概率分布。二项分布是建立在n重贝努里试验基础上的一种概率分布。n重贝努里试验包含以下几个要素：

（1）由固定次数的试验组成，我们用n表示试验的次数。

（2）每次试验的结果都有成功和失败两种可能。

（3）成功的概率为p，失败的概率为$1-p$。

（4）试验之间是相互独立的，即某一次试验的结果对其他试验的结果没有影响。

在n重贝努里试验中，试验成功的次数x是一个随机变量，被称为二项随机变量，x取值为k的概率为：

$$P(x=k)=\frac{n!}{k!(n-k)!}p^k(1-p)^{n-k},\quad x=0,1,2,\cdots,k,\cdots,n$$

如附图6所示。

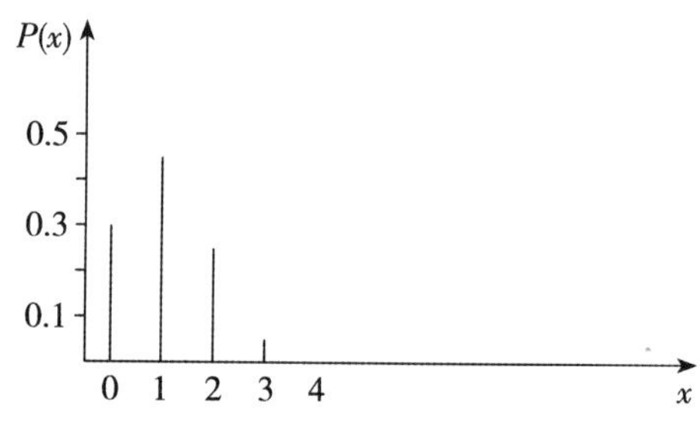

附图6　p=0.35，n=3时的二项分布

二项分布的数学期望为np；方差为$np(1-p)$。特别地，当$np\geqslant5$且np（$1-p$）$\geqslant$ 5时，二项分布可以用$\mu=np,\sigma^2=np(1-p)$的正态分布来近似，从而大大简化了有关概率值的计算，特别是当p=0.5时，近似效果最好。

名人简介

普拉桑塔·钱德拉·马哈拉诺比斯（Prasanta Chandra Mahalanobis，1893—1972）：印度著名统计学家。马哈拉诺比斯出生在印度的加尔各答，起初在加尔各

答研究物理学，1915年到剑桥大学担任资深研究学者，后来回到印度加尔各答总统学院任教。他从人体测量学中导出D^2统计量，在实验设计、抽样理论等方面取得了突出的研究成果，在农产量抽样调查方面做出了重要贡献。他于1931年创办了印度统计学会，担任了印度统计研究院院长，1945年成为英国皇家学会会员，曾获得印度最高荣誉 Padama Vibhushan奖。1957年，他曾访问中国，受到了周恩来总理的接见。

第5章　假设检验

用什么标准来判断一项显著性检验的应用是正确还是不正确呢？

——耶日·奈曼

引例5

某高级营养化妆品需要严格控制瓶装重量。标准规格为每瓶250克，标准差为1.5克。质检人员今从生产线上随机抽取50瓶，测其重量，获如表5-1所示样本数据。质检验人员现在需要确认：今日所生产的化妆品瓶装重量是否符合标准规格。按照上级要求，质检结论应达到至少95%的把握程度。

表5-1　　50瓶化妆品重量样本数据　　单位：克

248.7	248.6	248.1	247.5	249.0	248.0	248.8	250.1	248.9	249.5
248.8	248.7	248.3	248.3	250.0	250.8	251.6	250.6	249.2	249.1
249.5	250.9	249.9	249.7	249.2	250.5	248.9	250.7	249.5	250.4
249.6	249.6	249.0	249.5	249.9	248.8	249.0	248.9	248.8	248.7
248.8	248.8	248.7	248.6	250.0	248.5	249.5	248.7	248.7	248.8

问题的焦点是生产线上所生产的全部化妆品重量是否符合规格要求，也就是说，总体均值是否为250克，过高于或过低于250克都是不符合规格要求的。

已知总体标准差σ=1.5克，经计算得样本$\bar{x}$=249.25克，依据参数估计原理，瓶装化妆品重量总体均值的95%估计区间为：

$$\bar{x} \pm Z_{\alpha/2}\frac{\sigma}{\sqrt{n}}=249.25\pm1.96\times\frac{1.5}{\sqrt{50}}$$

$$=249.25\pm0.42$$

即（248.83，249.69）。结果表明，总体均值在248.83克到249.69克之间，低于250克。可以推断：今日生产线上所生产的全部化妆品重量不符合规格要求，做出这一推断的把握程度为95%。

显然，第4章所介绍的参数估计方法完全可以解决此例中所提出的问题。本章将要介绍的假设检验是等价于参数估计的又一种统计推断方法，而且其给出推断结论的方式要来得更为直观而简捷，更能体现统计思维的特点。

5.1 假设检验基本原理

5.1.1 小概率原理

小概率事件在一次试验中几乎不会发生，这在数学中称为小概率原理。小概率原理是形成假设检验方法原理的重要基础。准确理解小概率原理必须把握3个要点：

（1）小概率是一个相对的概念。不同性质的事件所对应的小概率是不同的。一般日用品生产出现次品的概率是5%，如果说这是小概率的话，那么乘车出游发生事故的可能性是5%，这就绝不是一个小概率。小概率往往是人们主观给定的一个数值。日常统计活动中，特别是在社会经济统计活动中，一般取0.05或0.01为小概率。

（2）小概率原理强调仅做一次试验。小概率事件不是不可能事件，不可能事件发生的概率为零，无论重复多少次试验都是不会发生的。对于小概率事件，如果试验次数无限增多，那么100%地肯定会发生的。抽样推断过程中，由总体中随机地抽取一个样本，这相当于做了一次试验。

（3）小概率原理强调"几乎"二字。一个事件如果发生的概率很小的话，那么仅做一次试验是不应该发生的，或者说是几乎不会发生的。这是人们在长期的实践中经过总结所得出的结论。小概率事件如果在一次试验中真的发生了，那么更大的可能是它不是小概率事件。

5.1.2 假设检验基本思想和基本步骤

形成假设检验方法原理的另一个理论基础，是第4章中所介绍的抽样分布原理。小概率原理与抽样分布原理结合运用，形成了统计中所特有的推断总体参数的假设检验方法。

在引例5中，我们先来假设：总体服从均值μ为250克，标准差σ为1.5克的正态分布。那么，根据抽样分布原理，由此总体抽取容量为50的随机样本，其样本均值$\bar{x}$就应服从以μ=250克为数学期望，以$\sigma/\sqrt{n}=1.5/\sqrt{50}=0.21$克为标准差的正态分布，如图5-1所示。

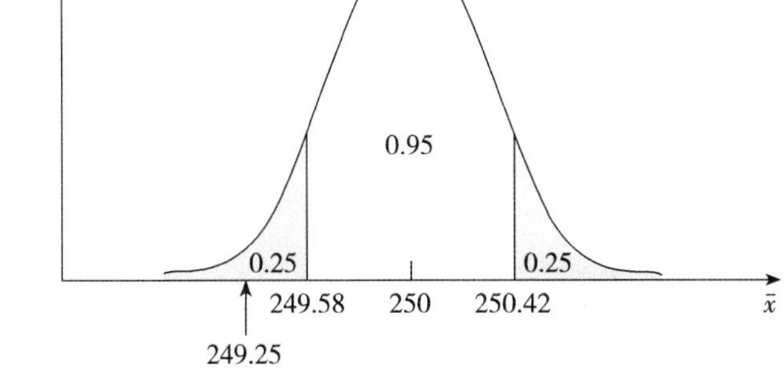

图5-1 $\bar{x}$服从以250克为数学期望、0.21克为标准差的正态分布

现在，我们给定一个小概率α，譬如：α=0.05，并以$\bar{x}$=250克为对称中心构造一个面积为1-0.05=0.95的对称区间：（249.58克，250.24克）。此区间两边的临界值249.58克和250.24克，是可以通过定积分的逆运算计算出来的。显然，249.58≤$\bar{x}$≤250.42的概率为0.95，这是一个较大的概率；而$\bar{x}$≤249.58或≥250.42的概率为0.025+0.025=0.05，我们认定这是一个小概率。

今从生产线上抽取瓶装化妆品的一个样本，这是做了一次试验。经计算得其样本均值为$\bar{x}$=249.25克，结果落在了$\bar{x}$≤249.58的小概率区间之内。

如果起初我们关于总体服从均值μ为250克，标准差σ为1.5克的正态分布，这个假设是真实的话，那么这一结果的得出是违反小概率原理的。小概率事件在一次试验中几乎是不会发生的，这次居然发生了，那么更大的可能是它不是小概率事件。因此我们不得不回过头来推翻原来关于总体服从均值μ为250克，标准差σ为1.5克的正态分布的假设。

这就是统计中假设检验的基本思想。结论是：今日生产线上所生产的全部化妆品重量不符合250克的规格要求。做出这一推断的把握程度为95%。此结论与引例5中区间估计所得出结论是完全一致的。

假设检验的实际操作过程包含5个基本步骤：

第一步：提出原假设（H_0）及备择假设（H_1）。

例如，如果需要检验总体均值是否为某一给定值μ_0，则原假设与备择假设可表述为：

H_0：$\mu=\mu_0$

H_1：$\mu\neq\mu_0$

检验结果如果拒绝原假设H_0：$\mu=\mu_0$，则不得不接受备择假设H_1：$\mu\neq\mu_0$。在引例5中，我们曾假设：H_0：$\mu=250$；H_1：$\mu\neq250$，检验结果拒绝了原假设，因此没有理由不接受$\mu\neq250$克的备择假设。

第二步：选择检验统计量。

在引例5中，我们以样本均值$\bar{x}$为检验的统计量，并最终得出了检验结论。但如您所见，其间在确定区间临界值的时候，是比较麻烦的一件事情，需要进行定积分的逆运算。所以，实际应用中通常并不是直接以$\bar{x}$为检验统计量，而是对其加以标准化，构造出一个计算过程更为简便、检验结果完全等价的检验统计量。事实上，如果$\bar{x}$服从以μ_0为数学期望，以$\sigma/\sqrt{n}$为标准差的正态分布，则存在服从标准正态分布的Z统计量：

$$Z=\frac{\bar{x}-\mu_0}{\sigma/\sqrt{n}}$$

第三步：给定小概率α。

这个小概率α在统计中被称为显著性水平，它给出了检验决策时拒绝或不拒绝原假设的标准。可以在Z统计量的标准正态分布下，以$Z=0$为对称中心，构造出一个拒绝原假设的概率为α，没有理由拒绝原假设的概率为1-α的对称区间，用于接下来的检验决策，如图5-2所示。

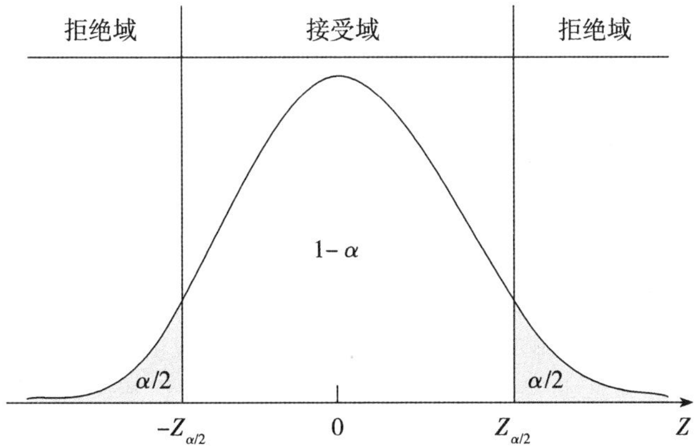

图5-2 Z服从标准正态分布

在图5-2中，使得两端对称的小区间的面积为α/2的$Z_{\alpha/2}$和$-Z_{\alpha/2}$，称检验临界值；区间$Z<-Z_{\alpha/2}$或$Z>Z_{\alpha/2}$称拒绝域；区间$-Z_{\alpha/2}<Z<Z_{\alpha/2}$称接受域。

第四步：确定决策准则。

例如，如果原假设为H_0：$\mu=\mu_0$，则检验统计量的值既不能过大，也不能过小，过大或过小都是拒绝原假设的证据。决策准则为：如果$|Z|>Z_{\alpha/2}$，则拒绝原假设。

第五步：检验决策。

计算检验统计量的值，将其与临界值进行比较，按照决策准则来决定是否拒绝原假设。例如，在引例5中：

给定α=0.05，则有$Z_{\alpha/2}=Z_{0.025}=1.96$。因为：

$$Z=\frac{\bar{x}-\mu_0}{\sigma/\sqrt{n}}=\frac{249.25-250}{1.5/\sqrt{50}}=-3.54<-1.96$$

检验统计量的值落入拒绝域，所以拒绝$\mu=250$克的原假设。结论是：今日生产线上所生产的全部化妆品重量不符合250克的规格要求。做出这一推断的把握程度为95%。

5.1.3 双侧检验与单侧检验

1）双侧检验

在假设检验原理的实际应用中，由于就具体问题所提出的原假设的表述方式不同，而对应的决策准则也会有所不同。譬如，在引例5中，瓶装化妆品重量的标准规格为250克，过大于或过小于250克，都是不符合规格要求的。因此，我们将原假设表述为：$\mu=\mu_0$。如果$|Z|>Z_{\alpha/2}$，则拒绝这个原假设。此时会有两个临界值，拒绝域分布在两侧，面积各为α/2。这种检验过程称双侧检验。在总体均值的检验中，双侧检验所对应的原假设表述方式为：$\mu=\mu_0$。

2）左侧检验

但实践中经常会遇到另外一些情况，我们所关心的问题带有方向性，有时我们希望观测值越大越好，有时则希望越小越好。针对不同的具体情况，假设检验中原假设的表述方式也会发生相应的变化。

例如，某灯泡生产企业欲向某超市提供一批灯泡，按合同规定，灯泡的使用寿命平均不能低于2 000小时。假定灯泡使用寿命服从正态分布，且标准差为250小时。灯泡生产企业为确认这批灯泡的使用寿命，随机测试了30只灯泡，并算得样本均值为1 998小时。现在需要通过假设检验来决定是否应该向超市提供这批灯泡。

如果采用双侧检验，则原假设为μ=2 000，此时，拒绝域分布在两侧。按照双侧检验的规则，检验统计量的值过小将拒绝原假设，过大也将拒绝原假设。这对于灯泡生产企业的决策活动来说显然是不方便的。因为，站在灯泡生产企业的立场上，检验统计量的值越大，意味着这批灯泡的平均使用寿命越长，就越是对产品质量有信心的证据。此时，可以通过改变原假设的表述方式，重新制定决策准则。此问题中，灯泡生产企业可将原假设表述为：

H_0：$\mu \geqslant 2\ 000$

对应这种原假设的表述方式，检验统计量的值越小，则越是拒绝原假设的证据。拒绝域分布在左侧，故称之为左侧检验。左侧检验的决策准则是：$Z<-Z_\alpha$，如图5-3所示。

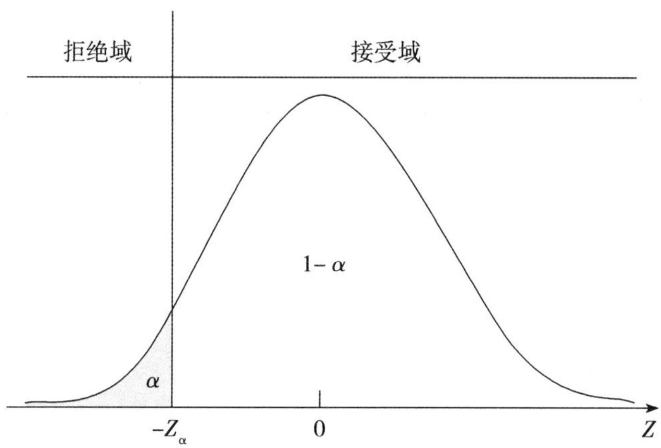

图5-3　左侧检验

3）右侧检验

与左侧检验相反，有时我们希望观测值越小越好。例如，某化工企业欲向某公司提供一批化学试剂，按合同规定试剂中杂质的含量不能超过2.3%。该化工企业为确认这批化学试剂的杂质含量，随机测试了40瓶，并算得样本均值为2.38%。现在需要通过假设检验来决定是否应该向这家公司提供这批化学试剂。此化工企业将原假设表述为：

H_0：$\mu \leqslant 2.3$

对应这种原假设的表述方式，检验统计量的值越大，则越是拒绝原假设的证据据，拒绝域分布在右侧，故称之为右侧检验。右侧检验的决策准则是：$Z>Z_\alpha$，如图5-4所示。

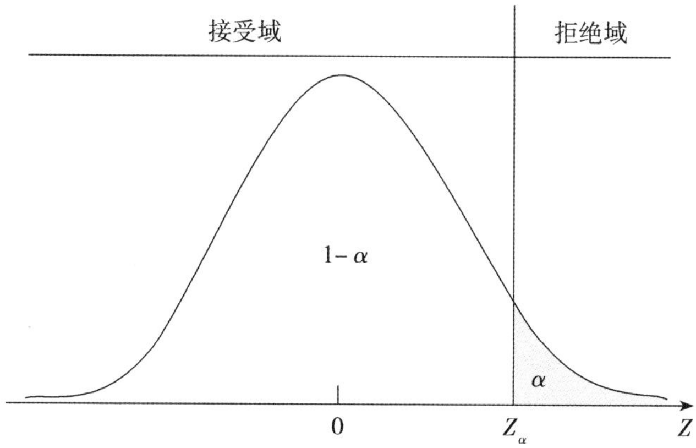

图5-4　右侧检验

5.1.4　假设检验的两类错误

假设检验是从小概率原理出发，在抽样分布原理上进行反向推理所形成的一种推断方法。在原假设真实的前提下，检验统计量落入拒绝域是小概率事件，随机抽取样本做一次试验几乎是不会发生的。因此，只要检验统计量的值落入拒绝域，就拒绝原假设并不得不接受备择假设。

但小概率事件不是不可能事件，即使是只做一次试验，也是有可能发生的，因此，假设检验的决策结果也是有可能发生错误的。统计学家从不声称能够给出100%把握和准确的推断。

假设检验过程中可能出现的决策错误有两类：第Ⅰ类就是所谓拒真错误，第Ⅱ类称采伪错误。

拒真错误是指按照假设检验的决策规则，拒绝了一个本来是真实的原假设。原假设原本是真实的，但由于样本的随机性，检验统计量的值却落入拒绝域，按照决策规则拒绝原假设，此时便犯了拒真错误。

显然，犯拒真错误的概率就是显著性水平α，所以，犯拒真错误的概率是可以控制的。事先给定的显著性水平越小，犯拒真错误的可能性也就越小；事先给定的显著性水平越大，犯拒真错误的可能性也就越大。

采伪错误是指按照假设检验的决策规则，接受了一个本来是假的原假设。原假设原本是假的，但检验统计量值却落入了在这个假的前提下所构造出来的接受域，按照决策规则，没有理由拒绝原假设，此时便犯了采伪错误。犯采伪错误的概率当然不是1-α，而是在检验统计量的真实分布下，由接受域所规定的概率，一般记作β，如图5-5所示。

由此可见，一个假设检验过程共有4个可能的决策结果，其中两个正确的，两个是错误的，而且各自发生的概率是不同的，具体见表5-2。

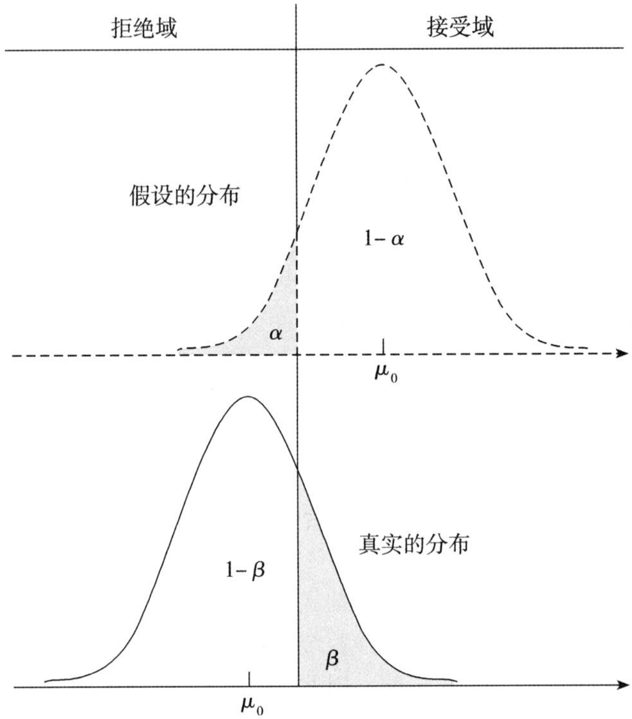

图 5-5　假设检验中的两类错误及其概率

表 5-2　**假设检验的 4 种可能决策结果及其概率**

决策假设	没有拒绝原假设	拒绝原假设
原假设为真	正确决策（$1-\alpha$）	拒真错误（α）
原假设为假	采伪错误（β）	正确决策（$1-\beta$）

显然，犯拒真错误的概率与犯采伪错误的概率是有关联的，此消彼长。减少犯拒真错误的概率，势必会增加犯采伪错误的概率；减少犯采伪错误的概率，势必会增加犯拒真错误的概率。要同时减少犯两类错误的概率，唯一的途径是扩大样本容量。在给定样本容量的前提下，最便于控制的是拒真错误的概率。

因此，实践中为了避免后果比较严重的决策错误发生，大家都遵循一个共同的原则，即在原假设的表述上，将最值得关心的问题作为原假设提出来，从而使后果比较严重的错误落在拒真错误上，控制其发生的概率。

例如，某公司设计出一种充气包，这种充气包在发生交通事故时，对司机可起到缓冲保护作用。该公司宣称其设计的充气包在发生交通事故的瞬间，只需不超过0.2秒的时间即可充好气，从而起到缓冲的作用。实践证明，如果其充气时间超过0.2秒，则来不及对司机起到缓冲保护作用而造成伤亡。此问题的原假设有两种表述方式，不同表述方式下的可能后果是不同的，具体见表5-3。

显然，为了控制后果比较严重的错误，原假设应当采取$\mu \geqslant 0.2$的形式。

表5-3　　　　假设检验的4种可能决策结果及其概率

表述方式错误类型	H_0：$\mu \leqslant 0.2$，H_1：$\mu > 0.2$	H_0：$\mu \geqslant 0.2$，H_1：$\mu < 0.2$
拒真错误	平均充气时间不超过0.2秒，却拒绝原假设，认为不合格。使厂商失去商业机会	平均充气时间超过0.2秒，但却拒绝原假设，认为合格。可能导致人身伤亡
采伪错误	平均充气时间超过0.2秒，但却接受原假设，认为合格。可能导致人身伤亡	平均充气时间不超过0.2秒，但却接受原假设，认为不合格。使厂商失去商业机会

5.1.5　假设检验中的P值

前面我们在使用Z统计量进行均值检验时，给出了决策时拒绝原假设的准则：双侧检验：$|Z|>Z_{\alpha/2}$；左侧检验：$Z<-Z_{\alpha}$；右侧检验：$Z>Z_{\alpha}$。这种决策方式在统计中称为比较临界值的决策方式。现在介绍一种与之等价的，并在计算机数据分析中更为流行的一种决策方式：比较P值的决策方式。

P值是一个概率值，它是指原假设为真时，获得检验统计量的值以及更极端值的概率，如图5-6所示。

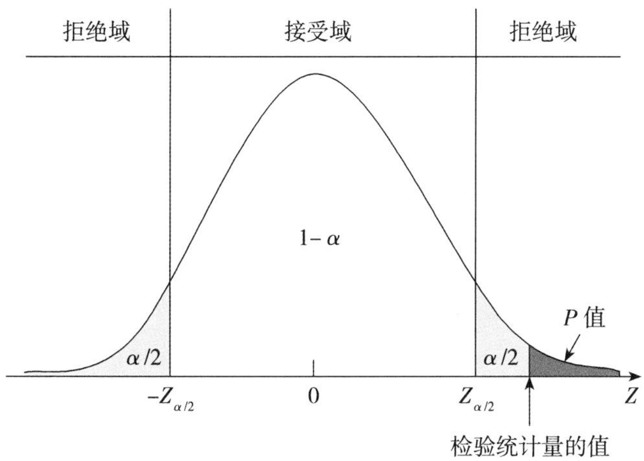

图5-6　Z服从标准正态分布

图5-6中所显示的P值，是由样本数据所计算出来的检验统计量的值向正无穷大方向定积分所获得的一个概率值。很明显，如果检验统计量的值落入右侧的拒绝域，则P值必然小于α/2；如果落入接受域，则P值必然大于α/2。

于是，可以将P值的大小与显著性水平直接进行比较，来做出假设检验的决策。对于双侧检验，如果P值小于α/2，则拒绝$\mu=\mu_0$的原假设；对于单侧检验，如果P值小于α，则拒绝$\mu \geqslant \mu_0$或$\mu \leqslant \mu_0$的原假设。

当然，实际问题中手工计算P值是很麻烦的，但有了计算统计软件之后，P值的计算已经不成问题了。利用P值进行检验决策，避免了求临界值的过程，只需将P值直接与头脑中的显著性水平相比较即可得出决策结果。

5.2 单样本均值检验

5.2.1 总体方差已知

来自正态总体任意容量的样本，或者来自任意总体容量充分大的样本，其样本均值$\bar{x}$服从以总体均值μ为数学期望，以总体方差σ^2除以样本容量n，即σ^2/n为方差的正态分布。故存在服从标准正态分布的Z统计量。此统计量可充当总体方差已知时，总体均值的检验统计量：

$$Z=\frac{\bar{x}-\mu_0}{\sigma/\sqrt{n}}$$

检验过程中，要根据问题的性质，选择原假设的恰当表述形式，进而确定是单侧检验还是双侧检验。

例如，某装置的工作温度服从方差为25的正态分布。制造商声称此装置的平均工作温度是93度。今从一个由16台装置构成的随机样本中，得出平均工作温度为83度。要求在0.05的显著性水平下，检验该制造商所出产的这种装置的平均工作温度与其声称的温度是否有显著差异。

这是一个来自正态总体的样本数据，而且方差已知。样本容量n=16，检验值$\mu_0=93$度，样本均值$\bar{x}$=83度。问题的焦点是检验总体均值是否与93度有显著差异。总体均值过大或过小都是有差异，因此，可假设总体均值与93度没有显著差异，即：

H_0：$\mu=93$

H_1：$\mu\neq 93$

这是一个双侧检验。检验统计量的值过大或过小都是拒绝原假设的证据。拒绝的标准为$|Z|>Z_{\alpha/2}=Z_{0.025}=1.96$，即衡量检验统计量的值是否过大或过小的标准是临界值$Z_{\alpha/2}=Z_{0.025}=1.96$。

$$Z=\frac{\bar{x}-\mu_0}{\sigma/\sqrt{n}}=\frac{83-93}{5/\sqrt{16}}=-8$$

检验统计量的值为-8，其绝对值远远大于1.96，落入拒绝域，因此拒绝原假设。结论是该制造商所出产的这种装置的平均工作温度与其声称的93度有显著差异，显著低于93度。做出这一推断的把握程度为95%。

再例如，咖啡商在产品标签上声称，其出品的咖啡罐头平均重量为1.5千克或1.5千克以上。监督部门定期对其咖啡罐头产品进行质量检查，根据以往的数据得知，咖啡罐头重量总体标准差为0.05千克。今随机抽取了45听咖啡罐头，测量其重量，计算得出平均每罐重量为1.45千克。要求在0.05的显著性水平下，检验咖啡罐头重量的总体均值是否与标签上声称的内容相符。

问题中，总体标准差σ=0.05；样本容量n=45听，可视为大样本；样本均值$\bar{x}$=1.45千克；检验值$\mu_0=1.5$千克。不妨尝试从假设产品标签上声称的是正确的角度入手，假设咖啡罐头重量的总体均值为1.5千克或1.5千克以上，即：

H_0：$\mu \geqslant 1.5$

H_1：$\mu < 1.5$

这是一个左侧检验。过小的检验统计量的值是拒绝原假设的证据。拒绝的标准为$Z<-Z_\alpha=-Z_{0.05}=-1.645$。

$$Z=\frac{\bar{x}-\mu_0}{\sigma/\sqrt{n}}=\frac{1.45-1.5}{0.05/\sqrt{45}}=-6.71$$

检验统计量的值为-6.71，远小于-1.645，落入拒绝域，因此拒绝原假设。结论是咖啡罐头重量的总体均值与标签上声称的内容不相符。做出这一推断的把握程度为95%。

5.2.2　总体方差未知

总体方差未知时，以样本标准差s给出总体标准差σ的点估计之后，存在自由度为$n-1$的t统计量。此统计量可充当总体方差未知时，总体均值的检验统计量：

$$t=\frac{\bar{x}-\mu_0}{s/\sqrt{n}}$$

检验过程中要注意大样本与小样本的区分，通常$n>30$可视为大样本。如果是大样本可采用t统计量，但由于此时自由度较大，t分布与标准正态分布已经非常逼近，近似视之为Z统计量也是可行的。但如果是来自正态总体的小样本，则必须使用t统计量。当然，如果是来自非正态总体的小样本，就需要将样本容量增加到30以上。

例如，根据经验得知，采用传统机床加工某种零件，其直径服从正态分布，均值为81mm。现在采用一种新型机床加工同样的零件。为确认新型机床所加工的零件的直径与传统机床有无差异，从新型机床加工的零件中随机抽取了20件，得直径均值为79mm，标准差为2.2mm。

问题中是一个正态总体；总体方差未知；样本容量n=20件，为小样本；样本均值$\bar{x}$=79mm；样本标准差s=2.2mm；检验值μ_0=81mm。假设新型机床加工零件的直径与传统机床无明显差异，即：

H_0：$\mu = 81$

H_1：$\mu \neq 81$

这是一个双侧检验。过大或过小的检验统计量的值是拒绝原假设的证据。可选的检验统计量为t统计量。

若显著性水平为α=0.05，则拒绝原假设的准则：$|t|>t_{\alpha/2}(20-1)=t_{0.025}(19)=2.093$

$$t=\frac{\bar{x}-\mu_0}{s/\sqrt{n}}=\frac{79-81}{2.2/\sqrt{20}}=-4.065$$

检验统计量的值为-4.065，落入拒绝域，因此拒绝原假设。结论是新型机床加工零件的直径与传统机床有明显差异。做出这一推断的把握程度为95%。

再例如，根据20年前的调查记录，本城市成年男子脉搏每分钟平均跳动次数为72次。某医疗保健机构意识到，这么多年来社会经济环境的巨大变迁，可能会带来人们身体特征的某些变化。因此特于今年4月在本城市随机调查了100名成年男子，得出脉搏每分钟平均跳动次数为75.6次，标准差为6.5次。

问题中，总体分布与总体标准差未知；样本容量n=100人，可视为大样本；样本均值$\bar{x}$=75.6次；样本标准差s=6.5次；检验值$\mu_0 = 72$次。假设今年本城市成年男子脉搏每分钟平均跳动次数不会高于20年前，即：

H_0：$\mu \leqslant 72$

H_1：$\mu > 72$

这是一个右侧检验。由于总体方差未知，故选择t统计量。

$$t = \frac{\bar{x} - \mu_0}{s/\sqrt{n}} = \frac{75.6 - 72}{6.5/\sqrt{100}} = 5.538$$

若给定显著性水平α=0.05，根据原假设的表述方式，拒绝的准则应为：$t>t_\alpha(n-1)=t_{0.05}(99)$。但此时t分布已经与标准正态分布极为逼近，出于运算上的便捷，拒绝准则可替换为：$t>Z_\alpha=Z_{0.05}=1.645$。

问题中的检验统计量的值为5.538，大于1.645的临界值，落入拒绝域，故拒绝原假设。即今年本城市成年男子脉搏每分钟平均跳动次数显著高于20年前。做出这一推断的把握程度为95%。

进行总体均值检验时，要注意区分正态总体或非正态总体、方差已知或方差未知、大样本或小样本的不同情况，依据抽样分布原理选择适当的公式。具体做法如图5-7所示。

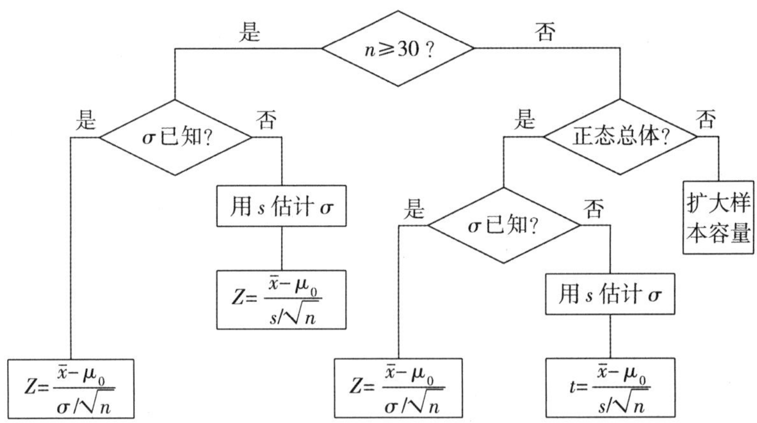

图5-7 总体均值检验程序

5.3 两个独立样本均值差检验

当面对两个总体并关心两个总体之间均值的差异情况时，均值检验的对象为$\mu_1 - \mu_2$。估计量是随机产生于两个总体的样本均值之差，即$\bar{x}_1-\bar{x}_2$。如果两个样本是分别从两个总体中独立抽取的，也就是说，此一样本观测值的获取与另一样本观测值的获取，相互之间没有关联、互为独立，则称这是两个独立样本。由两个独立样本数据检验总体均值差时，不同情况下，所采用的具体方法略有不同。

5.3.1　大样本，方差已知

来自任意总体的大样本，即$n_1 \geqslant 30$且$n_2 \geqslant 30$，或来自正态总体的任意容量样本，两个独立样本均值之差$\bar{x}_1-\bar{x}_2$的抽样分布，服从期望为（$\mu_1-\mu_2$）、方差为（$\sigma_1^2/n_1+\sigma_2^2/n_2$）的正态分布。因此，存在服从标准正态分布的$Z$统计量，此$Z$统计量可充当方差已知时两总体均值差的检验统计量。

$$Z=\frac{(\bar{x}_1-\bar{x}_2)-(\mu_1-\mu_2)}{\sqrt{\dfrac{\sigma_1^2}{n_1}+\dfrac{\sigma_2^2}{n_2}}}$$

例如，某商业集团公司下属两个大型超市，一个位于市区，一个位于郊区。经理人员发现，在一个超市卖得好的商品，在另一个超市却卖得不一定好。经理人员认为其中的原因可能是两个超市的顾客群体之间存在年龄、教育程度、收入水平等方面的差异。为此从市区超市随机抽取了36人，算得平均年龄为40岁；从郊区超市随机抽取了49人，算得平均年龄为35岁。假定市区超市顾客群体年龄标准差为9岁，郊区超市顾客群体年龄标准差为10岁。试检验两个顾客群体年龄是否有显著差异。

问题中，两总体标准差已知，$\sigma_1=9$，$\sigma_2=10$；样本容量，$n_1=36>30$且$n_2=49>30$，为大样本。假设两个顾客群体年龄没有显著差异，即：

H_0：$\mu_1-\mu_2=0$

H_1：$\mu_1-\mu_2 \neq 0$

这是一个双侧检验，若给定显著性水平$\alpha=0.05$，则拒绝的准则为$|Z|>Z_{\alpha/2}=Z_{0.025}=1.96$。检验统计量的值为：

$$Z=\frac{(\bar{x}_1-\bar{x}_2)-(\mu_1-\mu_2)}{\sqrt{\dfrac{\sigma_1^2}{n_1}+\dfrac{\sigma_2^2}{n_2}}}=\frac{40-35}{\sqrt{\dfrac{9^2}{36}+\dfrac{10^2}{49}}}=18.52>1.96$$

故拒绝原假设。结论是两个顾客群体年龄有显著差异。做出这一推断的把握程度为95%。

5.3.2　大样本，方差未知

大样本，方差未知的情况下，可分别以两个样本方差s_1^2和s_2^2作为两个总体方差σ_1^2和σ_2^2的点估计，并得出服从t分布的检验统计量：

$$t=\frac{(\bar{x}_1-\bar{x}_2)-(\mu_1-\mu_2)}{\sqrt{\dfrac{s_1^2}{n_1}+\dfrac{s_2^2}{n_2}}}$$

例如，仓库管理人员为确认两批箱装货物平均每箱的重量是否相同，今从两批箱装货物中各抽取一个随机样本，样本容量分别为$n_1=32$箱，$n_2=40$箱，并测得$\bar{x}_1=50$千克，$\bar{x}_2=44$千克；$s_1^2=64$，$s_2^2=100$。试以显著性水平$\alpha=0.05$，推断两批货物的重量是否有显著差异。

问题中样本容量为大样本，两总体方差未知。假设两批货物的重量没有显著差异，即：

H_0: $\mu_1 - \mu_2 = 0$

H_1: $\mu_1 - \mu_2 \neq 0$

这是一个双侧检验，检验统计量的值过大或过小都是拒绝原假设的证据。检验统计量的值为：

$$t = \frac{(\bar{x}_1 - \bar{x}_2) - (\mu_1 - \mu_2)}{\sqrt{\frac{s_1^2}{n_1} + \frac{s_2^2}{n_2}}} = \frac{50 - 44}{\sqrt{\frac{64}{32} + \frac{100}{40}}} = 2.83$$

大样本的情况下，t分布与标准正态分布已经相当逼近，以临界值$Z_{\alpha/2}$为标准来衡量，$t=2.83>Z_{\alpha/2}=Z_{0.025}=1.96$，落入拒绝域，故拒绝原假设。结论是两批货物的重量是有显著差异的。做出这一推断的把握程度为95%。

5.3.3 小样本，方差未知，但方差相等

由方差未知的正态总体抽取小样本时，虽然两总体方差未知，但如果已知两总体方差相等，即$\sigma_1^2=\sigma_2^2=\sigma^2$，则存在自由度为（$n_1+n_2-2$）的$t$统计量，此统计量可充当方差未知但方差相等时，两总体均值差的检验统计量。

$$t = \frac{(\bar{x}_1 - \bar{x}_2) - (\mu_1 - \mu_2)}{\sqrt{(\frac{1}{n_1} + \frac{1}{n_2})\frac{(n_1 - 1)s_1^2 + (n_2 - 1)s_2^2}{n_1 + n_2 - 2}}}$$

例如，某型号车床加工机器零件的尺寸服从正态分布。为比较同一型号新旧程度不同的两个车床的技术性能是否有所差异，今从两个车床所加工的零件中，各随机抽取10个零件进行检测，获得如下样本数据（见表5-4）：

表5-4 **加工零件尺寸（mm）**

新车床	6.2	3.7	5.8	2.7	3.9	6.1	6.7	7.8	3.8	6.9
旧车床	8.5	6.8	11.3	9.4	9.3	7.3	5.6	7.9	7.2	8.2

假定两个车床加工零件尺寸的方差是相等的。试以显著性水平α=0.05，比较两个车床所加工的零件尺寸是否有显著差异。

经计算，新车床：$\bar{x}_1=5.36$，$s_1^2=1.3699$；旧车床：$\bar{x}_2=8.15$，$s_2^2=1.597$。假设两个车床加工零件尺寸没有显著差异，即：

H_0: $\mu_1 - \mu_2 = 0$

H_1: $\mu_1 - \mu_2 \neq 0$

问题中，方差未知，但方差相等，为小样本。选择检验统计量并计算检验统计量的值：

$$t=\frac{(\bar{x}_1 - \bar{x}_2) - (\mu_1 - \mu_2)}{\sqrt{(\frac{1}{n_1} + \frac{1}{n_2})\frac{(n_1 - 1)s_1^2 + (n_2 - 1)s_2^2}{n_1 + n_2 - 2}}}$$

$$=\frac{5.36 - 8.15}{\sqrt{\left(\frac{1}{10} + \frac{1}{10}\right) \times \frac{(10 - 1)\times 1.3699^2 + (10 - 1)\times 1.597^2}{10 + 10 - 2}}}$$

$=-4.193$

由于$|t|=|-4.193|=4.193>t_{\alpha/2}$（$n_1+n_2-2$）$=t_{0.025}$（10+10−2）$=t_{0.025}$（18）=2.1009，所以拒绝原假设。结论是两个车床加工零件尺寸具有显著差异。做出这一推断的把握程度为95%。

5.3.4 小样本，方差未知，方差不等

由方差未知的正态总体中抽取小样本时，如果两总体方差不等，即$\sigma_1^2 \neq \sigma_2^2$，则存在自由度为$v$的$t$统计量：

$$t(v)=\frac{(\bar{x}_1-\bar{x}_2)-(\mu_1-\mu_2)}{\sqrt{\frac{s_1^2}{n_1}+\frac{s_2^2}{n_2}}}$$

式中：$v=\left(\frac{s_1^2}{n_1}+\frac{s_2^2}{n_2}\right)^2\Big/\left[\frac{(s_1^2/n_1)^2}{n_1-1}+\frac{(s_2^2/n_2)^2}{n_2-1}\right]$，为该$t$统计量的自由度。

例如，分别由两总体中各抽取容量为20的随机样本，算得样本均值及样本方差分别为：$\bar{x}_1=585$，$\bar{x}_2=630$；$s_1^2=2\,400$，$s_2^2=3\,600$。试以显著性水平$\alpha=0.05$，比较两总体均值是否有显著差异。假设两总体均值没有显著差异，即：

H_0：$\mu_1-\mu_2=0$

H_1：$\mu_1-\mu_2\neq 0$

这是一个双侧检验。问题中，方差未知，且不知方差是否相等，属于小样本。故选择统计量$t(v)$。

检验过程如下：

$$v=\left(\frac{s_1^2}{n_1}+\frac{s_2^2}{n_2}\right)^2\Big/\left[\frac{(s_1^2/n_1)^2}{n_1-1}+\frac{(s_2^2/n_2)^2}{n_2-1}\right]$$

$$=\left(\frac{2\,400}{20}+\frac{3\,600}{20}\right)^2\Big/\left[\frac{(2\,400/20)^2}{20-1}+\frac{(3\,600/20)^2}{20-1}\right]$$

$$\approx 37$$

$$t=\frac{(\bar{x}_1-\bar{x}_2)-(\mu_1-\mu_2)}{\sqrt{\frac{s_1^2}{n_1}+\frac{s_2^2}{n_2}}}=\frac{585-630}{\sqrt{\frac{2\,400}{20}+\frac{3\,600}{20}}}=-2.60$$

由于$|t|=|-2.60|=2.60>t_{\alpha/2}(v)=t_{0.025}(37)=2.0262$，故拒绝原假设。结论是两总体均值是有显著差异的。做出这一推断的把握程度为95%。

5.4 两个匹配样本均值差检验

与独立样本相比，匹配样本数据可以避免由于观测对象不同所造成的样本数据之间的差异，从而提高统计推断的效率。在匹配样本数据中，每一个观测对象提供一对观测值。进行两总体均值比较时，首先计算出每一对观测值之间的差值d，再以差值d为对象，计算d的均值$\bar{d}$，进而构造检验统计量。

假如$\bar{d}$服从以两总体均值差$\mu_1-\mu_2$为数学期望，以两总体数据之间差值的方差σ_d^2除以样本容量n，即σ_d^2/n为方差的正态分布，则存在服从标准正态分布的Z统

计量：

$$Z=\frac{\bar{d}-\mu_d}{\sigma_d/\sqrt{n}}$$

实践中，多数情况下σ_d^2是未知的，此时可以用样本差值d的方差s_d^2对其做出点估计，从而得出可充当检验统计量的t统计量：

$$t=\frac{\bar{d}-\mu_d}{s_d/\sqrt{n}}$$

匹配样本中，两个样本的容量必定是相等的，即$n_1=n_2=n$。此t统计量的自由度为$n-1$。

例如，为了解新研发的一种减肥茶的减肥效果，随机抽取10人进行测试。首先记录下他们的体重，再请他们按时按量饮用减肥茶。半年后再来测量这10人的体重，从而获得一对匹配样本数据（见表5-5）。

表5-5　**饮茶前后体重（千克）**

饮茶前体重	95.4	100.9	111.0	103.6	98.0	89.1	97.1	101.2	103.8	117.1
饮茶后体重	94.5	101.0	110.0	103.5	97.0	88.5	96.5	101.0	104.0	116.5
差值d	0.90	-0.10	1.00	0.10	1.00	0.60	0.60	0.20	-0.20	0.60

计算差值d的样本均值和标准差：

$$\bar{d}=\frac{\sum d}{n}=0.47$$

$$s_d=\sqrt{\frac{\sum(d-\bar{d})^2}{n-1}}=0.45$$

假设饮茶前后体重没有显著差异，即，

H_0：$\mu_1-\mu_2=0$　即　H_0：$\mu_d=0$

若给定$\alpha=0.05$，则拒绝准则为：$|t|>t_{\alpha/2}(n-1)=t_{0.025}(10-1)=t_{0.025}(9)=2.3060$。检验统计量的值为：

$$t=\frac{\bar{d}-\mu_d}{s_d/\sqrt{n}}=\frac{0.47-0}{0.45/\sqrt{10}}=3.3$$

由于$t=3.3>2.3060$，落入拒绝域，故拒绝原假设。结论是饮茶前后体重有显著差异。做出这一推断的把握程度为95%。

5.5　总体方差假设检验

5.5.1　单样本总体方差检验

对于来自正态总体的容量为n的简单随机样本，统计量$(n-1)s^2/\sigma^2$服从自由度为$n-1$的卡方分布，如图5-8所示。

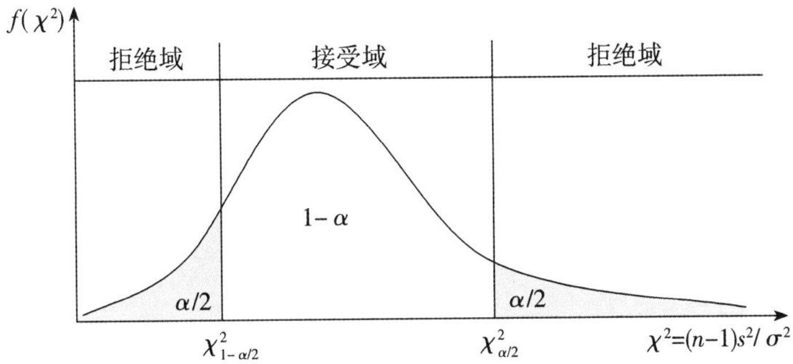

图5-8 自由度为n−1的卡方分布

若要在显著性水平α下，检验总体方差σ^2是否为某一取值σ_0^2，则可构造检验统计量：

$$\chi^2=\frac{(n-1)s^2}{\sigma_0^2}$$

双侧检验：H_0：$\sigma^2=\sigma_0^2$，H_1：$\sigma^2\neq\sigma_0^2$；拒绝准则：$\chi^2>\chi^2_{\alpha/2}$（n−1）或$\chi^2<\chi^2_{1-\alpha/2}$（$n$−1）。

左侧检验：H_0：$\sigma^2\geqslant\sigma_0^2$，$H_1$：$\sigma^2<\sigma_0^2$；拒绝准则：$\chi^2<\chi^2_{1-\alpha}$（$n$−1）。

右侧检验：H_0：$\sigma^2\leqslant\sigma_0^2$，$H_1$：$\sigma^2>\sigma_0^2$；拒绝准则：$\chi^2>\chi^2_{\alpha}$（$n$−1）。

例如，味素装袋采用自动生产线，规格要求平均每袋装填重量为50克、标准差为1克。自动生产线技术状况稳定与否，一方面体现在每袋的装填重量上面，另一方面也体现在每袋装填重量的方差上面，过大的方差意味生产线技术状况的不稳定。今随机抽取10袋进行测试，算得样本标准差s=0.9克。试以0.1的显著性水平，检验每袋装填重量的标准差是否符合规格要求。

假设每袋填重量的标准差符合规格要求，即：

H_0：$\sigma^2=1$

H_1：$\sigma^2\neq1$

这是一个双侧检验。检验统计量的值为：

$$\chi^2=\frac{(n-1)s^2}{\sigma_0^2}=\frac{(10-1)\times0.9^2}{1}=7.29$$

临界值：$\chi^2_{1-\alpha/2}$（n−1）$=\chi^2_{1-0.05}$（10−1）=3.325，$\chi^2_{\alpha/2}$（n−1）$=\chi^2_{0.05}$（10−1）=16.919。由于3.325<χ^2=（n−1）s^2/σ_0^2=8.1<16.919，落入接受域，因此没有理由拒绝原假设。结论是每袋填重量的标准差符合规格要求。做出这一推断的把握程度为90%。

5.5.2 两个独立样本总体方差比较检验

我们知道：分别来自两个正态总体，容量分别为n_1和n_2的两个独立样本，其样本方差s_1^2和s_2^2，各自服从自由度为n_1−1的卡方分布和自由度为n_2−1的卡方分布。于是有F统计量：

$$\frac{\dfrac{(n_1-1)s_1^2/\sigma_1^2}{(n_1-1)}}{\dfrac{(n_2-1)s_2^2/\sigma_2^2}{(n_2-1)}}$$

化简得：$\frac{s_1^2/\sigma_1^2}{s_2^2/\sigma_2^2}$，服从自由分子自由度为 n_1-1、分母自由度为 n_2-1 的 F 分布，如图5-9所示。

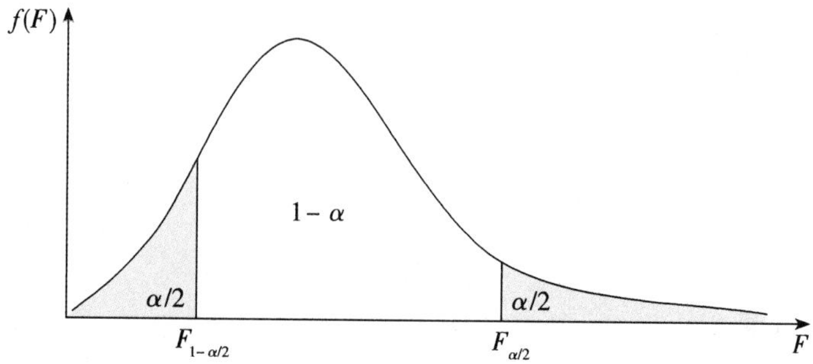

图5-9　自由度为 n_1-1、n_2-1 的F分布

若要在显著性水平α下，检验总体方差是否相等，即方差比 $\sigma_1^2/\sigma_2^2=1$，则检验统计量为：

$$F=\frac{s_1^2/\sigma_1^2}{s_2^2/\sigma_2^2}$$

由于检验过程中假设 $\sigma_1^2/\sigma_2^2=1$，故可得简化的检验统计量：

$$F=\frac{s_1^2}{s_2^2}$$

双侧检验：H_0：$\sigma_1^2/\sigma_2^2=1$，H_1：$\sigma_1^2/\sigma_2^2\neq1$；拒绝准则：$F>F_{\alpha/2}$ 或 $F<F_{1-\alpha/2}$。

右侧检验：H_0：$\sigma_1^2/\sigma_2^2\leq1$，$H_1$：$\sigma_1^2/\sigma_2^2>1$；拒绝准则：$F>F_{\alpha}$。

应当指出，在单侧检验中，我们始终可以将方差较大的总体表示为总体1，通过这种方式建立原假设，从而使拒绝域处于上侧进行右侧检验，而无须做左侧检验。

例如，为比较生产同一种产品的两条生产线的技术状况，分别从两条生产线上随机抽取容量分别为41件和31件两个产品重量的样本，并计算出样本方差分别为120和80。现以0.05的显著性水平，比较两条生产线产品重量的方差。

令方差较大的总体为总体1。假设检验过程如下：

H_0：$\sigma_1^2/\sigma_2^2\leq1$

H_1：$\sigma_1^2/\sigma_2^2>1$

计算检验统计量的值：

$$F=\frac{s_1^2}{s_2^2}=\frac{120}{80}=1.50$$

分子自由度为：$n_1-1=41-1=40$，分母自由度为：$n_2-1=31-1=30$。检验的临界值为：

$$F_{\alpha}(n_1-1,n_2-1)=F_{0.05}(40,30)=1.79$$

由于 $F=1.50<1.79$，所以没有理由拒绝原假设。结论是两条生产线技术状况没有显著差异。做出这一推断的把握程度为95%。

5.6 总体比率假设检验

5.6.1 单样本总体比率假设检验

第4章中提到：当样本容量充分大时，样本比率p近似服从以总体比率P为数学期望，以$P(1-P)/n$为方差的正态分布。于是，将样本比率p标准化之后，可得服从标准正态分布的Z统计量：

$$Z=\frac{p-P}{\sqrt{P(1-P)/n}}$$

在上式中，以样本比率p替代总体比率P，若给定显著性水平α，检验总体比率P是否为某一取值P_0，则可构造大样本条件下的检验统计量：

$$Z=\frac{p-P_0}{\sqrt{P_0(1-P_0)/n}}$$

比率问题中大样本的条件通常为：$np\geqslant 5$且$n(1-p)\geqslant 5$。

例如，某县统计局认为，该县农村中的专业农户数占全县农户总数的比率为8%，但地区统计局认为，县统计局公布的这个数字太低，不符合实际情况，因此，地区统计局随机抽查了300户的情况，发现符合专业户标准的农户数为40户，根据这些情况，在0.05的显著性水平下，地区统计局会得出什么结论？检验步骤如下：

H_0：$P\leqslant 0.08$

H_1：$P>0.08$

这是一个右侧检验。由样本数据可得：

$$p=\frac{40}{300}=0.1333$$

检验统计量的值为：

$$Z=\frac{p-P_0}{\sqrt{P_0(1-P_0)/n}}=\frac{0.1333-0.08}{\sqrt{0.08\times(1-0.08)/300}}=3.403$$

由于$Z=3.403>Z_\alpha=Z_{0.05}=1.645$，所以拒绝原假设。结论是该县农村专业户的比率大于8%。做出这一推断的把握程度为95%。

5.6.2 两个独立样本总体比率差假设检验

分别由两个总体中抽取两个独立的随机样本，样本容量充分大时，样本比率之差p_1-p_2，服从以P_1-P_2为数学期望的正态分布，其方差为：

$$\frac{P_1(1-P_1)}{n_1}+\frac{P_2(1-P_2)}{n_2}$$

将p_1-p_2加以标准化之后，可得服从标准正态分布的Z统计量：

$$Z=\frac{(p_1-p_2)-(P_1-P_2)}{\sqrt{\frac{P_1(1-P_1)}{n_1}+\frac{P_2(1-P_2)}{n_2}}}$$

在上式中，以样本比率p_1替代总体比率P_1；以样本比率p_2替代总体比率P_2，若给定显著性水平α，检验两个总体比率之差是否为某一特定取值，即$P_1-P_2=P_d$

（式中：$P_d \neq 0$），则可构造大样本条件下的检验统计量：

$$Z=\frac{(p_1-p_2)-(P_1-P_2)}{\sqrt{\frac{p_1(1-p_1)}{n_1}+\frac{p_2(1-p_2)}{n_2}}}$$

例如，生产同一种产品的两套不同技术特点的生产线，第一条生产线生产速度快，但容易产生次品；第二条生产线生产速度慢，但产品合格率较高。权衡取舍过程中，管理人员决定：如果第一条生产线的次品率不比第二条生产线高出5%，即选用第一条生产线进行产品生产。今从第一条生产线上随机抽取100件，发现了6件次品；从第二条生产线上随机抽取了100件，发现4件次品。试以0.05的显著性水平进行决策。

根据问题的性质，建立检验假设：

H_0：$P_1-P_2\geqslant 0.05$

H_1：$P_1-P_2<0.05$

样本比率为：

$p_1=\frac{6}{100}=0.06$，$p_2=\frac{4}{100}=0.04$

检验统计量的值为：

$$Z=\frac{(p_1-p_2)-(P_1-P_2)}{\sqrt{\frac{p_1(1-p_1)}{n_1}+\frac{p_2(1-p_2)}{n_2}}}$$

$$=\frac{(0.06-0.04)-0.05}{\sqrt{\frac{0.06\times(1-0.06)}{100}+\frac{0.04\times(1-0.04)}{100}}}$$

$$=\frac{-0.03}{\sqrt{0.00056+0.00038}}=-0.977$$

这是一个左侧检验，由于$Z=-0.977>-Z_\alpha=-Z_{0.05}=-1.645$，落入接受域，故没有理由拒绝$P_1-P_2\geqslant 0.05$的原假设。结论是不能选用第一条生产线进行产品生产。决策正确的把握程度为95%。

另外，如果要检验两总体比率之差是否相等，即$P_1-P_2=0$，则可构造大样本条件下的检验统计量：

$$Z=\frac{(p_1-p_2)}{\sqrt{\frac{p(1-p)}{n_1}+\frac{p(1-p)}{n_2}}}$$

式中：$p=(n_1p_1+n_2p_2)/(n_1+n_2)$，称为总体比率$P_1=P_2=P$的联合估计。

应当指出，当$P_1=P_2=P$时，虽然p_1和p_2均为总体比率的P的无偏估计，但联合估计p是对p_1和p_2的加权平均，这显然要来得更为有效。

例如，今从青年女性顾客总体中随机抽取100人，询问他们是否偏爱金花牌香水，得出偏爱这种香水的人数比率为20%；又从老年女性顾客总体中随机抽取200人，所得出的比率为50%。试以0.05的显著性水平，检验青年女性与老年女性偏爱这种香水的人数比率是否有显著差异。

检验假设为：

H_0：$P_1 - P_2 = 0$

H_1：$P_1 - P_2 \neq 0$

总体比率P的联合估计为：

$$p = \frac{n_1 p_1 + n_2 p_2}{n_1 + n_2} = \frac{100 \times 0.20 + 200 \times 0.50}{100 + 200} = 0.40$$

检验统计量的值为：

$$Z = \frac{(p_1 - p_2)}{\sqrt{\frac{p(1-p)}{n_1} + \frac{p(1-p)}{n_2}}} = \frac{0.20 - 0.50}{\sqrt{\frac{0.40 \times (1-0.40)}{100} + \frac{0.40 \times (1-0.40)}{200}}} = -5.00$$

由于$Z=-5.00<-Z_{0.025}=-1.96$，落入拒绝域，故拒绝原假设。结论是青年女性与老年女性偏爱这种香水的人数比率是有显著差异的。做出这一推断的把握程度为95%。

5.7 运用SPSS进行假设检验

5.7.1 运用SPSS进行总体均值单样本的t检验

SPSS软件系统直接面对的是样本数据，总体方差总是未知的。所以总体均值检验在SPSS这里都是通过t检验完成的。针对表5-1中50瓶化妆品重量样本数据，进行总体均值检验，其主要操作如下：

（1）打开“表5-1”对应的SPSS数据集“data5.1”。在SPSS主窗口选择菜单：点击【Analyze】→【Compare Means】→【One Sample T Test...】，系统弹出如图5-10所示的“One-Sample T Test”对话框。

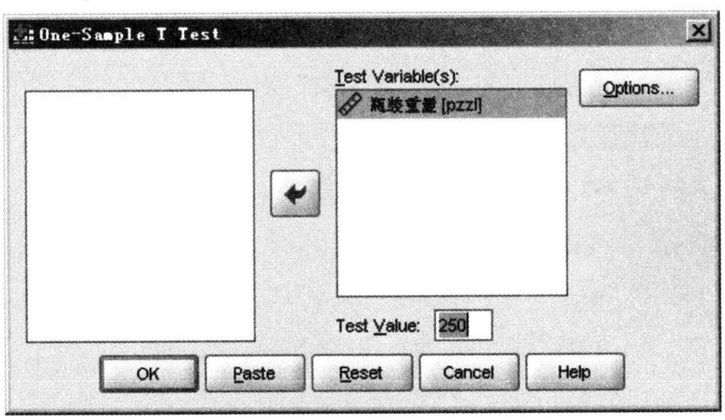

图5-10 One-Sample T Test对话框

（2）选择变量“瓶装重量［pzzl］”进入“Test Variable（s）”框内。在“Test Value:”框中填入检验值“250”。

（3）如果需要系统输出均值差的95%估计区间，点击【Options...】按钮，系统弹出如图5-11所示的“One-Sample T Test：Options”对话框。在“Confidence Interval:”框中，填入数值95，以给定95%的置信度。

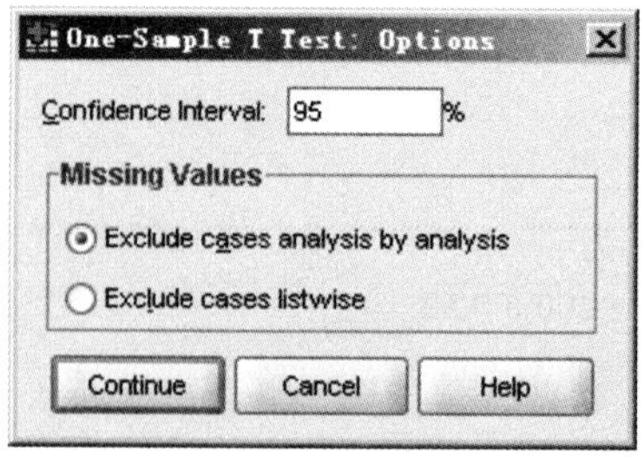

图 5-11　One-Sample T Test Options：对话框

（4）点击【Continue】→【OK】。系统输出结果如图 5-12 所示。

One-Sample Test

	Test Value = 250				
	t	df	Sig.（2-tailed）	95% Confidence Interval of the Difference	
				Lower	Upper
瓶装重量	-6.343	49	0.000	-0.982	-0.510

图 5-12　单样本 t 检验输出结果

图 5-12 中“Sig.（2-tailed）”栏下给出的是检验统计量的值所对应的 P 值。如果是双侧检验，直接将 P 值与显著比水平 α 进行比较，做出决策；如果是单边检验，则应将 P 值与 2α 进行比较。

5.7.2　运用 SPSS 进行总体均值差两个独立样本的 t 检验

针对表 5-4 加工零件尺寸样本数据，进行总体均值差两个独立样本的 t 检验，其主要操作如下：

（1）打开“表 5-4”对应的 SPSS 数据集“data5.4”。在 SPSS 主窗口选择菜单：点击【Analyze】→【Compare Means】→【Independent-Samples T Test】，系统弹出如图 5-13 所示的“Independent-Samples T Test”对话框。

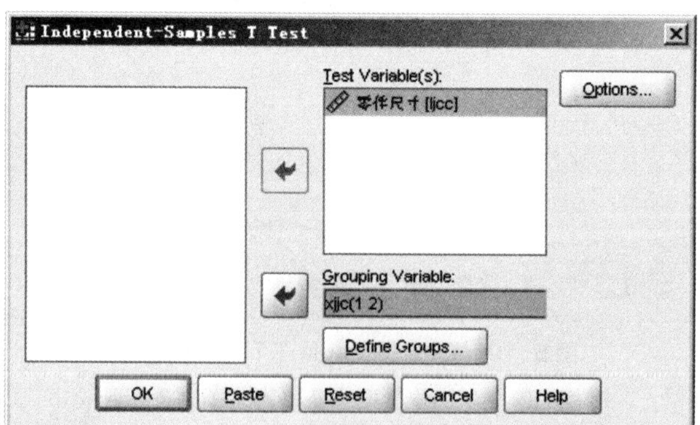

图 5-13　Independent-Samples T Test 对话框

（2）选择变量“零件尺寸［ljcc］”进入“Test Variable（s）:”框内；选择变量“新旧机床［xjjc］”进入“Grouping Variable:”框内。点击【Define Groups...】按钮，系统弹出如图 5-14 所示的“Define Groups”对话框。在“Groups1:”框中填

入数字1；在“Groups2:”框中填入数字2，以指定分组。然后，点击【Continue】。

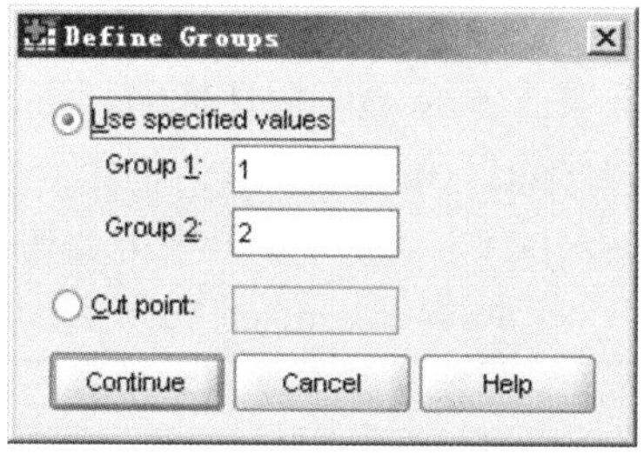

图5-14 Define Groups对话框

（3）如果需要系统输出均值差的95%估计区间，点击【Options...】按钮，在系统弹出“Independent-Samples T Test:”对话框中给定95%的置信度。

（4）点击【Continue】→【OK】。系统输出结果如图5-15所示。

Independent Samples Test

	Levene's Test for Equality of Variances		t-test for Equality of Means			
	F	Sig.	t	Sig	95% Confidence Interval	
					Lower	Upper
Equal variances assumed	.527	.477	-3.785	.001	-4.3388	-1.2412
Equal variances not assumed			-3.785	.001	-4.3392	-1.2408

图5-15 新旧机床加工零件尺寸总体均值差检验输出结果

在系统输出结果中，首先给出了方差相等性检验的结果，可根据实际情况选择方差相等假设成立或不成立两种情况下对应的t检验结果进行决策。

5.7.3 运用SPSS进行总体均值差两个匹配样本的t检验

针对表5-5中饮茶前后体重的样本数据，进行总体均值差两个匹配样本的t检验，其SPSS主要操作如下：

（1）打开“表5-5”对应的SPSS数据集“data5.5”。在SPSS主窗口选择菜单：点击【Analyze】→【Compare Means】→【Paired-Samples T Test...】，系统弹出如图5-16所示的“Paired-Samples T Test”对话框。

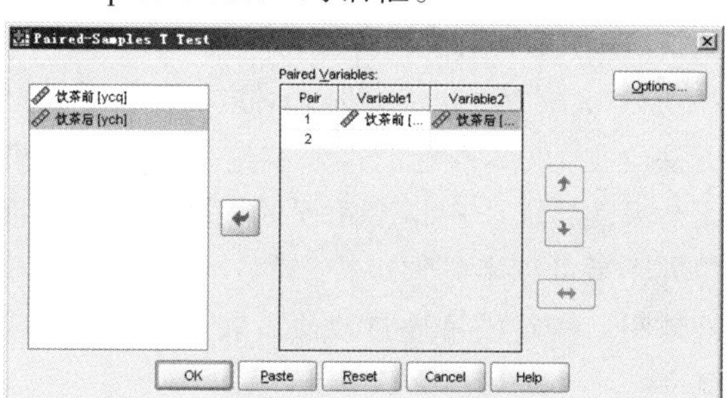

图5-16 Paired-Samples T Test对话框

（2）依次选择变量“饮茶前［ycq］”和“饮茶后［ych］”进入“Paired Variables:”框内。

（3）如果需要系统输出均值差的95%估计区间，点击【Options...】按钮，在系统弹出的“Paired-Samples T Test：Options”对话框中给定95%的置信度。

（4）点击【Continue】→【OK】。系统输出结果如图5-17所示。

Paired Samples Test

	Paired Differences				t	Sig.（2-tailed）
	Mean	Std.Deviation	95% Confidence Interval of the Difference			
			Lower	Upper		
饮茶前后	.4700	.4448	.1518	.7882	3.341	.009

图5-17　饮茶前后体重总体均值差检验输出结果

本章小结

参数估计与假设检验是统计推断方法体系中的两条基本线索，其原理基础是相同的，即样本统计量的抽样分布原理。

参数估计依据抽样分布原理，直接给出总体参数在一定置信度下的存在区间；假设检验则将小概率原理融入抽样分布原理，给出总体参数在一定显著性水平下的逆向推断。针对同一个推断对象，两者的结论是一致的。相比之下，假设检验的方法运用起来显得更为灵活多变一些。

本章重点介绍了总体均值的假设检验方法，包括单个总体均值与两个总体均值差的检验。与参数估计中的情形相同，假设检验过程中也要注意区分各种不同情况下检验统计量的选择和运用，主要涉及正态总体与任意总体、方差已知与方差未知、方差相等与方差不等、大样本与小样本之间的区分。

方差已知时任意总体的大样本以及正态总体的小样本，其均值及均值差检验一般选用Z统计量。方差未知时，包括大样本与小样本、方差相等与方差不等各种情形，一般选用t统计量，但要注意不同情形下t统计量的构造及自由度的不同。

根据原假设表述方式的不同，检验决策时的拒绝准则也有所不同。以均值的Z检验为例：H_0：$\mu=\mu_0$时，对应双侧检验，拒绝准则为$|Z|>Z_{\alpha/2}$；H_0：$\mu\geq\mu_0$时，对应左侧检验，拒绝准则为$Z<-Z_\alpha$；H_0：$\mu\leq\mu_0$时，对应右侧检验，拒绝准则为$Z>Z_\alpha$。

正如参数估计无法给出100%准确的推断结论一样，假设检验也有可能发生决策错误，即拒真错误与采伪错误。犯拒真错误的概率就是显著性水平本身，因此犯这种错误的可能性的大小是可以事先加以控制的。主观给定的显著性水平越小，犯拒真错误的可能性就越小。实践中可通过原假设表述方式的变换，来控制后果比较严重的决策错误的概率。

进行两总体均值比较时，实践中有两种获取样本数据的方案：一种是独立样本方案，另一种是匹配样本方案。由于匹配样本消除了独立样本中数据差异的一些潜在来源，因此在实际应用中要来得更为优越一些。

与均值检验同样的道理，也可以进行总体方差及总体比率的检验。

假设检验的决策方法有两种：一为传统的比较临界值的方法，另一种是与之等价的比较P值的方法。在各种统计软件广泛应用的今天，比较P值的方法更为流行。SPSS中的各类检验决策均采用比较P值的决策方法。

问题思考

1.什么是小概率原理，应当如何准确理解小概率原理?

2.假设检验包括哪些步骤?

3.实践中，进行均值检验时，为何不直接以样本均值作为检验统计量，而是将其标准化为Z统计量或t统计量?

4.假设检验与参数估计两种推断方法有何异同点?

5.假设检验中的原假设有哪几种表述方式?拒绝准则有何不同?

6.为什么犯采伪错误的概率不是$1-\alpha$?

7.欲同时降低拒真错误和采伪错误的概率，怎么办?

8.实践中如何控制后果比较严重的检验决策错误?

9.总体比率检验与总体比率差检验在不同情形下所采用的检验统计量是什么?

10.两总体方差比检验的原假设是什么?

11.什么叫P值?对于同一检验对象，P值的决策结果与比较临值的决策结果必定相同吗?

12.请就不同情形下两总体均值差检验中的检验统计量的选择过程绘制一个程序框图。

判断对错

1.小概率事件在一次试验中不会发生。（　　）

2.同一数据中参数估计的结论与假设检验的结论等价。（　　）

3.小概率原理中的小概率事件是指其发生的概率为0.05。（　　）

4.一次假设检验过程，理论上存在4种可能的决策结果。（　　）

5.假设检验中犯拒真错误的概率就是显著性水平α，犯采伪错误的概率则为$1-\alpha$。（　　）

6.同一次假设检验过程，降低了犯拒真错误的概率势必提高犯采伪错误的概率。（　　）

7.同一次假设检验过程，同时降低犯两类错误的概率，唯一途径是增加样本容量。（　　）

8.如果总体参数真值与假设检验值没有差异，则检验统计量值与假设检验值也没有差异。 (　　)

9.两个独立样本下均值比较的T检验，T统计量的自由度为两个样本自由度之和。 (　　)

10.犯拒真错误概率α与犯采伪错误概率β之和等于1。

机上作业

1.自动生产线包装食盐，每袋食盐净重量服从正态分布。规格要求每袋净重为500克，标准差不能超过10克。某天开工后，为检验机器工作是否正常，从包装好的食盐中随机抽取9袋，测得其净重见附表1。

附表1　**9袋食盐净重**　单位：克

497	507	510	484	488	524	491	475	515

要求：分别在0.05和0.01的显著水平水平下，检验这天包装机工作是否正常。

2.在平炉上进行一项试验，以确定改变操作方法的建议是否会增加得钢率，试验是在同一只平炉上进行的。每炼一炉钢时除操作方法外，其他条件都尽可能做到相同。先用传统方法炼一炉，然后用建议的新方法炼一炉，如此交替进行，各炼了10炉，其得钢率见附表2。

附表2　**两种操作方法下的得钢率**

传统方法	78.1	72.4	76.2	74.3	77.4	78.4	76.0	75.5	76.7	77.3
新方法	79.1	81.0	77.3	79.1	80.0	79.1	79.1	77.3	80.2	82.1

要求：假设得钢率服从正态分布，试在总体方差相等的假设成立和不成立的两种情形下，分别以0.05和0.01的显著性水平，对两种操作方法的得钢率进行比较。

3.为研究某种减肥茶是否具有明显的减肥效果，某美体健身机构对36名肥胖志愿者进行了减肥跟踪调查。首先将其喝减肥茶以前的体重记录了下来，3个月后再依次将这36名志愿者喝茶后的体重记录了下来。获样本数据见附表3。

要求：分别以0.05和0.01显著性水平，推断减肥茶的减肥效果。

4.某供货商声称其供货产品的正品率为98%。购货超市随机抽取了240件，结果发现5件次品。

要求：以0.05的显著性水平检验供货商的声称是否为真。

5.最近的一项统计结果表明，本市65岁以上的老年人口所占的比率为14.7%。老年人口协会欲对此统计结果进行验证。随机选取了400名居民，发现其中57人年龄在65岁以上。

要求：以0.05的显著性水平，检验该项统计结果的准确性。

6.将25名糖尿病患者随机分成甲乙两组。甲组单纯用药物治疗，乙组采用药物治疗合并饮食疗法。两个月后测空腹血糖，具体见附表4。

附表3　　**36名志愿者饮用减肥前后的体重**　　单位：千克

喝茶前体重	喝茶后体重	喝茶前体重	喝茶后体重
90	63	84	68
95	71	83	74
82	79	89	71
91	73	87	60
100	74	90	70
87	65	82	67
91	67	95	69
90	73	81	79
86	60	83	73
87	76	86	74
98	71	93	60
88	72	95	60
82	75	96	75
87	62	97	77
92	67	81	70
93	74	88	63
95	78	85	73
95	68	81	78

附表4　　**甲乙两组共25名糖尿病患者两种疗法治疗后两个月的血糖值**

甲组							乙组						
8.4	10.5	12.0	12.0	13.9	15.3	16.7	5.4	6.4	6.4	7.5	7.6	8.1	11.6
18.0	18.7	20.7	21.1	15.2	—	—	12.0	13.4	13.5	14.8	15.6	18.7	-

要求：以0.05的显著性水平检验两种疗法的效果是否相同。

7.速递公司的熟练业务员平均每人每小时处理包裹数量为450件。公司从最近新雇用的受训员工中随机抽取50人进行观察，并记录下他们处理包裹的数量见附表5。

附表5　　**50人处理包裹数量样本数据**

505	480	487	482	409	400	466	373	442	501
499	477	416	465	440	415	445	424	449	444
418	413	471	523	485	467	537	427	488	475
551	484	509	508	470	444	418	410	432	485
481	465	515	405	469	429	496	435	440	450

要求：新雇用员工的工作效率能否达到熟练业务员的水平？

实验课题

1.实验目的

（1）掌握单样本总体均值检验。

（2）掌握总体均值差检验。

（3）熟练掌握相关的SPSS操作。

2.实验工具

（1）课堂广播软件。

（2）SPSS软件11.0或16.0版本。

（3）两家商场顾客群的虚拟总体。

3.实验内容

某城市甲乙两家最大的商场，最近各自都在采取自认为最奏效的手段，积极开展促销活动，而且都自认为取得了好于竞争对手的促销效果。如何评价两家商场促销效果的优劣？这里有一个比较客观的评价标准：两家商场各自顾客群体中的每一位成员，如果都认为自己比预先的打算多支出了消费额，那么，哪一家商场的顾客群体所多支出的消费额多，就应当认为哪一家商场的促销效果更好一些。请对两家商场促销效果的高低做出科学的统计推断。

4.实验步骤

（1）熟悉两家商场顾客群的虚拟总体［jscjhwzc.sav和yscjhwzc.sav］。

（2）分别由两个总体中抽取容量为100的样本。

（3）分别针对两个样本数据进行图表描述与统计量描述。

（4）对两家商场各自的促销效果总体均值给出95%的估计区间。

（5）以0.05的显著性水平，对两家商场促销效果的差异情况进行比较。

（6）对照总体参数的真值，找出您的推断结论与总体真值之间的差异，说明产生差异的原因。

（7）分别由两个总体中抽取容量为200的样本。重复（3）、（4）、（5）和（6）步骤，比较两次抽样推断结果的差异。

（8）抽取容量为100（或200）的样本时，设置如下：exactly［100（或200）］cases from the first ［22456］ cases。

5.实验指导

（1）抽取容量为100（或200）的样本时，设置如下：exactly［100（或200）］cases from the first ［22456］ cases。

（2）建议将步骤（2）和步骤（6）中所生成的样本另存为新文件。

（3）进行两商场总体均值比较之前，应将先前所生成的两个样本数据加以合并。

（4）根据实际情况选择合理的原假设表述方式。

（5）系统输出的P值均为双侧的，在您所做的单侧检验或双侧检验中，要注意根据显著性水平选择合理的P值比较方式进行决策。

名人简介

耶日·奈曼（Jerzy Neyman，1894—1981），波兰著名统计学家。1894年出生在俄国莫达维亚的本德雷。祖父是波兰贵族，同时也是革命家，在对抗俄国的波兰起义中被烧死于屋内。奈曼在波兰大学的博士论文是探讨在农业实验上的几率问题。在1938年移民到美国之前，他在波兰从事教职，也曾到法国和英国做学术访问。1928—1933年，他与E·皮尔逊（Egon Pearson）共同研究，奠定了假设检验理论的稳固基础，提出了奈曼-皮尔逊引理，提供了早期方法论所缺乏的逻辑基础和数学的严密性。他还创立了区间估计理论。1934年奈曼创立了统计学中的抽样理论。他是现代统计学的创始人之一，曾荣获英国皇家统计协会盖伊金质奖章，并在1968年获得美国科学奖。

第6章　方差分析

我不记得那时是几岁，但是我记得是坐在高椅上吮吸着大拇指，有人告诉我最好停止吮吸它，不然被吮吸的大拇指会变小。我把两手的大拇指并排看了很久，它们似乎是一样的，我对自己说：我看不出被吮吸的那个大拇指比另一个小，我怀疑她在骗我。

——卡尔·皮尔逊

引例6

某农场正在寻找一种能使小麦产量最大化的化肥。初步选中了鸿福、祥丰、云天、可富4个品牌。农场技术人员确定了20个面积和土壤条件完全相同的地块，同时以相同的方式播种，在此过程中，唯一的不同就是所施肥料的品牌不同。其中，5块地施用鸿福、5块地施用祥丰、5块施用云天、5块地施用可富。哪一块地施用何种品牌的化肥是随机指定的。到了收割季节，记下每块地的小麦产量，获如表6-1、图6-1所示的样本数据。

表6-1　**20个地块的小麦产量**　单位：千克

地块＼化肥	鸿福	祥丰	云天	可富
1	27.9	26.5	31.2	30.8
2	25.1	28.7	28.3	29.6
3	28.5	25.1	30.8	32.4
4	24.2	29.1	27.9	31.7
5	26.5	27.2	29.6	32.8
样本均值	$\bar{x}_1=26.44$	$\bar{x}_2=27.32$	$\bar{x}_3=29.56$	$\bar{x}_4=31.46$
样本方差	$s_1^2=3.298$	$s_2^2=2.672$	$s_3^2=2.143$	$s_4^2=1.658$
总样本均值	$\bar{x}=28.695$			

表6-1中的4组数据可分别看作是来自于4个不同总体的样本。假如4种品牌的化肥所带来的小麦产量是没有差异的话，这意味着4个总体的均值是相等的。

从样本数据中观察，4个样本均值之间是有差异的，但不能就此认定这就是4个总体均值之间存在差异的证据，因为样本是随机抽取的，样本均值之间的差异很可能是由于样本的随机性所造成的。

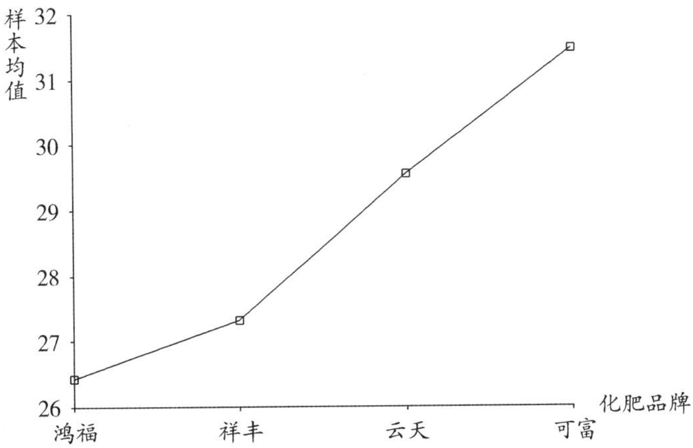

图6-1 4种化肥的小麦产量样本均值差异

4个样本均值之间的差异有两个来源：一个来源是样本的随机性所造成的随机误差，另一个来源是总体均值之间原本就存在的差异，在样本数据中有所体现。假如我们可以认定，从样本数据中所观察到的4个样本均值之间的差异，完全是由于样本的随机性所造成的，那么就可以确认，4个总体均值之间是没有差异的，即4种品牌的化肥效力相同。问题归结为如何确认4个样本均值之间差异的来源和性质。方差分析是解决这类问题的一种专门的统计推断方法。

6.1 方差分析的理论假设

6.1.1 方差分析中的几个常用术语

在引例6的问题中，涉及两个变量之间的关系，一个变量是化肥品牌，它有4个取值，即鸿福、祥丰、云天、可富，这是一个定类变量；另一个变量是小麦产量，这是一个数值型变量。要确认不同品牌的化肥所带来的小麦产量是否存在差异，换一种方式说，也就是要以化肥品牌为自变量，以小麦产量为因变量，研究一个定类变量与一个数值型变量之间的关系。不同品牌的化肥所带来的小麦产量存在差异，这意味着两个变量之间具有一定的关联性。

常见的教材和专业书籍中，通常将问题中的定类变量称作因素，将定类变量的不同取值称作不同的处理，处理的个数通常记作r，引例6中的4种化肥品牌，又可称为4个处理，r=4。问题中的数值型变量有时又称作响应变量。

6.1.2 方差分析的理论假设

方差分析是根据各个处理下的样本数据，对多个不同总体的均值是否相等进行假设检验的一种推断方法。其方法原理的核心内容是寻求和构造检验统计量。统计中任何一种检验统计量的构造过程，都依赖于相应的理论假设，方差分析也不例外。方差分析中包含3个理论假设：一是正态性假设。响应变量在各个总体中服从正态分布。二是方差相等性假设。响应变量在各个总体中方差相等，即$\sigma_1^2=\sigma_2^2=\sigma_3^2=$

$\sigma_4^2=\sigma^2$。三是独立性假设。来自于各个总体的样本数据相互独立。

在引例6中，农场技术人员确定了20个面积和土壤条件完全相同地块，同时以相同的方式播种，在此过程中，唯一的不同就是所施化肥的品牌不同，而且哪一块地施用何种品牌的化肥是随机指定的。采取这种操作方式，目的就是要保证样本数据获取过程的独立性。

将正态性假设与方差相等性假设引用到引例6中，其确切含义可用图6-2来表示。

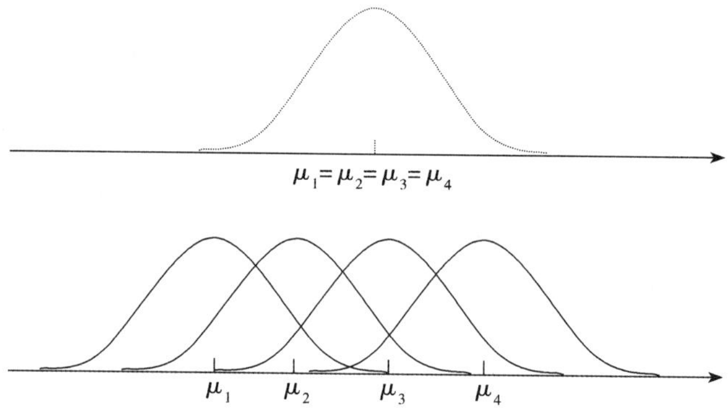

图6-2　方差分析中的正态性假设与方差相等性假设

图6-2显示了在总体间均值相等和不尽相等的两种情况下，正态性假设与方差相等性假设的含义。显然，总体间均值相等时，4个总体其实是同一个正态分布；总体间均值不尽相等时，4个总体分布的位置则不尽相同。

引例6中4个处理下每组5个观测值，是来自4个正态总体的4个样本，样本容量为：$n_1=n_2=n_3=n_4=n=5$，总样本容量为：$n_T=n_1+n_2+n_3+n_4=4\times n=20$。

6.2　方差分析的基本思想和基本步骤

6.2.1　方差分析的基本思想

我们先来假设四种品牌化肥的效力是相同的，即：

H_0：$\mu_1=\mu_2=\mu_3=\mu_4$

H_1：μ_1、μ_2、μ_3、μ_4不尽相等

如果原假设是真实的，那么4个样本均值，$\bar{x}_1$、$\bar{x}_2$、$\bar{x}_3$、$\bar{x}_4$，就可以被看作是来自于同一个抽样分布（如图6-3所示）。此时，样本均值$\bar{x}$抽样分布的方差$\sigma_{\bar{x}}^2$为：

$$\sigma_{\bar{x}}^2=\frac{\sigma^2}{n}$$

4个样本均值，$\bar{x}_1$、$\bar{x}_2$、$\bar{x}_3$、$\bar{x}_4$，作为一个样本的4个观测值，其样本方差$s_{\bar{x}}^2$为：

$$s_{\bar{x}}^2=\frac{\sum(\bar{x}-\bar{\bar{x}})^2}{r-1}$$

显然，$s_{\bar{x}}^2$是$\sigma_{\bar{x}}^2$的一个估计量。由$\sigma_{\bar{x}}^2=\sigma^2/n$，可得$\sigma^2=n\sigma_{\bar{x}}^2$，于是，可由样本方差$s_{\bar{x}}^2$导出总体方差$\sigma^2$的一个估计量，我们称此估计量为总体方差$\sigma^2$的组间估计量，记作$MSA$：

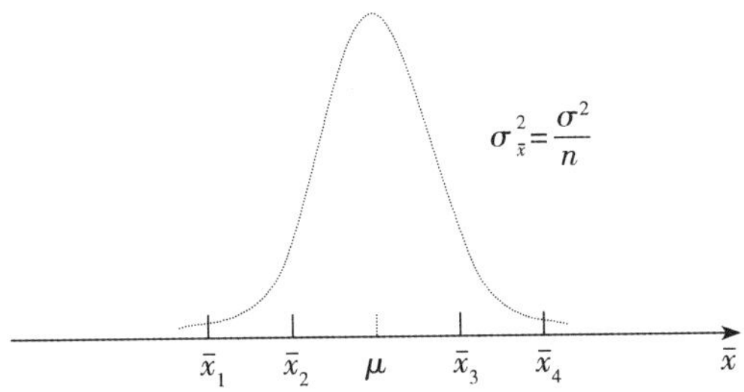

图6-3　原假设为真时样本均值来自于同一个抽样分布

$MSA=ns_{\bar{x}}^2$

代入4种化肥小麦产量的样本数据，可得其总体方差σ^2的组间估计值为：

$$MSA=ns_{\bar{x}}^2=\frac{n\sum(\bar{x}-\bar{\bar{x}})^2}{r-1}$$

$$=5\times\frac{(26.44-28.695)^2+(27.32-28.695)^2+(29.56-28.695)^2+(31.46-28.695)^2}{4-1}$$

$$=25.6152$$

应当指出，以上结果只是当原假设为真时，所得出的总体方差的估计值。如果原假设为假，则不可将4个样本均值看作是来自于同一个抽样分布，此时，如果用$s_{\bar{x}}^2$来估计总体方差σ^2，则必然会出现偏大的倾向，如图6-4所示。

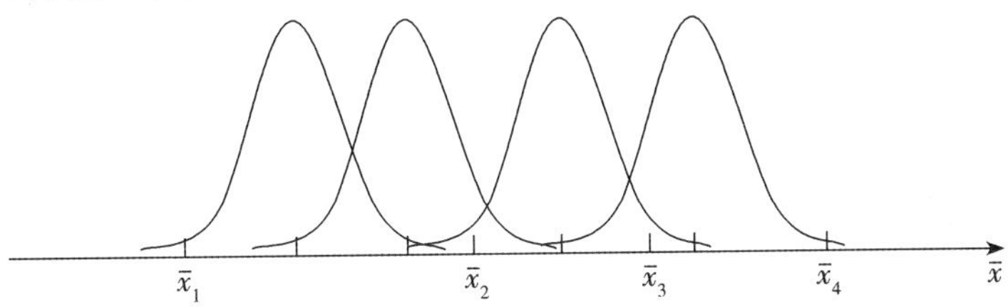

图6-4　原假设为假时样本均值来自不同的抽样分布

但无论原假设为真或为假，每一个样本方差s_j^2始终都是总体方差σ^2的无偏估计量。将各个样本方差加以平均，可得出总体方差σ^2的又一个估计量，我们称此估计量为总体方差σ^2的组内估计量，记作MSE：

$$MSE=\frac{\sum s_j^2}{r}$$

式中：$j=1，2，\cdots，r$。

代入4种化肥的小麦产量的样本数据，可得其总体方差σ^2的组内估计值为：

$$MSE=\frac{\sum s_j^2}{r}=\frac{3.298+2.672+2.143+1.658}{4}=2.4428$$

综上所述，组间估计量MSA，在原假设为真时，是总体方差σ^2的无偏估计量；原假设为假时，则必然偏大。组内估计量MSE，则无论原假设为真或为假，始终都是总体方差σ^2的无偏估计量。

换言之，原假设为真时，总体方差σ^2的两个估计量必然很接近，其比值必将接近于1；原假设为假时，由于组间估计量MSA将会远远大于组内估计量MSE，因此其比值也将远远大于1。本例中，$MSA/MSE=25.6152/2.4428=10.486$。

基于正态性假设可以推导得知：总体方差的组间估计量MSA，服从自由度为$r-1$的卡方分布；组内估计量MSE，服从自由度为n_T-r的卡方分布。

于是，当原假设为真时，可得服从F分布的统计量，其分子自由度为$r-1$，分母自由度为n_T-r。此F统计量可充当检验统计量，如图6-5所示。

$$F=\frac{MSA}{MSE}$$

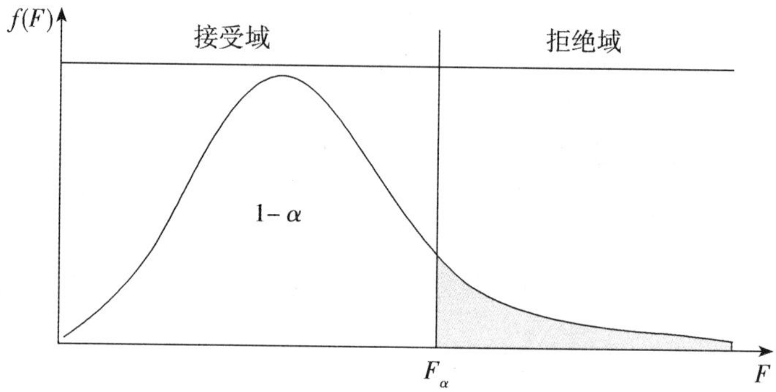

图6-5　$r-1$，n_T-r自由度下的F分布

这是一个右侧检验，F统计量的值越大，就越是拒绝原假设的证据。给定一个显著性水平α，则检验过程中的拒绝准则为：$F>F_\alpha$。

在本例中，如果给定显著性水平$\alpha=0.05$，那么，由于：

$$F=MSA/MSE=10.486>F_\alpha(r-1,\ n_T-r)=F_{0.05}(3,\ 16)=3.24$$

F统计量的值落入拒绝域，故拒绝原假设。结论是4种品牌化肥的效力是不尽相同的，做出这种推断的把握程度是95%。

6.2.2　方差分析的基本步骤

方差分析的方法原理是围绕着总体方差的估计过程所形成的一种多总体均值比较的推断方法。实际问题中的处理个数有时会不止3个或4个，各个处理下的样本容量也可能会不同，但都是同一个方法原理。为便于实际应用，有必要对其一般的操作步骤做一个总结：

第一步：提出检验假设。方差分析的原假设为各总体均值相等，备择假设为各总体均值不尽相等，即：

H_0：$\mu_1=\mu_2=\cdots=\mu_j=\cdots=\mu_r$

H_1：μ_1、μ_2、$\cdots$、μ_j、$\cdots$、μ_r不尽相等

式中：r代表处理的个数，μ_j代表第j个总体的均值。

要准确理解备择假设的含义。不尽相等并不意味着互不相等，拒绝了原假设，并不一定是所有总体均值都是不相等的，可能会有几个是相等的。

此外，方差分析实质上研究的是两个变量之间的关系。拒绝原假设意味着作为自变量的定类变量对作为响应变量的数值型变量具有显著的影响，即响应变量的取值整体上随着自变量取值的变化而变化。

第二步：计算各个处理下的样本均值。计算各个处理下的样本均值，其目的是

为测定各组之内观测值之间的差异提供一个标准，计算公式为：

$$\bar{x}_j=\frac{\sum_{i=1}^{n_j}x_{ij}}{n_j}$$

式中：$\bar{x}_j$代表第j个处理下的样本均值；x_{ij}代表第j个处理下的第i个观测值；n_j代表第j个处理下的样本容量。

第三步：计算总样本均值。计算总样本均值的目的，是为测定各组之间观测值的差异提供一个标准，计算公式为：

$$\bar{\bar{x}}=\frac{\sum_{j=1}^{r}\sum_{i=1}^{n_j}x_{ij}}{n_T}$$

式中：$\bar{\bar{x}}$代表总样本均值；$n_T=n_1+n_2+\cdots+n_j+\cdots+n_r$。

特别地，当$n_1=n_2=\cdots=n_j=\cdots=n_r=n$时，有：

$$\bar{\bar{x}}=\frac{\sum_{j=1}^{r}\bar{x}_j}{r}$$

第四步：计算各个处理下的样本方差，计算公式为：

$$s_j^2=\frac{\sum_{i=1}^{n_j}(x_{ij}-\bar{x}_j)^2}{n_j-1}$$

式中：s_j^2代表第j个处理下的样本方差。

第五步：计算总体方差的组间估计，计算公式为：

$$MSA=\frac{\sum_{j=1}^{r}n_j(\bar{x}_j-\bar{\bar{x}})^2}{r-1}$$

式中：$\sum_{j=1}^{r}n_j(\bar{x}_j-\bar{\bar{x}})^2=\sum_{j=1}^{r}\sum_{i=1}^{n_j}(\bar{x}_j-\bar{\bar{x}})^2$通常被称作组间平方和，反映样本数据在各组之间的差异，记作SSA。它只受$\sum_{j=1}^{r}n_j(\bar{x}_j-\bar{\bar{x}})=0$一个约束，因为处理个数为$r$，故其自由度为$r-1$。总体方差的组间估计MSA有时又被称作组间均方。

特别地，当$n_1=n_2=\cdots=n_j=\cdots=n_r=n$时，有：

$$MSA=\frac{\sum_{j=1}^{r}n_j(\bar{x}_j-\bar{\bar{x}})^2}{r-1}=n\frac{\sum_{j=1}^{r}(\bar{x}_j-\bar{\bar{x}})^2}{r-1}=ns_{\bar{x}}^2$$

第六步：计算总体方差的组内估计，计算公式为：

$$MSE=\frac{\sum_{j=1}^{r}(n_j-1)s_j^2}{n_T-r}$$

式中：$\sum_{j=1}^{r}(n_j-1)s_j^2=\sum_{j=1}^{r}\sum_{i=1}^{n_j}(x_{ij}-\bar{x}_j)^2$通常被称作组内平方和，反映样本数据在各组之内的差异，记作SSE。各处理下的样本自由度为n_j-1，处理个数为r，故其自

由度为$\sum_{j=1}^{r}(n_j-1)=n_T-r$。总体方差的组内估计MSE有时又被称作组内均方。

第七步：计算F统计量的值。计算公式为：

$$F=\frac{MSA}{MSE}$$

其分子自由度为$r-1$；分母自由度为n_T-r。

第八步：编制方差分析表。方差分析的步骤比较繁杂，实践中通常将其主要计算结果整理成方差分析表，以便于统计决策，参见表6-2。

表6-2　**方差分析表**

方差来源	平方和	自由度	均方	F统计量值	P值
组间	SSA	$r-1$	MSA	$\frac{MSA}{MSE}$	原假设为真时获统计量值及更极端的概率
组内	SSE	n_T-r	MSE		
总差异	SST	n_T-1	—		

表中的总差异SST称作总平方和，用以衡量整个数据中的全部差异，其自由度为组间平方和的自由度与组内平方和的自由度之和，即n_T-1。总平方和计算公式为：

$$SST=\sum_{j=1}^{r}\sum_{i=1}^{n_j}(x_{ij}-\bar{\bar{x}})^2$$

总平方和可以被分解为组间平方和与组内平方和两部分：

$$\sum_{j=1}^{r}\sum_{i=1}^{n_j}(x_{ij}-\bar{\bar{x}})^2=\sum_{j=1}^{r}\sum_{i=1}^{n_j}(\bar{x}_j-\bar{\bar{x}})^2+\sum_{j=1}^{r}\sum_{i=1}^{n_j}(x_{ij}-\bar{x}_j)^2，即：$$

$$SST=SSA+SSE$$

因此，从算法上看，方差分析又是一个将总差异SST进行分解的过程。由组间平方和SSA除以其自由度$r-1$，可得总体方差σ^2的组间估计；由组内平方和SSE除以其自由度n_T-r，可得总体方差σ^2的组内估计。

在引例6的方差分析中所给出的方差分析表为（见表6-3）：

表6-3　**引例6的方差分析表**

方差来源	平方和	自由度	均方	F统计量值	P值
组间	76.846	3	25.615	10.486	0.000
组内	39.084	16	2.443	—	—
总差异	115.929	19	—	—	—

第九步：做出统计决策。给定显著性水平α，有两种等价的决策方法。一是比较临界值，拒绝准则为：$F>F_\alpha$；另一种方法是比较P值，拒绝准则为：F统计量的值所对应的P值$<\alpha$。在表6-3中，由于P值为0.000，故在0.05的显著性水平下拒绝原假设。

6.3　方差相等性检验

6.3.1　Bartlett检验

方差分析是建立在正态性假设、方差相等性假设和独立性假设基础之上的。样本数据违背其中的任何一个理论假设，分析结果都将是无效的。

其中的独立性假设，可在设计样本数据搜集方案时加以考虑和保证。譬如，在引例6中，农场技术人员首先确定了20个大小和土壤条件完全相同的地块，其次是同时以相同的方式播种，唯一的不同就是所施肥料的品牌不同，而且哪一块地施用何种品牌的化肥是随机指定的。这样做的目的就是要消除其余一切无关因素的影响，从而保证由此所获得的样本数据具备充分的独立性。

其中的正态性假设一般可以根据研究人员的专业知识加以判别。通常情况下，像零件误差尺寸、粮食产量、身高、体重等变量都可视为正态分布。

其中的方差相等性假设，一般需要就样本数据通过专门的方法进行检验和证实。Bartlett检验是一种比较常用的方差相等性检验方法，也称作Bartlett方差齐性检验。

设有独立取自r个总体的r个随机样本，其样本容量为n_j、样本均值为$\bar{x}_j$、样本方差为s_j^2，j=1，2，…，r。Bartlett方差齐性检验的检验假设为：

H_0：$\sigma_1^2=\sigma_2^2=\cdots=\sigma_r^2$

H_1：σ_1^2，σ_2^2，…，σ_r^2不尽相等

Bartlett方差齐性检验统计量是自由度为$r-1$的χ^2统计量：

$$\chi^2=\sum_{j=1}^{r}(n_j-1)\ \ln\frac{s_c^2}{s_j^s}$$

式中：s_c^2代表总体方差的组内估计MSE，此处称合并方差，它是样本方差的加权平均，公式为：

$$s_c^2=\frac{\sum_{j=1}^{r}(n_j-1)s_j^2}{\sum_{j=1}^{r}(n_j-1)}$$

给定显著性水平α，检验中的拒绝准则为：$\chi^2>\chi_\alpha^2$。应当注意，Bartlett检验结果只在样本数据具有正态性时有效。

6.3.2　Levene检验

与Bartlett检验相比较，Levene方差齐性检验对样本数据的正态性要求不是很严格。设有独立取自r个总体的r个随机样本，其样本容量为n_j、第i个观测值为x_{ij}、样本均值为$\bar{x}_j$，j=1，2，…，r。Levene方差齐性检验的检验假设为：

H_0：$\sigma_1^2=\sigma_2^2=\cdots=\sigma_r^2$

H_1：σ_1^2，σ_2^2，…，σ_r^2不尽相等

Levene方差齐性检验统计量为：

$$W=\frac{(n_T-r)\sum_{j=1}^{r}(\bar{Z}_j-\bar{Z})^2}{(r-1)\sum_{j=1}^{r}\sum_{i=1}^{n_j}(Z_{ij}-\bar{Z})^2}$$

式中：$n_T=n_1+n_2+\cdots+n_r$；$Z_{ij}=\left|x_{ij}-\bar{x}_j\right|$或$Z_{ij}=\left|x_{ij}-M_{e_j}\right|$或$Z_{ij}=\left|x_{ij}-\bar{x}_j'\right|$，其中，$M_{e_j}$为第$j$个处理下的样本中位数，$\bar{x}_j'$为第$j$个处理下的样本中截除样本容量10%后的均值。

给定显著性水平α，检验中的拒绝准则为$W>F_\alpha$（$r-1$，n_T-r）。Levene检验比Bartlett检验的计算量还要大，手工计算很烦琐，一般是借助于统计软件来完成。SPSS统计软件中，在作方差分析时提供了方差齐性检验的选项，很容易得到方差齐性检验的结果。运用方差齐性检验时应注意，由于小样本情况下假设检验的功效并不是很高，不容易获得显著性的结论，不少场合仍需结合专业知识和工作经验来判断。

6.4 方差分析中的多重比较

6.4.1 多重比较的LSD方法

方差分析中的F检验回答了多个总体均值是否相等的问题。如果拒绝原假设，则可以推断多个总体均值是不尽相等的。若要进一步了解多个总体两两之间的均值差异情况，F检验就不起作用了。例如，在引例6中，F检验的结论是拒绝原假设，即4种品牌的化肥所带来的小麦产量是有差异的，由这一结论我们只能得知4种品牌的化肥效力是不尽相同的，但要进一步追问究竟哪两种品牌之间有差异，F检验是回答不了的。

在引例6中，4个总体两两之间的关系组合包括：鸿福与祥丰、鸿福与云天、鸿福与可富、祥丰与云天、祥丰与可富、云天与可富。

假设检验一章中所介绍的两总体均值差的t检验方法，可用来解决这种两总体之间的均值比较问题。然而，在两总体均差的t检验中，是以仅来自于两个总体的样本信息为推断根据的，而在方差分析中我们却是拥有来自于多个总体的样本信息。因此，在方差分析中进行两总体之间的均值比较，应当考虑寻求能够更加充分地利用已有样本信息的推断方法。

方差分析中的多重比较有多种方法，这里介绍其中最为常用的一种方法，称为最小显著性差异法，简称LSD。LSD的检验假设为：

H_0：$\mu_i=\mu_j$

H_1：$\mu_i\neq\mu_j$

这里是针对问题中所涉及的总体的个数，提出了多次原假设。LSD的检验统计量是一个自由度为n_T-r的t统计量：

$$t=\frac{(\bar{x}_i-\bar{x}_j)-(\mu_i-\mu_j)}{\sqrt{MSE\left(\frac{1}{n_i}+\frac{1}{n_j}\right)}}$$

回顾一下假设检验一章中两总体均值差检验的自由度为n_1+n_2-2的t统计量：

$$t=\frac{(\bar{x}_1-\bar{x}_2)-(\mu_1-\mu_2)}{\sqrt{(\frac{1}{n_1}+\frac{1}{n_2})\frac{(n_1-1)s_1^2+(n_2-1)s_2^2}{n_1+n_2-2}}}$$

不难看出，两个t检验统计量意义上并没有本质差别。在LSD的t统计量中，是用总体方差的组内估计MSE来替代后者中的两个样本方差的加权平均值，从而更为充分地利用了来自于多个总体的样本信息。

给定显著性水平α，则LSD的拒绝准则为：

$$|t|=\left|\frac{\bar{x}_i-\bar{x}_j}{\sqrt{MSE(\frac{1}{n_i}+\frac{1}{n_j})}}\right|>t_{\alpha/2}$$

实际应用中也可改写为：

$$|\bar{x}_i-\bar{x}_j|>t_{\alpha/2}\sqrt{MSE(\frac{1}{n_i}+\frac{1}{n_j})}$$

例如，在引例6中，事先曾以0.05的显著性水平做出F检验，结论是拒绝原假设。以此为基础，以0.05的显著性水平进行多重比较，步骤如下：

第一步：提出原假设H_0：$\mu_i=\mu_j$，H_1：$\mu_i\neq\mu_j$。4个总体均值的多重比较，需要依次进行6次检验，对应有6个原假设，即：

检验1（鸿福与祥丰）：H_0：$\mu_1=\mu_2$，H_1：$\mu_1\neq\mu_2$；

检验2（鸿福与云天）：H_0：$\mu_1=\mu_3$，H_1：$\mu_1\neq\mu_3$；

检验3（鸿福与可富）：H_0：$\mu_1=\mu_4$，H_1：$\mu_1\neq\mu_4$；

检验4（祥丰与云天）：H_0：$\mu_2=\mu_3$，H_1：$\mu_2\neq\mu_3$；

检验5（祥丰与可富）：H_0：$\mu_2=\mu_4$，H_1：$\mu_2\neq\mu_4$；

检验6（云天与可富）：H_0：$\mu_3=\mu_4$，H_1：$\mu_3\neq\mu_4$。

第二步：给定显著性水平，确定临界值：

$$t_{\alpha/2}\sqrt{MSE(\frac{1}{n_i}+\frac{1}{n_j})}=t_{0.025}\sqrt{2.4428\times(\frac{1}{5}+\frac{1}{5})}=2.096$$

第三步：计算检验统计量的值$|\bar{x}_i-\bar{x}_j|$，并给出检验决策。

检验1（鸿福与祥丰）：$|\bar{x}_1-\bar{x}_2|=|26.44-27.32|=0.88<2.096$，不拒绝原假设；

检验2（鸿福与云天）：$|\bar{x}_1-\bar{x}_3|=|26.44-29.56|=3.12>2.096$，拒绝原假设；

检验3（鸿福与可富）：$|\bar{x}_1-\bar{x}_4|=|26.44-31.46|=5.02>2.096$，拒绝原假设；

检验4（祥丰与云天）：$|\bar{x}_2-\bar{x}_3|=|27.32-29.56|=2.24>2.096$，拒绝原假设；

检验5（祥丰与可富）：$|\bar{x}_2-\bar{x}_4|=|27.32-31.46|=4.14>2.096$，拒绝原假设；

检验6（云天与可富）：$|\bar{x}_3-\bar{x}_4|=|29.56-31.46|=1.90<2.096$，不拒绝原假设。

结论是4种化肥中鸿福与祥丰之间、云天与可富之间的小麦产量不具有显著差异。

6.4.2 LSD方法中犯拒真错误的概率

LSD多重比较是在F检验的基础上进行的。在引例6中，首先通过F检验拒绝了原假设之后，再来进行LSD多重比较，此间我们始终给定显著性水平为0.05。在6次检验的每一次个别检验中，如果原假设为真，则犯拒真错误的概率为0.05，正确决策的概率为1-0.05=0.95。可称这种犯拒真错误的概率为个别拒真错误的概率。

然而，在引例6中，我们总共进行了6次比较，整体上看，6次比较中至少有一次犯拒真错误的概率却不是0.05。因为在6次比较中正确决策的概率为0.95×0.95×0.95×0.95×0.95×0.95=0.735，所以，6次比较中至少有一次犯拒真错误的概率为1-0.735=0.265。如此一来，我们在整个LSD的多重比较过程中，犯拒真错误的概率就不是0.05了，而是0.265，高出许多。可称这种犯拒真错误的概率为整体拒真错误的概率。

显然，多重比较中总体个数越多，整体拒真错误的概率就会越大。例如，如果是涉及五个总体，则多重比较的次数就是10次，若个别拒真错误的概率为0.05，那么LSD多重比较过程中的整体拒真错误的概率就是$1-(1-0.05)^{10}=0.40$。如此之大的犯拒真错误的概率，一般情况下是不可接受的。

有鉴于此，有人提出了一些对LSD进行修正的多重比较方法，以便于实践中的参照使用，其中最为常用的是Bonferroni修正方法。这种方法将多重比较中的拒绝准则修正为：

$$\left|\bar{x}_i-\bar{x}_j\right|>t_{\alpha_{EW}/c}\sqrt{MSE\left(\frac{1}{n_i}+\frac{1}{n_j}\right)}$$

式中：α_{EW}为给定的整体拒真错误的概率，c为多重比较的次数。

在Bonferroni修正方法中，如果要在给定整体拒真错误的概率为$\alpha_{EW}=0.05$时，进行多重比较，则将个别拒真错误的概率限制在α_{EW}/c的水平上。

6.5 试验数据与观察数据

6.5.1 试验数据

统计研究可区分为试验性研究与观察性研究两类。在传统的观察性研究中，统计学家是不问因果的，全部过程就是通过样本统计量的值来推断对应的总体参数。但在试验性研究中，统计学家的目的却是要通过样本数据获取方式的设计，来确立某种因果关系，这称之为试验设计。统计数据也相应地被区分为观察数据与试验数据两大类。本章所介绍的方差分析方法既可运用于观察数据，也可运用于试验数据。

本章开头引例6中所给出的样本数据就是一个试验数据的例子，它来自于一种专门的试验设计，称完全随机化设计。

在引例6的试验中，自变量或称因素有4个取值，即鸿福、祥丰、云天、可富4种品牌的化肥，我们说该试验共有4个处理，其中的每一个处理对应于4种品牌化肥中的一种。

4种品牌的化肥实际上规定了试验的4个总体。其一是正在或将要施用鸿福牌化肥的所有地块，其二是正在或将要施用祥丰牌化肥的所有地块，其三是正在或将要施用云天牌化肥的所有地块，其四是正在或将要施用可富牌化肥的所有地块。对于每一个总体，因变量或称响应变量都是小麦产量。该试验的主要统计目的是确定4个总体的小麦平均产量是否相同。

农场技术人员确定了20个面积和土壤条件完全相同地块，哪一块地施用何种品牌的化肥是随机指定的，其中的每一个地块，在此过程中成为接受“处理”的对象，故可称作是一个试验单元。将各种处理随机地指派给试验单元，这称作随机化原则。

假如农场技术人员最初只确定了4个地块，那么遵循随机化的原则，就可以随机地指派鸿福牌化肥施用于一个地块；再随机地指派祥丰牌化肥、云天牌化肥和可富牌化肥，分别施用于其余3个地块。但此时的样本容量过小，对应每一个处理的样本容量是1。为了扩大样本容量，必须复制前面的基本试验步骤。例如，确定20个面积和土壤条件完全相同地块，然后将4个处理中的一个随机地指派给其中的5个地块。因为每种品牌的化肥都指派给了5个地块，所以我们说获得了5个复制。这称作可复制原则。

像引例6中所采用的这种以随机化原则和可复制原则为核心内容的试验设计，在统计中被称作完全随机化设计。本章所介绍的方差分析方法可运用于完全随机化设计所获取的样本数据。

6.5.2 观察数据

本章所介绍的方差分析方法也可运用于来自观察性研究的样本数据。例如，某集团公司为了解其下属的3个分公司员工的质量意识，从每个分公司中随机抽取了5位员工，计15位员工，进行全面质量管理知识考试。获样本数据如表6-4、图6-6所示：

表6-4 **3个分公司员工的全面质量管理知识考试成绩**

	分公司1	分公司2	分公司3
1	85	82	59
2	71	69	64
3	76	74	62
4	82	73	69
5	75	75	75
样本均值	$\bar{x}_1=77.8$	$\bar{x}_2=74.6$	$\bar{x}_3=65.8$
样本方差	$s_1^2=31.7$	$s_2^2=22.3$	$s_3^2=39.7$
总样本均值	$\bar{\bar{x}}=72.7$		

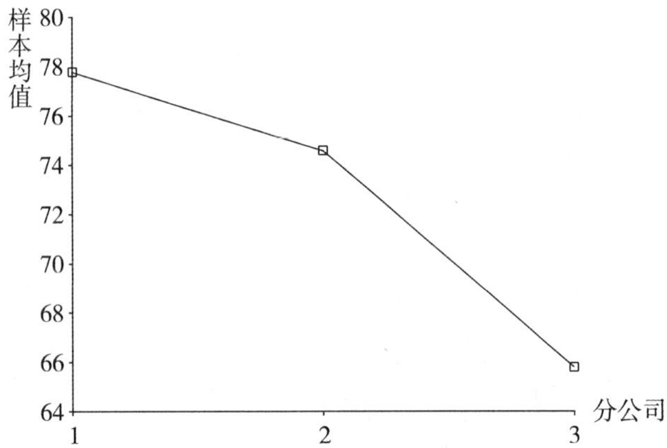

图6-6　3个分公司员工全面质量管理知识考试成绩样本均值

这是一个观察数据，尽管不是采用完全随机化设计所获取的，但3个处理下的样本数据是完全随机独立的，因此，只要符合正态性假设和方差相等性假设，同样适用于本章所介绍的方差分析方法。可根据此数据检验假设：3个分公司的平均考试成绩相同。

H_0：$\mu_1=\mu_2=\mu_3$

H_1：μ_1、μ_2、μ_3 不尽相等

F检验的结果见表6-5。F统计量所对应的P值为0.014，因此，可以在0.05的显著性水平下拒绝原假设。结论是3个分公司员工的平均考试成绩是不尽相同的，做出这一推断的把握程度为95%（见表6-5）。

表6-5　　**3个分公司员工的全面质量管理知识考试成绩方差分析表**

方差来源	平方和	自由度	均方	F统计量值	P值
组间	386.133	2	193.067	6.181	0.014
组内	374.800	12	31.233	—	—
总差异	760.933	14	—	—	—

6.6　运用SPSS进行方差分析

针对表6-1中4种品牌化肥的小麦产量数据，以0.05的显著性水平进行方差分析中的F检验及多重比较，其主要操作如下：

（1）打开数据集“data6.1.sav”。在SPSS主窗口选择菜单：点击【Analyze】→【Compare Means】→【One-Way ANOVA】，系统弹出如图6-7所示的“One-Way ANOVA”对话框。

（2）选择变量“小麦产量［xmcl］”进入“Dependent List”框中；选择变量“化肥品牌［hfpp］”进入“Factor”框中。

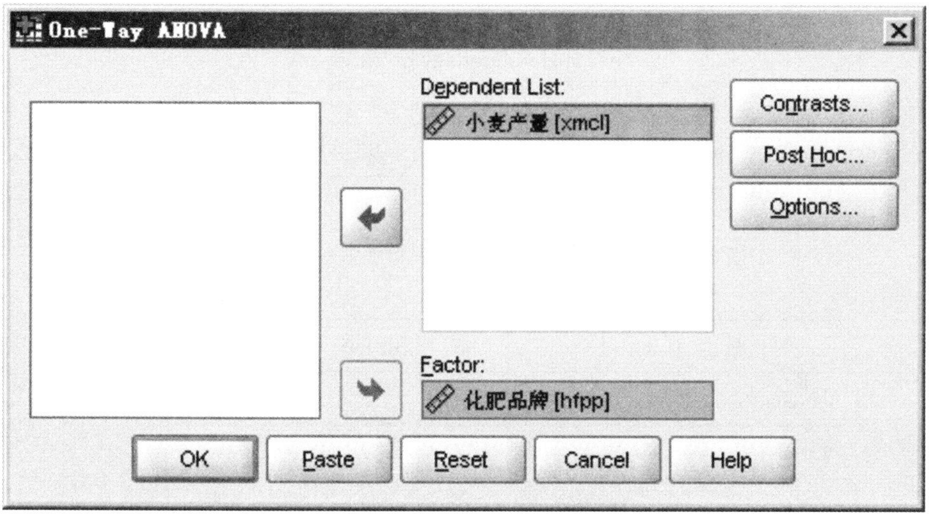

图6-7　One-Way ANOVA对话框

（3）点击【Options】按钮，系统弹出如图6-8所示的“One-Way ANOVA: Options”对话框。

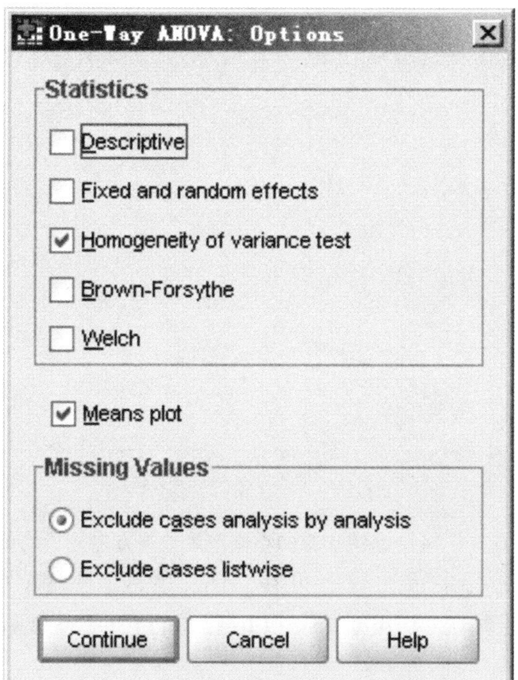

图6-8　One-Way ANOVA：Options对话框

（4）在此对话框中选择“Means plot”选项，系统将输出各个处理下均值的折线图。选择“Homogeneity of variance test”选项，系统将输出Levene方差齐性检验的结果。

（5）点击【Continue】→【OK】，系统输出方差分析结果如图6-9、图6-10和

图6-11所示。

Test of Homogeneity of Variances

小麦产量

Levene Statistic	df_1	df_2	Sig.
.282	3	16	0.838

图6-9　4种品牌化肥的小麦产量数据方差齐性检验结果

ANOVA

小麦产量	Sum of Squares	df	Mean Square	F	Sig.
Between Groups	76.846	3	25.615	10.486	0. 000
Within Groups	39.084	16	2.443		
Total	115.929	19			

图6-10　4种品牌化肥的小麦产量数据方差分析表

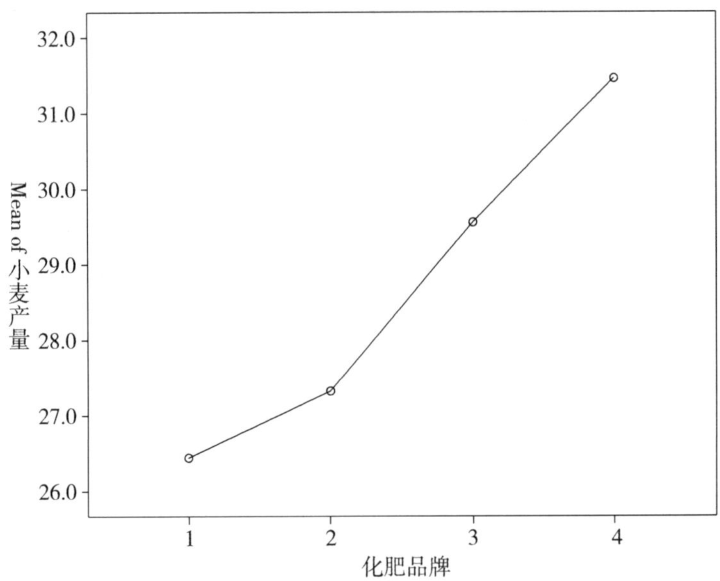

图6-11　4种品牌化肥的小麦产量数据方差分析均值图

(6) 如果需要进行多重比较，可在“One-Way ANOVA”主对话框中，点击【Post Hoc】按钮，系统弹出如图6-12所示的“One-Way ANOVA: Post Hoc Multiple Comparisons”对话框。

(7) 在此对话框中选择“LSD”选项，进行最小显著性差异法多重比较；如果需要参照Bonferroni方法的修正结果，可选择“Bonferroni”。此外，选项中的Tukey方法也是一种常用的修正方法。

(8) 点击【Continue】→【OK】，系统输出多重比较检验的结果如图6-13、图6-14和图6-15所示。

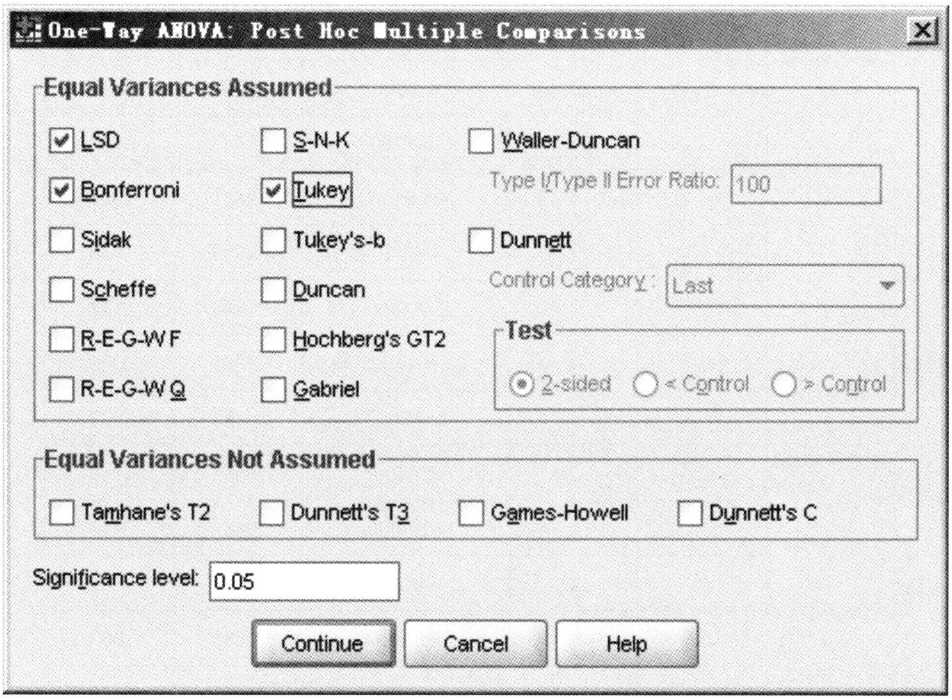

图6-12　One-Way ANOVA：Post Hoc Multiple Comparisons对话框

	化肥（I）	化肥（J）	Mean Difference	Std.Error	Sig.
LSD	1	2	-.8800	.9885	.387
		3	-3.1200*	.9885	.006
		4	-5.0200*	.9885	.000
	2	1	.8800	.9885	.387
		3	-2.2400*	.9885	.038
		4	-4.1400*	.9885	.001
	3	1	3.1200*	.9885	.006
		2	2.2400*	.9885	.038
		4	-1.9000	.9885	.073
	4	1	5.0200*	.9885	.000
		2	4.1400*	.9885	.001
		3	1.9000	.9885	.073

图6-13　LSD多重比较输出结果

	化肥（I）	化肥（J）	Mean Difference	Std.Error	Sig.
Tukey HSD	1	2	-.8800	.9885	.810
		3	-3.1200*	.9885	.028
		4	-5.0200*	.9885	.001
	2	1	.8800	.9885	.810
		3	-2.2400	.9885	.148
		4	-4.1400*	.9885	.003
	3	1	3.1200*	.9885	.028
		2	2.2400	.9885	.148
		4	-1.9000	.9885	.258
	4	1	5.0200*	.9885	.001
		2	4.1400*	.9885	.003
		3	1.9000	.9885	.258

图 6-14　Tukey 多重比较输出结果

	化肥（I）	化肥（J）	Mean Difference	Std.Error	Sig.
Bonferroni	1	2	-.8800	.9885	1.000
		3	-3.1200	.9885	.037
		4	-5.0200	.9885	.001
	2	1	.8800	.9885	1.000
		3	-2.2400	.9885	.226
		4	-4.1400	.9885	.004
	3	1	3.1200	.9885	.037
		2	2.2400	.9885	.226
		4	-1.9000	.9885	.435
	4	1	5.0200	.9885	.001
		2	4.1400	.9885	.004
		3	1.9000	.9885	.435

图 6-15　Bonferroni 多重比较输出结果

本章小结

方差分析一词的由来，是因为其方法原理的形成，贯穿着对总体方差的估计过程。方差分析方法的内容十分丰富，主要包括单因素方差分析和双因素方差分析。本章介绍了作为方差分析方法基础的单因素方差分析。

单因素方差分析实质上是研究两个变量之间的关系，其中自变量为定类变量，因变量为数值型变量。

方差分析的原假设是总体间均值相等，检验的统计量是一个有着确定分子自由度和分母自由度的F统计量。当我们通过F检验拒绝了总体间均值相等的原假设之后，这就意味着两个变量之间具有一定程度的关联，即因变量的取值整体上随着自变量取值的变化而变化。

F检验统计量的构造，围绕两个中心进行：一是得出总体方差的组间估计量；二是得出总体方差的组内估计量。利用这两个估计量的不同特性，最终得出了F检验统计量。

方差分析对样本数据的随机结构有着严格要求，这是因为其检验统计量的构造是建立在3个基本理论假设前提之下的，即正态性假设、方差相等性假设和独立性假设。不符合这些理论假设，分析结果是无效的。

由于F检验的原假设是总体间均值相等，所以拒绝原假设只能得出总体间均值不尽相等的结论，而得不出总体间均值互不相等的结论。所以，有些时候进行两两总体均值之间的多重比较是必要的。LSD法是常用的多重比较方法，考虑到其间个别拒真错误概率与整体拒真错误概率之间的关系，实践中常用Bonferroni方法等加以修正。

问题思考

1.什么叫因素？什么叫处理？什么叫响应变量？

2.方差分析的理论假设是什么？为什么要有这些理论假设？

3.什么叫总体方差的组间估计量、组内估计量？它们各自有何特点？写出计算公式。

4.组间误差的来源是什么？组内误差的来源是什么？

5.方差分析中F检验统计量的分子、分母自由度是什么？

6.组间平方和、组内平方和与总平方和，各自的含义是什么？三者之间有什么关系？

7.方差分析包含哪些基本步骤？

8.在方差分析的F检验中，没有拒绝原假设意味着什么？拒绝了原假设意味着什么？

9.方差分析与两总体均值差的t检验有何异同？

10.最小显著性差异法是做什么用的？

11.什么叫个别拒真错误概率？什么是整体拒真错误概率？两者之间有何关联？

判断对错

1.方差分析的目的是解决多个总体之间的方差大小比较问题。（ ）

2.方差分析方法的形成依赖于3个理论假定，即正态性假定、方差相等性假定和独立性假定。（ ）

3.单因素方差分析中，如果拒绝原假设，则检验结论为：各总体均值互不相等。（ ）

4.单因素方差分析中，如果没有理由拒绝原假设，则需要进行多重比较。（ ）

5.方差分析中的F检验为右侧检验。（ ）

6.方差分析中，总平方和SST等于组间平方和SSA与组内平方和SSE之和。（ ）

7.单因素方差分析的LSD多重比较中，至少有一次犯拒真错误的概率就是最初F检验中的显著性水平α。

机上作业

1.有3个工厂生产同一种灯泡，为比较这3个工厂生产的灯泡寿命有无显著差异，分别从每个工厂生产的一批灯泡中随机抽取3个，经测试获得每个灯泡的使用寿命见附表1。

附表1 灯泡的使用寿命 单位：小时

工厂1	工厂2	工厂3
215	203	210
217	205	205
211	207	208

要求：

（1）分别在0.05和0.01的显著水平下，检验这3个工厂生产的灯泡的使用寿命有无显著差异。

（2）若有显著差异，分析哪几个工厂生产的灯泡的寿命之间存在差异。

2.为了解运动、节食、药物3种不同减肥方式的减肥效果，在不同方式的减肥实践者中各随机抽取5人，调查其使用不同的减肥方式时，在一个月内的减肥效果具体见附表2。

附表2 不同减肥方式的减肥效果 单位：千克

运动	1.1	1.1	1.0	0.9	1.0
节食	1.2	1.0	1.2	1.1	1.4
药物	1.3	1.3	1.1	1.2	1.4

要求：

（1）分别在0.05和0.01的显著性水平下，检验不同减肥方式减肥效果有无显著差异。

（2）若有显著差异，分析哪几种减肥方式间效果存在差异。

3.3个地区从2010年至2015年的夏季平均气温见附表3。

附表3 某省3个地区夏季平均气温 单位：摄氏度

年份	地区1	地区2	地区3
2010	30	29	28
2011	31	29	29
2012	30	30	29
2013	32	30	30
2014	32	31	30
2015	31	30	29

要求：

（1）分别在0.05和0.01的显著性水平下，检验3个地区各年夏季平均气温有无显著差异。

（2）若有显著差异，分析哪几个年份间的平均气温存在差异。

4.某英语培训班为了保证教学质量、提高学生的学习效率，将学生平均分为4个平行小班，每班6人，3个月后对学生进行测验，获如附表4数据。

附表4 4个平行小班英语测验成绩

一班	68	72	80	72	66	70
二班	61	70	66	64	63	65
三班	80	82	70	75	72	74
四班	70	72	80	73	69	71

要求：

（1）分别在0.05和0.01的显著性水平下，检验4个平行小班的成绩有无显著差异。

（2）若有显著差异，分析哪几个小班之间的成绩存在差异。

5.某农科所新研发出3个玉米新品种，为了比较它们的亩产量，在9块面积、肥沃程度相同的地块上进行实验，在其他条件都相同的情况下记录其亩产量，数据见附表5。

附表5　　3个玉米新品种的亩产量　　单位：千克

品种A	910	900	904
品种B	890	888	880
品种C	885	873	884

要求：

（1）分别在0.05和0.01的显著性水平下，检验玉米品种对亩产量的影响是否显著。

（2）若影响显著，分析哪几个品种之间存在显著差异。

6.为了考察不同种植密度对某品种玉米亩产量的影响，在16块面积、肥沃程度相同的地块上进行实验，在施肥量等其他条件都相同的条件下，玉米收获后测其亩产量，数据见附表6。

附表6　　不同种植密度下玉米亩产量　　单位：千克

3 200株/亩	833	830	829	828
3 500株/亩	852	845	850	848
3 800株/亩	827	830	830	829
4 000株/亩	825	832	827	830

要求：

（1）分别在0.05和0.01的显著性水平下，检验种植密度对玉米亩产量影响是否显著。

（2）若影响显著，分析哪几个品种之间存在显著差异。

7.某电动玩具设计师打算为新设计的电动玩具配备电池，有3种品牌的电池可供选择，今从每一种品牌的电池中随机抽取5块测试其使用寿命，获如附表7数据。

附表7　　3种品牌电池使用寿命测试数据

品牌1	品牌2	品牌3
51	33	46
51	29	43
44	31	39
41	35	49
40	27	41

要求：

（1）在0.05和0.01的显著性水平下，分析3种品牌电池的使用寿命是否有显著差异。

（2）如果有差异，分析哪几个品牌之间存在显著差异。

实验课题

1.实验目的

（1）掌握单因素方差分析方法原理。

（2）掌握单因素方差分析中的多重比较方法原理。

（3）熟练掌握相关的SPSS操作。

2.实验工具

（1）课堂广播软件。

（2）SPSS软件11.0或16.0版本。

（3）3个地区居民户虚拟总体。

3.实验内容

某房地产开发商打算在A、B、C 3个地区投资建设中、小规模的超市，可行性研究中的一个非常重要的决策依据就是这3个地区周边居民户的收入水平。作为投资项目可行性研究组的成员，请您做一次抽样调查，比较一下这3个地区居民户收入水平的差异情况。

4.实验步骤

（1）熟悉3个地区居民户虚拟总体［jmhsra.sav、jmhsrb.sav和jmhsrc.sav］。

（2）分别从3个地区独立抽取容量为10的样本。

（3）分别针对3个样本数据进行图表描述与统计量描述。

（4）对3个地区居民户收入的总体均值给出95%的估计区间。

（5）对3个地区居民户收入的差异情况进行检验。

（6）对3个地区居民户收入的差异情况运用LSD法进行多重比较。

（7）对照总体参数的真值，找出您的推断结论与总体真值之间的差异，说明产生差异的原因。

（8）分别由3个地区独立抽取容量为100的样本。重复（3）、（4）、（5）、（6）和（7）步骤，比较两次抽样推断结果的差异。

5.实验指导

（1）建议将步骤（2）中所生成的3个样本另存为新文件。

（2）抽取容量为10（或100）的样本时，SPSS有关操作中的设置如下：exactly［10（或100）］cases from the first ［15026］ cases。

（3）进行3个地区居民户收入方差分析时，应将先前所生成的3个样本数据加以合并。

（4）显著性水平可给定为0.05。

（5）在多重比较过程中，要注意整体拒真错误概率问题，决策时应参照

Bonferroni等修正法的修正结果。

名人简介

卡尔·皮尔逊（Karl Pearson，1857—1936）：英国著名统计学家。1879年毕业于剑桥大学数学系，1884年进入伦敦大学学院教授数学与力学，从此在该校工作一直到1933年。他27岁便当上了大学教授，39岁被选入英国皇家学会。40多年间，他一直处在科学理智力量的最前沿。他的贡献和影响是多方面的。他的专业是应用数学、生物统计学和统计学，但他又是名副其实的历史学家、科学哲学家、民俗学和宗教问题的研究者、律师、社会主义者和人道主义者、优生学家、弹性和工程问题专家、教育改革家、伦理学家、受欢迎的教师、编辑和文学作品、人物传记的作者。卡尔·皮尔逊最重要的学术成就，是为现代统计学打下了坚实的基础，主要体现在以下几个方面：（1）提出和研究了复相关、偏相关的问题；（2）提出了似然函数、矩估计方法；（3）导出了重要的卡方分布；（4）研究了许多概率分布曲线等。主要著作有《科学的规范》《在进化论上的数学贡献》等。

第7章　列联分析

我不是乐观主义者，我也不是悲观主义者。我是一个非常严肃的“可能性主义者”，当我们把个人情绪抛开，就只专于分析现在的世界，我们可以做到更多。

你觉得数据无聊是因为这不是你想知道的，或者说你并没有意识到这些数据和真实世界的联系。

——汉斯·罗斯林

引例7

有鉴于当前大学生对体育锻炼不够重视的现状，学校体育部与学生会计划联合在全校范围内开设并普及乒乓球、羽毛球、网球3项运动。他们认为这3项运动既能吸引学生，又能达到良好的锻炼效果。在一次讨论如何针对大学生特点展开校园宣传的工作会议上，为了强化宣传力度，有人提出男女大学生的运动偏好是否存在差异的问题。如果男女大学生的运动偏好没有差异，体育部与学生会将针对全体学生发起整体性的宣传活动；如果有差异，将分别针对男生和女生采取不同的宣传策略。为此，体育部与学生会随机发放了200份问卷，让每一个学生在乒乓球、羽毛球、网球这3个运动项目上选择出自己最喜欢的一项。调查数据整理后，得出表7-1所示的表格。

表7-1　　关于男女生运动偏好的样本数据　　单位：人

	乒乓球	羽毛球	网球	合计
男生	55	27	28	110
女生	16	37	37	90
合计	71	64	65	200

观察表中数据，200名学生中，男生110人，女生90人；分别喜欢乒乓球、羽毛球、网球的男女生合计71人、64人、65人。110名男生中，喜欢乒乓球、羽毛球、网球的人数分别为55人、27人、28人；90名女生中，喜欢乒乓球、羽毛球、网球的人数分别为16人、37人、37人。

结合图7-1进一步观察，男生偏好乒乓球的人数较多，55人；网球次之，28人；羽毛球最少，27人。女生偏好羽毛球和网球的人数较多，均为37人；乒乓球最少，16人。

总之，从样本数据上看，男女生的运动偏好似乎是有差异的。然而，200份问卷是随机发放的，表7-1中的数据是一个随机样本，样本数据中显示出来的差异，并不意味男女生总体上运动偏好就一定是有差异的，此间包含着不可避免的随机误

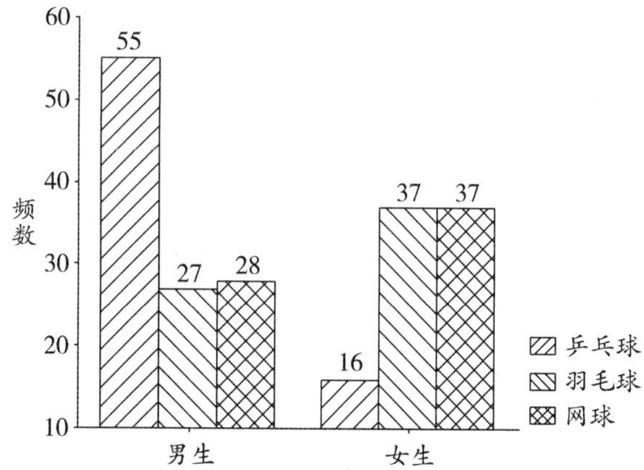

图 7-1　男女学生运动偏好频数分布图

差。那么能否根据此样本数据推断出男女生总体上运动偏好是否存在差异呢？本章将要介绍的列联分析方法，可用来解决此类问题。

7.1　列联表

7.1.1　列联表的一般结构

表 7-1 中涉及两个变量，而且都是定类变量，一个是学生性别变量，具体有男生和女生两个取值；另一个是运动偏好变量，具体有乒乓球、羽毛球、网球 3 个取值。

表 7-1 中各个单元格中所给出的数字，反映了这两个变量所有不同取值的交叉频数分布状况。例如，在表 7-1 中，学生性别与运动偏好两个变量的所有不同取值共有 6 种组合，性别变量取值为男生同时运动变量取值为乒乓球的频数为 55 人，性别变量取值为女生同时运动变量取值为网球的频数为 37 人等，共有 6 个交叉频数。通常将这种反映定类变量之间所有不同取值的每一个组合下频数分布状况的表格形式，称作交叉表或称列联表。列联表的一般结构形式见表 7-2。

表 7-2　　$i\times j$ 列联表

f_{ij}	C_1	C_2	…	C_j	合计
R_1	f_{11}	f_{12}	…	f_{1j}	R_{T1}
R_2	f_{21}	f_{22}	…	f_{2j}	R_{T2}
…	…	…	…	…	…
R_i	f_{i1}	f_{i2}	…	f_{ij}	R_{Ti}
合计	C_{T1}	C_{T2}	…	C_{Tj}	n

表中每一纵列给出一个定类变量的各个取值，称为列变量，记作 C；每一横行给出另一个定类变量的各个取值，称为行变量，记作 R。i 为行变量的取值个数，j

为列变量的取值个数。显示在各个单元格之内的f_{ij}为交叉频数，又称作观察频数，它是列联分析的主要对象。单元格的个数取决于行变量与列变量各自取值个数的多少，共有$i×j$个单元格。R_{T1}、R_{T2}、…、R_{Ti}为各行合计数；C_{T1}、C_{T2}、…、C_{Tj}为各列合计数。n为样本容量，显然，$R_{T1}+R_{T2}+\cdots+R_{Ti}=C_{T1}+C_{T2}+\cdots+C_{Tj}=n$。

实际问题中，哪一个变量表示为行变量，哪一个表示为列变量，可以任意指定，这并不影响数据结构，一般为美观起见，将取值个数比较少的变量表示为行变量，取值个数比较多的变量表示为列变量。引例7中的数据表格就是一个典型的2×3列联表。

7.1.2　列联表中的自由度

在第3章统计量描述中曾经提到过样本自由度问题。对单变量样本来说，自由度就是样本中可以自由取值的观测的个数，它是衡量样本规模大小的一种尺度。

列联表是关于两个定类变量的联合样本数据，其规模大小也可用自由度来衡量。列联表中的自由度指的是可以自由取值的观察频数的个数，换句话说，也就是可以自由取值的单元格的个数。

列联表中的行合计数与列合计数，相对于各个单元格的观察频数来说，其取值是固定的，这样一来，每一行或每一列就必有一个单元格的观察频数是不能自由取值的，所以，一个$i×j$列联表的自由度就是其行数减一再乘以其列数减1，即$(i-1)×(j-1)$。例如，一个3×3列联表，参见表7-3。给定任意一行例如第一行合计数R_{T1}，则该行的3个观察频数f_{11}、f_{12}、f_{13}中，就只有两个是可以自由取值的，假如f_{11}和f_{12}可以自由取值，那么f_{13}就无法再自由取值了。给定任意一列例如第三列合计数C_{T3}，则该列的3个观察频数f_{13}、f_{23}、f_{33}就也只有两个是可以自由取值的，假如f_{13}和f_{23}可以自由取值，那么f_{33}就无法再自由取值了。其余各行和各列中的情形都是如此，因此，其自由度为：(3-1)×(3-1)=4。

表7-3　　3×3列联表的自由度为4

	C_1	C_2	C_3	合计
R_1	f_{11}	f_{12}	f_{13}	R_{T1}
R_2	f_{21}	f_{22}	f_{23}	R_{T2}
R_3	f_{31}	f_{32}	f_{33}	R_{T3}
合计	C_{T1}	C_{T2}	C_{T3}	n

列联表中的自由度与两个定类变量的取值个数及各个取值的交叉组合情况有直接联系。并非单元格个数相同，自由度就相同。同样的单元格个数的列联表，其自由度却有可能是不同的。例如，一个3×4列联表与一个2×6列联表，两者单元格个数都是12，但自由度却是不同的，前者自由度为6，后者自由度为5。参见表7-4和表7-5。

表 7-4　**3×4 列联表的自由度为 6**

	C_1	C_2	C_3	C_4	合计
R_1	f_{11}	f_{12}	f_{13}	f_{14}	R_{T1}
R_2	f_{21}	f_{22}	f_{23}	f_{24}	R_{T2}
R_3	f_{31}	f_{32}	f_{33}	f_{34}	R_{T3}
合计	C_{T1}	C_{T2}	C_{T3}	C_{T4}	n

表 7-5　**2×6 列联表的自由度为 5**

	C_1	C_2	C_3	C_4	C_5	C_6	合计
R_1	f_{11}	f_{12}	f_{13}	f_{14}	f_{15}	f_{16}	R_{T1}
R_2	f_{21}	f_{22}	f_{23}	f_{24}	f_{25}	f_{26}	R_{T2}
合计	C_{T1}	C_{T2}	C_{T3}	C_{T4}	C_{T5}	C_{T6}	n

7.2　列联表中的 χ^2 检验

表 7-1 中的样本数据所显示出来的男女生运动偏好上的差异，如果采用比率进行比较，会显示得更为清晰。参见表 7-6。

表 7-6　**关于男女生运动偏好的样本数据的行间比率**

		乒乓球	羽毛球	网球	合计
男生	观察频数	55	27	28	110
	行间比率	50.0%	24.5%	25.5%	100.0%
女生	观察频数	16	37	37	90
	行间比率	17.8%	41.1%	41.1%	100.0%
合计	观察频数	71	64	65	200
	行间比率	35.5%	32.0%	32.5%	100.0%

从比率上看，110 名男生中喜欢乒乓球、羽毛球、网球的人数比率分别为 50.0%、24.5%、25.5%。90 名女生喜欢乒乓球、羽毛球、网球的人数比率分别为 17.8%、41.1%、41.1%。

应当认识到，数据中的这些差异客观上有两个来源：一个来源是样本的随机性所造成的差异；另一个来源是男女生总体中运动偏好的差异，在样本数据中有所体现。

如果能够确认数据中的差异完全来自于样本的随机性，那么就可以推断男女生总体中运动偏好是没有差异的。

不妨先假设男女生总体中运动偏好没有差异，也就是说学生性别与运动偏好之间没有关联，即：

H_0：学生性别与运动偏好相互独立

H_1：学生性别与运动偏好相互不独立

接下来需要构造检验上述假设的统计量。我们在表7-6中注意到：全体男女生中喜欢乒乓球、羽毛球、网球人数的总比率分别为：35.5%、32.0%、32.5%。

如果原假设成立的话，这就意味着总体中的男生和女生喜欢乒乓球、羽毛球、网球人数的比率是相等的，我们由列联表所计算得出的总比率35.5%、32.0%、32.5%就是对总体中的相应比率的估计，作为总体中相应比率的估计，它们对男生和女生就应当都是适用的。于是，我们可以根据这些总比率，计算得出各个单元格中的一个理论上的频数，此理论频数可称之为期望频数，记作$f_{e_{ij}}$。

我们期望110名男生中会有110×35.5%=39.1人偏好乒乓球、会有110×32.0%=35.2人偏好羽毛球、会有110×32.5%=35.8人偏好网球。同样期望90名女生中会有90×35.5%=32.0人偏好乒乓球、会有90×32.0%=28.8人偏好羽毛球、会有90×32.5%=29.3人偏好网球，参见表7-7。

表7-7　**学生性别与运动偏好相互独立的原假设成立时的期望频数**

		乒乓球	羽毛球	网球	合计
男生	观察频数	55	27	28	110
	期望频数	39.1	35.2	35.8	110.0
女生	观察频数	16	37	37	90
	期望频数	32.0	28.8	29.3	90.0
合计	观察频数	71	64	65	200
	期望频数	71.0	64.0	65.0	200.0

各个单元格期望频数的计算公式可总结为：某一单元格的期望频数等于该单元格所在行合计数乘以该单元格所在列合计数再除以样本容量，即：

$$f_{e_{ij}}=\frac{R_{Ti}\times C_{Tj}}{n}$$

例如，单元格（1.1）的期望频数为：$f_{e_{11}}$=（110×71）/200=39.1。

如果原假设成立，那么列联表中各个单元格的观察频数f_{ij}与期望频数$f_{e_{ij}}$之间的差异就不应该过大。观察频数与期望频数之间的差异越大，就越是拒绝原假设的证据。衡量观察频数与期望频数之间差异大小的尺度是一个自由度为（i-1）（j-1）的χ^2统计量：

$$\chi^2=\sum_j\sum_i\frac{(f_{ij}-f_{e_{ij}})^2}{f_{e_{ij}}}$$

由公式中的分子不难看出，各个观察频数f_{ij}与对应的期望频数$f_{e_{ij}}$之间的差异越大，χ^2统计量的值就会越大。

给定显著性水平α，运用这个χ^2统计量来检验原假设的拒绝准则为：

$\chi^2>\chi_{\alpha}^2$［（i-1）（j-1）］

列联表中的χ^2检验是右侧检验。

在引例7中，其χ^2统计量值的计算过程可分解为5个步骤，参见表7-8：

表7-8　　引例6χ^2统计量值的计算过程

f_{ij}	$f_{e_{ij}}$	$f_{ij}-f_{e_{ij}}$	$(f_{ij}-f_{e_{ij}})^2$	$\frac{(f_{ij}-f_{e_{ij}})^2}{f_{e_{ij}}}$
55	39.1	15.9	252.81	6.47
27	35.2	-8.2	67.24	1.91
28	35.8	-7.8	60.84	1.70
16	32.0	-16.0	256.00	8.00
37	28.8	8.2	67.24	2.33
37	29.3	7.7	59.29	2.02

$$\chi^2=\sum_j\sum_i\frac{(f_{ij}-f_{e_{ij}})^2}{f_{e_{ij}}}=22.4$$

第一步：计算出每一单元格的期望频数$f_{e_{ij}}$；

第二步：计算观察频数与期望频数的离差$f_{ij}-f_{e_{ij}}$；

第三步：计算每个离差的平方$(f_{ij}-f_{e_{ij}})^2$；

第四步：将离差平方除以期望频数$\frac{(f_{ij}-f_{e_{ij}})^2}{f_{e_{ij}}}$；

第五步：将上述计算结果求和。

若给定0.05的显著性水平，则检验的临界值为：

χ_{α}^2［（i-1）（j-1）］=$\chi_{0.05}^2$［（2-1）（3-1）］=$\chi_{0.05}^2$（2）=5.9915

由于χ^2=22.4>5.9915，落入拒绝域，所以拒绝原假设。结论是男女大学生的运动偏好是有差异的，做出这一推断的把握程度是95%（如图7-2所示）。

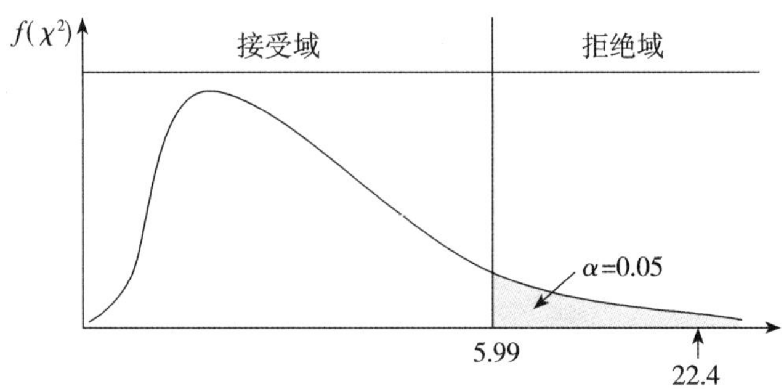

图7-2　自由度为2的卡方分布

应当指出，列联表中的χ^2统计量，其构造过程是建立在观察频数f_{ij}服从正态分布的理论假设基础之上的，违背这个理论假设，χ^2检验的结果是无效的。

各个单元格的观察频数理论上是服从二项分布的，只有当观察频数充分大时，二项分布才可近似视为正态分布。我们在用正态分布近似二项分布时，通常要求np和$np(1-p)$同时大于等于5。在列联表中的χ^2检验中，同样有类似的要求，即观察频数必须足够大，从而使得每个单元格的期望频数$f_{e_{ij}}$大于等于5。一旦出现某一个或某几个单元格中的期望频数小于5的情况，通常采取的做法是：将相邻的单元格加以合并，以满足这个条件。从χ^2统计量的公式中可以看出，期望频数$f_{e_{ij}}$是出现在分母上的，如果过小，则必会使商值很大，因而产生夸大χ^2统计量值的倾向。

7.3　列联表中的相关系数

7.3.1　φ相关系数

列联表中的χ^2检验已经对两个定类变量之间的相关性给出了统计推断。当我们拒绝两变量间相互独立的原假设时，就表明两个变量之间是相关的，或者说是不相互独立的。所谓相关就是指两个变量之间具有某种内在的关联性，表现为一个变量的取值整体上随着另一个变量取值的变化而变化。参见表7-9、表7-10、表7-11。

表7-9　**R与C相关**

	C_1	C_2	合计
R_1	15	35	50
R_2	50	20	70
合计	65	55	120

表7-10　**R与C完全不相关**

	C_1	C_2	合计
R_1	20	20	40
R_2	40	40	80
合计	60	60	120

表7-11　**R与C完全相关**

	C_1	C_2	合计
R_1	60	0	60
R_2	0	60	60
合计	60	60	120

表7-9中包含R与C两个变量。当变量R的取值由R_1到R_2发生变化时，变量C的取值也随之发生了某种变化，其频数由原来的15、35变为50、20，这表明两变

量之间某种程度是相关的；表7-10中，当变量R的取值由R_1到R_2发生变化时，变量C的取值丝毫没有发生变化，其频数始终保持原值不变，表明两变量之间是完全不相关的；表7-11中，变量C的取值则完全依赖于变量R取值的变化而变化，这表明两变量之间是完全相关的。

列联表中的χ^2检验只能回答两变量之间是否相关，但给不出相关程度的高低。所以，需要一种尺度，用以测量两个变量是否相关以及相关程度的高低。列联表中的相关性测量有许多尺度，常用的尺度有3种：φ相关系数、C相关系数和V相关系数。

设有列联表如表7-12所示，φ相关系数的计算公式为：

$$\varphi=\frac{ad-bc}{\sqrt{(a+b)(c+d)(a+c)(b+d)}}$$

表7-12　　**R与C相关**

	C_1	C_2	合计
R_1	a	b	$a+b$
R_2	c	d	$c+d$
合计	$a+c$	$b+d$	n

$0\leqslant|\varphi|\leqslant1$；当$|\varphi|=0$时，表明完全不相关；当$|\varphi|=1$时，表明完全相关；$|\varphi|$越接近于1，表明相关程度越高，越接近于0，表明相关程度越低。因为定类变量的取值没有顺序性，所以，φ相关系数计算结果的正负，没有含义上的不同。

特别地，当$ad=bc$时，$\varphi=0$，此时表明完全不相关；当$a=0$且$d=0$，或$b=0$且$c=0$时，$|\varphi|=1$，此时表明完全相关。φ相关系数是测定2×2列联表中两个变量相关性的最为常用的一种尺度。

φ相关系数与χ^2统计量之间具有确定的联系。计算表7-12中各个单元格的期望频数得：

$$e_{11}=\frac{(a+b)(a+c)}{n},\quad e_{12}=\frac{(a+b)(b+d)}{n},\quad e_{21}=\frac{(a+c)(c+d)}{n},\quad e_{22}=\frac{(c+d)(b+d)}{n}$$

因为

$$\begin{aligned}\chi^2&=\frac{(a-e_{11})^2}{e_{11}}+\frac{(b-e_{12})^2}{e_{12}}+\frac{(c-e_{21})^2}{e_{21}}+\frac{(d-e_{22})^2}{e_{22}}\\&=\frac{n(ad-bc)^2}{(a+b)(c+d)(a+c)(b+d)}\\&=n\varphi^2\end{aligned}$$

所以有：

$$\varphi=\sqrt{\frac{\chi^2}{n}}$$

这可以看作是φ相关系数的第二个计算公式。对于一个给定的列联表，只要计算出其χ^2统计量的值，就可以由此公式得出φ相关系数。

此外，应用此公式不仅可以计算2×2列联表，而且也可以针对大于2×2的列联表来计算其φ相关系数。但实际应用中需要注意，当列联表大于2×2时，由此公式所计算出来的φ相关系数会随着行数或列数的增多而变大，甚至会出现大于1的情况。因此，φ相关系数一般只适合2×2的列联表。

7.3.2　*C*相关系数

*C*相关系数又称列联系数，主要用于具有相同行数和列数的大于2×2的列联表，其计算公式为：

$$C=\sqrt{\frac{\chi^2}{\chi^2+n}}$$

0≤*C*<1。*C*=0时，表明完全不相关。从公式中不难看出，*C*相关系数不可能大于等于1。

对于行数和列数不同的列联表，*C*相关系数的最大值会发生变化。当两个变量完全相关时，对于2×2列联表，*C*=0.7071；对于3×3列联表，*C*=0.81651；对于4×4列联表，*C*=0.87。由此可见，由行数和列数不同的列联表所计算出的*C*相关系数是不便于比较的，所以*C*相关系数比较适合于行数和列数一致的列联表。

7.3.3　*V*相关系数

鉴于φ相关系数无上界，*C*相关系数小于1的情况，有人提出了*V*相关系数。其计算公式为：

$$V=\sqrt{\frac{\chi^2}{n\times\min(i-1,j-1)}}$$

式中：min（*i*−1，*j*−1）是指（*i*−1）与（*j*−1）中较小者。

0≤*V*≤1。当*V*=0时，表明完全不相关；当*V*=1时，表明完全相关。

*V*相关系数避免了φ相关系数和*C*相关系数的缺陷，应当算是对列联表中的相关性测量的一种很好的补充和完善，特别地，当列联表中的行数或列数为2时，*V*=φ。

在引例7.1的χ^2检验中，由于$\chi^2=22.4>\chi^2_{\alpha/2}$［（*i*−1）（*j*−1）］=5.9915，所以我们拒绝了两个变量相互独立的原假设，得出的结论是两个变量之间是相关的。现在来计算其3种相关系数：

$$\varphi=\sqrt{\frac{\chi^2}{n}}=\sqrt{\frac{22.4}{200}}=0.335$$

$$C=\sqrt{\frac{\chi^2}{\chi^2+n}}=\sqrt{\frac{22.4}{22.4+200}}=0.318$$

$$V=\sqrt{\frac{\chi^2}{n\times\min(R-1,C-1)}}=\sqrt{\frac{22.4}{200\times1}}=0.335$$

通常情况下，相关系数大于0.3表明显著相关。上述计算结果中，3种相关系数均大于0.3，表明学生性别与运动项目两变量之间是显著相关的，这与χ^2检验的结论是一致的。本例是一个2×3列联表，行数与列数中的较小者为2，所以，*V*=φ=0.335。*C*相关系数一般适用于行数与列数相等的列联表，其计算结果0.318在此可作为参考。

7.4 运用SPSS进行列联分析

针对表7-1中男女学生运动偏好的样本数据进行列联分析，其主要操作如下：

7.4.1 建立分组式SPSS数据集

表7-1中给出的数据是分组形式的，在其SPSS数据集中应包含3个变量：学生性别、运动项目、观察频数。学生性别有两个取值：男生、女生；运动项目有3个取值：乒乓球、羽毛球、网球。其中的观察频数是对数据进行交叉分组后，所派生出来的新变量，它在以后的运算中将起权数的作用。

7.4.2 编制列联表

（1）打开表7-1对应的SPSS数据集“data7.1”。在SPSS主窗口选择菜单：点击【data】→【Weight Cases】，系统弹出如图7-3所示的“Weight cases”对话框。在此对话框中选择“Weight cases by”选项，选择变量“交叉频数［f］”进入“Frequency Variable:”框内。然后点击【OK】。

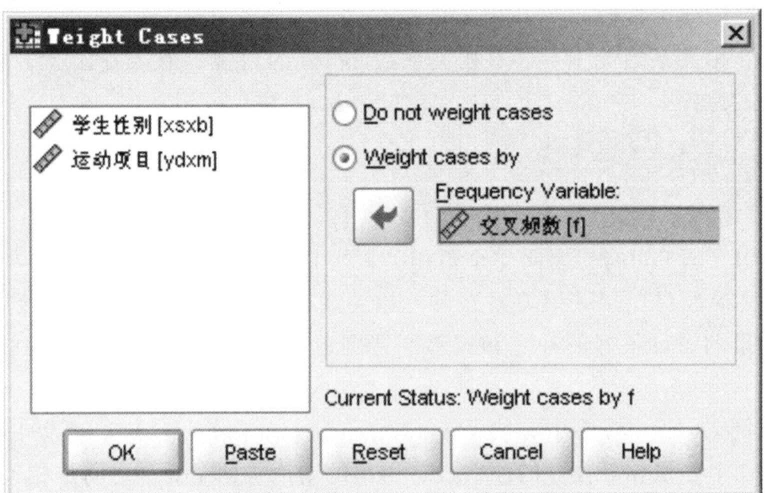

图7-3 Weight Cases对话框

（2）在SPSS主窗口选择菜单：点击【Analyze】→【Descriptive】→【Crosstabs】，系统弹出如图7-4所示的“Crosstabs”对话框。

（3）分别选择“学生性别［xsxb］”和“运动项目［ydxm］”进入“Row (s):”和“Column (s):”框中。如果需要绘制交叉频数分布图，可选择“Display clustered bar charts”选项。

（4）点击【Cells】按钮，系统弹出如图7-5所示的“Crosstabs: Cell Display”对话框。

在“Counts”框内选择“Observed”选项，系统输出的列联表中将显示观察频数；如果希望列联表的单元格中同时显示期望频数，可在“Counts”框内加选“Expected”

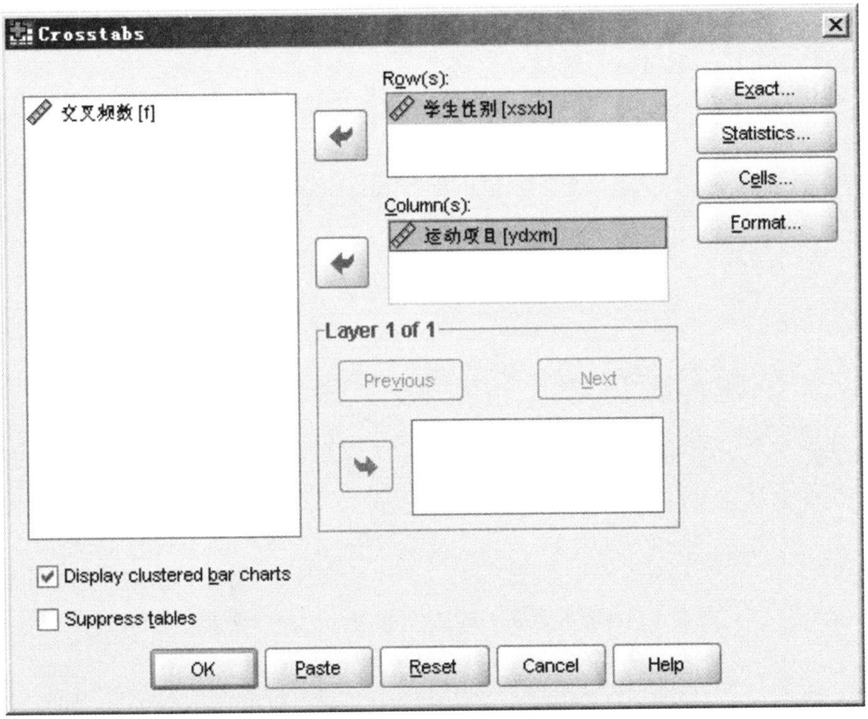

图 7-4　Crosstabs 对话框

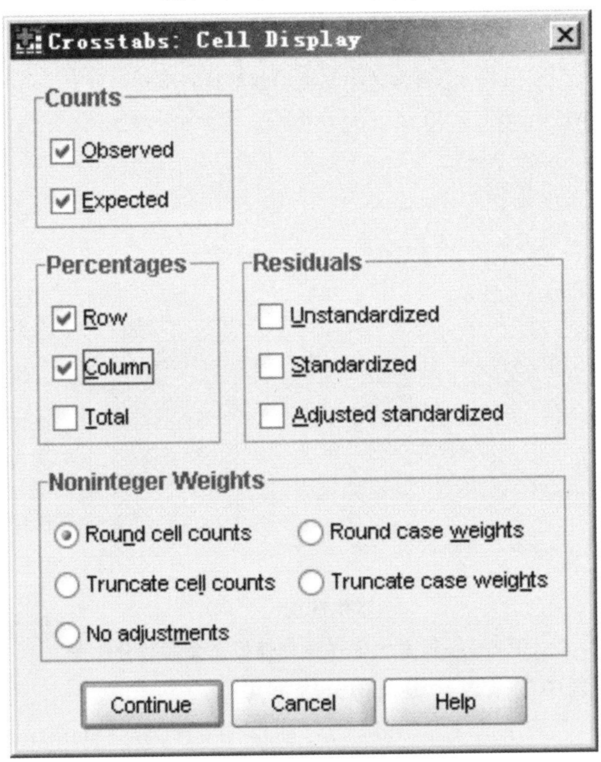

图 7-5　Crosstabs：Cell Display 对话框

选项；如果要在列联表中计算有关的行间比率或列间比率，可以在“Percentages”框内选择“Row”“Column”选项。

（5）点击【Continue】→【OK】，系统输出列联表及交叉频数分布图，如图7-6和图7-7所示。

学生性别*运动项目 Crosstabulation

			运动项目			Total
			乒乓球	羽毛球	网球	
学生性别	男生	Count	55	27	28	110
		Expected Count	39.1	35.2	35.8	110.0
		% within 学生性别	50.0%	24.5%	25.5%	100.0%
		% within 运动项目	77.5%	42.2%	43.1%	55.0%
	女生	Count	16	37	37	90
		Expected Count	32.0	28.8	29.3	90.0
		% within 学生性别	17.8%	41.1%	41.1%	100.0%
		% within 运动项目	22.5%	57.8%	56.9%	45.0%
Total		Count	71	64	65	200
		Expected Count	71.0	64.0	65.0	200.0
		% within 学生性别	35.5%	32.0%	32.5%	100.0%
		% within 运动项目	100.0%	100.0%	100.0%	100.0%

图7-6　男女大学生运动偏好样本数据列联表

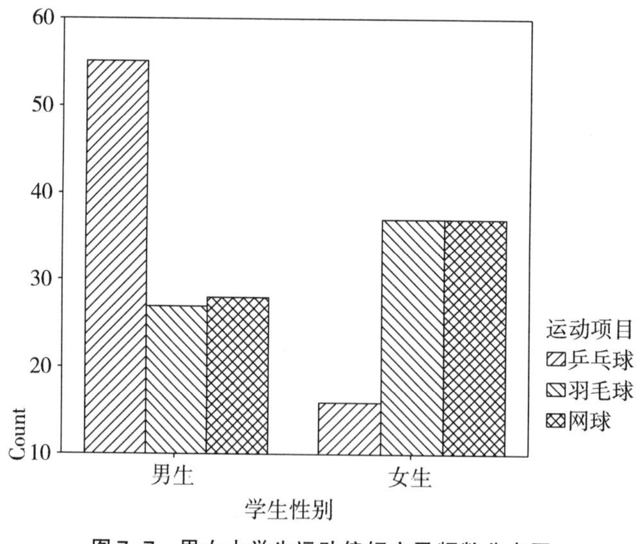

图7-7　男女大学生运动偏好交叉频数分布图

7.4.3　列联表中的卡方检验及相关性测量

（1）在图7-4所示的“Crosstabs”对话框中，点击【Statistics】按钮，系统弹出如图7-8所示的“Crosstabs：Statistics”对话框。

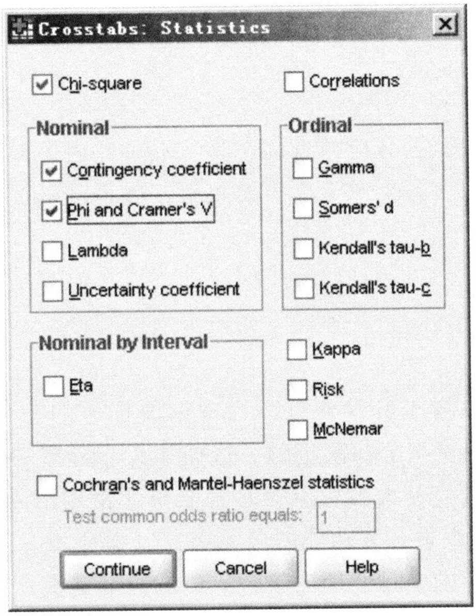

图7-8　Crosstabs：Statistics对话框

（2）在此对话框中选择“Chi-Square”选项，系统将输出 χ^2 检验的结果。如果同时需要计算有关的相关系数，可在“Nominal”框内选择“Contingency coefficient”和“Phi and Cramer's V”选项，系统将输出C相关系数、φ相关系数和V相关系数的计算结果。

（3）点击【Continue】→【OK】，系统输出结果如图7-9所示。

Chi-Square Tests

	Value	df	Asymp.Sig.（2-sided）
Pearson Chi-Square	22.456[a]	2	.000
Likelihood Ratio	23.472	2	.000
Linear-by-Linear Association	16.626	1	.000
N of Valid Cases	200		

a.0 cells（.0%）have expected count less than 5.The minimum expected count is 28.80.

Symmetric Measures

		Value	Approx.Sig.
Nominal by Nominal	Phi	.335	.000
	Cramer's V	.335	.000
	Contingency Coefficient	.318	.000
N of Valid Cases		200	

a.Not assuming the null hypothesis.

b.Using the asymptotic standard error assuming the null hypothesis.

图7-9　卡方检验与相关性测量的结果

本章小结

列联表是定类变量数据分析的有用工具，透过此表可以观察两个定类变量交叉取值时的频数分布状况。各个单元格中的观察频数是随机变量，这些随机变量均服从二项分布。

列联表中的χ^2检验，目的是要推断列联表所涉及的两个定类变量之间是否相互独立。原假设为两变量之间相互独立。如果拒绝原假设，结论是两变量之间是相关的，不独立的。

χ^2统计量的构造以样本容量充分大为理论前提，因为只有当样本容量充分大时，二项分布才可以用正态分布来近似，进而才有χ^2分布的存在，否则检验结果是无效的。衡量样本容量充分大的标准，是各个单元格中的期望频数大于等于5。一旦出现小于5的情况，则须合并相邻的单元格，以保证相对充分大的样本容量。

期望频数是原假设成立时的理论频数。χ^2统计量是衡量观察频数与期望频数差异大小的尺度，χ^2统计量的值越大就越是拒绝原假设的证据，因此，列联表中的χ^2检验永远是右侧检验。

列联表中的相关系数，用以衡量两个定类变量之间相关程度的大小。各种相关系数的适用场合有所不同，实践中应当注意参照运用。

问题思考

1.列联表中的行变量与列变量位置可以互换吗？为什么？

2.什么情况下二项分布可以近似视为正态分布？通常把握的标准是什么？

3.如何确定一个列联表的自由度？单元格个数相同的列联表，其自由度必然相同吗？

4.期望频数是什么意思？如何计算某一单元格中的期望频数？

5.为什么说列联表中的χ^2统计量是衡量观察频数与期望频数差异大小的尺度？

6.为什么在某单元格期望频数小于5时，要合并相邻单元格？合并单元格会产生什么后果？

7.为什么要进行列联表中的相关性测量？

8.φ相关系数与χ^2统计量之间有什么关系？

9.φ相关系数、C相关系数、V相关系数各自的取值范围是什么？

10.什么情况下$\varphi=C$？什么情况下$\varphi=V$？什么情况下$\varphi=C=V$？

判断对错

1.一个2×2列联表，其自由度为2。（ ）

2. 两个单元格个数相等的列联表，其自由度必然相等。（　　）

3. 列联分析的卡方检验，其理论假定前提是各单元格中的观察频数近似服从正态分布。（　　）

4. 在列联分析的卡方检验过程中，如果某一单元格中的期望频数小于5，则检验结果无效。（　　）

5. 列联分析的卡方检验，其原假设为问题中的两个定类变量完全相关。（　　）

6. 在列联分析的卡方检验过程中，各个单元格观察频数与期望频数之间的差异普遍越大，则越是拒绝原假设的证据。（　　）

7. 列联表中卡方检验统计量的构造公式为：$\chi^2 = \frac{\sum_j \sum_i (f_{ij} - f_{e_{ij}})^2}{f_{e_{ij}}}$。（　　）

机上作业

1. 受教育程度与公务员考试成绩两个变量的联合样本数据见附表1。

附表1　**教育程度与公务员考试成绩之间的关系样本数据**

	大学以下	大学以上	合计
成绩低	100	200	300
成绩高	150	800	950
合计	250	1 000	1 250

要求：

（1）制作交叉频数分布图。

（2）提出检验的原假设。

（3）计算 χ^2 统计量的值。

（4）以0.05的显著性水平进行 χ^2 检验。

（5）计算列联表中的相关系数。

2. 某人事部门将职员的受教育程度分为大学以下、大学、大学以上3类；行政级别分为低层、中层、高层3类。今从人事档案里随机抽取400人，按照受教育程度和行政级别进行分类汇总，见附表2的资料。

附表2　**教育程度与行政级别之间关系的样本数据**

	大学以下	大学	大学以上	合计
低层	113	60	27	200
中层	31	91	38	160
高层	8	8	24	40
合计	152	159	89	400

要求：以0.05的显著性水平，检验受教育程度与行政级别之间的关联性。

3.男士与女士饮酒者的啤酒偏好样本数据见附表3。

附表3　　男士与女士饮酒者的啤酒偏好样本数据

	淡啤酒	普通啤酒	黑啤酒	合计
男士	20	40	20	80
女士	30	30	10	70
合计	50	70	30	150

要求：以0.01的显著性水平，推断男女饮酒者的啤酒偏好是否存在差异。

4.为了解男性和女性的体育运动偏好是否具有差异性，分别抽取58名男性，50名女性进行了一项调查，所得样本数据见附表4。

附表4　　男性与女性体育运动偏好样本数据

性别	喜好	性别	喜好	性别	喜好	性别	喜好
男性	棒球	女性	棒球	男性	篮球	女性	篮球
男性	棒球	女性	棒球	男性	篮球	女性	篮球
男性	棒球	女性	棒球	男性	篮球	女性	篮球
男性	棒球	女性	棒球	男性	篮球	女性	篮球
男性	棒球	女性	棒球	男性	篮球	女性	篮球
男性	棒球	女性	棒球	男性	篮球	女性	篮球
男性	棒球	女性	棒球	男性	篮球	女性	篮球
男性	棒球	女性	棒球	男性	篮球	女性	篮球
男性	棒球	女性	棒球	男性	篮球	女性	篮球
男性	棒球	女性	棒球	男性	橄榄球	女性	橄榄球
男性	棒球	女性	棒球	男性	橄榄球	女性	橄榄球
男性	棒球	女性	棒球	男性	橄榄球	女性	橄榄球
男性	棒球	女性	棒球	男性	橄榄球	女性	橄榄球
男性	棒球	女性	棒球	男性	橄榄球	女性	橄榄球
男性	棒球	女性	棒球	男性	橄榄球	女性	橄榄球
男性	棒球	女性	篮球	男性	橄榄球	女性	橄榄球
男性	棒球	女性	篮球	男性	橄榄球	女性	橄榄球
男性	棒球	女性	篮球	男性	橄榄球	女性	橄榄球
男性	篮球	女性	篮球	男性	橄榄球	女性	橄榄球
男性	篮球	女性	篮球	男性	橄榄球	女性	橄榄球

续表

性别	喜好	性别	喜好	性别	喜好	性别	喜好
男性	篮球	女性	篮球	男性	橄榄球	女性	橄榄球
男性	篮球	女性	篮球	男性	橄榄球	女性	橄榄球
男性	篮球	女性	篮球	男性	橄榄球	女性	橄榄球
男性	篮球	女性	篮球	男性	橄榄球	女性	橄榄球
男性	橄榄球	男性	橄榄球	男性	橄榄球	男性	橄榄球
男性	橄榄球	男性	橄榄球	男性	橄榄球	男性	橄榄球

要求：

（1）将上面调查资料建成SPSS数据集。

（2）编制列联表，绘制交叉频数分布图。

（3）以0.05的显著性水平检验男性和女性体育运动偏好是否相同。

（4）计算相关系数。

5.某集团公司计划推行一项改革方案，但可能会涉及下属分公司的利益。集团公司决定：只要各个分公司对此项改革方案的赞成率均达到70%，就推行此项改革方案。今从下设的4个分公司中随机抽取了540人，了解他们对此项改革方案的看法，获得如附表5数据。

附表5　　**关于分公司经理的民意测验数据**

	分公司1	分公司2	分公司3	分公司4	合计
赞成	95	110	90	108	403
反对	35	36	34	32	137
合计	130	146	124	140	540

要求：在0.05的显著性水平下，检验4个分公司对此项改革方案的态度是否如总公司设想的一致。

［提示：原假设与备择假设：

H_0：4个分公司的赞成比率均为70%；

H_1：4个分公司的赞成比率不全为70%。］

6.某大学教务处规定，各门考试课程的期末考试分数的分布原则为：60分以下占5%，60~70分占35%，70~80分占40%，80~90分占15%，90以上占5%。学期期末一个由120名学生统计学考试分数组成的样本中，60分以下有13人，60~70分有35人，70~80分有40人，80~90分有22人，90以上有10人。

要求：试以0.05的显著性水平检验实际分数是否显著偏离教务处规定的分数分布原则。

［提示：原假设与备择假设：

H_0：本学期统计学考试实际分数的分布与教务处规定的分数分布原则一致；

H_1：本学期统计学考试实际分数的分布与教务处规定的分数分布原则不一致。］

实验课题

1.实验目的

（1）掌握列联表中的χ^2检验的方法原理。

（2）掌握列联表中的相关性测量方法原理。

（3）熟练掌握相关的SPSS操作。

2.实验工具

（1）课堂广播软件。

（2）SPSS软件11.0或16.0版本。

（3）汽车驾驶员中保单持有者的虚拟总体。

3.实验内容

保险公司理赔部的有关负责人认为，年轻的汽车驾驶员发生交通事故的次数较多，因此需要收取更高一些的保费。这种想法和做法有道理吗？请您针对汽车驾驶员中的保单持有者总体做一次抽样调查，运用统计方法来回答这个问题。调查和分析过程中，可以将汽车驾驶员中的保单持有者的年龄划分为“25以下”“25~40”“40~55”“55以上”4个年龄段，在每个年龄段中观察他们是否有过索赔记录。

4.实验步骤

（1）熟悉汽车驾驶员中的保单持有者虚拟总体［bdcyz.sav］。

（2）随机抽取容量为1 600的样本。

（3）制作样本SPSS数据集。

（4）编制列联表并绘制交叉频数分布图。

（5）给出问题中的原假设。

（6）进行χ^2检验。

（7）计算列联表中的相关系数。

（8）对照总体参数的真值，找出您的推断结论与总体真值之间的差异，说明产生差异的原因。

（9）随机抽取容量为3 000的样本。重复（3）、（4）、（5）、（6）、（7）、（8）步骤，比较两次抽样推断结果的差异。

5.实验指导

（1）建议将步骤（2）中所生成的3个样本另存为新文件。

（2）抽取容量为1 600（或3 000）的样本时，SPSS有关操作中的设置如下：exactly［1 600（或3 000）］cases from the first ［65536］cases。

（3）制作样本SPSS数据集时，至少应设置“年龄段”和“是否有索赔记录”

两个变量。

（4）列联表中的单元格可同时显示观察频数、期望频数以及行间或列间比率，以便于对两个变量之间关系的观察。

（5）显著性水平可给定为0.05。

名人简介

汉斯·罗斯林（Hans Rosling，1948—2017）：数据可视化及教育专家。1948年7月27日，罗斯林出生在瑞典的乌普萨拉。1967—1974年，罗斯林在乌普萨拉大学学习统计学和医学。1976年，成为一名执业医师。1979—1981年，在莫桑比克的纳卡拉担任区域医务官。汉斯·罗斯林长期关注全球卫生问题，并致力于通过有趣的数据可视化来呈现复杂的全球问题。《时代》杂志2012年将汉斯·罗斯林评为全球100位最有影响力的人物之一，称赞他使用“令人惊叹的数据展示，让全球数百万人从全新的角度审视自己和这座星球”。

第8章　回归分析

在终极的分析中，一切知识都是历史；在抽象的意义下，一切科学都是数学；在理性的基础上，所有的判断都是统计学。

不确定性知识+所含不确定性量度的知识=可用的知识。

——加利亚木普迪·拉达克利西纳·劳

引例8

一家超级市场股份有限公司，正在考虑向一个新的地区发展业务，计划部主管必须向公司董事会的执行委员会提交一份有关发展计划的分析报告。作为报告中的一个关键部分，她需要提供那个地区居民每月在日用杂货项目上的支出信息。

为此她以居民家庭为对象，就每户家庭的“每月日用杂货支出”“月收入”“家庭人口数”等变量搜集了一个容量为40的样本数据，并针对“每月日用杂货支出”的数据，估计出“平均每户每月日用杂货支出”为840.63元左右。

正准备引用这一数字时，计划部主管却突然发现有些不妥。分析报告中的有关部分已经细化到针对不同收入水平居民的经营策略，而“平均每户每月日用杂货支出”的估计值，还只是一个笼统的估计数字，其中并未包含收入水平差异上的信息。因此，有必要与“月收入”关联起来，估计出不同收入水平居民的“平均每户每月日用杂货支出”，这才符合分析报告写作的要求。“每月日用杂货支出”与“月收入”两变量的样本数据如表8-1所示：

表8-1　　40户家庭“每月日用杂货支出”与“月收入”的样本数据

家庭序号	月支出（元）y	月收入（元）x	家庭序号	月支出（元）y	月收入（元）x
1	1 148	8 882	21	710	6 837
2	489	4 558	22	937	7 263
3	1 208	9 053	23	1 030	8 009
4	1 065	8 094	24	1 064	8 392
5	1 015	8 414	25	662	4 899
6	1 125	8 925	26	680	5 581
7	1 206	9 862	27	675	5 091
8	613	4 856	28	720	5 495
9	661	4 899	29	913	6 688

续表

家庭序号	月支出（元）y	月收入（元）x	家庭序号	月支出（元）y	月收入（元）x
10	606	5 304	30	1 140	9 329
11	541	5 943	31	740	5 304
12	1 083	7 242	32	540	5 730
13	839	7 540	33	693	5 943
14	1 090	8 989	34	673	6 156
15	1 217	9 138	35	918	6 752
16	555	4 388	36	1 069	8 264
17	458	4 793	37	1 265	9 649
18	647	4 856	38	1 145	9 883
19	592	5 346	39	549	5 133
20	676	6 603	40	668	5 304

如何由样本数据来确认“每月日用杂货支出”与“月收入”两个变量之间的关联性？如何以“月收入”的不同取值来估计“每月日用杂货支出”？这正是回归分析所要解决的问题。

8.1　相关系数

8.1.1　散点图与相关关系

如果反复观察表8-1中的样本数据，或许会隐约觉察到“月支出”与“月收入”两个变量之间的确有着某种关联。随着月收入的增加，月支出相应地也在增加。但这种判断是非常不明确的，关联的具体状态如何？关联的密切程度如何？这直接从表中数字里面是无法看出答案的。

图8-1称为散点图，横轴代表月收入，纵轴代表月支出，图8-1中的各个点，由每一个观测点中的月支出和月收入的一对观测值所决定。此图直观地显示了数据中40户家庭月支出与月收入之间的关系。

观察图8-1可知，这40户家庭月支出的观测值，除自身的上下波动之外，与月收入之间同时又具有一种协变关系。尽管这种协变关系表现出了某种不确定性，但从整体上看，月支出是在沿着一定的方向，随着月收入的变化而变化。统计中将两变量之间的这种关系称作相关关系。散点图是从样本数据上直观判断两个数值型变量之间是否具有相关关系的有用工具。

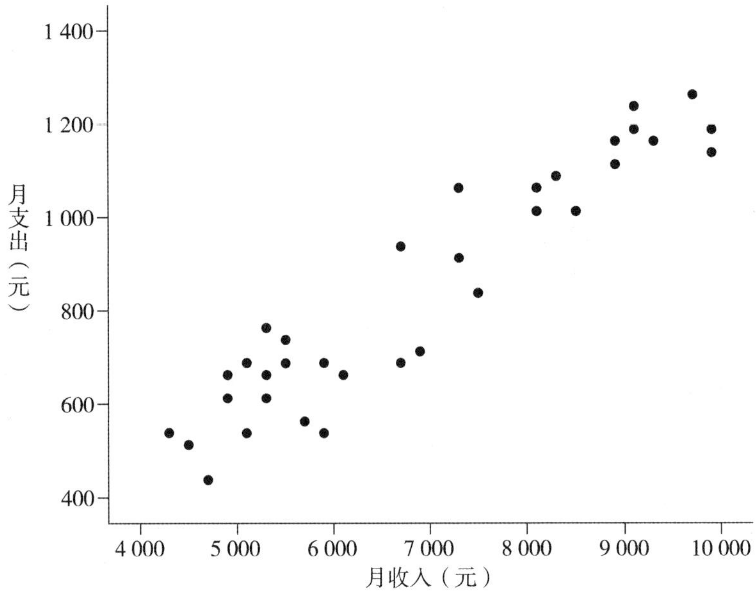

图8-1　月支出与月收入样本数据散点图

要把两个变量之间的相关关系与函数关系相区别。在函数关系中，当一个变量的取值发生变化时，另一个变量有唯一确定的值与之相对应。但在相关关系中，当一个变量的取值发生变化时，另一个变量的取值是不确定的，而是遵循某种规律在一定范围内发生取值的变化。函数关系具有确定性，相关关系具有不确定性，这是把握相关关系与函数关系两种不同内涵的关键。

采用相关关系来描述两个变量之间的关系，要比采用函数关系更加贴近现实生活，因为在现实生活中根本就不存在纯粹意义上的函数关系的两个变量。尽管在相关关系分析中，出于理论抽象的需要，经常会引用对应的函数关系以明确相关关系的类型，但二者毕竟不是一回事。

相关关系可以区分为不同的类型。如果一个变量的取值整体上是沿着一条直线，随着另一个变量取值的变化而变化，则称两者之间具有线性相关关系。如果是沿着一条曲线，则称两者之间是非线性相关关系，或称曲线相关关系。图8-1显示出月支出与月收入之间具有一定程度的线性相关关系。

在线性相关关系中，如果两个变量变动方向相同，即一个变量的取值增加，另一个变量的取值也随之增加，或一个变量的取值减少，另一个变量的取值也随之减少，则称两个变量之间具有正的线性相关关系。如果两个变量的变动方向相反，即一个变量的取值增加，另一个变量的取值随之减少，或一个变量的取值减少，另一个变量的取值随之增加，则称两个变量之间具有负的线性相关关系，如图8-2所示。

8.1.2　相关系数

散点图可以帮助我们观察和判断两个变量之间相关关系的类型及密切程度。但

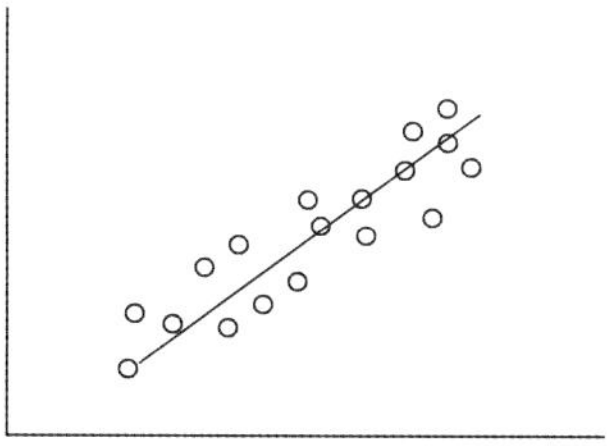

（A）正线性相关

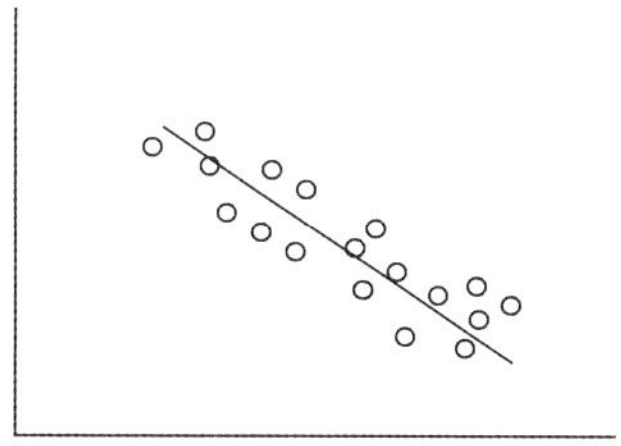

（B）负线性相关

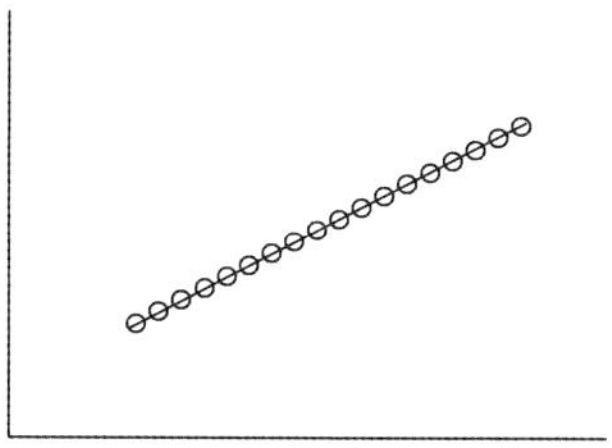

（C）完全正线性相关

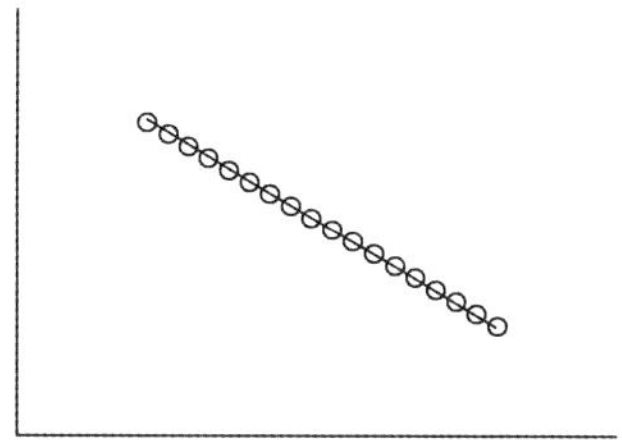

（D）完全负线性相关

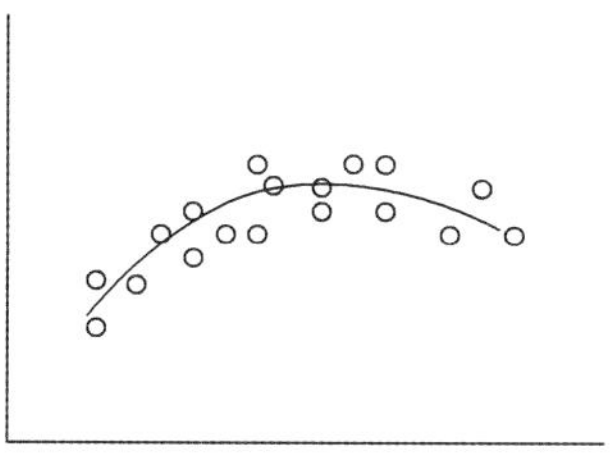

（E）非线性相关

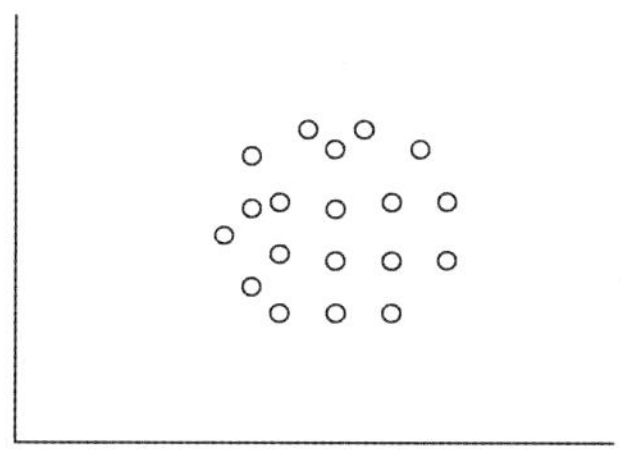

（F）不相关

图8-2　相关关系的类型

这毕竟是依赖肉眼观察，判断结果往往带有很强的主观性，不同的人甚至可能会得出不同的判断结果。需要有一种尺度用以客观地衡量两个变量之间相关关系的类型及密切程度。相关系数就可以充当这个尺度，其计算公式为：

$$r=\frac{\sum_{i=1}^{n}(x_i-\bar{x})(y_i-\bar{y})}{\sqrt{\sum_{i=1}^{n}(x_i-\bar{x})^2\sum_{i=1}^{n}(y_i-\bar{y})^2}}$$

相关系数的构造原理如图8-3所示。

图8-3中标出了40个家庭的平均月日用杂货支出$\bar{y}$与平均月收入$\bar{x}$的位置。$\bar{y}$与$\bar{x}$将所有的点划分为4个象限。正的线性相关表现出这样的特点：落在第1象限和第3象限的点多于落在第2象限和第4象限中的点。我们把落在第1象限和第3象限中的点叫作正相关点；落在第2象限和第4象限中的点叫作负相关点；落在均值线$\bar{y}$或$\bar{x}$上的点叫作零相关点。

显然，对于正相关点，必然有（$x-\bar{x}$）（$y-\bar{y}$）>0；对于负相关点，必然有（$x-\bar{x}$）（$y-\bar{y}$）<0；对于零相关点，必然有（$x-\bar{x}$）（$y-\bar{y}$）=0。（$x-\bar{x}$）（$y-\bar{y}$）称为积差。所有点的积差之和称为积差和，即$\sum_{i=1}^{n}(x_i-\bar{x})(y_i-\bar{y})$。

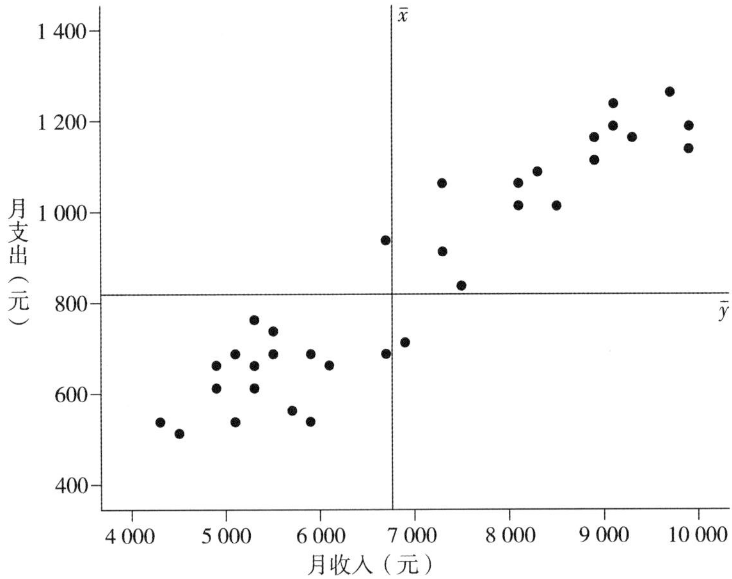

图 8-3　相关系数构造原理示意图

不难看出，如果积差和大于零，则表明正的方面的积差多于负的方面的积差，x 与 y 之间将呈现出正的线性相关关系；如果积差和小于零，则表明负的方面的积差多于正的方面的积差，x 与 y 之间将呈出负的线性关系；如果积差和等于零，则表明正的方面的积差与负的方面的积差相互抵消，此时意味着 x 与 y 之间不存在线性关系。因此，积差和 $\sum_{i=1}^{n}(x_i-\bar{x})(y_i-\bar{y})$ 就成为 x 与 y 之间是否具有线性相关关系以及线性相关关系强弱的一种度量。

但是，用积差和来度量 x 与 y 之间的线性相关关系有许多不便之处。首先，积差和的取值要受到 x 与 y 所采用的计量单位的影响；其次，样本点的多少对积差和的值也有影响，样本点越多，积差和绝对值的取值就倾向于越大。然而，变量间的线性关系的强弱根本上取决于两个变量本身的性质，与计量单位的变化或样本点的多少没有关系，绝不会因为计量单位或样本点的变化而改变变量之间本身所固有的线性相关关系的强弱。因此，需要进一步寻求测定线性相关关系强弱的普遍适用的尺度。因为：

$$0\leqslant\left|\sum_{i=1}^{n}(x_i-\bar{x})(y_i-\bar{y})\right|\leqslant\sqrt{\sum_{i=1}^{n}(x_i-\bar{x})^2\sum_{i=1}^{n}(y_i-\bar{y})^2}$$

所以：

$$-1\leqslant\frac{\sum_{i=1}^{n}(x_i-\bar{x})(y_i-\bar{y})}{\sqrt{\sum_{i=1}^{n}(x_i-\bar{x})^2\sum_{i=1}^{n}(y_i-\bar{y})^2}}\leqslant1$$

即：$-1\leqslant r\leqslant1$。

相关系数r消除了积差和$\sum_{i=1}^{n}(x_i-\bar{x})(y_i-\bar{y})$中样本容量和计量单位的影响因素，以一个系数来衡量两个变量之间线性相关关系的强弱。

当$r=0$时，表明x与y之间不存在线性相关关系；当$r>0$表明存在正的线性相关关系；当$r<0$时表明存在负的线性相关关系。r的绝对值越接近于1，表明线性相关关系越强；当r的绝对值等于1时，表明x与y完全正相关或完全负相关。

相关系数的计算公式还可以等价变换为另外一种形式：

$$r=\frac{n\sum_{i=1}^{n}x_iy_i-\sum_{i=1}^{n}x_i\sum_{i=1}^{n}y_i}{\sqrt{n\sum_{i=1}^{n}x_i^2-(\sum_{i=1}^{n}x_i)^2}\sqrt{n\sum_{i=1}^{n}y_i^2-(\sum_{i=1}^{n}y_i)^2}}$$

这个公式虽然表面上看起来比先前的理论公式显得烦琐一些，但由于避免了计算均值$\bar{x}$与$\bar{y}$的过程，也避免了计算离差（$x_i-\bar{x}$）与（$y_i-\bar{y}$）的过程，并由此而减少了计算过程中四舍五入的误差，因此在实际运用中更便于手工计算。依此公式，只需就样本数据计算出$\sum_{i=1}^{n}x_i$、$\sum_{i=1}^{n}y_i$、$\sum_{i=1}^{n}x_i^2$、$\sum_{i=1}^{n}y_i^2$和$\sum_{i=1}^{n}x_iy_i$5个数据项，再连同样本容量n代入公式，即可得出相关系数的计算结果。

由表8-1中的样本数据计算所得的相关系数为0.945。这表明在月支出与月收入之间存在着很强的正的线性相关关系。一般地讲，当$0<|r|<0.75$时，根据经验我们认为变量间具有中等强度的线性相关关系；而当$0.75<|r|<1$时，则认为变量间的线性相关关系很强。

需要说明的是，相关系数只能用来衡量线性相关关系的强弱。较小的相关系数只意味线性相关关系较弱，并不直接意味着变量之间不具有很强的非线性相关关系。

8.1.3　相关系数的显著性检验

假如我们手中掌握着总体中两个变量的全部取值，那么就可以根据总体的数据计算出两个变量之间相关系数的理论真值。但现实中这是做不到的，也就是说，两变量之间总体上的相关系数的理论真值总是未知的。一般情况下，我们只能根据随机样本数据计算出样本相关系数，再由样本相关系数来对总体相关系数的理论真值做出具有一定把握程度的推断。

统计学家的研究表明，当总体相关系数等于零时，存在一个与样本相关系数有关的自由度为$n-2$的t统计量：

$$t=r\sqrt{\frac{n-2}{1-r^2}}$$

假如总体相关系数等于零，那么与样本相关系数有关的上述t统计量的值就不应过大或过小，过大或过小都是总体上两个变量之间不具备线性相关关系的证据。因此，给定一个显著性水平α，就可以在自由度为$n-2$的t分布下，确定衡量这个t统计量的值过大或过小的一个标准，即临界值$t_{\alpha/2}$。如果$|t|\geqslant t_{\alpha/2}$，则表明相关系数$r$

在统计上是显著的，也就是说在 $1-\alpha$ 的把握程度下，可以认为总体上两个变量之间是线性相关的。如果 $|t|\leq t_{\alpha/2}$，则表明相关系数 r 在统计上是不显著的，也就是说在 $1-\alpha$ 的把握程度下，不能说总体上两个变量之间是线性相关的。

由表 8-1 中的样本数据所计算出来的样本相关系为：$r=0.945$。对此在 $\alpha=0.05$ 的显著性水平下进行显著性检验的步骤如下：

第一步：提出原假设。H_0：总体相关系数=0；H_1：总体相关系数≠0。

第二步：计算检验统计量的值。

$$t=r\sqrt{\frac{n-2}{1-r^2}}=0.945\times\sqrt{\frac{40-2}{1-0.945^2}}=17.8108$$

第三步：做出统计决策。若给定显著性水平 $\alpha=0.05$，在自由度为 $n-2=40-2=38$ 的 t 分布下，可确定相应的临界值 $t_{\alpha/2}=t_{0.025}=2.0244$。因为 $t=17.8108>2.0244$，所以拒绝原假设 H_0，也就是说，总体中在月支出与月收入之间存在着显著的线性相关关系，做出这一推断的把握程度为95%。当然也可采用 P 值进行决策，决策结果是相同的。

针对表 8-1 中的样本数据，通过观察散点图，并计算了相关系数，我们可以在一定的把握程度上确认：在月支出与月收入之间存在着正的线性相关关系。也就是说，随着月收入的增加，该地区居民家庭的每月日用杂货支出也将随之线性增加。

接下来的问题就是要找到这条直线，并确定下来，用之于以“月收入”的不同取值，来估计“每月日用杂货支出”的取值。这就要用到简单线性回归分析方法。

8.2 回归模型与回归方程

进行相关分析时，我们的目的仅仅是要确认两个变量之间是否具有线性相关关系，所以并未区分自变量与因变量。但回归分析中，我们要用一个变量的取值来预测另一个变量的取值，这就必须首先区分出因变量与自变量。

被估计，或者说被预测、被解释的变量称为因变量，一般用字母 y 表示；用来估计，或者说用来预测、用来解释的变量称为自变量，一般用字母 x 表示。

以线性相关关系为基础，问题中只有一个因变量与一个自变量的回归分析，称为简单线性回归分析；如果有一个因变量与多个自变量，则称为多重线性回归分析。在表 8-1 样本数据所在的引例 8 中，“月收入”与“每月日用杂货支出”两个变量之间具有线性相关关系，目的是要用“月收入”的不同取值来估计“每月日用杂货支出”的取值。因此，这属于以“月收入”为自变量，以“每月日用杂货支出”为因变量的简单线性回归分析。

所谓“简单”仅指在分析中只涉及一个因变量与一个自变量。事实上简单线性回归分析的内容是十分丰富的，其中的思想方法在多重线性回归或更复杂一些的回归分析中同样适用。因此，必须重视对其中方法原理的理解。

您不必在“回归”一词上费太多脑筋。英国著名统计学家弗朗西斯·高尔顿是最先应用统计方法研究两个变量之间关系问题的人，回归一词是由他引入的。他对父母身高与儿女身高之间的关系很感兴趣，并致力于此方面的研究。高尔顿发现，虽然有一个趋势：父母高，儿女也高；父母矮，儿女也矮，但从平均意义上说，给定父母的身高，儿女的身高却趋向于，或者说回归于总人口的平均身高。换句话说，尽管父母双亲都异常高或异常矮，儿女身高并非也普遍地异常高或异常矮，而是具有回归于总人口平均身高的趋势。更直观地解释，父辈高的群体，儿辈的平均身高低于父辈的身高；父辈矮的群体，儿辈的平均身高高于其父辈的身高。用高尔顿的话说，儿辈身高“回归”到中等身高。这是回归一词的最初由来。回归一词的现代解释是非常简捷的：就是研究因变量对自变量的依赖关系的一种统计分析方法，目的是通过自变量的给定值来估计（或称预测）因变量的均值。

8.2.1 回归模型

假定自变量x与因变量y在总体上存在着线性相关关系，我们就可以用下面的等式来模拟x与y之间的这种线性相关关系：

$$y_i=\beta_0+\beta_1x_i+\varepsilon_i$$

这个等式称为x与y的简单线性回归模型。模型中，因变量y的第i个取值y_i是以自变量x的第i个取值x_i为自变量的线性函数值$\beta_0+\beta_1x_i$再加上一个ε_i。其中，i=1，2，3，…，∞；β_0和β_1分别为线性函数的截距和斜率，称作模型参数。

模型中的ε_i是被称作误差项的随机变量，反映了除x与y之间的线性关系之外的随机因素对y的影响。在现实的总体中，您不能指望y完全地线性依赖于x，y的取值除受x的影响之外，还要受到其他各种可能因素的无法确定的或者说是随机的影响，因此，在回归模型中加上一个作为随机变量的误差项ε_i，是符合实际情况的，它代表了包含在y_i之中，但不能被x与y之间的线性关系所解释的变异性。

但仅有这个回归模型还是远远不够的，由于误差项随机变量ε_i的存在，给定一个自变量x的取值，仍然无法确切地估计出因变量y的相应取值。

8.2.2 回归方程

为使我们的分析更富于成效，必须对模型中的误差项随机变量ε_i的概率分布情况做出如下假定：

（1）ε_i是期望值为零的随机变量，即$E(\varepsilon_i)=0$；

（2）ε_i的方差是相等的，即在自变量x的不同取值x_i下，对应的误差项随机变量ε_i的方差都是相同的，可记作σ^2；

（3）ε_i服从正态分布，即$\varepsilon_i \sim N(0,\sigma^2)$；

（4）ε_i相互独立。

在上述关于ε_i的模型假定中，由于$E(\varepsilon_i)=0$，因此将回归模型两边同时取数学期望，立即可得：

$$E(y_i)=\beta_0+\beta_1x_i$$

上式被称作简单线性回归方程，表明y_i的期望值$E(y_i)$是x_i的线性函数。其中：β_0为直线的截距；β_1为直线的斜率。

由于y_i的取值是在确定的线性函数值$\beta_0+\beta_1x_i$的上面，再加上一个误差项随机变量ε_i来决定的，因此y_i也是一个随机变量，其随机性完全由ε_i的随机性来决定。ε_i的方差为σ^2，这同时也正是y_i的方差。ε_i服从正态分布，即$\varepsilon_i \sim N$（0，σ^2）；y_i同时也服从正态分布，即$y_i \sim N$（$\beta_0+\beta_1x_i$，σ^2）。

回归模型中关于ε_i的理论假定及其有关推论的内容，可通过图8-4较为直观地理解和把握。

图8-4显示，对应x的不同取值x_i、y_i是随机地取值的，且服从以$\beta_0+\beta_1x_i$为数学期望，以σ^2为方差的正态分布。

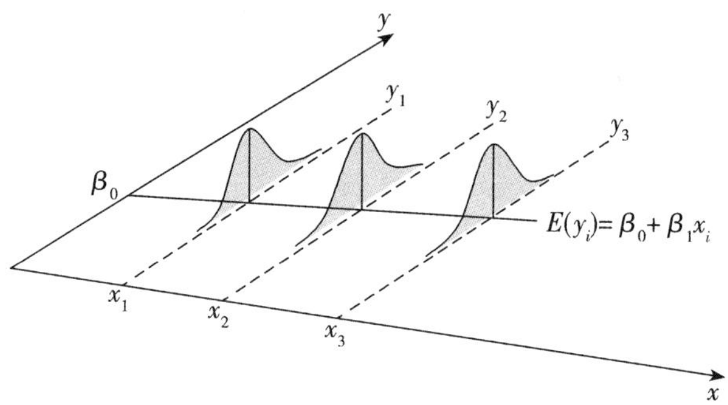

图8-4　回归模型中关于ε_i的理论假定

图8-5给出了一种明显违反模型假定的情况，各个概率密度曲线的形状是不尽相同的，此即所谓异方差性。如果实际问题中出现违反上述模型假定的情况，一般的线性回归分析方法原理也就失去了意义。

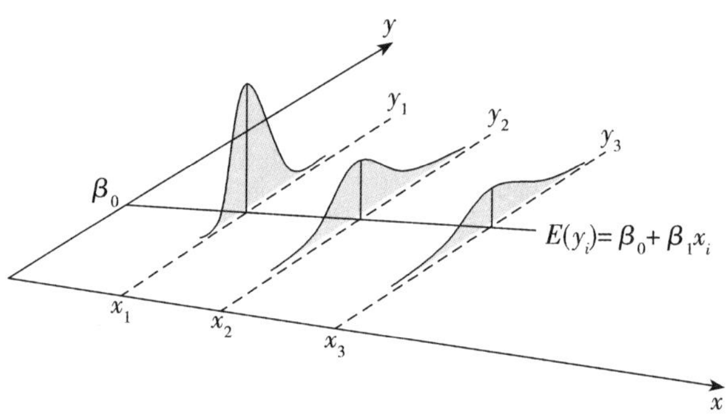

图8-5　一种违反模型假定的情况——异方差性

8.3　估计的回归方程

β_0与β_1分别为回归方程E（y_i）$=\beta_0+\beta_1x_i$所代表的直线上的截距和斜率。如果β_0与β_1是已知的，回归方程就代表了一条确定的直线，问题也就此彻底解决了，只要给定自变量x的一个取值x_i，就可依此方程得出对应的y_i的期望值E（y_i）。

然而，总体中的β_0与β_1通常都是未知的。一个现实的解决方法是：按随机原则就x与y从总体中抽取样本，根据样本数据计算出与β_0和β_1相对应的统计量的值作为对β_0与β_1的一个估计，从而得出回归方程的一个估计。

通过观察和研究样本数据，如果您能够断定x与y之间确实存在着线性关系，那么就可以通过某种方法为它们拟合出一个确定的直线方程，这个直线方程代表着x与y之间的线性相关关系，它是对总体的回归方程的一个估计，故称之为估计的回归方程。估计的回归方程的一般形式为：

$$\hat{y}_i=\hat{\beta}_0+\hat{\beta}_1 x_i$$

式中：$\hat{\beta}_0$是对β_0的一个估计，$\hat{\beta}_1$是对β_1的一个估计，因而$\hat{y}_i$就是对$E(y_i)$的一个估计。问题归结为：如何针对样本数据计算得出$\hat{\beta}_0$与$\hat{\beta}_1$的具体值，从而确定估计的回归方程的具体形式。

让我们回过头来再仔细观察图8-1所给出的40户家庭月支出与月收入的散点图。尽管40个数据点处于一种分散状态，但它们整体上是在围绕着一条向上的直线上下波动。这表明月支出y与月收入x之间具有一种正的线性关系。相关系数的计算结果也让我们相信这一判断。现在需要进一步考虑为这些散点拟合一条直线，即确定估计的回归方程的具体形式。直线拟合的最常用方法是最小平方法，如图8-6所示。

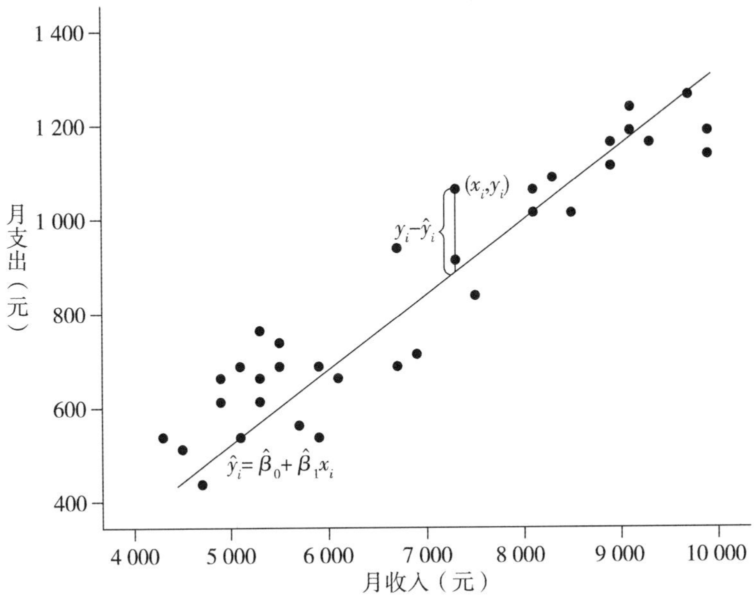

图8-6　最小平方法原理示意图

理论上讲，介于这些散点之间的直线有无数条，我们应当从中找出与所有的点拟合效果最好的那一条。我们希望各个月支出的观测值y_i与对应的估计值$\hat{y}_i$之间的距离要达到最短的程度，即：$\sum_{i=1}^{n}\left|y_i-\hat{y}_i\right|$要取得最小值。但由于式中的绝对值符号在数学处理上非常麻烦，因此我们转而要求各个距离的平方和要达到最小值，即：

$Q=\sum_{i=1}^{n}(y_i-\hat{y}_i)^2=\sum_{i=1}^{n}[y_i-(\hat{\beta}_0+\hat{\beta}_1x_i)]^2$为最小值。这就是最小平方法的基本思想。

在上式中，y_i、x_i以及n都是已知的样本数据，$\hat{\beta}_0$与$\hat{\beta}_1$则是未知的。根据微积分的极值原理，$\hat{\beta}_0$与$\hat{\beta}_1$在满足下列方程组时，上式中的距离平方和可以取得最小值，即：

$$\begin{cases}\dfrac{\partial Q}{\partial\hat{\beta}_0}=2\sum\limits_{i=1}^{n}[y_i-\hat{\beta}_0-\hat{\beta}_1x_i](-1)=0\\ \dfrac{\partial Q}{\partial\hat{\beta}_1}=2\sum\limits_{i=1}^{n}[y_i-\hat{\beta}_0-\hat{\beta}_1x_i](-x_i)=0\end{cases}$$

稍作整理，可得方程组：

$$\begin{cases}\sum\limits_{i=1}^{n}y_i=n\hat{\beta}_0+\hat{\beta}_1\sum\limits_{i=1}^{n}x_i\\ \sum\limits_{i=1}^{n}x_iy_i=\hat{\beta}_0\sum\limits_{i=1}^{n}x_i+\hat{\beta}_1\sum\limits_{i=1}^{n}x_i^{\ 2}\end{cases}$$

式中：x_i代表第i次观测自变量的观测值；y_i代表第i次观测因变量的观测值；n代表观测次数或称样本容量。

现在，只需将样本数据代入这个方程组，解得$\hat{\beta}_0$与$\hat{\beta}_1$的数值，就可以确定估计的回归方程了。在我们的例子中，经过一番简单计算得：$\sum\limits_{i=1}^{n}y_i$=33 625、$\sum\limits_{i=1}^{n}x_i$=273 387、$\sum\limits_{i=1}^{n}x_i^{\ 2}$=1 987 875 615、$\sum\limits_{i=1}^{n}x_iy_i$=245 795 835、$n$=40，代入上式的方程组中得：

$$\begin{cases}33\,625=40\hat{\beta}_0+273\,387\hat{\beta}_1\\ 245\,795\,835=33\,625\hat{\beta}_0+1\,987\,875\,615\hat{\beta}_1\end{cases}$$

解得：

$$\begin{cases}\hat{\beta}_0=-74.365\\ \hat{\beta}_1=0.134\end{cases}$$

于是，通过最小平方法所获得的估计的回归方程为：$\hat{y}_i=-74.365+0.134x_i$。

对应自变量x的任意给定值x_i，$\hat{y}_i$的取值将处于如图8-4所示的同一条直线上。所得到的估计的回归方程的斜率是正的（$\hat{\beta}_1$=0.134），这表明随着月收入的增加，月支出也随之增加。您可以说：月收入每增加1元，月支出将期望增加0.134元。所得到的估计的回归方程的截距为负值（$\hat{\beta}_0$=−74.365），在此处它仅仅起到决定估计的回归方程所代表的直线在图形中的位置的作用。

如果您认为应用最小平方法所得出的这个估计的回归方程令人满意地描述了月支出与月收入之间的关系，那么对于在合理范围内任意给定的月收入，利用这个方程来估计月支出的取值将被认为是合理的。

8.4 判定系数

确定估计的回归方程的目的，是要推断总体中的回归方程，最终目的是要用自变量的变动来解释因变量的变动。显然，我们所确定的估计的回归方程与样本数据拟合得越紧密，自变量对因变量的解释能力就越强。

我们使用一个叫作判定系数的统计量，记作r^2，来衡量估计的回归方程对样本数据拟合的紧密程度，以下是r^2的构造过程，如图8-7所示。

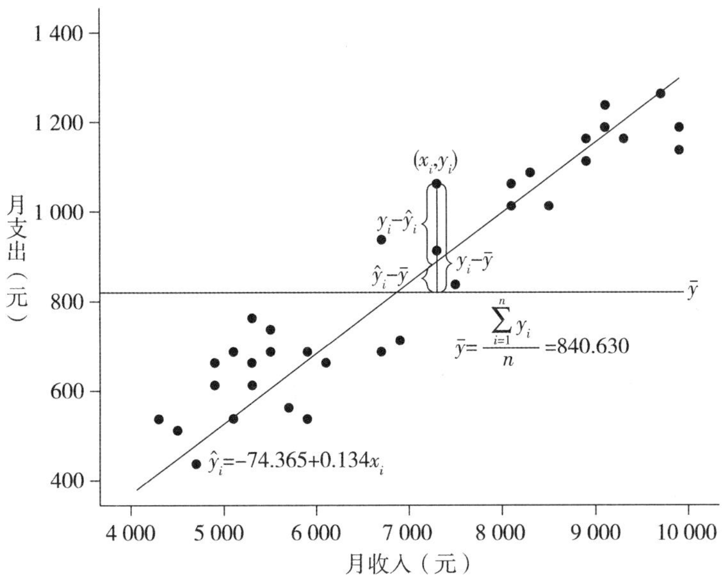

图8-7　残差、总离差与回归误差

y_i与$\hat{y}_i$之间的离差，即$y_i-\hat{y}_i$，称为样本中第i次观测的残差，它是用$\hat{y}_i$来估计y_i时所产生的误差。最小平方法的基本原理告诉我们：所有样本点的残差的平方和是一个最小化的量，我们把这个最小化的量称为残差平方和或称误差平方和，记作SSE，即：

$$SSE=\sum_{i=1}^{n}(y_i-\hat{y}_i)^2$$

利用估计的回归方程以自变量来估计因变量的取值总是要产生误差的，SSE从整体上度量了这种误差的大小。在我们的例子中，通过计算可得，误差平方和SSE =257 563.23。这个数值从整体上度量了利用估计的回归方程$\hat{y}_i=-74.365+0.134x_i$来估计月支出时所产生的误差的大小。$SSE$越小越是我们希望看到的，但在实际问题中您不能指望它会降到零。

不知您是否想过这样一个问题：在我们的例中，如果手中只掌握月支出的数据，而不掌握与之对应的月收入数据的话，又应该如何来估计当地居民的每月支出呢？显然，如果没有与月支出相关的其他变量的数据，我们就只能用月支出的样本平均值$\bar{y}$来做这种估计了，此时，所产生的误差会更大。本例中计划部主管起初就是这么做的，她估计出“平均每户每月支出”为840.63元左右，但她很快意识到应该与月收入变量关联起来进行有关的估计才更为符合实际。

我们将样本中第i次观测因变量的观测值y_i与因变量均值$\bar{y}$之间的离差称为第i个总离差，即$y_i-\bar{y}$，如图8-7所示。它是用$\bar{y}$去估计y_i时所产生的误差。所有总离差的平方和被称为总离差平方和或称总平方和，记作SST，即：

$$SST=\sum_{i=1}^{n}(y_i-\bar{y})^2$$

SST从整体上度量了用$\bar{y}$去估计y_i时所产生的误差，反映了因变量观测值的总的变异性。显然，同一问题中总离差平方和SST总是要大于误差平方和SSE的。在我们的例子中，通过计算得出，SST=2 396 869.38，这要比SSE=257 563.23大出许多。

在图形上，您可以把误差平方和SSE看作是观测值围绕在估计的回归直线$\hat{y}_i$周围的密集程度的度量；把总离差平方和SST看作是观测值围绕在水平直线$\bar{y}$周围的密集程度的度量。

您可能已经注意到了，估计的回归方程$\hat{y}_i$所代表的直线，与水平直线$\bar{y}$之间也存在着偏差。这个偏差可用一个叫作回归平方和的统计量来度量。对应样本中第i次观测的因变量的估计值$\hat{y}_i$与因变量均值$\bar{y}$之间的离差称为第i个回归离差，即$\hat{y}_i-\bar{y}$，如图8-7所示。所有回归离差的平方和称为回归平方和，记作SSR，即：

$$SSR=\sum_{i=1}^{n}(\hat{y}_i-\bar{y})^2$$

在我们的例子中，SSR=2 139 306.14。它从整体上度量了$\hat{y}_i=-74.365+0.134x_i$与$\bar{y}=840.630$之间偏差的大小。

总离差平方和可做如下分解：

$$\begin{aligned}SST&=\sum_{i=1}^{n}(y_i-\bar{y})^2\\&=\sum_{i=1}^{n}(y_i-\hat{y}_i+\hat{y}_i-\bar{y})^2\\&=\sum_{i=1}^{n}(y_i-\hat{y}_i)^2+2\sum_{i=1}^{n}(y_i-\hat{y}_i)(\hat{y}_i-\bar{y})+\sum_{i=1}^{n}(\hat{y}_i-\bar{y})^2\end{aligned}$$

由回归分析的独立性假定，可得：$\sum_{i=1}^{n}(y_i-\hat{y}_i)(\hat{y}_i-\bar{y})=0$，所以有：

$$\sum_{i=1}^{n}(y_i-\bar{y})^2=\sum_{i=1}^{n}(y_i-\hat{y}_i)^2+\sum_{i=1}^{n}(\hat{y}_i-\bar{y})^2$$

即：

$$SST=SSE+SSR$$

上式表明，总平方和可以被分解为回归平方和与误差平方和两部分。在我们的例子中，$SST=SSE+SSR$=257 563.23+2 139 306.14=2 396 869.38。

假如样本数据中因变量的全体观测值y_i，刚好都落在回归直线$\hat{y}_i$上，则必有

$SSE=0$，这意味着估计的回归方程给出了一个完全的拟合，进一步则有 $SST=SSR$，再进一步则有 $SSR/SST=1$；如果没有达到完全的拟合，即因变量的各个取值没有完全落在回归直线 $\hat{y}_i$ 上，则必有 $SSE>0$，进一步则有 $SST>SSR$，再进一步则有 $SSR/SST<1$。显然，$0\leqslant SSR\leqslant SST$，因此进一步则有 $0\leqslant SSR/SST\leqslant 1$。我们将这个比值称为判定系数，记作 r^2，即：

$$r^2=\frac{SSR}{SST}$$

判定系数 r^2 可以帮助我们评价估计的回归方程对样本数据拟合效果的好坏，r^2 越接近于1，表明估计的回归方程对样本数据的拟合效果越好；越接于0表明拟合效果越差。在我们的例中，

$$r^2=\frac{SSR}{SST}=\frac{2\,139\,306.14}{2\,396\,869.38}=0.8925$$

结果表明：总离差平方和中的89.25%的变异性，能够被估计的回归方程 $\hat{y}_i=-74.365+0.134x_i$ 所解释。换句话说，40户家庭每月日用杂货支出的变异性，89.25%能够被月日用杂货支出与月收入之间的线性关系所解释。

8.5　F 检验

在回归方程 $E(y_i)=\beta_0+\beta_1x_i$ 中，如果其斜率 $\beta_1=0$，则有 $E(y_i)=\beta_0$，回归方程此时代表着一条水平直线，这表明 y_i 的均值 $E(y_i)$ 不依赖于 x_i 的变化而呈线性变化，意味着总体中 y 与 x 之间不存在线性相关关系。y 与 x 之间在总体中存在线性相关关系的充要条件是 $\beta_1\neq0$。

估计的回归方程是对回归方程的一个估计。回归方程代表了总体中 y 与 x 两个变量之间确定的线性相关关系，估计的回归方程所代表的则是通过最小平方法由 y 与 x 的样本数据拟合出来的一条随机直线。估计的回归方程的随机性来源于样本数据的随机性。在估计的回归方程与回归方程之间存在着随机误差。也就是说，我们不能依据 $\hat{\beta}_1\neq0$ 直接推断 $\beta_1\neq0$；也不能依据 $\hat{\beta}_1=0$ 直接推断 $\beta_1=0$。y 与 x 两个变量之间的关系由样本到总体的推断，需要通过假设检验的方法的完成。

在回归模型中，我们曾假定在自变量 x 的不同取值 x_i 下，对应的误差项随机变量 ε_i 的方差是相同的，都是 σ^2。

如果要根据样本数据来估计 σ^2，统计上存在着两个估计量。一个是运用残差平方和除以其自由度来估计 σ^2，这个估计量称作均方误差，记作 MSE；另一个是运用回归平方和除以其自由度来估计 σ^2，这个估计量称作均方回归，记作 MSR。残差平方和的自由度是样本容量减去1再减去问题中自变量的个数 p，即 $n-p-1=n-2$；回归平方和自由度就是问题中自变量的个数 p，在简单线性回归分析中 $p=1$。

均方误差与均方回归作为 σ^2 的两个独立的估计量，它们的性质有所不同。假如 $\beta_1=0$，那么 MSR 与 MSE 都是对 σ^2 的无偏估计，此时 MSR 与 MSE 的比值会接近于

1；假如$\beta_1\neq0$，那么MSE仍然是对σ^2的无偏估计，而MSR则会出现估计偏高的倾向，此时MSR与MSE的比值就会远远大于1。利用这一特点，可以构造如下统计量以检验$\beta_1=0$的假设是否成立。

$$F=\frac{MSR}{MSE}$$

根据回归模型中关于ε_i的正态性假设，不难推出该统计量应服从分子自由度为1，分母自由度为$n-2$的F分布。给定一个显著性水平α，如果$F>F_\alpha$，则拒绝$\beta_1=0$的原假设，这表明我们可以在$1-\alpha$的把握程度上推断总体中y与x两个变量之间存在线性相关关系。否则，没有理由拒绝原假设。

在我们的例子中，原假设为$\beta_1=0$，检验统计量的值为：

$$F=\frac{MSR}{MSE}=\frac{\frac{2\,139\,306.14}{1}}{\frac{257\,563.23}{38}}=\frac{2\,139\,306.14}{6\,777.98}=315.626$$

如果给定的显著性水平为$\alpha=0.05$，则有$F_{0.05}=4.098$。因为315.626>4.098，所以拒绝$\beta_1=0$的原假设。即在0.05的显著性水平下，可以认为总体中每月日用杂货支出与月收入之间，存在着估计的回归方程$\hat{y}_i=-74.365+0.134x_i$所代表的线性相关关系。

通常人们习惯采用方差分析表来表述F检验的具体步骤，具体表示见表8-2。

表8-2 **方差分析表**

方差来源	平方和	自由度	均方	F
回　归	SSR	1	MSR	
误　差	SSE	$n-2$	MSE	$\frac{MSR}{MSE}$
总　计	SST	$n-1$	—	—

在我们的例子中，F检验方差分析表见表8-3。

表8-3 **月支出与月收入样本数据简单线性回归方差分析表**

方差来源	平方和	自由度	均方	F
回　归	2 139 306.14	1	2 139 306.14	315.626
误　差	257 563.23	38	6 777.98	
总　计	2 396 869.38	39	—	—

8.6 回归预测

基于模型假定，我们运用最小平方法由40户家庭月日用杂货支出和月收入的样本数据得到了估计的回归方程$\hat{y}_i=-74.365+0.134x_i$，并在0.05的显著性水平下进行

了 F 检验。此外，还计算出判定系数为0.8925，这是一个很高的拟和优度。如果您确认样本数据符合回归分析的模型假定，那么接下来就可以运用这个方程来进行预测（或称估计）了。

8.6.1 $E(y_i)$ 和 y_i 的点估计

预测有两种情形，第一种情形是用自变量的值来预测因变量的均值，即用 x_i 来预测 $E(y_i)$，例如，预测该地区某一月收入水平下的全部家庭，其平均月日用杂货支出是多少；第二种情形是用自变量的值来预测因变量的个别值，即用 x_i 来预测 y_i，例如，已知某个家庭的月收入，预测这个家庭的月日用杂货支出是多少。前者称为均值估计，后者称为个别值估计。

两种情形下的点估计值是一样的，都是 $\hat{y}_i=-74.365+0.134x_i$。例如，该地区月收入为8 000元的全部家庭，其平均月日用杂货支出的点估计为：

$\hat{y}_i=-74.365+0.134\times 8\,000=997.635$（元）

如果知道某户家庭的月收入为8 000元，要来预测这户家庭的月日用杂货支出，我们也只能从平均意义说这户家庭的月日用杂货支出估计为997.635元。表8-4给出了样本数据范围内不同月收入水平下，总体均值 $E(y_i)$ 和个别值 y_i 的点估计值 $\hat{y}_i$。

表8-4　　　　**不同月收入下 $E(y_i)$ 和 y_i 的点估计值 $\hat{y}_i$**

家庭序号	y_i	x_i	$\hat{y}_i$	家庭序号	y_i	x_i	$\hat{y}_i$
1	1 148	8 882	1 114.710	21	710	6 837	840.936
2	489	4 558	535.835	22	937	7 263	897.967
3	1 208	9 053	1 137.603	23	1 030	8 009	997.838
4	1 065	8 094	1 009.217	24	1 064	8 392	1 049.112
5	1 015	8 414	1 052.057	25	662	4 899	581.487
6	1 125	8 925	1 120.467	26	680	5 581	672.789
7	1 206	9 862	1 245.908	27	675	5 091	607.190
8	613	4 856	575.730	28	720	5 495	661.276
9	661	4 899	581.487	29	913	6 688	820.989
10	606	5 304	635.706	30	1 140	9 329	1 174.552
11	541	5 943	721.252	31	740	5 304	635.706
12	1 083	7 242	895.156	32	540	5 730	692.737
13	839	7 540	935.050	33	693	5 943	721.252
14	1 090	8 989	1 129.035	34	673	6 156	749.767
15	1 217	9 138	1 148.982	35	918	6 752	829.557
16	555	4 388	513.077	36	1 069	8 264	1 031.976
17	458	4 793	567.296	37	1 265	9 649	1 217.393
18	647	4 856	575.730	38	1 145	9 883	1 248.720
19	592	5 346	641.329	39	549	5 133	612.813
20	676	6 603	809.610	40	668	5 304	635.706

8.6.2 $E(y_i)$ 的区间估计

但是，上述的点估计不能给出估计的把握程度的任何概念。因为由样本数据所得出的估计的回归方程是具有随机性的，也就是说$\hat{y}_i$是一个随机变量，您不能指望它恰巧等于总体中的真值，所以您只能退而求其次，在一定把握程度上给出总体真值的存在区间。我们先来讨论总体均值$E(y_i)$的区间估计。

做$E(y_i)$的区间估计，必须首先搞清楚其估计量$\hat{y}_i$的抽样分布规律。现在给定自变量x的任意值x_i，要得到$E(y_i)$的真值，则应有$E(y_i)=\beta_0+\beta_1x_i$。但$\beta_0$与$\beta_1$是未知的，所以我们只能用$\hat{y}_i=\hat{\beta}_0+\hat{\beta}_1x_i$来估计$E(y_i)$。由于$\hat{\beta}_0$和$\hat{\beta}_1$分别是$\beta_0$和$\beta_1$的无偏估计量，所以，将$\hat{y}_i=\hat{\beta}_0+\hat{\beta}_1x_i$两边同时取数学期望可得：$E(\hat{y}_i)=\beta_0+\beta_1x_i$。也就是说$\hat{y}_i$的数学期望为$E(y_i)=\beta_0+\beta_1x_i$。由于$\hat{\beta}_0$和$\hat{\beta}_1$均服从正态分布，所以，作为$\hat{\beta}_0$和$\hat{\beta}_1$线性组合的$\hat{y}_i$也应服从正态分布。

接下来，我们将$\hat{y}_i=\hat{\beta}_0+\hat{\beta}_1x_i$两边同时求方差，利用概率论中方差的运算法则，同时注意回归模型中关于误项ε_i的正态性假设，经过一系列整理归并，可得$\hat{y}_i$关于$E(y_i)$的方差，记作$\sigma^2_{\hat{y}_i}$，为：

$$\sigma^2_{\hat{y}_i}=\sigma^2\left[\frac{1}{n}+\frac{(x_i-\bar{x})^2}{\sum_{i=1}^{n}(x_i-\bar{x})^2}\right]$$

综上所述，给定自变量x的任意值x_i时，对应的$\hat{y}_i$服从数学期望为$E(y_i)$，方差为$\sigma^2_{\hat{y}_i}$的正态分布。利用正态分布的性质，可定义服从标准正态分布的统计量：

$$Z=\frac{\hat{y}_i-E(y_i)}{\sigma^2_{\hat{y}_i}}$$

由于总体中的σ^2的值是未知的，因此$\sigma^2_{\hat{y}_i}$也是未知的。前面提到过，MSE是σ^2的无偏估计，为表述方便这里将它记为s^2。以s^2估计σ^2，从而得出$\sigma^2_{\hat{y}_i}$的估计量为：

$$s^2_{\hat{y}_i}=s^2\left[\frac{1}{n}+\frac{(x_i-\bar{x})^2}{\sum_{i=1}^{n}(x_i-\bar{x})^2}\right]$$

并可得标准差为：

$$s_{\hat{y}_i}=s\sqrt{\left[\frac{1}{n}+\frac{(x_i-\bar{x})^2}{\sum_{i=1}^{n}(x_i-\bar{x})^2}\right]}$$

以$s^2_{\hat{y}_i}$估计$\sigma^2_{\hat{y}_i}$，从而得自由度为$n-2$的t统计量：

$$t=\frac{\hat{y}_i-E(y_i)}{s_{\hat{y}_i}}$$

于是可得$E(y_i)$在显著性水平α下的置信区间为：

$\hat{y}_i \pm t_{\alpha/2} s_{\hat{y}_i}$

在我们的例子中，经计算可知 $n=40$、$s=\sqrt{s^2}=\sqrt{61\,458.189}=247.908$、$\bar{x}=6\,834.68$、$\sum_{i=1}^{n}(x_i-\bar{x})^2=119\,364\,320.78$。如果要在 $\alpha=0.01$ 的显著性水平下，做出月收入为8 000元的全体家庭平均月日用杂货支出的估计区间，则有：$\hat{y}_i=997.635$ 元，$t_{\alpha/2}=t_{0.005}=2.763$，并有：

$$s_{\hat{y}_i}=247.908\times\sqrt{\frac{1}{40}+\frac{(8\,000-6\,834.68)^2}{119\,364\,320.78}}=92.36$$

于是有：997.635±2.763×92.36，即997.635±255.19。所以，月收入水平为8 000元的全部家庭，其平均月日用杂货支出在742.44元与1 252.83元之间，做出这种推断的把握程度为99%。表8-5给出了显著性水平为 $\alpha=0.01$ 时，样本数据范围内不同月收入水平下 $E(y_i)$ 的估计区间。

表8-5　　$E(y_i)$ 的估计区间（$\alpha=0.01$）

y_i	x_i	$\hat{y}_i$	$E(y_i)$ 的估计区间		y_i	x_i	$\hat{y}_i$	$E(y_i)$ 的估计区间	
			下限	上限				下限	上限
1 148	8 882	1 114.71	1 059.97	1 169.45	710	6 837	840.94	805.64	876.23
489	4 558	535.84	477.44	594.23	937	7 263	897.97	861.60	934.33
1 208	9 053	1 137.60	1 080.15	1 195.05	1 030	8 009	997.84	955.16	1 040.52
1 065	8 094	1 009.22	965.54	1 052.90	1 064	8 392	1 049.11	1 001.59	1 096.64
1 015	8 414	1 052.06	1 004.23	1 099.88	662	4 899	581.49	528.48	634.50
1 125	8 925	1 120.47	1 065.06	1 175.88	680	5 581	672.79	629.18	716.40
1 206	9 862	1 245.91	1 174.69	1 317.13	675	5 091	607.19	557.04	657.34
613	4 856	575.73	522.06	629.40	720	5 495	661.28	616.61	705.94
661	4 899	581.49	528.48	634.50	913	6 688	820.99	785.57	856.41
606	5 304	635.71	588.55	682.87	1 140	9 329	1 174.55	1 112.56	1 236.55
541	5 943	721.25	681.53	760.97	740	5 304	635.71	588.55	682.87
1 083	7 242	895.16	858.89	931.42	540	5 730	692.74	650.84	734.63
839	7 540	935.05	896.92	973.18	693	5 943	721.25	681.53	760.97
1 090	8 989	1 129.04	1 072.61	1 185.46	673	6 156	749.77	711.84	787.69
1 217	9 138	1 148.98	1 090.15	1 207.81	918	6 752	829.56	794.22	864.89
555	4 388	513.08	451.88	574.27	1 069	8 264	1 031.98	986.16	1 077.79
458	4 793	567.30	512.65	621.94	1 265	9 649	1 217.39	1 149.92	1 284.87
647	4 856	575.73	522.06	629.40	1 145	9 883	1 248.72	1 177.13	1 320.31
592	5 346	641.33	594.73	687.92	549	5 133	612.81	563.27	662.36
676	6 603	809.61	774.00	845.22	668	5 304	635.71	588.55	682.87

值得注意的是：当$x_i=\bar{x}$时，有$x_i-\bar{x}=0$，因而有$\sigma_{\hat{y}_i}$最小的估计量：

$$s_{\hat{y}_i}=s\sqrt{\frac{1}{n}+\frac{(x_i-\bar{x})^2}{\sum_{i=1}^{n}(x_i-\bar{x})^2}}=s\sqrt{\frac{1}{n}}$$

这意味着，当我们取$x_i=\bar{x}$时，就能够得到$E(y_i)$的最精确的估计区间。事实上，x_i偏离$\bar{x}$越远，$x_i-\bar{x}$就会变得越大，$s_{\hat{y}_i}$也就越大，$E(y_i)$的估计区间就会变得越宽，同样的显著性水下，估计精度就会变得越差。

8.6.3 y_i的区间估计

y_i的区间估计与$E(y_i)$有所不同。从先前的讨论中我们知道，给定自变量x的任意值x_i时，$\hat{y}_i$服从数学期望为$E(y_i)$的正态分布。但$\hat{y}_i$关于y_i的方差与关于$E(y_i)$的方差是两回事情。$\hat{y}_i$关于$E(y_i)$的方差来源于$\hat{y}_i-E(y_i)$；而$\hat{y}_i$关于y_i的方差则是来源于$\hat{y}_i-y_i$。y_i的估计区间要由$\hat{y}_i$关于y_i的方差来决定。

我们将$\hat{y}_i$关于y_i的方差记作σ^2_{ind}，根据方差定义有：$\sigma^2_{ind}=E(\hat{y}_i-y_i)^2$，即：$\sigma^2_{ind}=E[(\hat{\beta}_0+\hat{\beta}_1x_i)-(\beta_0+\beta_1x_i+\varepsilon_i)]^2=E[(\hat{\beta}_0-\beta_0)+(\hat{\beta}_1-\beta_1)x_i-\varepsilon_i]^2$。在对该式进一步整理的过程中，注意到$\hat{\beta}_0$和$\hat{\beta}_1$分别是$\beta_0$和$\beta_1$的无偏估计量、$x_i$为给定常数，并且我们在回归模型中曾假定$\varepsilon_i$的数学期望为零且方差为$\sigma^2$，可得：

$$\sigma^2_{ind}=\sigma^2\left[1+\frac{1}{n}+\frac{(x_i-\bar{x})^2}{\sum_{i=1}^{n}(x_i-\bar{x})^2}\right]$$

并可得σ^2_{ind}的估计量s^2_{ind}为：

$$s^2_{ind}=s^2\left[1+\frac{1}{n}+\frac{(x_i-\bar{x})^2}{\sum_{i=1}^{n}(x_i-\bar{x})^2}\right]$$

进一步可得标准差为：

$$s_{ind}=s\sqrt{1+\frac{1}{n}+\frac{(x_i-\bar{x})^2}{\sum_{i=1}^{n}(x_i-\bar{x})^2}}$$

与先前讨论过的道理一样，可以得出一个服从自由度为$n-2$的t分布的统计量：

$$t=\frac{\hat{y}_i-y_i}{s_{ind}}$$

并可进一步得出y_i在显著性水平α下的置信区间为：

$$\hat{y}_i\pm t_{\alpha/2}s_{ind}$$

在我们的例子中，经计算可知$n=40$、$s=\sqrt{s^2}=\sqrt{61\,458.189}=247.908$、$\bar{x}=6\,834.68$、$\sum_{i=1}^{n}(x_i-\bar{x})^2=119\,364\,320.78$。现在如果要在$\alpha=0.01$的显著性水平下，做出某一月收入为8 000元的家庭月日用杂货支出区间估计，则有：$\hat{y}_i=997.635$元，$t_{\alpha/2}=$

$t_{0.005}$=2.763，并有：

$$s_{\hat{y}_i}=247.908\times\sqrt{1+\frac{1}{40}+\frac{(8\,000-6\,834.68)^2}{119\,364\,320.78}}=252.38$$

于是有：997.635±2.763×252.38，即997.635±697.33。所以，该月收入水平为8 000元的家庭，其月日用杂货支出在300.31元与1 694.96元之间，做出这种推断的把握程度为99%。表8-6给出了显著性水平为α=0.01时，样本数据范围内不同月收入水平下y_i的估计区间。

表8-6　**y_i的估计区间（α=0.01）**

y_i	x_i	$\hat{y}_i$	个别值估计区间		y_i	x_i	$\hat{y}_i$	个别值估计区间	
			下限	上限				下限	上限
1 148	8 882	1 114.71	884.860	1 344.56	710	6 837	840.94	614.93	1 066.95
489	4 558	535.835	305.086	766.59	937	7 263	897.97	671.79	1 124.15
1 208	9 053	1 137.60	907.091	1 368.12	1 030	8 009	997.84	770.56	1 225.12
1 065	8 094	1 009.22	781.745	1 236.69	1 064	8 392	1 049.11	820.87	1 277.35
1 015	8 414	1 052.06	823.753	1 280.36	662	4 899	581.49	352.04	810.93
1 125	8 925	1 120.47	890.455	1 350.48	680	5 581	672.79	445.33	900.25
1 206	9 862	1 245.91	1 011.59	1 480.23	675	5 091	607.19	378.39	835.99
613	4 856	575.73	346.131	805.33	720	5 495	661.28	433.61	888.94
661	4 899	581.497	352.040	810.93	913	6 688	820.99	594.96	1 047.02
606	5 304	635.71	407.541	863.872	1 140	9 329	1 174.55	942.87	1 406.24
541	5 943	721.25	494.507	947.997	740	5 304	635.71	407.54	863.872
1 083	7 242	895.16	668.991	1 121.32	540	5 730	692.74	465.60	919.87
839	7 540	935.05	708.580	1 161.52	693	5 943	721.25	494.51	948.00
1 090	8 989	1 129.04	898.777	1 359.29	673	6 156	749.77	523.33	976.20
1 217	9 138	1 148.99	918.123	1 379.84	918	6 752	829.56	603.54	1 055.58
555	4 388	513.08	281.602	744.55	1 069	8 264	1 031.98	804.09	1 259.87
458	4 793	567.30	337.466	797.13	1 265	9 649	1 217.39	984.18	1 450.61
647	4 856	575.73	346.131	805.33	1 145	9 883	1 248.72	1 014.28	1 483.16
592	5 346	641.33	413.280	869.38	549	5 133	612.81	384.14	841.484
676	6 603	809.61	583.548	1 035.67	668	5 304	635.71	407.54	863.872

将表8-5与表8-6进行比较可以看出，y_i的估计区间要略大于$E(y_i)$的估计区间。这是由于两种方差的不同造成的。与先前的道理一样，当$x_i=\bar{x}$时，y_i的估计区间是最精确的。

8.7 残差分析

一个估计的回归方程可能拥有令人满意的判定系数，也可能顺利地通过显著性检验。即使如此，我们仍然不能就此认定，它就是一个好的模型。因为，无论是估计的回归方程的得出，还是判定系数的计算，或是显著性检验，以及回归预测中的点估计和区间估计，都是建立在模型假定的基础之上的，如果最初几个模型假定中的任意一个是不真实的，我们就有理由怀疑这个估计回归方程的适用性。

现在，需要回到最初的起点，来设法证实模型假定的真实性。残差分析是证实模型假定的基本方法。

先前在判定系数r^2的讨论中曾提到过，样本中第i个残差是第i次观测的因变量观测值y_i与其估计值$\hat{y}_i$之间的离差，即$y_i-\hat{y}_i$。残差不仅是衡量估计回归方程拟合优度的依据，也是证实模型假定的依据。利用残差分析证实模型假定主要是通过观察残差图来完成的，有多种残差图可供选择。

8.7.1 残差图

将样本点$(x_i, y_i-\hat{y}_i)$描绘在以横轴表示因变量y、以纵轴表示残差$y_i-\hat{y}_i$的直角坐标系中，就可以得到残差图。残差图中包含着有关模型假定的有用信息。观察图中各个点的分布状况，可以帮助我们判断模型假定的真实性。图8-8、图8-9和图8-10给出了3种典型的残差图分布情况。

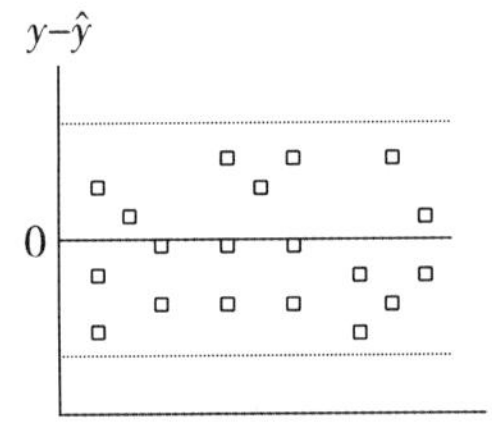

图8-8 水平的分布带

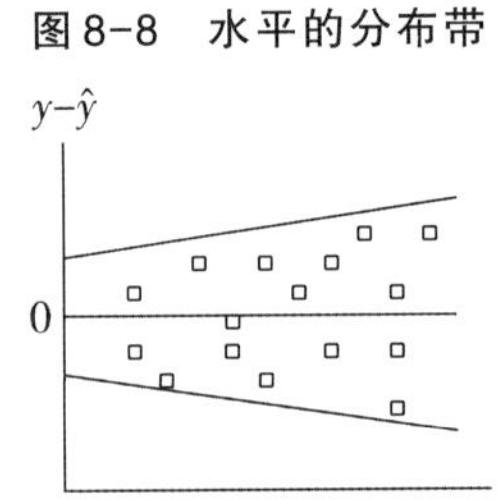

图8-9 逐渐加宽的分布带

在最初的回归模型中我们曾假定：总体中变量x与变量y之间具有线性关系，而且各个误差项ε_i都服从数学期望为零，方差为σ^2的同一种正态分布。如果这种假

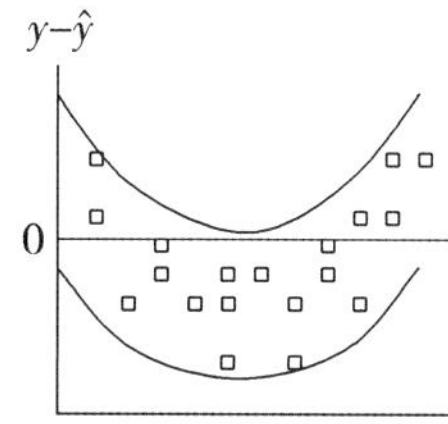

图 8-10　弯曲的分布带

定是真实的，那么残差图中各个点就应当是分布在一条水平带中间。如果这种假定是不真实的，例如，总体中对应较大的x_i，ε_i的方差也较大，那么残差图中各个点就会分布在一条逐渐加宽的带内。再如，如果变量x与变量y之间不具有线性关系，那么残差图中各个点就会分布在一条变得弯曲的带内。

尽管这种图形上的残差分析方法显得有些主观，但只要您对线性回归方法原理有准确而全面的理解，再结合长期实践经验，通常还是可以做出正确判断的。当然，实际问题中完全符合上述类型的残差分布是很少遇到的，所以，在残差分析中，经验和直觉就显得特别重要。

在我们的例子中，对应于各个样本点的残差的计算结果及残差图如表8-7和图8-11所示。

表 8-7　　月支出与月收入样本数据残差与标准化残差计算表

y_i	x_i	$\hat{y}_i$	$y_i-\hat{y}_i$	zre_i	y_i	x_i	$\hat{y}_i$	$y_i-\hat{y}_i$	zre_i
1 148	8 882	1 114.71	33.29	0.40	710	6 837	840.94	−130.94	−1.60
489	4 558	535.845	−46.835	−0.57	937	7 263	897.97	39.03	0.47
1 208	9 053	1 137.60	70.40	0.86	1 030	8 009	997.84	32.16	0.39
1 065	8 094	1 009.22	55.78	0.68	1 064	8 392	1 049.11	14.89	0.18
1 015	8 414	1 052.06	−37.06	−0.45	662	4 899	581.49	80.51	0.98
1 125	8 925	1 120.47	4.53	0.06	680	5 581	672.79	7.21	0.088
1 206	9 862	1 245.91	−39.91	−0.49	675	5 091	607.20	67.81	0.82
613	4 856	575.73	37.27	0.45	720	5 495	661.28	58.72	0.71
661	4 899	581.49	79.51	0.97	913	6 688	820.99	92.01	1.12
606	5 304	635.71	−29.71	−0.36	1 140	9 329	1 174.55	−34.55	−0.42
541	5 943	721.25	−180.25	−2.19	740	5 304	635.71	104.30	1.27
1 083	7 242	895.16	187.84	2.28	540	5 730	692.74	−152.74	−1.85
839	7 540	935.05	−96.05	−1.17	693	5 943	721.25	−28.25	−0.34
1 090	8 989	1 129.04	−39.03	−0.47	673	6 156	749.77	−76.77	−0.93

续表

y_i	x_i	$\hat{y}_i$	$y_i-\hat{y}_i$	zre_i	y_i	x_i	$\hat{y}_i$	$y_i-\hat{y}_i$	zre_i
1 217	9 138	1 148.98	68.02	0.83	918	6 752	829.56	88.44	1.074
555	4 388	513.08	41.92	0.51	1 069	8 264	1 031.98	37.02	0.45
458	4 793	567.306	−109.30	−1.33	1 265	9 649	1 217.40	47.617	0.58
647	4 856	575.73	71.270	0.87	1 145	9 883	1 248.72	−103.72	−1.26
592	5 346	641.33	−49.33	−0.60	549	5 133	612.81	−63.82	−0.78
676	6 603	809.61	−133.61	−1.62	668	5 304	635.71	32.29	0.39

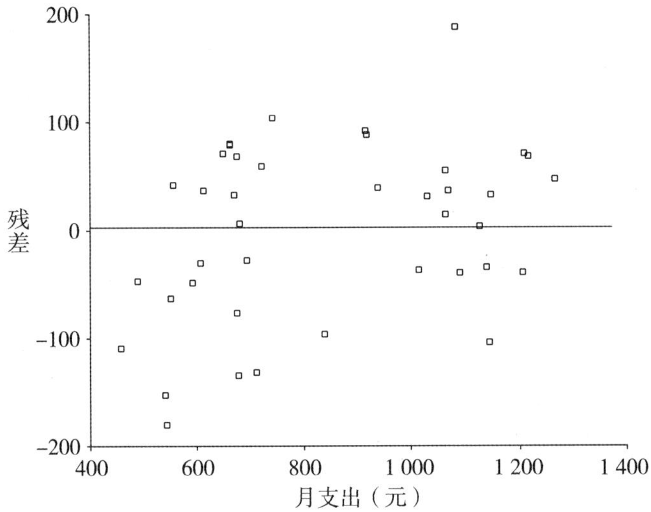

图 8-11　40户家庭月支出与月收入样本数据残差图

图 8-11 中的各个残差围绕着 $y-\hat{y}=0$ 的水平线上下波动，大体上分布在一条水平带内，没有证据表明模型假定是不合理的。

8.7.2　标准化残差图

现在换一种思路，直接从模型假定来构造用于残差分析的统计量。如果我们关于 ε_i 的同方差正态性假定是真实的，那么，作为随机变量的残差 $y_i-\hat{y}_i$ 都应服从期望值为零，方差为 σ^2 的正态分布。利用正态分布的性质，可定义服从标准正态分布的统计量：

$$Z=\frac{y_i-\hat{y}_i}{\sigma}$$

在 F 检验中曾经讨论过，均方误差 MSE 是方差 σ^2 的一个无偏估计，且其自由度为 $n-2$。于是，以 MSE 估计方差 σ^2，可得自由度为 $n-2$ 的 t 统计量，称作标准化残差，又称为皮尔逊残差，记作 zre_i。

$$zre_i=\frac{y_i-\hat{y}_i}{\sqrt{MSE}}$$

以标准化残差为纵轴、因变量为横轴，描绘出每一个残差所对应的标准化残差，就可得到标准化残差图。如果模型假定是真实的，那么在样本容量充分大的前提下，我们期望会看到大约有95%的标准化残差介于-2和+2之间。如果有过多的点分布在这个范围以外，那就是违反模型假定的证据。

根据40户家庭月日用杂货支出与月收入样本数据所计算的标准化残差见表8-7，其标准化残差图如图8-12所示。从图形中可以看出，几乎所有的标准化残差都落在了-2和+2之间，没有证据表明误差项随机变量ε_i服从同方差的正态分布的假定是不真实的。

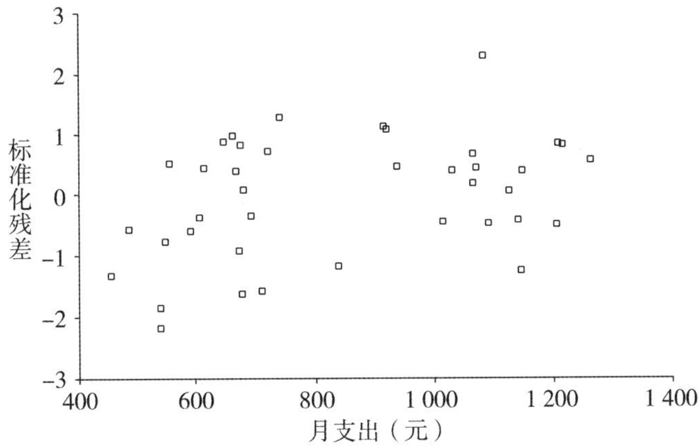

图8-12　40户家庭月支出与月收入样本数据标准化残差图

也可将标准化残差的分布状态用直方图显示，如图8-13所示。如果模型假定是真实的，我们期望会看到一个大体以0为中心的对称的钟形分布。观察图8-13，同样没有发现明显违反正态性假定的证据。

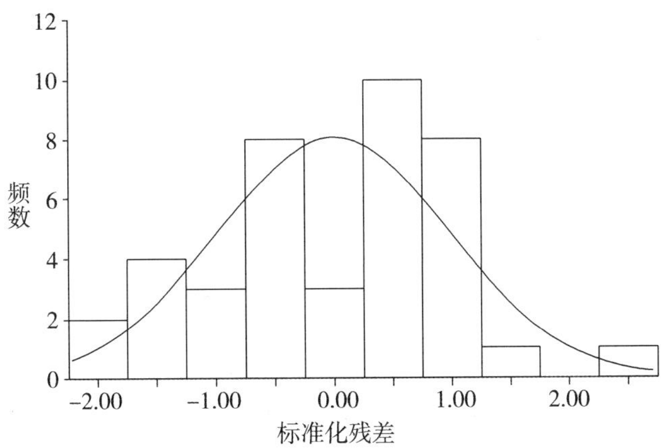

图8-13　40户家庭月支出与月收入样本数据标准化残差直方图

8.7.3　正态概率图

假如我们要从一个标准正态分布中，随机抽取容量为n的样本，并有能力将这一抽样过程无限次地重复进行下去，那么我们就会得到无数个容量为n的样本。此时，每一个可能样本中最小的那个观测是一个随机变量，第二小的那个观测也是一个随机变量，依此类推，第 n 小即最大的那个观测也是一个随机变量。我们把这种随机变量称为顺序统计量。

由于样本容量为 n，所以就会有 n 个顺序统计量。各个顺序统计量的数学期望称为正态分数。这样就会有 n 个正态分数。显然，第 n 小的顺序统计量的正态分数，将大于第 $n-1$ 小的顺序统计量的正态分数，依此类推。而且从负无穷大到第 n 小的正态分数的累积概率，将大于第 $n-1$ 小的正态分数的累积概率，依此类推。

现在让我们回到残差分析的问题中来。假如我们抽取了一个容量为40的样本，并就样本中的各个观测计算出了40个标准化残差值，我们就可以根据标准正态分布来分别计算出从负无穷大到每一个标准化残差值的累积概率。接下来我们还可以按照由小到大的顺序将这40个累积概率排成一列，并与根据40个正态分数计算得出的从小到大排序的累积概率放在一起加以比较。

如果误差项 ε_i 服从正态分布的假定是真实的话，那么最小的标准化残差所对应的累积概率，就应当接近于最小的正态分数所对应的累积概率；第二小的标准化残差所对应的累积概率，就应当接近于第二小的正态分数所对应的累积概率，依此类推。

接下来，如果用纵轴表示正态分数所对应的，即我们所期望的累积概率；用横轴表示标准化残差所对应的，即实际观测的累积概率，那么在图上描绘出的各个散点就应当密集地分布在通过坐标原点的45°线附近。这样一幅散点图称为正态概率图，如图8-14所示。

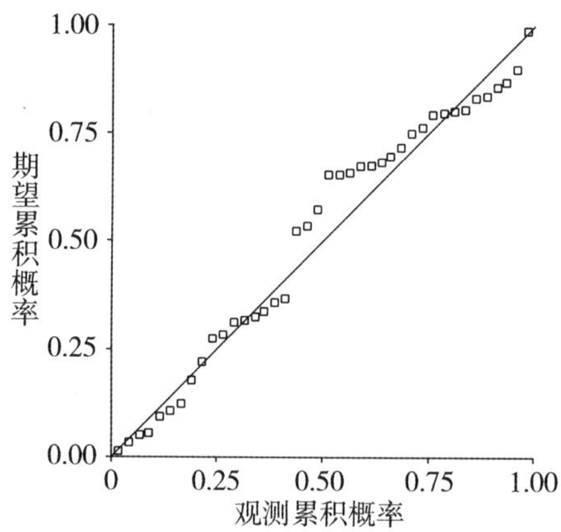

图8-14　40户家庭月支出与月收入样本数据的正态概率图

一般地讲，较多的点密集地分布在45°线附近，这是支持回归模型中正态性假定的有力证据。图8-14中的各个散点都分布在45°线附近，没有证据表明误差项 ε_i 服从正态分布的假定是不真实的。

8.7.4　异常值的检测

异常值是数据集中过大或过小的观测值。异常值的存在对于回归直线方程的拟合、判定系数及显著性检验的结果都有很大的影响。所以，数据分析人员进行回归分析时，首先要做的就是检测数据集中是否存在异常值。

异常值产生于3种原因：（1）原始数据的测量或登记错误。如果是这种异常值，应该回过头来重新订正这些数据。（2）抽样的随机性所造成的异常值。如果是这种异常值，就应该保留这些数据，而不能随意将它们剔除掉。（3）异常值的出现是总体本来数据结构的一种暗示。如果是这种情况，就应该考虑是否增加样本容量，或考虑其他形式的模型。

数据集较大时，异常值是很难识别的，散点图可以帮助我们识别异常值。图8-15中存在一个异常值，它表现出与数据整体分布不相吻合的倾向。

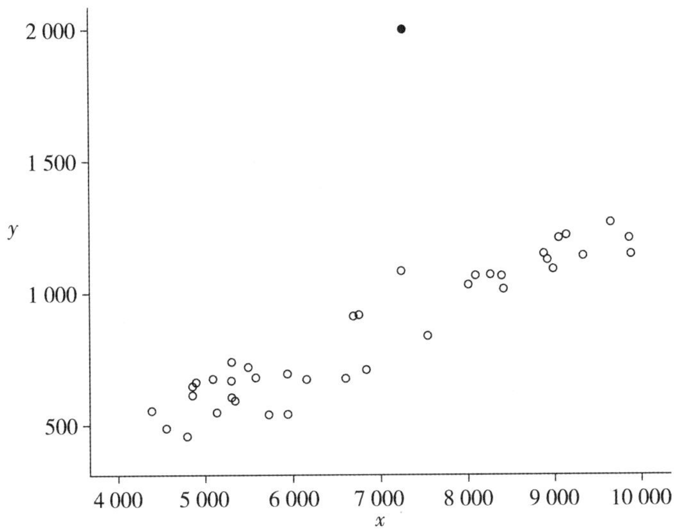

图8-15　一个存在异常值的数据集

对于简单线性回归分析，从散点图上就可以直接识别异常值。更为通用和精确一些的识别方法是观察标准化残差图。如果一个观测值在散点图上与其余数据点的分布趋势有较大的偏离，那么其对应的标准化残差的绝对值也将会较大。如果某一观测值的标准化残差小于-2或大于+2，一般情况下就可以将它识别为异常值。图8-16中存在一个异常值，其标准化残差远大于+2。

有一种异常值，对回归分析的结果特别有影响。图8-17就存在这样一个异常值，该点的自变量的观测值异常地大，它的存在对回归分析结果的影响特别大。如果在回归分析中包含该点进行运算，结果将是一条斜率较小的回归直线；如果剔除该点，结果将会使回归直线的斜率急剧增大。像这种自变量的观测值是极端值的样本点称为高杠杆率点。

简单线性回归分析中，借助散点图就可以识别高杠杆率点。更通用和精确一些的识别方法是计算一个叫作杠杆率的统计量h_i：

$$h_i=\frac{1}{n}+\frac{(x_i-\bar{x})^2}{\sum_{i=1}^{n}(x_i-\bar{x})^2}$$

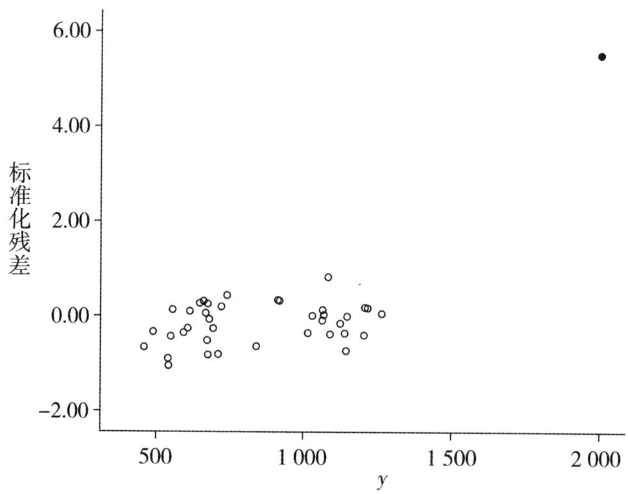

图 8-16 由标准化残差图识别异常值

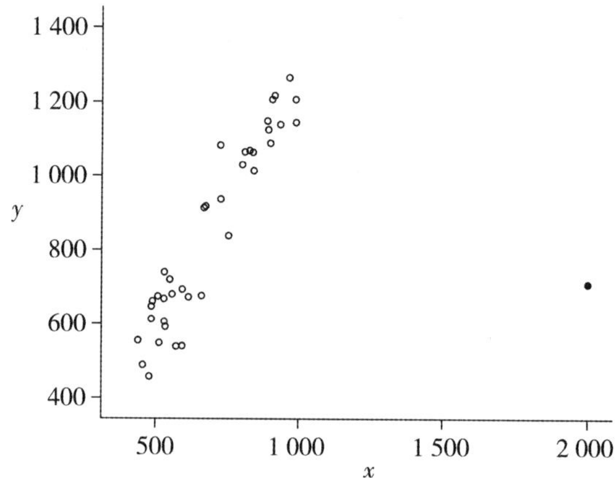

图 8-17 一个存在高杠杆率点的数据集

h_i曾在先前讨论有关σ^2的估计量时多次出现过，在这里它将发挥一种独特的作用。从上式中不难看出，对于一个给定的样本数据，其样本容量n和样本均值$\bar{x}$都是确定的值，因而离差平方和$\sum_{i=1}^{n}(x_i-\bar{x})^2$也是一个确定的数，因此，对于个别的观测来说，其杠杆率值的大小变化就完全取决于$(x_i-\bar{x})^2$。$(x_i-\bar{x})^2$是其离群倾向大小的度量，$(x_i-\bar{x})^2$越大，其对应的杠杆率值也就越高。

通常情况下，如果一个观测的杠杆率$h_i>6/n$，就应将其识别为高杠杆率点。一旦发现高杠杆率点，首先应该查明是否为数据采集或数据录入的错误。如果一个高杠杆率点的观测值是有效的，那么就可能暗示着总体数据结构的一种不为我们所知的特征，这将促使我们进一步扩大样本容量，获取有关变量的一些补充数据，并将有可能导致更为合理的模型估计。

8.8　运用SPSS进行回归分析

针对40户家庭月支出与月收入样本数据进行回归分析的SPSS主要操作如下：

8.8.1　计算相关系数

（1）打开“表8-1”对应的SPSS数据集“data8.1”。在SPSS主窗口选择菜单：点击【Analyze】→【Correlate】→【Bivariate...】，系统弹出如图8-18所示的“Bivariate Correlations”对话框。

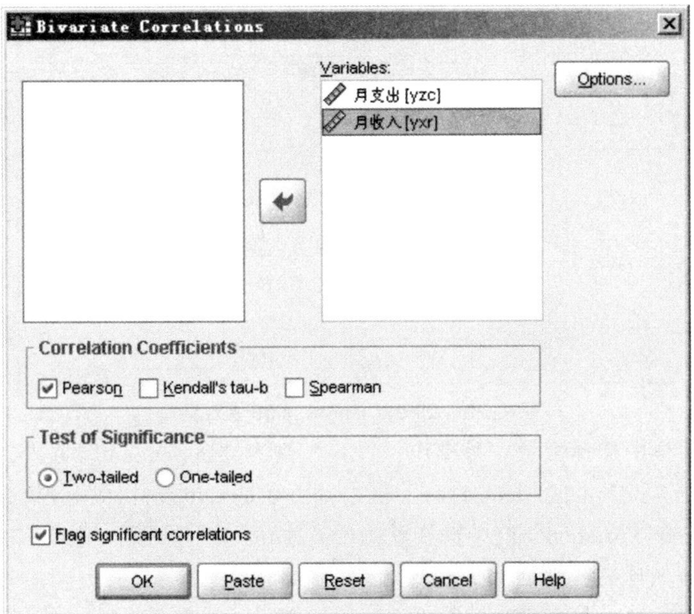

图8-18　Bivariate Correlations对话框

（2）在此对话框中选择变量“月支出（元）”和“月收入（元）”进入“variables:”框内。点击【OK】。系统输出结果如图8-19所示。

Correlations

		月支出（元）	月收入（元）
月支出（元）	Pearson Correlation	1	.945**
	Sig.（2-tailed）		.000
	N	40	40
月收入（元）	Pearson Correlation	.945**	1
	Sig.（2-tailed）	.000	
N	40	40	

**Correlation is significant at the 0.01 level（2-tailed）.

图8-19　相关系数SPSS输出结果

SPSS相关系数的计算结果以相关系数矩阵的形式输出，并给出了显著性检验的结果。对角线上下所显示的内容是相同的。

8.8.2 进行回归分析

打开“表8-1”对应的SPSS数据集“data8.1”。在SPSS主窗口选择菜单：点击【Analyze】→【Regression】→【Linear】，系统弹出如图8-20所示的“Linear Regression”主对话框。

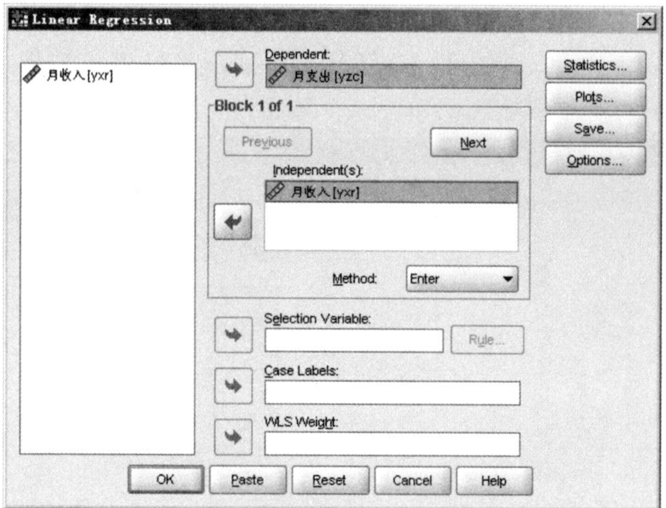

图8-20 Linear Regression主对话框

在此对话框中选择变量“月支出（元）”进入“Dependent”框内，选择“月收入（元）”进入“Independent（s）”框内。由于是简单线性回归分析，只有一个自变量，所以，在“Method”框中选择默认项“Enter”选项即可。接下来的步骤：

（1）输出估计的线性回归方程。

点击【Statistics】按钮，系统弹出如图8-21所示的“Linear Regression：Statistics”对话框。

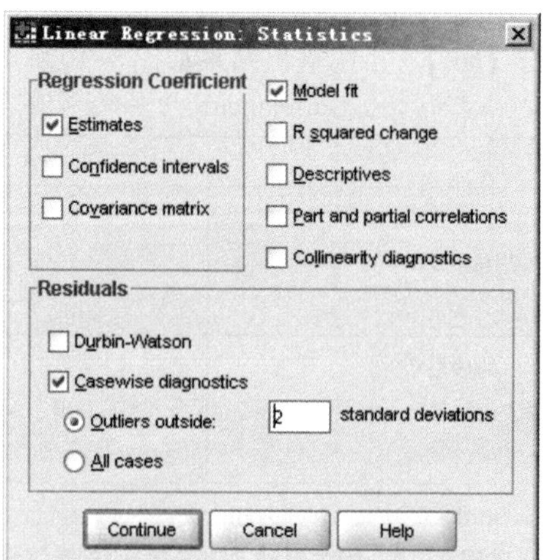

图8-21 Linear Regression：Statistics对话框

在此对话框中选择“Estimates”选项。点击【Continue】→【OK】。系统输出结果如图8-22所示。

Coefficients[a]

Model		Unstandardized Coefficients		Standardized Coefficients	t	Sig.
		B	Std.Error	Beta		
1	(Constant)	-74.367	53.122		-1.400	.170
	月收入(元)	.134	.008	.945	17.766	.000

a.Dependent Variable：月支出(元)

图8-22 估计的线性回归方程SPSS输出结果

(2)输出F检验及判定系数r^2的计算结果。

在“Linear Regression：Statistics”对话框中选择“Model fit”选项。点击【Continue】→【OK】。系统输出结果如图8-23和图8-24所示。

Model Summary

Model	R	R Square	Adjusted R Square	Std.Error of the Estimate
1	.945[a]	.893	.890	82.328

a.Predictors：(Constant)，月收入(元)

图8-23 判定系数SPSS输出结果

ANOVA[b]

Model		Sum of Squares	df	Mean Square	F	Sig.
1	Regression	2 139 306.141	1	2 139 306.141	315.626	.000[a]
	Residual	257 563.234	38	6 777.980		
	Total	2 396 869.375	39			

a.Predictors：(Constant)，月收入(元)

b.Dependent Variable：月支出(元)

图8-24 F检验SPSS输出结果

(3)检测异常值。

在“Linear Regression：Statistics”对话框中选择“Casewise Diagnostics”进行样本异常值检验，并在“Outliers outside”的参数框中键入2，设置标准化残差的绝对值大于等于2时识别为异常值。点击【Continue】→【OK】。系统输出结果如图8-25所示。结果表明第11号和第12号观测被识别为异常值。

Casewise Diagnostics[a]

Case Number	Std.Residual	月支出（元）	Predicted Value	Residual
11	-2.189	541	721.25	-180.252
12	2.282	1083	895.16	187.844

a.Dependent Variable：月支出（元）

图 8-25 异常值检测 SPSS 输出结果

（4）绘制标准化残差图、标准化残差直方图及正态概率图。

在“Linear Regression”主对话框中点击【Plots】按钮，系统弹出如图 8-26 所示的“Linear Regression：Plots”对话框。

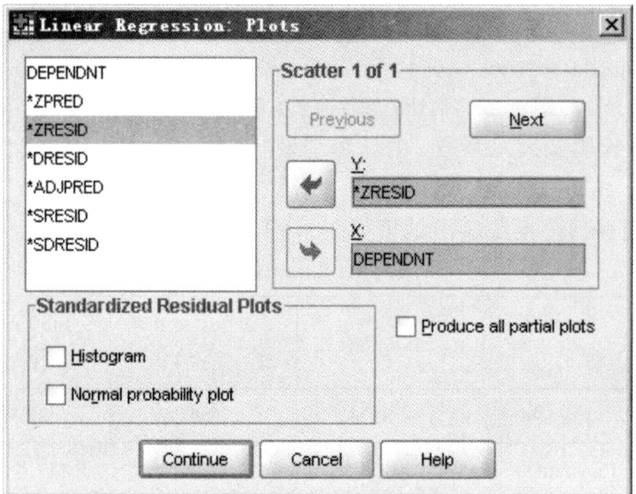

图 8-26 Linear Regression：Plots 对话框

在此对话框中选取变量“*ZRESID”进入 Y 框内，选取变量“DEPENDNT”进入 X 框内，系统将输出关于因变量的标准化残差图；选择“Histogram”选项和“Normal probability plot”选项系统将输出标准化残差的直方图和正态概率图。点击【Continue】→【OK】。系统输出结果分别如图 8-11、图 8-12 和图 8-13 所示。

（5）点估计及区间估计。

在“Linear Regression”主对话框中点击【Save】按钮，系统弹出如图 8-27 所示的“Linear Regression：Save”对话框。

进行点估计时，可在“Predicted Values”选项框中选择“Unstandardized”；进行总体均值或个别值的区间估计时，可在“Prediction Intervals”选项框中，选择“Mean”或“Individual”选项，并设定置信度，例如 99%。如果需要同时输出残差或标准化残差的计算结果，可在“Residuals”选项框中，选择“Unstandized”或“Standized”选项；如果需要同时输出杠杆率的计算结果，可在“Distances”选项框中，选择“Leverage values”选项。点击【Continue】→【OK】。上述操作的系统输出结果将在 SPSS 主窗口的数据浏览界面中以新生成的变量显示。

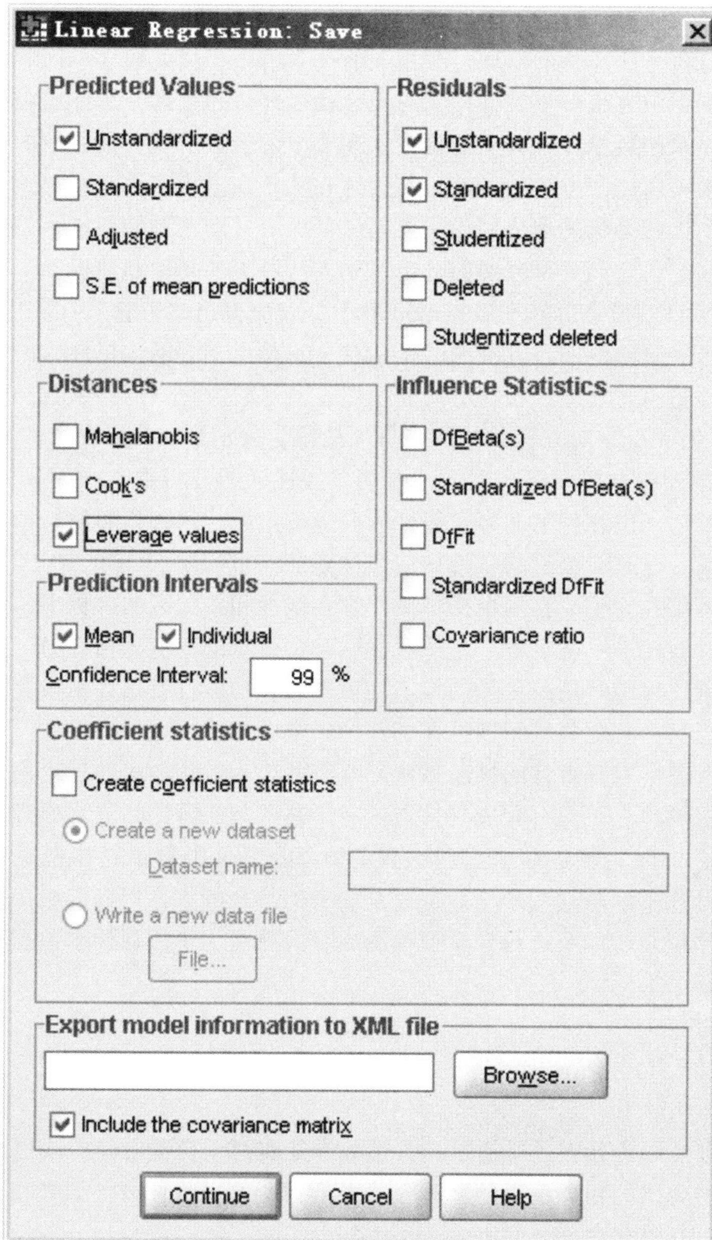

图8-27　Linear Regression：Save对话框

本章小结

本章所介绍的回归分析方法原理，适用于两个数值型变量之间线性相关关系由样本到总体的推断。单纯的相关分析可以不必区分自变量与因变量，但在回归分析中则必须首先对自变量与因变量做出区分。简单线性回归分析的核心目的，就是要用一个变量的取值来估计另一个变量的取值。

在回归分析方法原理的形成过程中，有一条清晰严谨的线索：回归模型→回归方程→估计的回归方程→显著性检验与拟合优度评价→残差分析证实模型假定。

回归模型采用数学符号真实地描述了现实中两个数值型变量之间的线性相关关系。由回归模型向回归方程的过渡，是建立在关于误差项随机变量的正态性假定的基础之上的。回归分析的理论假设主要有三项内容，即正态性假定、方差相等性假定和独立性假定，它们是形成回归分析一切方法原理的基础和前提。

估计的回归方程是由样本数据通过最小平方法得出的，它具有随机性的特点，是对总体中唯一确定的回归方程的一个估计。正是由于它的随机性，所以才需要对其进行显著性检验。显著性检验有两套思路，一是对方程中回归系数的检验，这是一个t检验；另一个是对方程整体的显著性检验，这正是本章所介绍的F检验。t检验的内容本章没有专门介绍，因为，在简单线性回归分析中，t检验与F检验的结论是完全一致的。但在将来的多重线性回归分析中，这两种检验的结论可能会出现不一致的情况，这是在今后的学习中应当注意的一个问题。

如果您理解并相信，在两个变量之间存在线性相关关系的前提下，用回归方程的形式将这种线性关系确定下来，然后去用一个变量的取值来估计另一个变量的取值，这样做要比单纯利用因变量的样本均值对总体均值进行估计来得更为优越、更有说服力，您就会有更高的积极性在实践中经常尝试使用这种方法。

任何一种基于数理统计的推断方法，都有其作为应用前提的理论假定。这可看作是统计方法的优点，也可看成是缺点。有了这些理论假定，方法原理才变得严谨而无懈可击；同时，也正是这些理论假定的存在，又限制了它在现实中的应用范围，现实中是找不到与这些理论假定完全吻合的场合的。在回归分析中运用残差分析来证实模型假定，以及进行异常值检测，目的就是为了确认样本数据与这些理论假定不至于相去太远。

问题思考

1.有了散点图为什么还要通过相关系数来证实两个变量之间的线性相关关系？

2.本章所介绍的相关系数的计算公式，其构造原理是什么？如果相关系数的值为零，这表明两变量之间不存在相关关系吗？

3.对由样本数据所计算得出的相关系数为什么要进行显著性检验？检验的统计量是什么？原假设是什么？

4.在回归模型中为什么要设定一个误差项随机变量？关于误差项随机变量的理论假定有哪些？为什么要设立这些理论假定？

5.由样本数据拟合回归直线，为什么要采用最小平方法？最小平方法的基本思想是什么？

6.为什么要对估计的回归方程进行显著性检验？原假设及其检验统计量是

什么？

7.判定系数的构造原理是什么？其含义是什么？您能找到判定系数与相关系数之间的关系吗？

8.在解释显著性检验及判定系数的方法原理时，经常遇到总平方和*SST*、残差平方和*SSE*和回归平方和*SSR*这3个统计量，您能默写出这3个统计量的计算公式吗？您能结合图形直观地解释它们的含义吗？三者之间的关系如何？

9.回归分析中的点估计与区间估计是如何进行的？总体均值的区间估计与总体中个别值的区间估计有何区别？为什么在相同的置信度下，个别值的估计区间总是大于总体均值的估计区间？在相同的置信度下，x_i取何值时估计区间最为精确？

10.标准化残差图和正态概率图的制作原理是什么？

11.您能默写出杠杆率的计算公式吗？高杠杆率点有何特点？

判断对错

1.相关系数r=0，表明两个变量之间不存在相关关系。　（　　）

2.回归分析中，不区分自变量与因变量。　（　　）

3.回归分析中，始终假定误差项随机变量的数学期望为零。　（　　）

4.回归分析中的F检验，其原假设为回归方程的斜率等于零。　（　　）

5.回归分析方法的形成依赖于3个理论假定：即误差项随机变量的正态性假定、方差相等性假定和独立性假定。　（　　）

6.回归分析中的判定系数有可能大于100%。　（　　）

7.回归分析中，给定自变量值，因变量有无数值与之对应。　（　　）

8.回归分析中判定系数的值等于相关系数的平方。　（　　）

机上作业

1.亚洲部分国家和地区人均寿命、人均GDP、成人识字率、一岁儿童疫苗接种率的数据见附表1。

附表1　**亚洲部分国家和地区有关的社会统计数据**

序号	国家和地区	人均寿命（年）	人均GDP（百美元）	成人识字率（%）	一岁儿童疫苗接种率（%）
1	日本	79	194	99	99
2	中国香港	77	485	90	79
3	韩国	70	83	97	83
4	新加坡	74	147	92	90

续表

序号	国家和地区	人均寿命（年）	人均GDP（百美元）	成人识字率（%）	一岁儿童疫苗接种率（%）
5	泰国	69	53	94	86
6	马来西亚	70	74	80	90
7	斯里兰卡	71	27	89	88
8	中国内地	70	29	80	94
9	菲律宾	65	24	90	92
10	朝鲜	71	18	95	96
11	蒙古	63	23	95	85
12	印度尼西亚	62	27	84	92
13	越南	63	13	89	90
14	缅甸	57	7	81	74
15	巴基斯坦	58	20	36	81
16	老挝	50	18	55	36
17	印度	60	12	50	90
18	孟加拉国	52	12	37	69
19	柬埔寨	50	13	38	37
20	尼泊尔	53	11	27	73
21	不丹	48	6	41	85
22	阿富汗	43	7	32	35

要求：就附表1中的数据绘制人均寿命、人均GDP、成人识字率、一岁儿童疫苗接种率4个变量两两之间的散点图，计算两两之间的相关系数。简要说明您的分析结论。

2. 从某市全体儿童总体中随机抽取了一个容量为30的样本，测量了身高与体重，获得附表2的样本数据。

附表2　**30名儿童身高与体重的样本数据**

序号	身高（cm）	体重（kg）	序号	身高（cm）	体重（kg）
1	119.8	22.6	16	128.2	22.3
2	121.7	21.5	17	126.1	22.7
3	121.4	19.1	18	128.6	23.5

续表

序号	身高（cm）	体重（kg）	序号	身高（cm）	体重（kg）
4	124.4	21.8	19	129.4	21.5
5	120.0	21.5	20	126.9	25.5
6	117.0	20.1	21	126.5	25.0
7	118.0	18.8	22	128.2	26.1
8	118.8	22.0	23	131.4	27.9
9	124.2	21.3	24	130.8	26.8
10	124.8	24.0	25	133.9	27.2
11	124.7	23.3	26	130.4	24.4
12	123.1	22.5	27	131.3	24.4
13	125.3	22.9	28	130.2	23.0
14	124.2	19.5	29	136.0	26.3
15	127.4	22.9	30	138.0	28.8

要求：

（1）绘制上述数据的散点图，判断两个变量之间的关系类型。

（2）计算两个变量的相关系数，并进行显著性检验。

（3）以身高为自变量、体重为因变量求出估计的回归方程。解释其斜率的含义。

（4）进行显著性检验和拟合优度评价。

（5）给出身高为117cm时，总体中身高均值的95%置信区间。

（6）某一儿童身高为125cm，试以99%的置信度估计其体重的存在区间。

（7）绘制标准化残差图和正态概率图，给出您的观察结论。

3.某媒体调查机构针对10种品牌商品就广告播出次数与收看广告的家庭户数所搜集到样本数据见附表3。

附表3 **广告播出次数与收看广告的家庭户数** 单位：百万户

序号	广告播出次数	收看广告的家庭户数	序号	广告播出次数	收看广告的家庭户数
1	95	758.8	6	32	198.5
2	46	323.0	7	25	193.8
3	41	275.3	8	21	189.7
4	38	241.8	9	21	161.9
5	29	219.9	10	16	160.0

要求：

（1）求出在广告播出次数已知时，能用于预测收看该广告的家庭户数的估计的回归方程。

（2）运用残差分析查明是否存在异常值，简要说明您的发现和结论。

4.某软件开发公司正在考虑是否为公司新开发的一种应用软件签订一项维修合同。管理人员认为，维修费用与该系统的使用时间长短有关，为此就“每周使用时间（小时）”和“年维修费用（千元）”采集了的数据资料见附表4。

附表4 每周使用时间（小时）与年维修费用 单位：千元

序号	每周使用时间	年维修费用	序号	每周使用时间	年维修费用
1	13	17.0	6	17	30.5
2	10	22.0	7	24	32.5
3	20	30.0	8	31	39.0
4	28	37.0	9	40	51.0
5	32	47.0	10	38	40.0

要求：

（1）求出年维修费用关于每周使用时间的估计的回归方程。

（2）在0.05的显著性水平下进行显著性检验。

（3）该公司预计本应用软件每周的使用时间为30小时，求出该公司年维修费用的99%置信区间。

（4）如果维修合同的费用是每年3 000元，您是否建议签这个合同，为什么？

5.有一种说法：公司搞员工培训可以提高员工对工作的兴趣和兴奋度，员工受到的培训越多，缺勤就越少。附表5中的数据给出了上年度20名员工的病假天数和相应的培训时间。

附表5 培训时间（小时）与病假天数

序号	培训时间	病假天数	序号	培训时间	病假天数
1	24	5	11	8	8
2	16	4	12	60	1
3	48	0	13	0	9
4	120	1	14	28	3
5	36	5	15	15	8
6	10	7	16	88	2
7	65	0	17	120	1
8	36	3	18	15	8
9	0	12	19	48	0
10	12	8	20	5	10

要求：

（1）讨论培训时间与病假天数的相关性。

（2）求出估计的回归方程。

（3）说明您对这种说法的看法。

6.某财经大学从二年级学生总体中随机抽取16名学生，获得数学成绩和统计学成绩数据见附表6。

附表6　　16名学生数学成绩与统计学成绩

序号	数学成绩	统计学成绩	序号	数学成绩	统计学成绩
1	81	72	9	83	78
2	90	90	10	81	94
3	91	96	11	77	68
4	74	68	12	60	66
5	70	82	13	66	58
6	73	78	14	84	87
7	85	81	15	70	82
8	60	71	16	54	46

要求：

（1）对上述数据进行回归分析。

（2）结合统计分析的结果，发表您对两门课程关系的看法。

7.从土壤条件相似的9个地块测得不同施肥量下的水稻产量的数据见附表7。

附表7　　9个地块不同施肥量下的水稻产量

序号	水稻亩产量（千克）	每亩施肥量（千克）
1	140	0
2	210	10
3	280	20
4	350	30
5	420	40
6	490	50
7	510	60
8	500	70
9	480	80

要求：

（1）绘制散点图，计算相关系数，判断两变量间的关系类型。

（2）求出估计的线性回归方程，进行显著性检验，并评价其拟合优度。

（3）考虑是否为应该针对此数据拟合一条合适的曲线（曲线估计方法请参见本章附录）。

实验课题

1.实验目的

（1）准确理解简单线性回归分析的方法原理。

（2）熟练掌握SPSS简单线性回归分析及曲线估计的基本技能。

（3）合理运用回归分析方法解决现实中的问题。

2.实验工具

（1）课堂广播软件。

（2）SPSS软件11.0或16.0版本。

（3）容量为50的样本数据。

3.实验内容

一家市场调查公司经常为各类厂商提供有关消费者行为的数据分析报告。在最近的一项研究课题中，厂商所关注的焦点是不同收入阶层的消费者采用信用卡进行支付的数额有多大。市场调查公司技术人员认为，信用卡支付数额受多种因素影响，除收入因素外，家庭成员人数或许也是一个影响因素。为此他们就“年收入”“家庭成员人数”“信用卡支付数额”3个变量采集了一个容量为50的样本数据，见附表8。

附表8　　**50名消费者有关信用卡支付数额的数据**

年收入（百美元）	家庭成员人数（人）	信用卡支付数额（美元）	年收入（百美元）	家庭成员人数（人）	信用卡支付数额（美元）
54	3	4 016	54	6	5 573
30	2	3 159	30	1	2 583
32	4	5 100	48	2	3 866
50	5	4 742	34	5	3 586
31	2	1 864	67	4	5 037
55	2	4 070	50	2	3 605
37	1	2 731	67	5	5 345
40	2	3 348	55	6	5 370

续表

年收入（百美元）	家庭成员人数（人）	信用卡支付数额（美元）	年收入（百美元）	家庭成员人数（人）	信用卡支付数额（美元）
66	4	4 764	52	2	3 890
51	3	4 110	62	3	4 705
25	3	4 208	64	2	4 157
48	4	4 219	22	3	3 579
27	1	2 477	29	4	3 890
33	2	2 514	39	2	2 972
65	3	4 214	35	1	3 121
63	4	4 965	39	4	4 183
42	6	4 412	54	3	3 730
21	2	2 448	23	6	4 127
44	1	2 995	27	2	2 921
37	5	4 171	26	7	4 603
62	6	5 678	61	2	4 273
21	3	3 623	30	2	3 067
55	7	5 301	22	4	3 074
42	2	3 020	46	5	4 820
41	7	4 828	66	4	5 149

4.实验步骤

（1）熟悉样本数据［xykzfse.sav］。

（2）对各变量样本数据进行图表描述和统计量描述。

（3）通过散点图和相关系数矩阵对变量间的关系做出统计描述。

（4）建立估计的线性回归方程。

（5）进行显著性检验和拟合优度评价。

（6）进行残差分析。

5.实验指导

（1）熟悉数据过程中要注意各变量观测值变动范围的大小、一般水平的高低、离散程度、分布形态等特征。这需要借助单变量样本数据的图表描述及统计量描述等手段。

（2）在对变量间关系的描述过程中，要围绕“信用卡支付数额”来进行，因为它是问题中的核心变量。可就表中的三个变量做出散点图矩阵和相关系数矩阵，并认真观察其关系类型及其他特点。

（3）通过上述数据描述过程，您会对该样本数据形成一些整体上的印象，并会对变量间的关系有一个初步的判断。变量之间存在线性关系，还是曲线关系，这是需要事先做出判断和选择的。

（4）可先以年收入、再以家庭成员人数为自变量分别建立估计的简单线性回归方程，通过判定系数、F检验、残差分析等方面的比较之后，决定取舍。

（5）或许进行曲线估计更为合理，可尝试性地就有关变量进行曲线估计。曲线估计的方法原理参见本章附录。

（6）考虑是否可以在模型中加入两个自变量，用年收入与家庭成员人数两个变量的取值来估计或预测信用卡支付数额的取值或许会来得更为贴近现实一些。这会涉及多重线性回归的方法原理，需要查阅有关书籍补充一下这方面的知识。

附录8.1　曲线估计

本章集中讨论的是两个变量之间线性关系的描述与推断，但在现实生活中，纯粹的线性关系是找不到的，通常都是借助散点图的直观显示或者是结合生活经验的主观判断，近似地把它们看作是线性关系，并采用线性相关分析和线性回归分析方法来进行数据处理。这样的处理方法在一定范围内是有效的，但如果变量的取值范围扩大，以至于在散点图上已经明显地表现出曲线关系的特征，放弃直线关系而采取曲线估计就是必要的了。

曲线问题讨论起来当然要繁杂一些，单是曲线的类型就很难一一列举。与线性回归分析方法相联系，一般将变量间的曲线关系划分为本质线性关系和本质非线性关系两类。所谓本质线性关系是指变量之间在形式上虽然呈曲线关系，但可以通过变量变换转化为线性关系，并可最终建立起线性模型。本质非线性关系是指变量之间不仅在形式上呈曲线关系，而且也无法通过变量变换转化为线性关系，最终也无法进行线性回归分析。附表9给出了几个常用的本质线性关系的曲线估计方法。

附表9　**本质线性关系的曲线估计方法**

模型名	回归方程	线性转化形式
二次曲线	$y=\beta_0+\beta_1x+\beta_2x^2$	$y=\beta_0+\beta_1x+\beta_2x_1$（令 $x_1=x^2$）
复合曲线	$y=\beta_0\beta_1^x$	$y_1=\beta'_0+\beta'_1x$（令 $y_1=\ln y$，$\beta'_0=\ln\beta_0$，$\beta'_1=\ln\beta_1$）
增长曲线	$y=e^{\beta_0+\beta_1x}$	$y_1=\beta_0+\beta_1x$（令 $y_1=\ln y$）
对数曲线	$y=\beta_0+\beta_1\ln x$	$y=\beta_0+\beta_1x_1$（令 $x_1=\ln x$）

续表

模型名	回归方程	线性转化形式
三次曲线	$y=\beta_0+\beta_1x+\beta_2x^2+\beta_3x^3$	$y=\beta_0+\beta_1x+\beta_2x_1+\beta_3x_2$（令 $x_1=x^2$，$x_2=x^3$）
S曲线	$y=e^{\beta_0+\frac{\beta_1}{x}}$	$y_1=\beta_0+\beta_1x_1$，（令 $x_1=\frac{1}{x}$，$y_1=lny$）
指数曲线	$y=\beta_0e^{\beta_1x}$	$y_1=\ln\beta_0+\beta_1x_1$（令 $y_1=\ln y$）
逆函数	$y=\beta_0+\frac{\beta_1}{x}$	$y=\beta_0+\beta_1x_1$（令 $x_1=\frac{1}{x}$）
幂函数	$y=\beta_0x^{\beta_1}$	$y_1=\ln\beta_0+\beta_1x_1$（令 $x_1=\ln x$，$y_1=\ln y$）
逻辑函数	$y=\frac{1}{\frac{1}{\mu}+\beta_0\beta_1^x}$	$\ln\left(\frac{1}{y}-\frac{1}{\mu}\right)=\ln\beta_0+x\ln\beta_1$

手工进行这种线性转换以及有关的计算是非常烦琐的，SPSS专门提供了进行曲线估计的操作选项。运用SPSS进行曲线估计的操作如下：

首选通过Graphs主菜单绘制两变量间的散点图，观察图形并做出关系类型的判断。接下来，在SPSS主窗口下选择菜单：点击【Analyze】→【Regression】→【Curve Estimation】，系统弹出如附图1所示的“Curve Estimation”对话框。

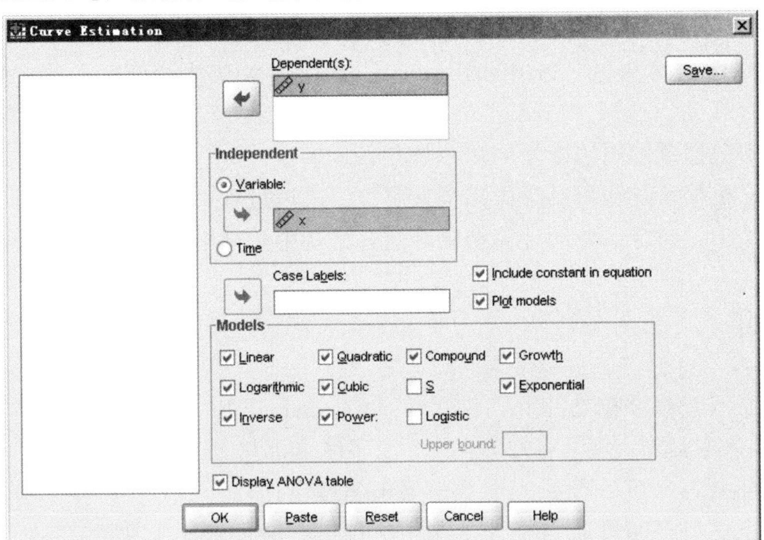

附图1　Curve Estimation对话框

选择因变量进入Dependent（s）框内；自变量进入Independent框内。在此对话框中的“Models”选项框内，可以选择与散点图所显示关系类型相近的几种模型，例如：二次曲线“Quadratic”、复合曲线“Compound”、增长曲线“Growth”、三次曲线“Cubic”、指数曲线“Exponential”、函数曲线“Power”等。

选择“Plot models”选项，可以绘制所选择的各种回归曲线，比较与数据的拟合效果；选择“Include constant in equation”选项，使回归模型中包含常数项；选择“Display ANOVA table”选项，输出模型的方差分析表和各项回归系数显著性检验结果。

点击【Save】按钮，系统弹出如附图2所示的“Curve Estimation：Save”对话框。

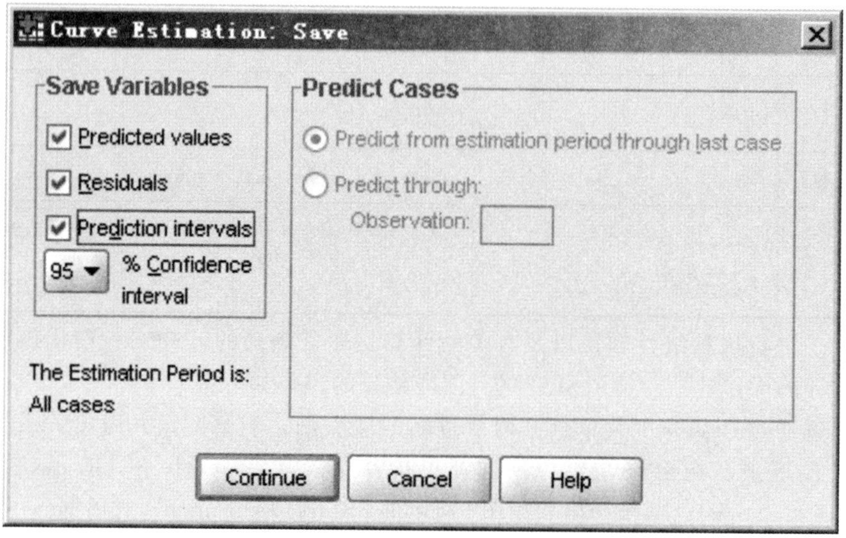

附图2　Curve Estimation：Save对话框

在此对话框中选择“Predicted values”选项，保存估计值；选择“Residuals”选项，保存残差；选择“Prediction intervals”选项，并设置置信度，例如95%，可以得出样本数据范围内因变量的95%置信区间。

最后，根据系统输出结果做出统计决策。决策过程中要比较各个回归方程的显著性检验结果、判定系数的计算结果等内容，从中选择出最优的拟合模型。

名人简介

加利亚木普迪·拉达克利西纳·劳（Calyampudi Radhakrishna Rao，生于1920年）：美国著名统计学家。1920年出生于印度卡那塔加省的那达加里一个贵族家庭，1940年获得印度安德拉大学数学硕士学位，1943年在加尔各答大学获得统计学硕士学位。后经印度著名统计学家马哈拉诺比斯推荐，师从数理统计学奠基人R.A.费希尔教授攻读博士学位，1948年获得英国剑桥大学统计学博士学位。至今出版专著13部，发表学术论文400余篇，在估计理论、渐进推断、多元分析、概率分布刻画、矩阵代数、组合分析、统计学中的微分几何方法等研究方面做出了重要贡献。先后被14个国家授予25个荣誉学位，先后当选为美国科学院、第三世界科学院、英国皇家统计学会等31个国际著名研究机构的院士、名誉院士或理事，2002年获得美国总统科学奖。

第9章 定序数据分析

统计学不只是一种方法或技术，还含有世界观的成分——它是看待世界上万事万物的一种方法……因此，统计思想（或观点）的养成，不单需要学习一些具体的知识，还要能够从发展的眼光，把这些知识连缀成一个有机的、清晰的图景，获得一种历史的厚重感。

收集和分析数据的目的是为解决特定的问题，因此必须要做出一定的结论，以为采取某种行动提供依据和建议。

——陈希孺

引例9

好礼来蛋糕店老板研制出一种新口味的生日蛋糕。为确认市场需求情况，老板专门组织研究人员做了一个试验：随机抽取了6位顾客，请其中3位品尝新口味蛋糕，请另外3位品尝传统口味蛋糕。品尝结束后请6位顾客根据自己的感觉按下列标准（见表9-1）给蛋糕打分。

表9-1 评分表

得分	60	50	40	30	20	10
感觉	非常好	相当好	较好	一般	较差	非常差

打分结果汇总见表9-2。

表9-2 新口味蛋糕与传统口味蛋糕打分结果

新口味蛋糕打分（样本1）	30	40	20
传统口味蛋糕打分（样本2）	10	60	50

问题中的研究目的是比较两种口味的蛋糕哪一种更受市场欢迎。表9-2中的数据可看作是来自两个总体的样本数据。假如来自两个总体的样本数据是数值型变量数据的话，我们可以运用以前学习过的均值比较的方法来做出统计推断，但现在问题中所涉及的变量是定序变量，对于定序数据，均值已不再是确定位置的合适的统计量了。

此外，均值比较方法的应用，在小样本的情况下，前提条件是总体服从正态分布，而在此问题中，我们对两个打分总体的分布状况却是一无所知的。因此，必须寻求新的检验和推断方法。

问题的实质是：无论打分情况在总体中是何种分布，只要两个总体分布的位置相同，就表明两种口味蛋糕的受欢迎程度相当；如果新口味蛋糕打分总体的位置在传统口味的左侧，则表明传统口味蛋糕更受欢迎，如图 9-1 所示。

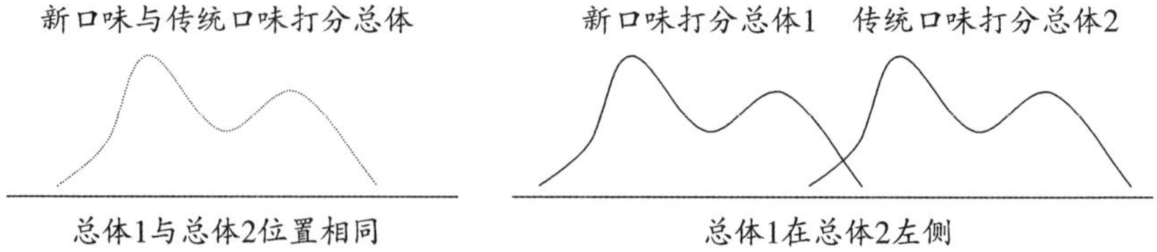

图 9-1　新口味打分（总体 1）与传统口味打分（总体 2）位置比

针对新口味打分总体与传统口味打分总体的位置比较问题，可以提出如下检验假设：

H_0：两个总体位置相同

H_1：总体 1 位置在左侧

接下来的问题是如何构造检验统计量。

9.1　威尔科克森秩和检验

首先，我们来对表 9-2 中两个样本的 6 个观测值进行排序，最小的记为 1，最大的记为 6。通常将这种排序的结果称作秩，见表 9-3。

表 9-3　**新口味蛋糕与传统口味蛋糕打分结果赋秩**

样本 1	秩	样本 2	秩
30	3	10	1
40	4	60	6
20	2	50	5
T_1=9		T_2=12	

排序过程中，10 分最小，因此其秩为 1；20 分次之，因此其秩为 2；依此类推，直到最大的观测值 60 分，其秩为 6。

接下来，计算每个样本的秩和。样本 1 的秩和记作 T_1，T_1=9；样本 2 秩和记作 T_2，T_2=12。显然，两个样本的秩和相加等于 1 至 6 的 6 个整数之和，即 21。

假如两个总体位置相同的原假设是真实的，那么 T_1 与 T_2 就应当非常接近，T_1 与 T_2 之间的差距越大，就越是拒绝原假设的证据。

我们可以采用 T_1 与 T_2 之中的任意一个作为检验统计量。此处不妨采用 T_1 作为检验统计量并记作 T，即问题中的检验统计量的值为 T=T_1=9。

显然，较小的检验统计量 T 的值，表明大部分较小的观测值在样本 1 中，而大部分较大的观测值在样本 2 中，这意味着总体 1 在总体 2 的左侧，即新口味的蛋糕不如传统口味受欢迎。

那么以何为标准来衡量检验统计量 T 的值的大小呢？解决这个问题必须首先找

出检验统计量T的抽样分布。我们可以通过列举T的所有可能取值的方法，来得到T的抽样分布，参见表9-4。

表9-4　　容量为3的两个样本所有可能的排序方式

序号	样本1	秩和	序号	样本2	秩和
1	1、2、3	6	1	4、5、6	15
2	1、2、4	7	2	3、5、6	14
3	1、2、5	8	3	3、4、6	13
4	1、2、6	9	4	3、4、5	12
5	1、3、4	8	5	2、5、6	13
6	1、3、5	9	6	2、4、6	12
7	1、3、6	10	7	2、4、5	11
8	1、4、5	10	8	2、3、6	11
9	1、4、6	11	9	2、3、5	10
10	1、5、6	12	10	2、3、4	9
11	2、3、4	9	11	1、5、6	12
12	2、3、5	10	12	1、4、6	11
13	2、3、6	11	13	1、4、5	10
14	2、4、5	11	14	1、3、6	10
15	2、4、6	12	15	1、3、5	9
16	2、5、6	13	16	1、3、4	8
17	3、4、5	12	17	1、2、6	9
18	3、4、6	13	18	1、2、5	8
19	3、5、6	14	19	1、2、4	7
20	4、5、6	15	20	1、2、3	6

表9-4列举了问题中的所有可能样本，以及每一个可能样本下检验统计量T的取值，共有20个可能样本。显然，每一个可能样本被抽中的概率是相等的，都是1/20。与此同时，检验统计量T取某一特定值的次数是不尽相等的，其中取值为6、7、14、15各1次；取值为8、13各两次；取值为9、10、11、12各3次。于是可采用表9-5、图9-2来描述问题中检验统计量T的抽样分布。

表 9-5　　**样本容量为3时，两个样本的 T 的抽样分布**

T	$P(T)$
6	1/20
7	1/20
8	2/20
9	3/20
10	3/20
11	3/20
12	3/20
13	2/20
14	1/20
15	1/20
合计	1

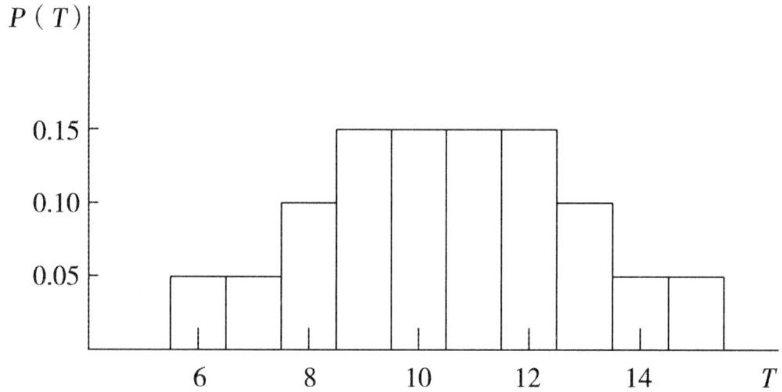

图 9-2　样本容量为3时，两个样本的 T 的抽样分布

若给定显著性水平为0.05，就可以以此来衡量检验统计量 T 的值的大小。根据我们提出的原假设，检验统计量 T 的值越小就越是拒绝原假设的证据。由检验统计量 T 的抽样分布可以看出，$P(T \leqslant 6)=P(T=6)=0.05$，所以问题中的拒绝准则应为：若 $T \leqslant 6$，则拒绝原假设。

前面我们根据表9-2所得出的计算结果为：$T=9>6$，落入接受域，所以没有理由拒绝原假设。结论是新口味蛋糕并非不如传统口味蛋糕受欢迎，做出这一推断的把握程度是95%。这种检验方法称为威尔科克森秩和检验

在威尔科克森秩和检验过程中，确定检验统计量 T 的抽样分布是问题的关键，但也是一个非常烦琐的过程。不同的样本容量，其抽样分布是不同的。为了方便实际应用，统计学家已经完成了不同样本容量下检验统计量 T 的抽样分布表，以供查阅。表9-6和表9-7给出了检验统计量 T 的抽样分布表的部分内容。

表 9-6　**威尔科克森秩和检验的临界值（a）**

$\alpha=0.025$ 的单侧检验；$\alpha=0.05$ 的双侧检验

n_2 \ n_1	3		4		5		6		7		8		9		10	
	T_L	T_U	T_L	T_U	T_L	T_U	T_L	T_U	T_L	T_U	T_L	T_U	T_L	T_U	T_L	T_U
4	6	18	11	25	17	33	23	43	31	53	40	64	50	76	61	89
5	6	21	12	28	18	37	25	47	33	58	42	70	52	83	64	96
6	7	23	12	32	19	41	26	52	35	63	44	76	55	89	66	104
7	7	26	13	35	20	45	28	56	37	68	47	81	58	95	70	110
8	8	28	14	38	21	49	29	61	39	73	49	87	60	102	73	117
9	8	31	15	41	22	53	31	65	41	78	51	93	63	108	76	124
10	9	33	16	44	24	56	32	70	43	83	54	98	66	114	79	131

表 9-7　**威尔科克森秩和检验的临界值（b）**

$\alpha=0.025$ 的单侧检验；$\alpha=0.05$ 的双侧检验

n_2 \ n_1	3		4		5		6		7		8		9		10	
	T_L	T_U	T_L	T_U	T_L	T_U	T_L	T_U	T_L	T_U	T_L	T_U	T_L	T_U	T_L	T_U
3	6	15	11	21	16	29	23	37	31	46	39	57	49	68	60	80
4	7	17	12	24	18	32	25	41	33	51	42	62	52	74	63	87
5	7	20	13	27	19	36	26	46	35	56	45	67	55	80	66	94
6	8	22	14	30	20	40	28	50	37	61	47	73	57	87	69	101
7	9	24	15	33	22	43	30	54	39	66	49	79	60	93	73	107
8	9	27	16	36	24	46	32	58	41	71	52	84	63	99	76	114
9	70	29	17	49	25	50	33	63	43	76	54	90	66	105	79	121
10	22	31	18	42	26	54	35	67	46	80	57	95	69	111	83	127

表 9-6 给出了样本容量 n_1 和 n_2 为 4~10 时，表 9-7 给出了样本容量 n_1 和 n_2 为 3~10 时，临界值的下界 T_L 与上界 T_U。

表 9-6 中的 T_L 和 T_U 的取值使得：$P(T\leqslant T_L)=P(T\geqslant T_U)=0.025$，适用于 $\alpha=0.025$ 时的单侧检验，也适用于 $\alpha=0.05$ 时的双侧检验。表 9-7 中的 T_L 和 T_U 的取值使得：$P(T\leqslant T_L)=P(T\geqslant T_U)=0.05$，适用于 $\alpha=0.05$ 时的单侧检验，也适用于 $\alpha=0.10$ 时的双侧检验。

当样本容量大于 10 时，统计学家已经证明：检验统计量 T 近似服从均值为 $E(T)$，标准差为 σ_T 的正态分布。其中：

$$E(T)=\frac{n_1(n_1+n_2+1)}{2}$$

$$\sigma_T=\sqrt{\frac{n_1n_2(n_1+n_2+1)}{12}}$$

将检验统计量 T 加以标准化，可得当样本容量大于 10 时，威尔科克森秩和检验的Z统计量：

$$Z=\frac{T-E(T)}{\sigma_T}$$

例如，某大学经济学院为配合全校经济学课程的教学改革，打算引进一本新版教材。为确认新版教材的优劣，负责教师做了一个试验：随机抽取30名学生，利用假期让其中15名学生研读新版教材，另外15名学生研读传统教材。30名学生被告知，研读教材完成后，根据自己的感受，按照表9-8所列示的标准给教材打分。

表9-8　**评分表**

得分	5	4	3	2	1
感受	非常好	相当好	一般	较差	非常差

开学后，30名学生的反馈结果见表9-9。

表9-9　**新版教材与传统教材打分结果**

新版教材	3	5	4	3	2	5	1	4	5	3	3	5	5	5	4
传统教材	4	1	3	2	4	1	3	4	2	2	2	4	3	4	5

两个样本数据是独立获取的，样本容量均大于10，问题中的得分是定序数据。针对此问题进行威尔科克森秩和检验，可设定检验假设：

H_0：两种版本教材打分总体位置相同

H_1：新版教材打分总体的位置在右侧

为了计算检验统计量的值，必须首先将所有的观测值进行排序赋秩，参见表9-10。

表9-10　**新版教材与传统教材打分结果赋秩**

序号	新版教材	秩	序号	传统教材	秩
1	3	12	1	4	19.5
2	5	27	2	1	2
3	4	19.5	3	3	12
4	3	12	4	2	6
5	2	6	5	4	19.5
6	5	27	6	1	2
7	1	2	7	3	12
8	4	19.5	8	4	19.5
9	5	27	9	2	6
10	3	12	10	2	6
11	3	12	11	2	6
12	5	27	12	4	19.5
13	5	27	13	3	12
14	5	27	14	4	19.5
15	4	19.5	15	5	27
T_1=276.5			T_2=188.5		

在排序赋秩的过程中，如果出现观测值相等的情况，应当求出几个次序的均值后，再来为有关的各个观测值赋秩。在此数据的全体观测值中有3个1，分别占据排序位置的第1、2、3，平均为2，因此每个为1的观测值都赋秩为2。另有5个观测值为2，分别占排序位置的第4、5、6、7、8，平均为6，因此每个为2的观测值都赋秩为6。还有8个观测值为4，依此方法都赋秩为19.5。全体观测值都被赋秩之后，求出秩和：T_1=276.5、T_2=188.5。可确定检验统计量：$T=T_1$=276.5。由于问题中的样本容量大于10，因此检验统计量T可近似视为服从正态分布。将检验统计量T加以标准化：

$$E(T)=\frac{n_1(n_1+n_2+1)}{2}=\frac{15\times(15+15+1)}{2}=232.5$$

$$\sigma_T=\sqrt{\frac{n_1n_2(n_1+n_2+1)}{12}}=\sqrt{\frac{15\times15\times(15+15+1)}{12}}=24.1$$

于是可得Z统计量的值：

$$Z=\frac{T-E(T)}{\sigma_T}=\frac{276.5-232.5}{24.1}=1.83$$

给定显著性水平$\alpha=0.05$，则由于$Z=1.83>Z_\alpha=Z_{0.05}=1.645$，落入拒绝域，所以拒绝两种版本教材打分总体位置相同的原假设。结论是新版本教材的学生评价要高于传统教材，做出这一推断的把握程度为95%。

实践中应用威尔科克森秩和检验时，必须具备以下几个条件：

（1）问题中的目标是比较两个总体的位置。

（2）样本数据为定序变量数据。

（3）两个样本相互独立。

（4）比较的两个总体除了位置不同外，其他方面的特征没有差异。

9.2　符号检验

威尔科克森秩和检验适用于两个独立样本条件下总体位置的比较，但正如前面所介绍的两个总体均值差检验中的情形一样，独立样本数据下可能会隐含着由于被观测的个体之间的差异所造成误差，这种误差将会影响推断的精确程度。而匹配样本数据则能够消除这种误差来源。在就定序数据进行两个总体位置的比较时，有时同样也需要匹配样本数据。符号检验就是适用于匹配样本数据的两个总体位置比较的一种推断方法。

我们通过下面这个例子来介绍符号检验的方法原理。例如，某体育用品公司设计出一种新款式的旅游鞋，在一项试验中，研究人员想确定新款式的旅游鞋与旧款式的哪一种穿起来更舒服一些。为此，随机抽选了12位顾客，让他们分别试穿两种旅游鞋，然后，让每位顾客按照下列标准（见表9-11）来评价两种旅游鞋的舒服程度：

表9-11 **评分表**

得分	5	4	3	2	1
舒服感觉	非常舒服	比较舒服	没有感觉	不太舒服	很不舒服

试穿后所得评价结果见表9-12。

表9-12 **新旧两种款式旅游鞋试穿打分结果**

试穿顾客	旧款式	新款式	差值	差值符号
1	4	5	-1	-
2	2	3	-1	-
3	4	3	+1	+
4	1	2	-1	-
5	2	4	-2	-
6	1	3	-2	-
7	1	4	-3	-
8	2	5	-3	-
9	4	3	+1	+
10	1	2	-1	-
11	3	4	-1	-
12	3	5	-2	-

此数据为匹配样本数据，不适合采用威尔科克森秩和检验。因此，我们考虑针对每对匹配的观测值计算其差值，从而获得一个差值的样本数据，参见表9-12中第4列的结果。

差值的计算结果中有的为正值，有的为负值；有的绝对值大一些，有的绝对值小一些。但值得注意的是，对于定序数据而言，差值绝对值的大小是没有含义的，也无法进行任何数学运算。

然而，差值的符号却是有意义的。当某一对观测值的差值符号为正时，表明该顾客更偏好旧款旅游鞋；当某一对观测值的差值符号为负时，表明该顾客更偏好新款旅游鞋。每对匹配的观测值的差值符号见表9-12中第5列。清点结果为：2个正号，10个负号。

我们不妨以正号个数作为检验统计量，记作x。问题中的原假设为：

H_0：两种款式旅游鞋舒服程度打分总体位置相同

H_1：两种款式旅游鞋舒服程度打分总体位置不同

正号个数与负号个数相当，即各自都为样本容量的一半，是支持原假设的证据；正号个数与负号个数相差越远，就越是拒绝原假设的证据。如果将正号在样本容量中所占的比率记作p，则问题中的原假设也可表述为：

$H_0:p = 0.5$

$H_1:p \neq 0.5$

显然，原假设为真时，问题中正号个数x的抽样分布是$n = 12$、二项比率$P = 0.5$的二项分布，参见表9-13和图9-3。

表9-13　　$n = 12$、$p = 0.5$时，正号个数x的抽样分布服从二项分布

正号个数x	概率	加号个数x	概率
0	0.0002	7	0.1934
1	0.0029	8	0.1208
2	0.0161	9	0.0537
3	0.0537	10	0.0161
4	0.1208	11	0.0029
5	0.1934	12	0.0002
6	0.2256	—	—

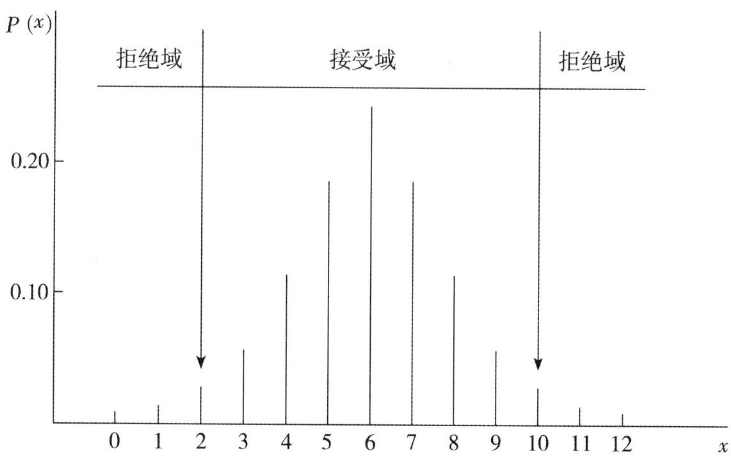

图9-3　$n = 12$、$p = 0.5$时，正号个数x的抽样分布服从二项分布

这是一个双侧检验，拒绝域应处于正号个数x概率分布的两端，参见图9-3。给定显著性水平$\alpha = 0.05$，在确定左端的拒绝域时，注意到：正号个数$x = 0$或$x = 1$或$x = 2$的概率为0.0002+0.0029+0.0161=0.0192，如果再加上$x = 3$的概率，将会使左端区域的概率值变为0.0192+0.0537=0.0729>0.025；在确定右端的拒绝域，同样注意到：$x = 10$或$x = 11$或$x = 12$的概率为0.0192，如果再加上$x = 9$，同样将会使右端区域的概率值大于0.025。所以，拒绝原假设的准则为：$x < 3$或$x > 9$。

由于在样本数据中我们只观察到两个正号，即 $x = 2 < 3$，落入拒绝域，所以拒绝两种款式旅游鞋舒服程度打分总体位置相同的原假设。结论是顾客更偏好新款旅游鞋，做出这一推断的把握程度为95%。

在上述的推断过程中，并没有考虑每对匹配观测值差值的绝对值，而只是以差值符号的个数来构造检验统计量，故称其为符号检验。符号检验的适用条件为：

（1）问题的研究目的是比较两个总体的位置；

（2）数据类型为定序变量数据；

（3）两个样本数据为匹配样本数据。

如您所见，在符号检验过程中，采用二项分布来确定拒绝域是一件比较麻烦的事情，因此实践中的符号检验一般都采用大样本，通常将大样本界定为 $n > 20$，但应当注意：如果出现为零的差值则应将其从样本中剔除。

数理统计的研究表明：服从二项分布的随机变量 x，当 n 充分大时，将近似服从数学期望为 np，标准差为 $\sqrt{np(1-p)}$ 的正态分布。于是可得将 x 标准化后的 Z 统计量：

$$Z = \frac{x - np}{\sqrt{np(1-p)}}$$

如果两总体的位置相同的原假设为真，即 $p = 0.5$，则有检验统计量：

$$Z = \frac{x - 0.5n}{\sqrt{n(0.5)(0.5)}} = \frac{x - 0.5n}{0.5\sqrt{n}}$$

例如，在一项有关医疗制度改革的民意调查中，调查询问了500户城市居民，以了解城市居民对新的医疗制度改革方案的态度。调查结果显示：168户居民表示赞成新的医疗制度改革方案，296户居民表示不赞成，其余36户没有发表意见。这次调查结果是否显示城市居民对新的医疗制度改革方案的态度存在显著差异？

问题中36户没有发表意见的居民，对符号检验不起任何作用，因此应将其从样本容量中剔除，即 $n = 500 - 36 = 464$。这是一个大样本，可采用 Z 统计量检验原假设：

$$H_0: p = 0.5$$

$$H_1: p \neq 0.5$$

计算检验统计量的值：

$$Z = \frac{x - 0.5n}{\sqrt{n(0.5)(0.5)}} = \frac{x - 0.5n}{0.5\sqrt{n}} = \frac{168 - 0.5 \times 464}{0.5 \times \sqrt{464}} = -5.94$$

给定显著性水平 $\alpha = 0.05$，由于 $Z = -5.94 < -Z_{\alpha/2} = -Z_{0.025} = -1.96$，所以拒绝原假设。结论是城市居民对新的医疗制度改革方案多数持反对态度，做出这一推断的把握程度为95%。

9.3 威尔科克森符号秩和检验

在第5章中所介绍的匹配样本条件下的均值差检验方法，是建立在差值d服从正态分布的假定基础之上的。实际问题中如果不符合这一假定，均值差检验则是无效的。威尔科克森符号秩和检验是匹配样本条件下均值差检验的一种替代方法，它不依赖于正态性假定。

我们通过下面的例子来介绍威尔科克森符号秩和检验的方法原理。例如，为研究长跑运动对增强普通高校学生心功能的效果，研究人员对某高校15名男生进行了一项测试。先记录下这15名男生的晨脉次数，然后要求15名男生开始坚持每天的长跑锻炼。经过5个月的长跑锻炼后，再来测量他们的晨脉次数。研究人员期望晨脉次数应当有所降低。锻炼前后的晨脉数据见表9-14。

表9-14 **15名男生长跑锻炼前后的晨脉记录**

锻炼前	70	76	56	63	63	56	58	60	65	65	75	66	56	59	70
锻炼后	48	54	60	64	48	55	54	45	51	48	56	48	64	50	54

这是一个数值型变量样本数据，但由于无法确认数据中匹配观测值的差值d是否符合正态分布，因此无法采用均值差检验方法。

问题中的原假设是两个总体的位置相同。但由于两个样本不是相互独立的，不可对两个样本的观测值进行混合排序，因此也不适合采用威尔科克森秩和检验的方法。

如果将样本中的数值型数据当作定序数据来处理，理论上可以采用符号检验的方法来做出推断，但这无疑将会损失原有数值型数据差值大小方面的有用信息。

因此，可考虑将符号检验与威尔科克森秩和检验两种方法结合起来，寻找和构造检验原假设的统计量。

首先，采取与符号检验相同的方法，计算匹配观测值之间的差值，如果出现为零的差值则将其从样本中剔除，本例中没有出现差值为零的情况，计算结果参见表9-15中的第4列。然后计算差值的绝对值，计算结果参见表9-15中的第5列。再对差值的绝对值进行排序赋秩，1为最小的秩，n为最大的秩。赋秩结果参见表9-15中的第6列。接下来计算差值为正的观测值的秩和，记作T^+，差值为负的观测值的秩和，记作T^-。秩和的计算结果为：$T^+ = 110$，$T^- = 10$。

如果原假设为真，那么正的秩和（T^+）与负的秩和（T^-）应当接近相等，两者之间的差异越大，就越是拒绝原假设的证据。选择两者之中较小者即负的秩和T^-为检验统计量T，即$T = T^-$，则负的秩和T^-越小，就越应当拒绝原假设。

与威尔科克森秩和检验中的道理一样，此处检验统计量T也有其特定的抽样分布，而且样本容量不同，概率分布也有所不同。统计学家已经完成了不同样本容量

表 9-15　　**长跑锻炼前后晨脉变化符号秩和计算表**

序号	锻炼前	锻炼后	差值	差值绝对值	秩	符号秩+	符号秩-
1	70	48	+22	22	14.5	14.5	—
2	76	54	+22	22	14.5	14.5	—
3	56	60	−4	4	3.5	—	3.5
4	63	64	−1	1	1.5	—	2.5
5	63	48	+15	15	8.5	8.5	—
6	56	55	+1	1	1.5	1.5	—
7	58	54	+4	4	3.5	3.5	—
8	60	45	+15	15	8.5	8.5	—
9	65	51	+14	14	7.0	7.0	—
10	65	48	+17	17	11.0	11.0	—
11	75	56	+19	19	13.0	13.0	—
12	66	48	+18	18	12.0	12.0	—
13	56	64	−8	8	5.0	—	5.0
14	59	50	+9	9	6.0	6.0	—
15	70	54	+16	16	10.0	10.0	—
合计						$T^+=110$	$T^-=10$

下检验统计量T的抽样分布表，参见表9-16。

表 9-16　　**威尔科克森符号秩和检验的临界值**

n	(a) α=0.025的单侧；α=0.05的双侧		(b) α=0.05的单侧；α=0.10的双侧	
	T_L	T_U	T_L	T_U
6	1	20	2	19
7	2	26	4	24
8	4	32	6	30
9	6	39	8	37
10	8	47	11	44
11	11	55	14	52
12	14	64	17	61
13	17	74	21	70
14	21	84	26	79
15	25	95	30	90
16	30	106	36	100
17	35	118	41	112
18	40	131	47	124
19	46	144	54	136
20	52	158	60	150
21	59	172	68	163
22	66	187	75	178
23	73	203	83	193
24	81	219	92	208
25	90	235	101	224
26	98	253	110	241
27	107	271	120	258
28	117	289	130	276
29	127	308	141	294
30	137	328	152	313

表9-16给出了样本容量n为6~30时，临界值的下界T_L与上界T_U。（a）中的T_L和T_U的取值使得：$P(T \leqslant T_L)=P(T \geqslant T_U)=0.025$，适用于$\alpha=0.025$时的单侧检验，也适用于$\alpha=0.05$时的双侧检验。（$b$）中的$T_L$和$T_U$的取值使得：$P(T \leqslant T_L)=P(T \geqslant T_U)=0.05$，适用于$\alpha=0.05$时的单侧检验，也适用于$\alpha=0.10$时的双侧检验。

此问题中样本容量为15，在0.05的显著性水平下进行双侧检验，查表得拒绝域的临界值为25。决策准则为：如果较小的秩和为25或更小，则拒绝原假设。

由于问题中较小的秩和为10，即$T^-=10<25$，故拒绝原假设。结论是长跑锻炼前后学生的晨脉具有显著的差异，做出这一推断的把握程度为95%。

在威尔科克森符号秩和检验的实践中，通常将大样本定义为：$n>30$。统计学家已经证明：大样本时，检验统计量T近似服从均值为$E(T)$，标准差为σ_T的正态分布。其中：

$$E(T)=\frac{n(n+1)}{4}$$

$$\sigma_T=\sqrt{\frac{n(n+1)(2n+1)}{24}}$$

将检验统计量T标准化，可得当样本容量大于30时，威尔科克森符号秩和检验的Z统计量：

$$Z=\frac{T-E(T)}{\sigma_T}$$

例如，由于私家车数量的急剧增加，人们日常工作上下班变得很困难，要在路上耽误许多时间。采用弹性上班制或许会改变这种状况。研究人员随机抽取了32位在职人员，记录下在传统上班制下他们某天正常上班花在路上的时间；然后，让他们避开交通高峰采用弹性上班制，并记录下当天花在路上的时间，获得的样本数据见表9-17。

针对此数据进行威尔科克森符号秩和检验，可设定检验假设：

H_0：传统上班制与弹性上班制上班所花时间相同

H_1：传统上班制与弹性上班制上班所花时间不同

传统上班制与弹性上班制上班所花时间的差值的计算结果见表9-17第4列；差值绝对值见表9-17第5列；针对差值的绝对值进行排序赋秩的结果见表9-17第6列。本例中没有出现差值为零的情况，样本容量为32，为大样本。差值为正的观测值的秩和：$T^+=367.5$；差值为负的观测值的秩和：$T^-=160.5$。取T^+来构造检验统计量，即$T=T^+$。因为：

$$E(T)=\frac{n(n+1)}{4}=\frac{32\times(32+1)}{4}=264$$

$$\sigma_T=\sqrt{\frac{n(n+1)(2n+1)}{24}}=\sqrt{\frac{32\times(32+1)\times(2\times32+1)}{24}}=53.48$$

所以检验统计量的值为：

$$Z=\frac{T-E(T)}{\sigma_T}=\frac{367.5-264}{53.48}=1.94$$

表9-17　　传统上班制与弹性上班制上下班所花费时间

序号	传统上班制	弹性上班制	差值	差值绝对值	秩	符号秩+	符号秩-
1	34	31	3	3	21.0	21.0	—
2	35	31	4	4	27.0	27.0	—
3	43	44	-1	1	4.5	—	4.5
4	46	44	2	2	13.0	13.0	—
5	16	15	1	1	4.5	4.5	—
6	26	28	-2	2	13.0	—	13.0
7	68	63	5	5	31.0	31.0	—
8	38	39	-1	1	4.5	—	4.5
9	61	63	-2	2	13.0	—	13.0
10	52	54	-2	2	13.0	—	13.0
11	68	65	3	3	21.0	21.0	—
12	13	12	1	1	4.5	4.5	—
13	69	71	-2	2	13.0	—	13.0
14	18	13	5	5	31.0	31.0	—
15	53	55	-2	2	13.0	—	13.0
16	18	19	-1	1	4.5	—	4.5
17	41	38	3	3	21.0	21.0	—
18	25	23	2	2	13.0	13.0	—
19	17	14	3	3	21.0	21.0	—
20	26	21	5	5	31.0	31.0	—
21	44	40	4	4	27.0	27.0	—
22	30	33	-3	3	21.0	—	21.0
23	19	18	1	1	4.5	4.5	
24	48	51	-3	3	21.0	—	21.0
25	29	33	-4	4	27.0	—	27.0
26	24	21	3	3	21.0	21.0	—
27	51	50	1	1	4.5	4.5	—
28	40	38	2	2	13.0	13.0	—
29	26	22	4	4	27.0	27.0	—
30	20	19	1	1	4.5	4.5	—
31	19	21	-2	2	13.0	—	13.0
32	42	38	4	4	27.0	27.0	—
合　计						$T^{+}=367.5$	$T^{-}=160.5$

这是一个双侧检验，若给定显著性水平$\alpha=0.05$，则由于$-Z_{\alpha/2}=-Z_{0.025}=-1.96<Z=1.94<Z_{\alpha/2}=Z_{0.025}=1.96$，落入接受域，所以没有理由拒绝原假设。结论是传统上班制与弹性上班制上班所花时间没有显著差异，做出这一推断的把握程度为95%。

威尔科克森符号秩和检验的适用条件为：

（1）问题的研究目的是比较两个总体的位置；

（2）数据类型为数值型变量数据；

（3）差值分布为非正态分布；

（4）两个样本数据为匹配样本数据。

9.4　运用SPSS进行定序数据分析

9.4.1　威尔科克森秩和检验

针对表9-1中两种口味蛋糕打分数据，以0.05的显著性水平进行威尔科克森秩和检验，其操作如下：

（1）打开数据集“data9.1.sav”。在SPSS主窗口中选择菜单：点击【Analyze】→【Nonparametric Tests】→【Two-Independent-Samples】，系统弹出如图9-4所示的“Two-Independent-Samples Tests”对话框。

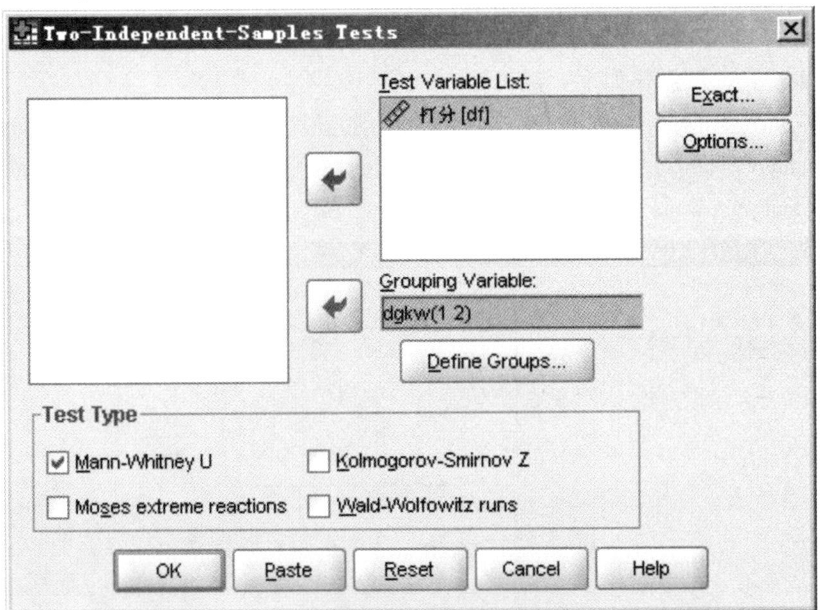

图9-4　Two-Independent-Samples Tests对话框

（2）选择检验变量“打分［df］”进入“Test Variable List:”框内；选择分组变量“蛋糕口味［dgkw］”进入“Grouping Variable”框内，并点击Define Groups按钮，输入分组值1、2。

（3）在Test Type框中，选择检验方法Mann-Whitney U（曼-惠特尼检验）。Mann-Whitney U（曼-惠特尼检验）等同于Wilcoxon（威尔科克森秩和检验），是由曼-惠特尼与威尔科克森联合提出的。原假设为两个总体位置相同，备择假设为两个总体位置不同。

（4）点击【OK】。系统输出检验结果如图9-5所示。

Ranks

蛋糕口味		N	Mean Rank	Sum of Ranks
打分	新型口味	3	3.00	9.00
	传统口味	3	4.00	12.00
	Total	6		
Mann-Whitney U				3.000
Wilcoxon W				9.000
Z				-.655
Asymp.Sig.（2-tailed）				.513
Exact Sig.［2*（1-tailed Sig.）］				.700[a]
a. Not Corrected for Ties.				
b. Grouping Variable：蛋糕口味				

图 9-5 Mann-Whitney U 输出结果

9.4.2 符号检验

针对表 9-12 新旧两款旅游鞋试穿打分数据，以 0.05 的显著性水平进行威尔科克森秩和检验，其操作如下：

（1）打开数据集“data9.8.sav”。在 SPSS 主窗口选择菜单：点击【Analyze】→【Nonparametric Tests】→【Two Related Samples】，系统弹出如图 9-6 所示的“Two-Related-Samples Tests”对话框。

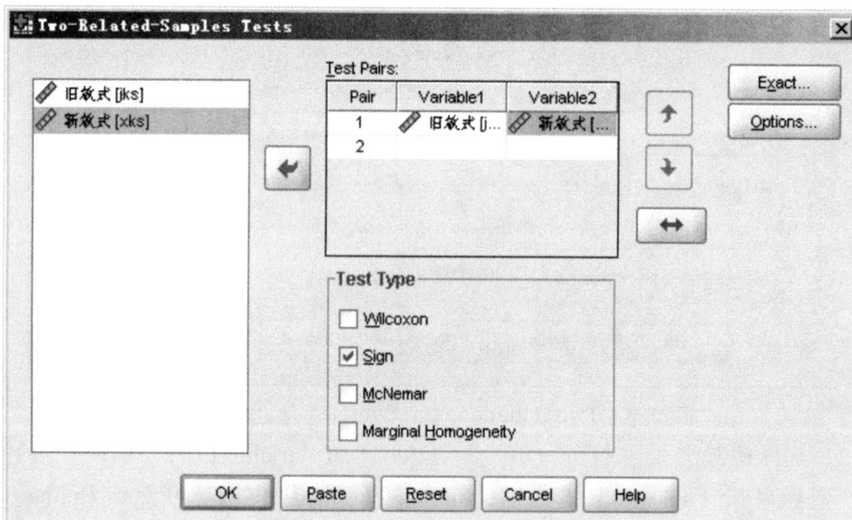

图 9-6 Two-Related-Samples Tests 对话框

（2）依次选择变量“旧款式［jks］”和变量“新款式［xks］”进入“Test Pairs:”框内。

（3）在 Test Type 框中，选中“Sign”选项，点击【OK】。系统输出检验结果如图 9-7 所示。

Frequencies

	N
新款式-旧款式 Negative Differences[a]	2
Positive Differences[b]	10
Ties[c]	0
Total	12

a.新款式<旧款式

b.新款式>旧款式

c.旧款式=新款式

Test Statistics[b]

	新款式-旧款式
Exact Sig.（2-tailed）	.039[a]

a.Binomial Distribution Used

b.Sign Test

图9-7　符号检验输出结果

9.4.3　威尔科克森符号秩和检验

针对表9-14中15名男生长跑锻炼前后的晨脉记录数据，以0.05的显著性水平进行威尔科克森符号秩和检验，其操作如下：

（1）打开数据集“data9.10.sav”。在SPSS主窗口选择菜单：点击【Analyze】→【Nonparametric Tests】→【Two Related Samples】，系统弹出如图9-8所示的“Two-Related-Samples Tests”对话框。

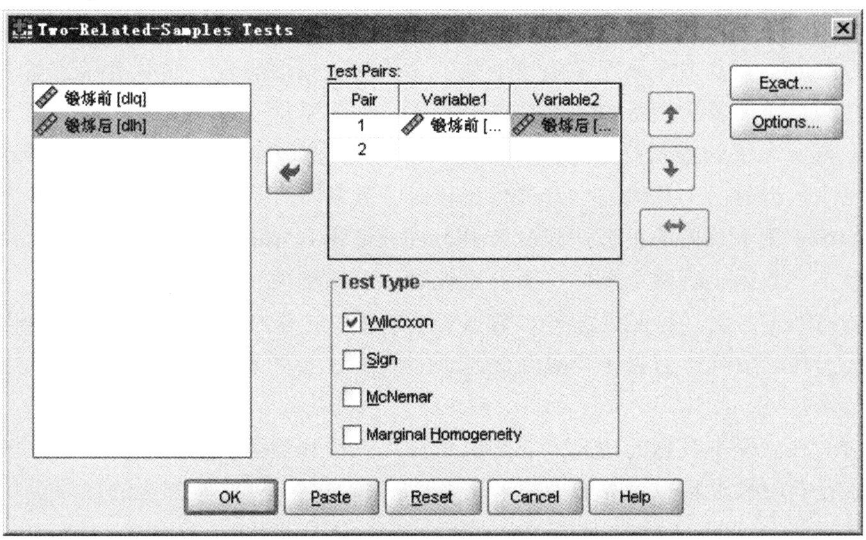

图9-8　Two-Related-Samples Tests对话框

（2）依次选择变量“锻炼前［dlq］”和变量“锻炼后［dlh］”进入“Test

Pairs:” 框内。

（3）在Test Type框中，选中“Wilcoxon”选项，点击【OK】。系统输出检验结果如图9-9所示。

Ranks

	N	Mean Pank	Sum of Ranks
锻炼后-锻炼前 Negative Ranks	12[a]	9.17	110.00
Positive Ranks	3[b]	3.33	10.00
Ties	0[c]		
Total	15		

a.锻炼后<锻炼前

b.锻炼后>锻炼前

c.锻炼前=锻炼后

Test Statistics[b]

	锻炼后-锻炼前
Z	-2.842[a]
Asymp.Sig.（2-tailed）	0.004

a.Based on Positive Ranks

b.Wilcoxon Signed Rank Test

图9-9　威尔科克森符号秩和检验输出结果

本章小结

就数值型变量数据对两个总体的位置进行比较时，可以采用均值差检验的方法来进行推断，但其方法原理多依赖于关于总体的正态性假设。如果实际情况不符合正态性假设，或者我们所遇到的是定序数据，均值差检验方法就是无效的了。

本章所介绍的威尔科克森秩和检验、符号检验以及威尔科克森符号秩和检验，是就定序数据对两个总体的位置进行比较时，最基本、最常用的方法。这些方法完全不依赖于关于总体的正态性假设，也不过分依赖大样本。

就定序数据进行两个总体位置的比较时，会遇到两种类型的样本数据，一种是独立样本数据，另一种是匹配样本数据。应当说，匹配样本数据在消除数据误差来源方面要比独立样本数据来得更为优越。实践中，如果条件允许应当尽量采用匹配样本数据。

对应独立样本数据的检验方法是威尔科克森秩和检验；对应匹配样本数据的检验方法是符号检验以及威尔科克森符号秩和检验。这3种检验方法的原假设均为两总体位置相同，而备择假设则可根据实际问题的需要来设定。

当总体分布未知时，就数值型数据进行两总体位置比较，采取威尔科克森符号秩和检验等方法是迫不得已的选择，此时我们将数值型数据视为定序数据。即便如此，实践中也仍应多注意寻找其他途径，采取有效方法去挖掘数值型数据中更丰富的信息内涵。

威尔科克森秩和、符号个数以及威尔科克森符号秩和，这些统计量各有其特定的抽样分布，这是统计推断的根本依据。好在当样本容量充分大时，它们都可以近似地被视为服从正态分布，进而可以得出检验原假设的Z统计量，这是我们在实践中应当注意充分加以利用的一个重要特点。

问题思考

1.定序数据与数值型数据有什么区别？定序数据适用于哪些数学运算？

2.威尔科克森秩和检验、符号检验以及威尔科克森符号秩和检验的原假设是什么？如何理解其原假设的含义？

3.如何对样本数据中的观测值进行排序赋秩？应当注意什么问题？

4.威尔科克森秩和检验中，两个独立样本的秩和T_1和T_2，为什么说原假设为真时T_1与T_2应当近似相等？

5.符号检验中，正号个数与负号个数相当，即各自都近于样本容量的一半，是支持原假设的证据。为什么？

6.对于两个匹配的样本数据，为什么不可混合排序赋秩？如何解决这个问题？

7.符号检验中的正号个数或负号个数服从什么分布？

8.符号检验与威尔科克森符号秩和检验中，当某一观测下的匹配观测值的差值等于零时，为什么要将此观测值从样本中剔除？

判断对错

1.原始的定序变量数据只适合于是非判断与大小比较的数学运算。（　）

2.威尔科克森秩和检验、符号检验、威尔科克森符号秩和检验，其原假设均为两总体位置相同。（　）

3.与参数统计相比较，非参数统计的明显优势是不必事先确定检验统计量的抽样分布。（　）

4.威尔科克森秩和检验、符号检验、威尔科克森符号秩和检验，不存在犯拒真错误的可能性。（　）

5.威尔科克森秩和检验、符号检验、威尔科克森符号秩和检验，不存在犯采伪错误的可能性。（　）

6.符号检验只适用于匹配样本数据的两个总体位置比较的推断。（　）

7.符号检验中正号的个数服从二项分布。（　）

8.威尔科克森符号秩和检验依赖于关于总体的正态性假定。（　）

机上作业

1.为研究师范附中与理工附中两个初中学校毕业生的学习潜力是否存在差异，从某重点高中随机抽取了毕业于两所初中学校的9名学生，其中4名来自师范附中，5名来自理工附中。这9名学生目前在高中的年级排序资料见附表1。

附表1　　毕业于不同初中的9名学生目前在高中年级中的排序数据

师范附中	8	52	112	21	—
理工附中	70	202	144	175	146

要求：以95%的把握程度推断这两所初中学校毕业生的学习潜力是否存在差异。

2.对两种型号的汽车进行了有关里程表现的检验。从每一型号中随机挑出12辆汽车，均以高速行驶1 600千米为基础，得到了每种型号汽车的每升耗油行驶里程数的数据，见附表2。

附表2　　每升耗油行驶里程数的两个独立样本数据

型号1	78.0	75.3	70.4	71.5	71.2	76.5	79.5	77.6	75.0	75.0	72.7	77.6
型号2	80.6	66.6	65.9	70.0	74.6	79.9	65.5	71.2	67.4	64.0	68.1	76.1

要求：以0.10的显著性水平，检验两种型号汽车的每升耗油行驶里程数是否有显著差异。

3.随机抽选了15名青年教师利用暑假时间进行计算机应用技术培训。培训前由专家组对每一位青年教师的计算机应用技术水平进行评价；经过一个假期的培训之后，专家组再对每一位青年教师的计算机应用技术水平进行评价。评价标准为优、好、中、差4个等级。两次评价结果见附表3。

附表3　　计算机应用技术培训前后评价结果

培训前	好	中	优	差	优	好	差	优	好	差	好	中	好	好	差
培训后	优	优	好	好	优	优	中	优	差	好	优	优	中	优	好

要求：以0.05的显著性水平，检验培训效果的好坏。

4.某瑜伽训练中心声称，经过瑜伽训练的人，两个月内就会减轻体重2千克以上。今随机抽取了11位成员称量体重，瑜伽训练两个月后再称量体重，观察体重是否有所变化。获的样本数据见附表4。

附表4　　瑜伽训练前后体重数据

成员	1	2	3	4	5	6	7	8	9	10	11
体重变化	降低	降低	增加	降低	没变	降低	降低	降低	降低	降低	降低

要求：以0.05的显著性水平，检验瑜伽训练中心的声称是否属实。

5.为确认两种生产工艺在完工时间上是否存在差异，随机抽取了12名工人。每名工人先以其中一种生产工艺进行操作，然后再以另一种工艺进行操作，记录所耗用的时间，获取的样本数据见附表5。

附表5　两种工艺耗用时间数据

工人	1	2	3	4	5	6	7	8	9	10	11	12
工艺1	10.2	9.6	9.2	10.6	9.9	10.2	10.6	10.0	11.2	10.7	10.6	9.8
工艺2	9.5	9.8	8.8	10.1	10.3	9.3	10.5	10.0	10.6	10.2	9.8	9.4

要求：以0.05的显著性水平，检验两种生产工艺的完工时间是否存在差异。

6.睡觉前欣赏轻音乐或许会有益睡眠。今随机抽取10名男士，记录他们听轻音乐与不听轻音乐所需要的入睡时间，获取的样本数据见附表6。

附表6　听轻音乐与不听轻音乐所需要的入睡时间　单位：分钟

试验对象	1	2	3	4	5	6	7	8	9	10
不听音乐	16	13	23	9	11	8	9	11	15	10
听音乐	11	11	13	12	10	6	11	8	12	7

要求：以0.05的显著性水平，检验听轻音乐是否会缩短入睡所需时间。

实验课题

1.实验目的

（1）了解独立样本数据与匹配样本数据的结构特点，熟悉其生成原理及操作过程。

（2）掌握威尔科克森秩和检验等定序数据分析方法的原理及适用条件。

（3）掌握威尔科克森秩和检验的基本步骤。

（4）熟练运用SPSS进行威尔科克森秩和检验。

2.实验工具

（1）课堂广播软件。

（2）SPSS软件11.0或16.0版本。

（3）两个城镇居民户的模拟总体。

3.实验内容

甲乙两个城镇近些年来一直都在致力于居民住房制度和住房条件的改革和完善，但这是一项长期而艰巨的工作。目前虽已取得阶段性的成果，但政府部门仍然十分关心老百姓对自身目前居住条件是否满意。如果以“非常不满意”“不满意”“一般”“满意”“非常满意”为标准进行评价的话，客观上每一户居民心目中都会给出一项选择。如何帮助政府了解居民对目前住房状况的态度和评价，如何了解甲乙两个城镇的居民对目前住房状况的态度是否一致？请针对甲乙两个城镇居民户总体，就目前政府所关心的问题做一次抽样调查，并以0.05的显著性水平给出推断结论。

4.实验步骤

（1）熟悉甲乙两个城镇居民户总体模拟总体［sykt.sav］。

（2）从总体中随机抽取容量合计为60的两个独立样本。

（3）对两个独立样本数据分别加以图表描述。

（4）选择恰当的检验方法，对甲乙两个城镇的居民对目前住房状况的态度进行比较。

（5）对照总体参数真值，找出您的推断结论与总体真值之间的差异，说明产生差异的原因。

（6）随机抽取容量合计为400的样本。重复（3）、（4）、（5）步骤，比较两次抽样推断结果的差异。

5.实验指导

（1）抽样过程的操作：【打开模拟总体数据集sykt9.sav】→【Data】→【Select Cases】→【Random Sample of Case】→【Exactly 60（或400）Cases from the first 20 000】→【Continue】→【OK】。

（2）建议将“实验步骤（2）”和“实验步骤（6）”中所生成的样本另存为新文件。

（3）分别描述两个样本数据时，应首先拆分数据集。

名人简介

陈希孺（1934—2005）：中国湖南望城人，著名数理统计学家，中国科学院院士。1956年毕业于武汉大学数学系，1986—1988年作为访问学者先后到加拿大、美国访问。主要从事大样本理论、线性模型、非参数统计、Bayes统计学、回归分析和判别等研究，研究成果曾获国家自然科学奖。主要著作有《数理统计学简史》《数理统计引论》《线性模型参数估计理论》《非参数统计》《近代回归分析》等。曾先后担任中国现场统计研究会理事长、中国统计学会副理事长等学术职务。1997年当选为中国科学院院士。

第10章　指数

对正确问题的近似答案，胜过对错误问题的精确答案。

——约翰·怀尔德·图基

引例10

某蔬菜批发市场7月和8月3种蔬菜的价格及销售量资料见表10-1。

表10-1　　3种蔬菜价格及销售量资料

商品名称	计量单位	价格（元）		销售量	
		7月	8月	7月	8月
白菜	百千克	15.0	40.0	15 600	18 720
黄瓜	百千克	121.2	220.6	5 900	6 120
菠菜	百千克	60.8	189.8	6 400	6 650

观察表10-1数据可知，白菜、黄瓜、菠菜3种蔬菜的价格及销售量从7月到8月都有变动，要从数量上来刻画这种变动的程度，人们通常采用计算比值的方法。例如，白菜价格从7月到8月的变动程度为：40÷15=2.667，销售量的变动程度为：18 720÷15 600=1.200。此时，我们可以说，白菜价格从7月到8月上涨了166.7%，销售量上涨了20.0%。同样的方法，我们可以得出黄瓜和菠菜的价格及销售量的变动程度，参见表10-2。

表10-2　　3种蔬菜价格及销售量的变动程度

商品名称	计量单位	价格			销售量		
		7月	8月	变动程度	7月	8月	变动程度
白菜	百千克	15.0	40.0	2.667	15 600	18 720	1.200
黄瓜	百千克	121.2	220.6	1.820	5 900	6 120	1.037
菠菜	百千克	60.8	189.8	3.122	6 400	6 650	1.039

然而，多数情况下，我们不仅仅关心某种个别商品的价格或销售量的变动程度，更为关心的是整个市场上多种商品价格或销售量的平均变动程度。例如，我们想知道白菜、黄瓜和菠菜3种蔬菜价格从7月到8月的平均变动程度；销售量从7月到8月的平均变动程度。如何得出这种平均变动程度呢？

解决这个问题存在两个思路：第一种思路，以价格为例，将3种蔬菜价格的个别的变动程度加以简单平均，即：

$$\frac{2.667+1.820+3.122}{3}=2.536$$

第二种思路，先计算3种蔬菜8月的平均价格，再计算7月平均价格，最后得出两个平均价格的比值，即：

$$\frac{(40+220.6+189.8)/3}{(15+121.2+60.8)/3}=\frac{40+220.6+189.8}{15+121.2+60.8}=2.286$$

这两种思路乍看起来似乎都合理，而且在指数理论产生的初期也有人采用过这种算法，但深入分析却是很有问题的。第一种思路以3种蔬菜价格的个别变动程度为平均对象，采用的是简单平均的方法，将3种蔬菜价格的个别变动程度等同地看待了，这显然是不合理的。第二种思路，当遇到商品计量单位不同的情况时，根本就是违反算术原理的。

本章将要介绍的指数理论，就是在解决多种商品价格平均变动程度的算法问题上逐渐产生和发展起来的。

所谓指数，广义上讲就是用来反映现象变动程度的一种比值。狭义上讲，则是指用来反映不能直接加总的现象的变动程度的一种比值。指数可分为个体指数和总指数两类：个体指数就是反映个别现象变动程度的比值；总指数则是将多种现象作为一个整体，反映其平均的变动程度。在引例10中，我们计算了3种蔬菜中的每一种蔬菜，其价格及销售量从7月到8月的变动程度，这就是计算个体指数；而要计算3种蔬菜价格的平均变动程度，这就是要计算价格总指数。显然，指数理论的核心内容是要解决总指数的算法。

10.1 综合指数

10.1.1 价格综合指数

总指数主要有综合指数和平均指数两种算法，我们先以价格指数为例，介绍综合指数的算法。

计算指数通常要涉及两个时期，指数理论中通常将用作比较基础的那个时期称作基期，将当前时期称作报告期。例如在引例10中，7月为基期，8月则为报告期。相应地，基期的价格和销售量分别用p_0和q_0来表示；报告期的价格和销售量分别用p_1和q_1来表示。

按照上面提到的第二种思路，我们知道，由于不同商品的计算单位不同，所以是无法直接加总的。但是，如果将每一种商品的价格乘以其销售量，计算结果就是销售额，而销售额是可以加总的。于是，我们可以转而计算3种蔬菜销售额从基期到报告期的变动程度，即：

$$\frac{\sum p_1q_1}{\sum p_0q_0}$$

从这个算式中不难看出，3种蔬菜销售额的变动程度就是报告期销售额比基期销售额。其中包含着价格p和销售量q两个因素的变动，而且仅仅是这两个因素的变动。假如能够从中剔除3种蔬菜销售量的变动，那么剩余的就是3种蔬菜价格的变动。那么如何做出这种剔除呢？

统计学家给出的方法是：将销售量因素在这个算式中固定住，即要么将销售量q固定在q_0上，要么将销售量q固定在q_1上。这种思想方法的要点是：只要将销售量q固定住了，那么就可以认为销售量的变动程度被从中剔除了，剩余的就只能理解为价格的变动程度。于是，可以得出两个计算价格总指数的公式：

$$\frac{\sum p_1q_0}{\sum p_0q_0}\quad \text{拉氏指数}$$

$$\frac{\sum p_1q_1}{\sum p_0q_1}\quad \text{帕氏指数}$$

第一个算式中是将销售量固定在基期，这是由德国学者拉斯贝尔斯提出的，故称为拉氏指数；第二个算式中是将销售量固定在报告期，这是由德国学者帕煦提出的，故称为帕氏指数。拉氏指数与帕氏指数的共同点在于：他们的思想方法是相同的，即只要将销售量q固定住了，那么就可以认为销售量变动带来的影响因素被从中剔除了。不同之处是固定的时期不同，拉氏指数主张将销售量固定在基期；帕氏指数主张将销售量固定在报告期。

显然，根据同一个数据资料，拉氏指数与帕氏指数的计算结果会是不同的。下面根据表10-1中的数据，分别采用拉氏指数与帕氏指数来计算3种蔬菜价格总指数（见表10-3）。

表10-3　**3种蔬菜价格总指数计算表**

商品名称	计量单位	价格p		销售量q		p_0q_0	p_1q_1	p_0q_1	p_1q_0
		p_0	p_1	q_0	q_1				
白菜	百千克	15.0	40.0	15 600	18 720	234 000	748 800	280 800	624 000
黄瓜	百千克	121.2	220.6	5 900	6 120	715 081	1 350 072	741 744	1 301 540
菠菜	百千克	60.8	189.8	6 400	6 650	389 120	1 262 170	404 320	1 214 720
合计	—	—	—	—	—	1 338 201	3 361 042	1 426 864	3 140 260

拉氏价格总指数：

$$\frac{\sum p_1q_0}{\sum p_0q_0}=\frac{3\ 140\ 260}{1\ 338\ 201}=2.347$$

帕氏价格总指数：

$$\frac{\sum p_1q_1}{\sum p_0q_1}=\frac{3\ 361\ 042}{1\ 426\ 864}=2.356$$

根据拉氏价格总指数的计算结果，我们可以说，3种蔬菜价格从7月到8月平均上涨了134.7%；根据帕氏价格总指数的计算结果，我们可以说，3种蔬菜价格从7月到8月平均上涨了135.6%。两种结果虽然相差不多，但哪一种更为精确一些呢？这个问题目前在理论上尚无定论，但好在两者相差不多。

10.1.2 销售量综合指数

根据与价格综合指数完全相同的思想方法，我们可以得到销售量综合指数的两个算式：

$$\frac{\sum q_1 p_0}{\sum q_0 p_0} \quad 拉氏指数$$

$$\frac{\sum q_1 p_1}{\sum q_0 p_1} \quad 帕氏指数$$

在计算销售量总指数时，是通过固定价格的方式，将价格变动带来的影响从销售额的变动中剔除，并将剩余的内容理解为销售量的平均变动程度。固定价格时同样有两种方法：将价格固定在基期得到拉氏销售量总指数；将价格固定在报告期得到帕氏销售量总指数。

由同一个数据资料，销售量的拉氏指数与帕氏指数的计算结果同样是不同的。下面根据表10-1中的数据，分别采用拉氏指数与帕氏指数来计算3种蔬菜销售量总指数：

拉氏销售量总指数：

$$\frac{\sum q_1 p_0}{\sum q_0 p_0} = \frac{1\ 426\ 864}{1\ 338\ 201} = 1.066$$

帕氏销售量总指数：

$$\frac{\sum q_1 p_1}{\sum q_0 p_1} = \frac{3\ 361\ 042}{3\ 140\ 260} = 1.070$$

根据拉氏销售量总指数的计算结果，我们可以说，3种蔬菜销售量从7月到8月平均上涨了6.6%；根据帕氏销售量总指数的计算结果，我们可以说，3种蔬菜销售量从7月到8月平均上涨了7.0%。两种结果依然相差不多。

采用综合的算法，计算价格或销售量总指数，理论上可做出两种选择，但在实践中，人们通常选择帕氏指数来计算价格总指数；选择拉氏指数来计算销售量总指数。但这不是必须遵循的原则，实际中，还应根据具体情况变通地加以灵活运用（见表10-4）。

表10-4 **价格总指数与销售量总指数计算方法的选择**

	价格总指数	销售量总指数
拉氏指数	$\frac{\sum p_1 q_0}{\sum p_0 q_0}$	$\frac{\sum q_1 p_0}{\sum q_0 p_0}$
帕氏指数	$\frac{\sum p_1 q_1}{\sum p_0 q_1}$	$\frac{\sum q_1 p_1}{\sum q_0 p_1}$

10.2　平均指数

10.2.1　价格平均指数

综合指数的算法适用于同时掌握如表10-1那种基期和报告期的价格和销售量的详细数据。实际工作中有时可能只掌握价格个体指数及报告期或基期的销售额数据，此时就需要根据所掌握的资料的形式不同，将综合指数加以变形运用。

如果掌握价格个体指数k_p和基期销售额p_0q_0，可采用下列算式来计算价格总指数：

$$\frac{\sum k_p p_0 q_0}{\sum p_0 q_0}$$

此算式被称作算术平均价格指数，它是由拉氏价格综合指数等形变换而来的。不难看出，它是以基期销售额为权数对价格个体指数所做的算术平均。

如果掌握价格个体指数k_p和报告期销售额p_1q_1，可采用下列算式计算价格总指数：

$$\frac{\sum p_1 q_1}{\sum \frac{1}{k_p} p_1 q_1}$$

此算式被称作调和平均价格指数，它是由帕氏价格综合指数等形变换而来的。在此算式中，被平均的对象仍然是价格个体指数k_p，但采用的不是通常我们所熟悉的算术平均的方法，而是先将被平均的对象取倒数，针对倒数以报告期销售额为权数进行算术平均之后，再取一次倒数，这种平均方法在统计中称作调和平均。

例如，3种蔬菜价格个体指数及销售额资料见表10-5。

表10-5　**3种蔬菜价格个体指数及销售额资料**

商品名称	计量单位	价格个体指数 $k_p=p_1/p_0$	p_0q_0	p_1q_1
白菜	百千克	2.667	234 000	748 800
黄瓜	百千克	1.820	715 081	1 350 072
菠菜	百千克	3.122	389 120	1 262 170
合计	—	—	1 338 201	3 361 042

算术平均价格指数：

$$\frac{\sum k_p p_0 q_0}{\sum p_0 q_0}=\frac{3\ 140\ 260}{1\ 338\ 201}=2.347$$

调和平均价格指数：

$$\frac{\sum p_1 q_1}{\sum \frac{1}{k_p} p_1 q_1}=\frac{3\ 361\ 042}{1\ 426\ 864}=2.356$$

10.2.2 销售量平均指数

如果掌握销售量个体指数k_q和基期销售额p_0q_0，可采用下列算式来计算销售量总指数：

$$\frac{\sum k_q p_0 q_0}{\sum p_0 q_0}$$

此算式称作算术平均销售量指数，它是由拉氏销售量综合指数等形变换而来的。

如果掌握销售量个体指数k_q和报告期销售额p_1q_1，可采用下列算式计算销售量总指数：

$$\frac{\sum p_1 q_1}{\sum \frac{1}{k_q} p_1 q_1}$$

此算式称作调和平均销售量指数，它是由帕氏销售量综合指数等形变换而来的。

例如，3种蔬菜销售量个体指数及销售额资料见表10-6。

表10-6　**3种蔬菜销售量个体指数及销售额资料**

商品名称	计量单位	销售量个体指数 $k_q=q_1/q_0$	p_0q_0	p_1q_1
白菜	百千克	1.200	234 000	748 800
黄瓜	百千克	1.037	715 081	1 350 072
菠菜	百千克	1.039	389 120	1 262 170
合计	—	—	1 338 201	3 361 042

算术平均销售量指数：

$$\frac{\sum k_q p_0 q_0}{\sum p_0 q_0}=\frac{1\ 426\ 864}{1\ 338\ 201}=1.066$$

调和平均销售量指数：

$$\frac{\sum p_1 q_1}{\sum \frac{1}{k_q} p_1 q_1}=\frac{3\ 361\ 042}{3\ 140\ 260}=1.070$$

10.3 关于总指数计算方法的修正

10.3.1 理想指数

从综合指数与平均指数的算法中我们可以看出，其间存在着自相矛盾的地方。由同一数据计算拉氏指数和帕氏指数，其计算结果是不同的，但又无法确认哪一种算法更为可靠和准确。

为了调和这种矛盾，满足特殊分析的需要，不少统计学家都试图对已有的这些总指数的算法进行修正和改造，由此而形成了总指数的一些新的算法。理想指数是其中比较有代表性的一种新算法。

这种算法最初由美国经济学家沃尔什和庇古等人提出，后来经过经济学家费雪的大量比较和验证，认为能够满足他所提出的评价指数算法优劣的一系列标准，遂起名为理想指数。其计算公式如下：

$$\sqrt{\frac{\sum p_1q_0}{\sum p_0q_0}\times\frac{\sum p_1q_1}{\sum p_0q_1}}\quad \text{价格理想指数}$$

$$\sqrt{\frac{\sum q_1p_0}{\sum q_0p_0}\times\frac{\sum q_1p_1}{\sum q_0p_1}}\quad \text{销售量理想指数}$$

价格理想指数是取拉氏价格指数和帕氏价格指数的乘积之后，再开平方，这在统计中称作几何平均。同样的道理，销售量理想指数也是对相应的拉氏指数和帕氏指数的几何平均。

根据表10-1的数据计算价格理想指数和销售量理想指数，结果如下：

价格理想指数：

$$\sqrt{\frac{\sum p_1q_0}{\sum p_0q_0}\times\frac{\sum p_1q_1}{\sum p_0q_1}}=\sqrt{2.347\times2.356}=2.351$$

销售量理想指数：

$$\sqrt{\frac{\sum q_1p_0}{\sum q_0p_0}\times\frac{\sum q_1p_1}{\sum q_0p_1}}=\sqrt{1.066\times1.070}=1.068$$

理想指数的算法在国际对比中经常被用到。例如不同国家的人均国民生产总值，就是借用理想指数公式，运用货币购买力平价指数计算得出的。还有联合国编制的地域差别生活费用指数，也采用了理想指数的算法。

10.3.2　马歇尔-埃奇沃斯指数

这种算法是先后由英国经济学家马歇尔和埃奇沃斯等人提出的。其核心目的也是对拉氏指数与帕氏指数进行调和。其计算公式如下：

$$\frac{\sum p_1\frac{q_0+q_1}{2}}{\sum p_0\frac{q_0+q_1}{2}}=\frac{\sum p_1(q_0+q_1)}{\sum p_0(q_0+q_1)}\quad \text{价格马歇尔-埃奇沃斯指数}$$

$$\frac{\sum q_1\frac{p_0+p_1}{2}}{\sum q_0\frac{p_0+p_1}{2}}=\frac{\sum q_1(p_0+p_1)}{\sum q_0(p_0+p_1)}\quad \text{销售量马歇尔-埃奇沃斯指数}$$

在马歇尔-埃奇沃斯指数中，计算价格指数时，将基期与报告期的销售量进行了简单算术平均；计算销售量指数时，将基期与报告期的价格进行了简单算术平均。从而将拉氏指数与帕氏指数综合成一个公式。

根据表10-1的数据计算马歇尔-埃奇沃斯价格指数和销售量指数，结果如下：

价格马歇尔–埃奇沃斯指数：

$$\frac{\sum p_1(q_0+q_1)}{\sum p_0(q_0+q_1)}=\frac{6\ 501\ 302}{2\ 765\ 064}=2.351$$

销售量马歇尔–埃奇沃斯指数：

$$\frac{\sum q_1(p_0+p_1)}{\sum q_0(p_0+p_1)}=\frac{4\ 787\ 906}{4\ 477\ 870}=1.069$$

参见表10–7。

表10–7　　**3种蔬菜价格与销售量马歇尔–埃奇沃斯指数计算表**

商品名称	价格 p		销售量 q		p_1（q_0+q_1）	p_0（q_0+q_1）	q_1（p_0+p_1）	q_0（p_0+p_1）
	p_0	p_1	q_0	q_1				
白菜	15.0	40.0	15 600	18 720	1 372 800	514 800	1 029 600	858 000
黄瓜	121.2	220.6	5 900	6 120	2 651 612	1 456 824	2 091 816	2 016 030
菠菜	60.8	189.8	6 400	6 650	2 476 890	793 440	1 666 490	1 603 840
合计	—	—	—	—	6 501 302	2 765 064	4 787 906	4 477 870

10.3.3　鲍莱指数

这种算法是由统计学家鲍莱等人共同提出的。与理想指数不同，理想指数是将拉氏指数与帕氏指数进行简单几何平均，鲍莱指数则是直接将拉氏指数与帕氏指数进行简单算术平均，其计算公式如下：

$$\frac{\frac{\sum p_1q_0}{\sum p_0q_0}+\frac{\sum p_1q_1}{\sum p_0q_1}}{2}\quad \text{价格鲍莱指数}$$

$$\frac{\frac{\sum q_1p_0}{\sum q_0p_0}+\frac{\sum q_1p_1}{\sum q_0p_1}}{2}\quad \text{销售量鲍莱指数}$$

根据表10–1的数据计算价格鲍莱指数和销售量鲍莱指数，结果如下：

价格鲍莱指数：

$$\frac{\frac{\sum p_1q_0}{\sum p_0q_0}+\frac{\sum p_1q_1}{\sum p_0q_1}}{2}=\frac{2.347+2.356}{2}=2.352$$

销售量鲍莱指数：

$$\frac{\frac{\sum q_1p_0}{\sum q_0p_0}+\frac{\sum q_1p_1}{\sum q_0p_1}}{2}=\frac{1.066+1.070}{2}=1.068$$

10.4　指数体系

在综合指数一节中曾经提到：实践中人们通常选择帕氏指数来计算价格总指

数，选择拉氏指数来计算销售量总指数，将这两个指数结合起来，可以得出下列等式：

$$\frac{\sum p_1q_1}{\sum p_0q_1}\times\frac{\sum q_1p_0}{\sum q_0p_0}=\frac{\sum p_1q_1}{\sum p_0q_0}$$

这个等式一般被称作价格与销售量指数体系，即价格指数乘以销售量指数等于销售额指数。

将价格指数、销售量指数以及价格与销售量指数体系的方法进行推广运用，我们还可以类似地得到工业产品批发价格与产品产量指数体系、单位成本与产品产量指数体系、农产品收购价格与收购量指数体系、投资价格与投资物量指数体系、国内生产总值价格与物量指数体系等。

指数体系主要有两方面的作用：一是进行指数间的推算；二是对现象变动进行因素分析。例如，已知某地区报告期商品销售额比基期增加了12.5%，而同期该地区物价上涨了8%，问该地区同期商品销售量的变动程度如何？依据指数体系可得：

$$\frac{\sum p_1q_1}{\sum p_0q_1}\times\frac{\sum q_1p_0}{\sum q_0p_0}=\frac{\sum p_1q_1}{\sum p_0q_0}$$

即：

$$\frac{\sum q_1p_0}{\sum q_0p_0}=\frac{\sum p_1q_1}{\sum p_0q_0}\div\frac{\sum p_1q_1}{\sum p_0q_1}=1.125\div1.08=1.042$$

即同期该地区商品销售量增长了4.2%。

再例如，从表10-1的数据中可以清楚地看到，销售额是价格与销售量两个因素的乘积，那么销售额从基期到报告期的变动，当然是价格与销售量两个因素变动综合影响的结果，而且仅仅是这两个因素。对3种蔬菜销售额从7月到8月的变动进行因素分析，结果如下：

销售额的变动：

$$\frac{\sum p_1q_1}{\sum p_0q_0}=\frac{3\,361\,042}{1\,338\,201}=2.512$$

$$\sum p_1q_1-\sum p_0q_0=3\,361\,042-1\,338\,201=2\,022\,841$$

结果表明：3种蔬菜销售额从7月到8月平均增长了151.2%，增长了2 022 841元。我们认为，销售额的这种变动是价格与销售量综合影响的结果。

价格变动对销售额的影响：

$$\frac{\sum p_1q_1}{\sum p_0q_1}=\frac{3\,361\,042}{1\,426\,864}=2.356$$

$$\sum p_1q_1-\sum p_0q_1=3\,361\,042-1\,426\,864=1\,934\,178$$

结果表明：3种蔬菜价格在此期间上涨了135.6%，由于物价的上涨而使销售额增加了1 934 178元。

销售量变动对销售额的影响：

$$\frac{\sum q_1 p_0}{\sum q_0 p_0}=\frac{1\,426\,864}{1\,338\,201}=1.066$$

$$\sum q_1 p_0 - \sum q_0 p_0 = 1426\,864 + 1\,338\,201 = 88\,663$$

结果表明：3种蔬菜销售量在此期间上涨了6.6%，由于销售量的上涨而使销售额增加了88 663元。

10.5 经济统计中几种常见的指数

10.5.1 居民消费价格指数

居民消费价格指数用来反映消费者所购买的生活消费品和服务项目的价格，从一个时期到另一个时期的平均变动程度。采用算术平均指数方法编制，其计算公式为：

$$\frac{\sum k_p w}{\sum w}$$

式中：k_p代表个体价格指数；w代表权数。

编制居民消费价格指数的过程，主要包括以下几个步骤：

第一步：将各种居民消费划分为八大类，包括食品、衣着、家庭设备及用品、医疗保健、交通和通信工具、文教娱乐用品、居住项目、服务项目。每大类下面又划分若干中类和小类。

第二步：在各类中选定有代表性的消费品和服务项目，利用各个时期的价格资料，分别计算个体价格指数k_p。

第三步：利用各时期各种代表性消费品和服务项目的销售额确定权数，权数采用比重的形式w，所有权数之和为100，即$\sum w = 100$。

第四步：依次编制各小类、中类的居民消费价格指数，最后编制出居民消费价格总指数。

可以就全国居民的生活消费品和服务项目来编制居民消费价格指数，也可分别就城市居民和乡村居民的生活消费品和服务项目来编制居民消费价格指数。

世界上各个国家都编制居民消费价格指数。消费价格指数可用来测算通货膨胀率、货币购买力、实际工资等比较重要的经济分析指标。通货膨胀率=（报告期消费价格指数-基期消费价格指数）/基期消费价格指数；货币购买力指数=1/消费价格指数；实际工资=名义工资/居民消费价格指数。此外，居民消费价格指数还可用来进行国内生产总值序列的价格调整，即从国内生产总值中剔除价格变动因素，从而显示出单纯物量因素引起的变动情况。

10.5.2 零售价格指数

零售价格指数用来反映城乡商品零售价格，从一个时期到另一个时期的平均变动程度。与居民消费价格指数一样，也采用算术平均指数方法编制。

编制该指数，需要解决的关键问题有三个：一是样本的抽取方法；二是价格个体指数测定；三是权数的确定。其编制过程的大体步骤如下：

第一步，遵循经济区域和行政区划分布合理的原则，在全国选择出具有代表性的大、中、小型城市和县作为调查地区。

第二步，在各个调查地区内，选择经济规模大、商品种类多的商场为实际调查点。

第三步，选择与社会生产和人民生活密切相关的、销售量大的、价格变动具有代表性的商品种类和规格作为观察对象。

第四步，派员直接到调查点就观察对象进行登记调查。

第五步，根据社会商品零售额的统计数据确定权数。

第六步，由调查点到调查地区最后到全国，分层逐级计算零售价格指数。

10.5.3 工业生产指数

工业生产指数用来反映各种工业产品的产量，从一个时期到下一个时期逐期的平均变动程度。采用综合指数方法编制，其计算公式为：

$$\frac{\sum q_t p_c}{\sum q_{t-1} p_c}$$

式中：q_t代表报告期各种工业产品的产量；q_{t-1}代表报告期前一期各种工业产品的产量；p_c代表各种工业产品的不变价格。

编制工业生产指数的过程主要包括以下几个步骤：

第一步，针对各种工业产品分别制定相应的不变价格标准p_c。

第二步，计算各种工业产品按不变价格计算的产值。

第三步，汇总全部工业产品按不变价格计算的产值，得出不变价格总产值。

第四步，计算报告期不变价格总产值与报告期前一期不变价格总产值的比值，得出报告期的工业生产指数。

可以就不同企业、不同部门和不同地区，分层逐级编制工业生产指数。编制工业生产指数的关键是要具备一套完善的工业产品不变价格体系，配合各个时期的产量数据得出不变价格产值后，就可以很容易地计算出有关的工业生产指数。

10.5.4 股票价格指数

股票价格指数用来反映某一股票市场上的多只股票价格，从一个时期到另一个时期的平均变动程度。各种股票价格指数的编制方法多种多样，但多采用综合指数的方法，其计算公式为：

$$\frac{\sum p_t q_0}{\sum p_0 q_0}$$

式中：p_t代表报告期各只股票的价格；p_0代表基期各只股票的价格；q_0代表基期各只股票的发行量或成交量。计算股票价格指数通常是将发行量或成交量固定在基期q_0上，这主要是为了保持不同时期上的可比性，但也可以固定在报告期q_t上。

我国的上证30指数和香港恒生指数、美国的SP500指数等多数股票价格指数都是采用综合指数方法编制的。

但也有采取其他方法编制的股票价格指数，例如美国的道·琼斯指数。道·琼斯指数的编制方法是首先针对入选的各种股票分别计算不同时间上的平均价格，再通过对比得出相应日期的股票价格指数，其计算公式为：

$$\frac{\frac{\sum p_t}{n}}{\frac{\sum p_0}{n}}=\frac{\sum p_t}{\sum p_0}$$

道·琼斯指数的入选股票最初只有11种，后来增加到65种，其中包括工业股30种、运输业股20种和公用事业股15种。道·琼斯指数算法简便，是报告期股票简单算术平均价格与基期股票简单算术平均价格的比值。

本章小结

指数用来反映商品价格、商品销售量、产品单位成本、产品产量等观察对象，从一个时期到另一个时期的平均变动程度。根据研究对象不同，指数可分为个体指数和总指数。

指数理论的核心内容是讨论总指数的计算方法问题。总指数有综合指数与平均指数两种基本算法，但这两种算法的实质内容是相同的，公式形式可以相互推导，因此可将综合指数看作是总指数的代表性传统算法。

综合指数算法的基本思想是：计算价格总指数时，将价格乘以销售量以解决多种商品价格无法加总的问题，再将销售量进行固定，以剔除销售量的变动，从而反映价格的平均变动程度；同样的道理，在计算销售量总指数时，将销售量乘以价格以解决多种商品销售量无法加总的问题，再将价格进行固定，以剔除价格的变动，从而反映销售量的平均变动程度。

由于问题中涉及基期与报告期两个时期，因此可以固定在基期也可以固定在报告期，这并不违背综合指数算法的基本思想，于是产生出难以取舍的拉氏指数与帕氏指数两套综合指数。这可以看作是指数理论中的一个有待完善的地方。

理想指数、马歇尔-埃奇沃斯指数、鲍莱指数是对总指数传统算法进行修正和完善的几个代表性的方案，着眼点都是对由于固定时期的选择不同所产生的偏差以平均的方法加以调和。

指数体系是在指数算法研究成果的基础上，所派生出来的一个比较有用的分析工具。利用指数体系可以对现象的变动进行因素分析，还可用来进行指数间的推算。

问题思考

1.指数的本质是什么？为什么会分为个体指数与总指数？

2.计算价格总指数时，为什么要乘以销售量？为什么要将销售量在基期与报告期之间加以固定？应该固定在基期还是报告期？

3.什么是拉氏指数？什么是帕氏指数？拉氏指数与帕氏指数有什么异同？

4.请分别将价格拉氏指数和价格帕氏指数转换为相应的平均指数的形式，并指出它们的应用场合。

5.请分别将销售量拉氏指数和销售量帕氏指数转换为相应的平均指数的形式，并指出它们的应用场合。

6.运用价格总指数和销售量总指数的算法原理，我们还可以计算什么指数？

7.计算价格总指数时，人们为什么通常选用帕氏指数？计算销售量总指数时，人们为什么通常选用拉氏指数？

8.指数体系是如何构造出来的？您能否也来构造一个类似于教材中所介绍的指数体系？

判断对错

1.价格综合指数等于价格个体指数之和。（　　）

2.产量综合指数为产量个体指数的简单算术平均。（　　）

3.计算总指数时同度量因素必须固定在基期。（　　）

4.计算总指数时同度量因素必须固定在报告期。（　　）

5.帕氏价格总指数是对价格个体指数的加权算术平均。（　　）

6.拉氏产量总指数是对产量个体指数的加权调和平均。（　　）

7.价格与产量可以互为同度量因素。（　　）

8.拉氏价格综合指数可理解为各种商品价格的平均变动程度。（　　）

9.帕氏价格综合指数可理解为各种商品价格的平均变动程度。（　　）

机上作业

1.某企业两种产品的产量及出厂价格数据资料见附表1。

附表1　**两种产品的产量及出厂价格数据资料**

产品名称	计量单位	产量		出厂价格（元）	
		基期	报告期	基期	报告期
甲	吨	3 000	3 300	45	48
乙	台	1 000	1 200	24	26

要求：

（1）计算价格及产量个体指数。

（2）计算价格及产量拉氏总指数和帕氏总指数。

（3）对产值的变动进行因素分析。

（4）计算价格及产量理想指数、鲍莱指数和马歇尔—埃奇沃斯指数。

2.某企业生产两种产品的产量及每生产单位产品消耗某种材料的数量数据见附表2。

附表2　　**两种产品的产量及对某种材料的单耗数据资料**

产品名称	计量单位	产量		单耗（千克）	
		基期	报告期	基期	报告期
甲	吨	2 000	2 400	100	97
乙	台	800	1 000	40	38

要求：

（1）计算两种产品产量总指数。

（2）计算材料单耗总指数。

3.某企业产品产量及单位成本数据资料见附表3。

附表3　　**产品的产量及单位成本数据资料**

产品名称	计量单位	产量		单位成本（元）	
		基期	报告期	基期	报告期
甲	台	400	450	70	68
乙	件	1 900	1 940	90	90
丙	套	950	980	50	51

要求：

（1）计算产量拉氏指数和帕氏指数，比较两种计算结果的差别。

（2）计算单位成本拉氏指数和帕氏指数，比较两种计算结果的差别。

4.3种商品价格个体指数及成交额数据资料见附表4。

附表4　　**3种商品价格个体指数及成交额数据资料**

商品名称	计量单位	价格个体指数（%）	成交额（万元）	
			基期	报告期
甲	件	103	50	60
乙	米	98	30	25
丙	千克	106	90	110

要求：

（1）计算价格总指数。

（2）计算因价格变动而使购买者多支付的金额。

5.两种商品销售量变动与销售额数据资料见附表5。

附表5　两种商品销售量变动与销售额数据资料

商品名称	计量单位	销售量增长（%）	销售额（万元）	
			基期	报告期
甲	千克	14	70	85
乙	箱	9	60	67

要求：

（1）计算销售量总指数。

（2）计算由于销售量的增长而增加的销售额。

6.两种商品销售额及销售量变动的数据资料见附表6。

附表6　两种商品销售额及销售量变动的数据资料

商品名称	计量单位	销售量增长（%）	销售额（万元）	
			基期	报告期
甲	千克	17	500	540
乙	箱	11	400	450

要求：

（1）计算销售量总指数。

（2）推算价格总指数。

7.某国GDP及居民消费价格指数数据资料见附表7。

附表7　某国GDP及居民消费价格指数

年序	国内生产总值（GDP）	居民消费价格指数（%）
1	21 617.8	103.4
2	26 638.1	106.4
3	34 634.4	114.7
4	46 759.4	124.1
5	58 478.1	117.1
6	67 884.6	108.3
7	74 462.6	102.8
8	78 345.2	99.2
9	82 067.5	98.6
10	89 468.1	100.4
11	97 314.8	100.7
12	105 172.3	99.2
13	117 390.2	101.2
14	136 875.9	103.9

要求：

（1）利用居民消费价格指数对GDP进行缩减，即从中剔除价格变动的影响。

（2）绘制缩减前GDP序列的图形和缩减后GDP序列的图形。

名人简介

约翰·怀尔德·图基（John Wilder Tukey，1915—2000）：美国著名统计学家。1915年出生在美国的马萨诸塞州，自小两位做老师的父母就认为他很有潜力而在家亲自教育，直到他进入大学研读数学及化学才接受正式教育。1939年，年仅24岁的他取得数学博士学位，之后受聘到普林斯顿大学担任讲师。1946年他把二进位制与数字结合起来，创造出比特这个概念，开创了计算机时代。1965年，他介绍了重要的“快速的Fourier转变”算法。1966年成立普林斯顿大学的统计系并担任系主任至1969年。图基在数学和统计学理论方面进行了深入的研究，在介绍评估时间数据列的现代技术、统计资料分析法的改革、多重比较法等方面有重要贡献，在哲学、统计几率等方面也发表了很多实用性文章，并为统计学在物理学、社会科学和工程方面的应用做出了突出贡献。图基是20世纪中期统计学发展的关键人物，被称为统计界的毕加索。1973年获得美国国家科学奖。

第11章　时间序列

希望建立一些有用的模式，来为政策制定人提供一种分析。有时候制定政策，我们不能够完全肯定未来它会产生什么样的结果。但是，我们要尽可能把这个具体结果分析出来。因为，经济政策是非常重要的，可以引申出很多政策解释方面的问题。

——克莱夫·格兰杰

引例11

某蔬菜公司为确定未来的发展计划，需要建立一个系统，这个系统将会使该公司能够至少提前一个季度预测出未来某个季度的蔬菜营业额。为建立这个系统，研究人员搜集了近3年12个季度的蔬菜营业额数据，如表11-1、图11-1所示。

表11-1　　某蔬菜公司3年12个季度的蔬菜营业额　　单位：万元

季度t	1	2	3	4	5	6	7	8	9	10	11	12
营业额y	250	320	370	340	270	335	410	360	290	365	435	395

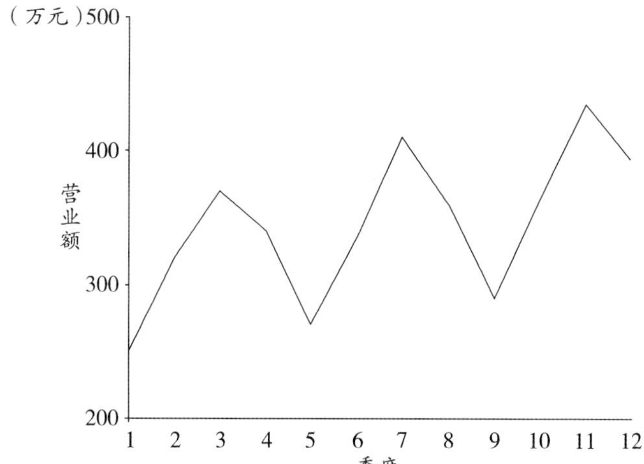

图11-1　某蔬菜公司3年12个季度蔬菜营业额

结合图11-1来观察表11-1中的数据，12个季度的蔬菜营业额是有波动的，有的季度营业额高一些，有的低一些。但这种波动又是具有某种规律性的：首先，12个季度的蔬菜营业额，大体上是沿着向上的方向上下波动，表现出一种长期稳定的上升趋势；其次，如果以一年为周期进行观察的话，每一年里各个季度的蔬菜营业额又都在按照某种固定的模式上下波动，第一季度最低，第二季度开始上升，第三季度继续上升，第四季度开始下降，显然这与一年里的四季更替有关。

研究人员已经意识到，在公司近3年12个季度的蔬菜营业额数据中，一定包含着蔬菜营业额未来变动的有用信息。关键是采用什么方法将其中的有用信息充分挖掘出来，用于预测蔬菜营业额未来变动情况。本章将要介绍的时间序列分析方法可用于解决此类问题。

将某个变量的观测值按照时间的先后顺序排成一列，就形成了时间序列。一个完整的时间序列包含时间变量和观测变量两个要素。通常将时间变量记作t，将观测变量记作y，某一时间t_i上的观测值记作$y_i(i=1,2,\cdots,n)$。

表11-1就是一个典型的时间序列，其时间变量表现为季度，其观测变量为蔬菜营业额，整个序列共有12个观测值。观测变量可以是各种变量，它代表我们感兴趣的某种事物在某一个方面的属性，例如蔬菜营业额、产值、产品产量、利润额等；由于所观察的时间范围不同，时间变量可以代表季度，也可以代表年份、月度、天、小时等。时间序列是现象发展变动的历史记录，是预测现象未来发展的有用工具。

11.1 时间序列构成

11.1.1 长期趋势

时间序列是有波动性的，但这种波动不是杂乱无章的，长期趋势是其波动过程中所表现出来的一种规律性。

时间序列中的各个观测值，长期持续地沿着一定的方向上下波动，这种长期持续的波动方向，被称为时间序列的长期趋势。长期趋势可以是直线趋势，也可以是曲线趋势。表11-1中12个季度蔬菜营业额的时间序列，明显表现出一种向上的直线趋势。

一般来讲，较短的时间序列，往往容易观察到直线趋势；时间序列一长，变动的方向总会发生变化，从而表现出曲线趋势。本章所介绍的时间序列分析方法，主要是针对直线趋势。

对现象发展变化长期持续地起作用的因素，造成了时间序列长期趋势。例如，对于蔬菜营业额来说，人口总体的变化、消费习惯的形成、蔬菜生产技术的进步、收入水平的提高等，都对蔬菜营业额长期持续地产生影响，虽然无法一一列举清楚，也无法搞清其内在结构及其作用机制，但现象的整个发展过程始终要受到这些因素的影响，结果必将导致时间序列表现出长期趋势。图11-2给出了几种不同的直线趋势。

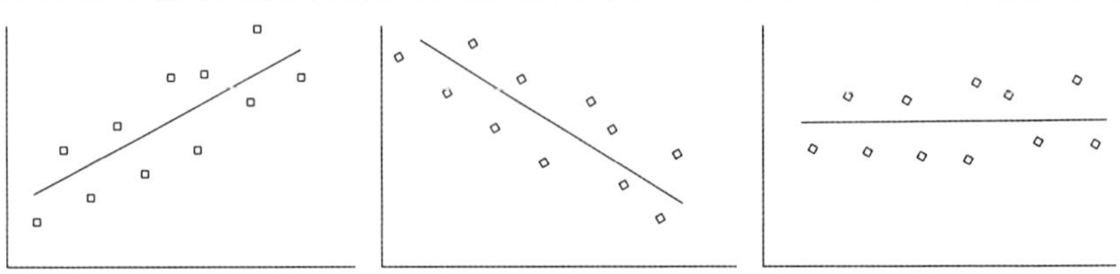

（a）直线向上趋势　（b）直线向下趋势　（c）水平趋势

图11-2　时间序列的直线趋势

其中的水平趋势，有时又称无趋势。如果将水平趋势也看作是一种长期趋势的话，那么，一个给定的时间序列，总是要明显或不明显地表现出某种长期趋势。

11.1.2 季节波动

季节波动是存在于时间序列波动过程中的又一种常见的规律性。它指的是时间序列中的观测值，随着季节的变更而发生的周期性波动，通常以一年为一个波动周期，同一种动态一年重复一次。

表11-1中12个季度蔬菜营业额的时间序列，明显带有季节波动的特征。现实生活中的许多时间序列都具有季节波动特征，例如，农产品产量、旅游业产值、交通运输业产值、建筑业产值等。

显然，一年之内的四季更替是造成时间序列季节波动的主要原因，但还需要对季节做广义的理解。时间序列分析中的季节一词，泛指以一年或小于一年为固定周期的一切周期性起作用的因素。例如，固定的作息制度、稳定的风俗习惯等。再例如，交通流量甚至可以以一天为周期进行“季节波动”，早晚上下班的拥挤时刻会出现流量高峰，午休和傍晚时刻会出现中等流量，午夜到清晨则会出现小流量。

11.1.3 循环波动

循环波动也属于周期波动，与季节波动的不同之处在于：（1）周期通常为一年以上；（2）各个周期的长短不同；（3）造成周期性的原因不明确。

典型的季节波动，其产生的原因是很明确的，就是以一年为固定周期的季节更替。而造成循环波动的原因，则往往是无法明确界定的。在社会经济领域中，典型的循环波动就是经济周期，繁荣、衰退、萧条和复苏4个阶段循环更替，每一次循环的周期都是一年以上，有的周期是几年，甚至十几年。因此，循环波动往往是比较难以识别的，不像季节波动那样具有很强的周期性规律。识别循环波动往往需要很长的时间序列。

11.1.4 无规则波动

从时间序列的观测值中，去掉长期趋势、季节波动和循环波动之后的剩余部分，称作无规则波动。

如果说长期趋势、季节波动和循环波动是时间序列本身所固有的规律性的话，那么无规则波动则是没有什么规律性可言的，它往往是由于短期的、不可预见的和不会重复出现的偶然性因素所造成的。无规则波动无法用作预测的依据。

11.1.5 平稳序列与非平稳序列

综上所述，时间序列中某一时间 t_i 上的观测值 y_i，可以分解为4个构成部分：长期趋势，记作 T_{t_i}；季节波动，记作 S_{t_i}；循环波动，记作 C_{t_i}；无规则波动，记作 I_{t_i}。

关于这四部分构成内容的结构方式，理论上存在两种假设：

（1）加法模型假设，即 T_{t_i}、S_{t_i}、C_{t_i}、I_{t_i}4 项内容之和形成了实际的观测值 y_i:$y_i=T_{t_i}+S_{t_i}+C_{t_i}+I_{t_i}$；

（2）乘法模型假设，即 T_{t_i}、S_{t_i}、C_{t_i}、I_{t_i}4 项内容之积形成了实际的观测值 y_i:$y_i=T_{t_i}\times S_{t_i}\times C_{t_i}\times I_{t_i}$。

至于这两种理论假设哪一种更符合真实情况，还有待于进一步的研究和探讨。本章所介绍的时间序列分析方法遵循乘法模型假设。

一个给定的时间序列，如果没有长期趋势（水平趋势）且只包含无规则波动 I_{t_i}，则被称为平稳序列；如果包含无规则波动 I_{t_i} 且包含长期趋势 T_{t_i} 或季节波动 S_{t_i} 或循环波动 C_{t_i}，则被称为非平稳序列。

非平稳序列具体包括 7 种可能的情形：（1）$y_i = T_{t_i} \times I_{t_i}$；（2）$y_i = S_{t_i} \times I_{t_i}$；（3）$y_i = C_{t_i} \times I_{t_i}$；（4）$y_i = T_{t_i} \times S_{t_i} \times I_{t_i}$；（5）$y_i = T_{t_i} \times C_{t_i} \times I_{t_i}$；（6）$y_i = S_{t_i} \times C_{t_i} \times I_{t_i}$；（7）$y_i = T_{t_i} \times S_{t_i} \times C_{t_i} \times I_{t_i}$。

表 11-1 中 12 个季度蔬菜营业额的时间序列，基本上属于非平稳序列中的第（4）种类型，即 $y_i = T_{t_i} \times S_{t_i} \times I_{t_i}$。实践中同时包含全部四项内容的时间序列是比较少见的。

11.2 波动性的描述

11.2.1 逐期增减量与累积增减量

时间序列最明显的特征就是其中的各个观测值具有波动性，这是在时间序列分析时必须首先认识和把握的内容。我们可以采用不同的尺度来衡量观测值从一个时间到另一个时间波动幅度的大小。增减量是衡量波动幅度大小的最基本、最常用的尺度，由于在计算增减量时所采用的比较基期不同，又分为逐期增减量和累积增减量。时间序列分析中，通常将我们所关心的那个期间称为报告期，将用于与报告期进行比较的那个期间称为基期。

逐期增减量是报告期观测值 y_i 与报告期前一期观测值 y_{i-1} 之差，反映了观测值逐期波动幅度的大小，即：

$$y_i - y_{i-1}$$

累积增减量是报告期观测值 y_i 与固定基期观测值 y_1 之差，反映了观测值在给定时期内累积波动幅度的大小。固定基期通常取时间序列中最初的那个时期，即：

$$y_i - y_1$$

由同一个时间序列计算得出的累积增减量与逐期增减量之间存在着固定的关系，即累积增减量等于对应的各个逐期增减量之和：

$$y_n - y_1 = \sum_{i=1}^{n}(y_i - y_{i-1})$$

由表 11-1 蔬菜营业额的时间序列计算增减量，其结果见表 11-2 中第 3 行和第

4行。

表11-2　　某蔬菜公司3年12个季度蔬菜营业额的波动性描述

季度		1	2	3	4	5	6	7	8	9	10	11	12
营业额		250	320	370	340	270	335	410	360	290	365	435	395
增减量	逐期	—	70	50	-30	-70	65	75	-50	-70	75	70	-40
	累积	0	70	120	90	20	85	160	110	40	115	185	145
发展速度	环比	—	1.28	1.16	0.92	0.79	1.24	1.22	0.88	0.81	1.26	1.19	0.91
	定基	1	1.28	1.48	1.36	1.08	1.34	1.64	1.44	1.16	1.46	1.74	1.58
增减速度	环比	—	0.28	0.16	-0.08	-0.21	0.24	0.22	-0.12	-0.19	0.26	0.19	-0.9
	定基	0	0.28	0.48	0.36	0.08	0.34	0.64	0.44	0.16	0.46	0.74	0.58

11.2.2 环比发展速度与定基发展速度

环比发展速度是报告期观测值y_i与报告期前一期观测值y_{i-1}之比，反映了观测值逐期波动速度的快慢，即：

$$\frac{y_i}{y_{i-1}}$$

定基发展速度是报告期观测值y_i与固定基期观测值y_1之比，反映了观测值在给定时期内波动速度的快慢。固定基期通常取时间序列中最初的那个时期，即：

$$\frac{y_i}{y_1}$$

由同一时间序列计算得出的环比发展速度与定基发展速度之间存在着固定的关系，即定基发展速度等于对应的各个环比发展速度的连乘积：

$$\frac{y_n}{y_1}=\frac{y_2}{y_1}\cdots\frac{y_i}{y_{i-1}}\cdots\frac{y_n}{y_{n-1}}$$

由表11-1蔬菜营业额的时间序列计算发展速度，其结果请参见表11-2中的第5行和第6行。

由表11-2中的计算结果可以看出，时间序列中各个观测值的波动性，反映在速度上，就是各个时期环比发展速度快慢不一。实践中，为了说明现象在一个较长的时间里逐期发展的一般速度，通常需要针对各个环比发展速度计算平均发展速度，其计算公式为：

$$\sqrt[n-1]{\frac{y_2}{y_1}\cdots\frac{y_i}{y_{i-1}}\cdots\frac{y_n}{y_{n-1}}}=\sqrt[n-1]{\frac{y_n}{y_1}}$$

11.2.3 环比增减速度与定基增减速度

环比增减速度是报告期逐期增减量y_i-y_{i-1}与报告期前一期观测值y_{i-1}之比，

反映了观测值逐期增减程度的高低，即：

$$\frac{y_i - y_{i-1}}{y_{i-1}}$$

特别地，环比增减速度等于环比发展速度减1，即：

$$\frac{y_i - y_{i-1}}{y_{i-1}} = \frac{y_i}{y_{i-1}} - 1$$

定基增减速度是报告期累积增减量$y_i - y_1$与固定基期观测值y_1之比，反映了观测值在给定时期内增减程度的高低，即：

$$\frac{y_i - y_1}{y_1}$$

特别地，定基增减速度等于定基发展速度减1，即：

$$\frac{y_i - y_1}{y_1} = \frac{y_i}{y_1} - 1$$

此外，平均增减速度等于平均发展程度减1，即：

$$\sqrt[n-1]{\frac{y_2}{y_1} \cdots \frac{y_i}{y_{i-1}} \cdots \frac{y_n}{y_{n-1}}} - 1 \quad 或 \quad \sqrt[n-1]{\frac{y_n}{y_1}} - 1$$

由表11-1蔬菜营业额的时间序列计算增减速度，其结果请参见表11-2中的第7行和第8行。

计算各种增减量、发展速度和增减速度，其目的就是从不同角度来衡量观测值波动幅度的大小和波动程度的高低，使我们对时间序列所表现出来的波动性有一个全面的认识和把握。

11.3 长期趋势的测定

11.3.1 移动平均法

时间序列中的各个观测值y_i由长期趋势T_{t_i}、季节波动S_{t_i}、循环波动C_{t_i}、无规则波动I_{t_i}共4个部分构成，如果能从中将季节波动S_{t_i}、循环波动C_{t_i}和无规则波动I_{t_i}剔除，那么剩余的部分就是我们所希望测定的长期趋势。长期趋势一经测定出来，即可用于对现象未来变动方向的预测。难易程度不同、适用对象不同的测定方法有很多，移动平均法是其中较为常用而简便的一种方法。

移动平均法是将相邻的k个观测值逐项移动进行算术平均，从而得出的一个派生的序时平均数序列，以这个序时平均数序列来代表原时间序列的长期趋势，可用公式表述为：

$$\bar{y} = \frac{(y_{i-k+1} + y_{i-k+2} + \cdots + y_{i-1} + y_i)}{k}$$

其中，移动平均项数k须根据原时间序列的特点事先给定，例如，$k = 5$或$k = 4$等。由表11-1蔬菜营业额的时间序列进行5项移动平均，测定长期趋势的计算结果见表11-3和图11-3。

表11-3　　某蔬菜公司3年12个季度蔬菜营业额5项移动平均计算表

季度	营业额	5项移动平均
1	250	—
2	320	—
3	370	310
4	340	327
5	270	345
6	335	343
7	410	333
8	360	352
9	290	372
10	365	370
11	435	—
12	395	—

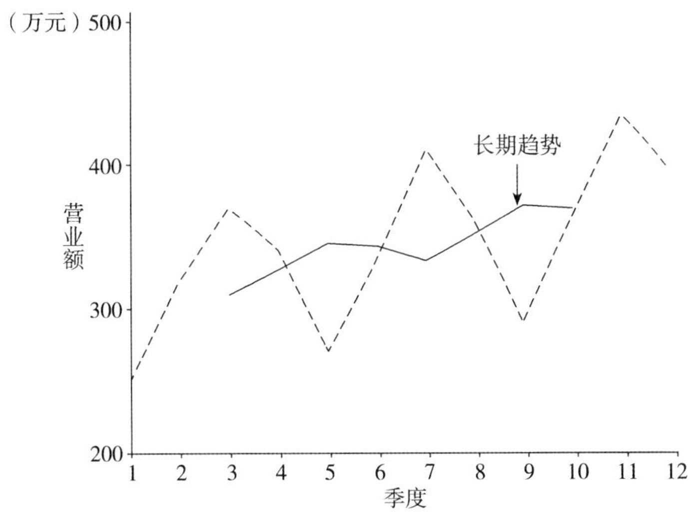

图11-3　某蔬菜公司3年12个季度蔬菜营业额的5项移动平均

移动平均法的基本思想是利用平均数的作用，消除原序列中的无规则波动，从而保留原序列中的长期趋势，此法最适用于无明显周期性波动的时间序列。

移动平均法中的移动平均项数k的确定是一个关键问题，对于一个给定的时间序列，不同的移动平均的项数会产生不同的序时平均数序列，其测定效果也是会有所不同的。我们当然希望能够找到一个测定效果最好的移动平均项数，但这在理论上还没有一个统一的标准。在实践中，通常要注意把握这样几个原则：（1）尽量选择奇数项，例如，$k = 5$ 或 $k = 3$。选择奇数项后所派生的序时平均数序列，可以刚好与原时间序列的时间取得一致，这会为将来的进一步分析和计算提供不少方便；(2) 如果原时间序列存在着明显的周期性，则应以周期的长短作为移动平均的项数。这样做的目的是利用平均数的作用在消除了不规则波动的同时，也能消除周期性波动。

前面表 11-3 中在进行五项移动平均时，我们没有考虑到原序列中存在的季节周期性，因此，从图 11-3 中可以明显地看出，派生的序时平均数序列，并没能完全消除原序列中的季节波动，趋势线仍带有周期性的痕迹。正确的做法应当是根据周期的长短进行四项移动平均，见表 11-4 和图 11-4。

表 11-4　　某蔬菜公司 3 年 12 个季度蔬菜营业额 4 项移动平均计算表

季度	营业额	四项移动平均	两项移正平均
1	250	320	—
2	320	325	—
3	37	329	323
4	340	339	327
5	270	344	334
6	335	349	341
7	410	356	346
8	360	363	353
9	290	371	359
10	365		367
11	435		—
12	395		—

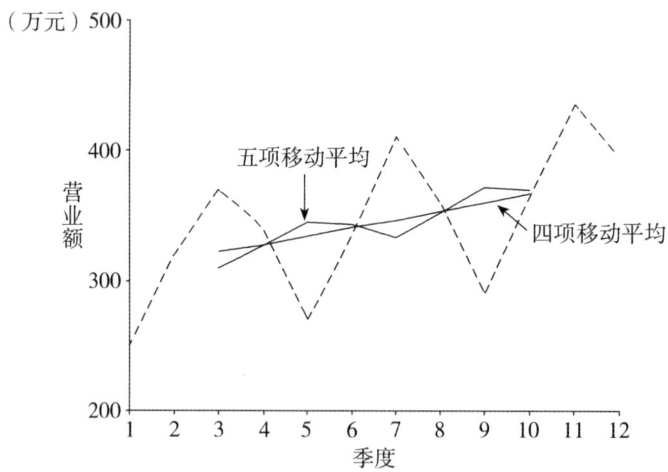

图 11-4　某蔬菜公司 3 年 12 个季度蔬菜营业额 4 项移动平均

由于偶数项移动平均后的结果不能与原序列的时间取得一致，因此需要进行调整，再做一次两项移动平均。由图 11-4 中可以明显地看出，与五项移动平均的测定效果相比较，四项移动平均已经基本消除了原序列中的季节性周期，因而更为真实地反映了原序列中的长期趋势。

11.3.2　最小平方法

移动平均法的最大优点是测定结果与原序列关联紧密，具备较强的客观性，不仅适用于直线趋势的测定，也适用于曲线趋势的测定。但它也有一个明显的缺陷，即无法得出序列两端的趋势值，因而不便于外推预测。这在一定程度上损失了原序列中的部分信息，而且移动平均项数越大，信息损失越多。

当原序列表现出非常明显的长期趋势时，可采用最小平方法，直接给出趋势线方程。利用趋势线方程进行外推预测是比较方便的。趋势线可以是直线，也可以是曲线。直线方程的一般形式为：

$$y = a + bt$$

式中：以时间t为自变量，以观测变量y为因变量；a代表趋势直线的截距；b代表趋势直线的斜率。a和b的求解方程为：

$$\begin{cases} b = \dfrac{n\sum ty - \sum t\sum y}{n\sum t^2 - (\sum t)^2} \\ a = \dfrac{\sum y}{n} - b\dfrac{\sum t}{n} \end{cases}$$

将时间变量t和观测变量y的观测值代入方程组，解得a和b，即可确定趋势直线方程。就表11-1蔬菜营业额的时间序列，利用最小平方法所测定的趋势直线（如图11-5所示）为：

$$y = 283.9 + 9.4t$$

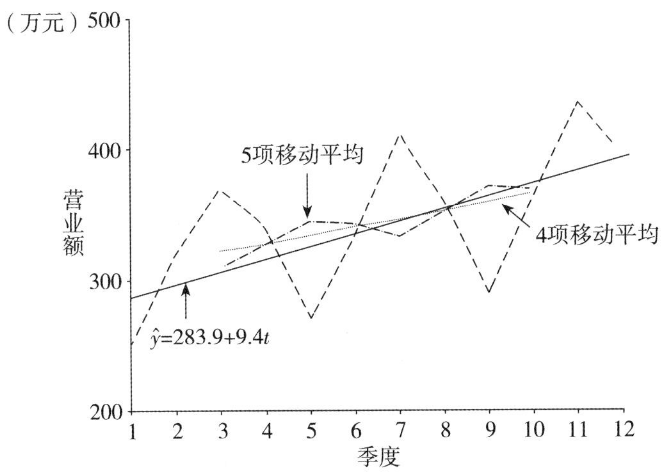

图11-5　某蔬菜公司3年12个季度蔬菜营业额最小平方法趋势直线

如果需要预测第4年第一季度的蔬菜营业额的趋势值，则有：

$$y = 283.9 + 9.4 \times 13 = 406.1\text{（万元）}$$

与移动平均法相比较，最小平方法的主观性比较大，选择拟合直线还是拟合某种类型的曲线，完全依赖于数据分析人员的主观判断。因此，最小平方法一般只适用于长期趋势所表现出来的趋势线类型非常明显的时间序列。

11.4 季节波动的测定

11.4.1 同季平均法

长期趋势的测定结果只能用来预测时间序列未来变动的趋势值，如果原序列具有明显的季节波动，则应将季节波动的规律性也同时测定出来，再结合长期趋势，以更为有效地展开预测。

同季平均法是测定季节波动的一种简便方法，适用于水平趋势且不包含循环波动的时间序列。其基本步骤为：

第一步，编制足够长的时间序列。时间序列越长，所测定出来的季节波动模型就越具有代表性，其实用性就越强。一般至少应包含3个周期的观测值。

第二步，观察时间序列的波动特征。要注意区分长期趋势的类型、有无明显的季度波动、有无循环波动等特征。

例如，某蛋禽加工厂12个季度的产值时间序列如表11-5和图11-6所示。

表11-5　**某禽蛋加工厂12个季度产值**　单位：万元

季度t	1	2	3	4	5	6	7	8	9	10	11	12
营业额y	14	16	27	13	13	17	26	13	15	17	27	14

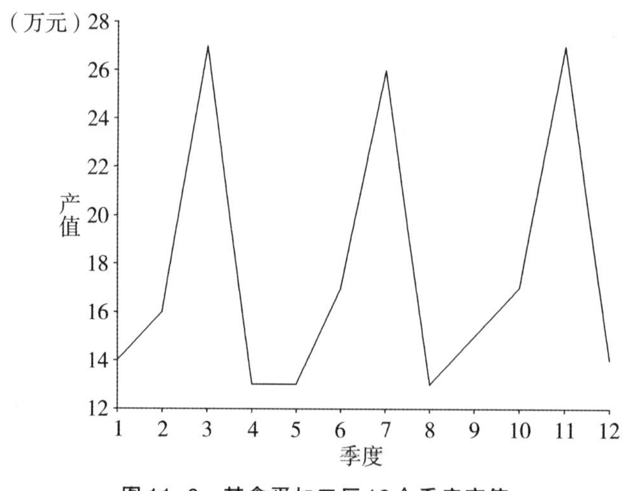

图11-6　某禽蛋加工厂12个季度产值

这是一个具有水平趋势的时间序列，无明显循环波动，季节波动明显，包含3个周期的观测值，适合采用同季平均法来测定季节波动。

第三步，计算同季平均数。计算同季平均数的目的，是消除原序列中的无规则波动。由表11-5计算同季平均数，其计算结果参见表11-6中第6行。

表11-6　　**某禽蛋加工厂12个季度产值同季平均法计算表金额**　　单位：万元

	第1季度	第2季度	第3季度	第4季度	全年
第1年	14	16	27	13	70
第2年	13	17	26	13	69
第3年	15	17	27	14	73
合计	42	50	80	40	212
同季平均数	14.0	16.7	26.7	13.3	17.7
季节比率（%）	79.0	94.4	150.8	75.1	100

第四步，计算序列平均数。计算序列平均数的目的是测定水平趋势，这也为衡量各个同季平均数的大小提供了一个标准。由表11-5计算序列平均数，其结果为17.7，参见表11-6。

第五步，计算季节比率。分别将各个同季平均数与序列平均数相比，所得比值称为季节比率。季节比率已将水平趋势从同季平均数中剔除，其结果反映着序列的季度波动的规律性。由表11-5计算季节比率，其结果请参见表11-6中的第7行。

第六步，绘制季节波动模型，如图11-7所示。

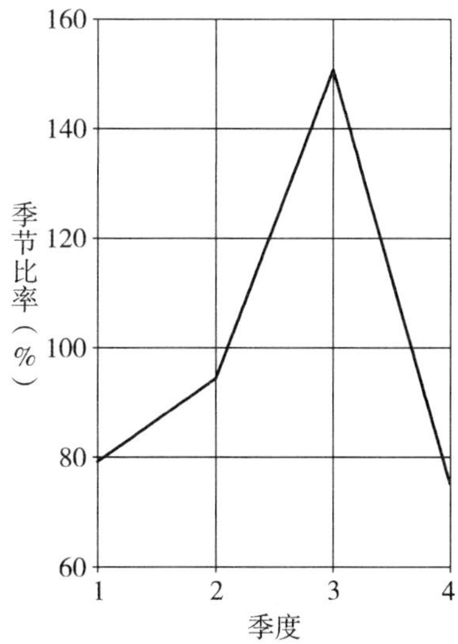

图11-7　禽蛋加工厂产值季节波动模型

如果需要预测第4年第一季度和第三季度的蔬菜营业额，则有：

$y_{13} = 17.7 \times 0.79 = 14.0$（万元）

$y_{15} = 17.7 \times 1.508 = 26.7$（万元）

11.4.2　趋势剔除法

如果时间序列具有明显的向上或向下趋势且不包含循环波动，可采取趋势剔除法来测定季节波动。其基本步骤为：

第一步，编制足够长的时间序列。时间序列越长，所测定出来的季节波动模型就越具有代表性，其实用性就越强。一般至少应包含3个周期的观测值。

第二步，观察时间序列的波动特征。要注意区分长期趋势的类型、有无明显的季度波动、有无循环波动等特征。

表11-1中12个季度蔬菜营业额的时间序列，具有明显的向上直线趋势，无明显循环波动，季节波动明显，包含3个周期的观测值，适合采用趋势剔除法来测定季节波动。

第三步，测定原序列的长期趋势。测定长期趋势的目的是要从原序列中剔除长期趋势。长期趋势的测定可采用移动平均法也可采用最小平方法。本例中我们采用移动平均法。

对表11-1中12个季度蔬菜营业额的时间序列，进行3项移动平均的计算结果请参见前面的表11-4中的第3列。

第四步，从原序列中剔除长期趋势。方法是将原列中的观测值与对应的移动平均趋势值相除。计算结果请参见表11-7。

表11-7 **12个季度蔬菜营业额季节波动趋势剔除法计算表**

季度	营业额	4项移动平均	2项移动平均趋势值	观测值除以趋势值
1	250	320	—	—
2	320	325	—	—
3	370	329	323	1.14729
4	340	339	327	1.04007
5	270	344	334	0.80887
6	335	349	341	0.98154
7	410	356	346	1.18394
8	360	363	353	1.02128
9	290	371	359	0.80690
10	365		367	0.99482
11	435		—	—
12	395		—	—

第五步，根据剔除长期趋势后的派生序列计算同季平均数。计算同季平均数的目的，是进一步消除原序列中的无规则波动。

由表11-7中的派生序列计算同季平均数，其计算结果参见表11-8第6行。

表11-8 **12个季度蔬菜营业额季节波动趋势剔除法计算表**

	第1季度	第2季度	第3季度	第4季度	全年
第1年	—	—	1.14729	1.04007	2.18736
第2年	0.80887	0.98154	1.18394	1.02128	3.99563
第3年	0.80690	0.99482	-	=	1.80172
合计	1.61577	1.97636	2.33123	2.06135	7.98471
同季平均数	0.80789	0.98818	1.16562	1.03068	0.99808
季节比率（%）	80.943	99.008	116.786	103.266	100

第六步，计算季节比率。分别将各个同季平均数与全年总平均数相比得各季度的季节比率。季节比率已将长期趋势从同季平均数中剔除，其结果反映着序列的季节波动的规律性。参见表11-8第7行。

第七步，绘制季节波动模型，如图11-8所示。

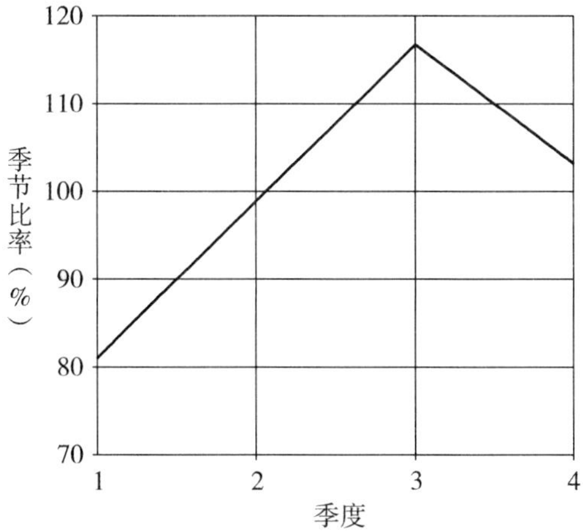

图11-8　蔬菜营业额季节波动模型

如果需要预测第4年第一季度的蔬菜营业额，则应首先利用长期趋势预测出趋势值，再利用季节比率对趋势值做出调整，进而得出预测值，即：

$\hat{y}_{13} = 283.9 + 9.4 \times 13 = 406.1$（万元）

$y'_{13} = 406.1 \times 0.80943 = 328.7$（万元）

11.4.3　季节调整

测定了季节波动之后，为便于观察原时间序列中的其他波动特征，而将季节波动从中剔除的过程称季节调整，这是实践中经常采用的一种数据处理方式。

调整的办法就是将原序列中的各个观测值 y 直接与对应季节的季节比率 s 相除，从而获得调整值 y/s。调整值中保留了除季节波动之外的其余波动特征，以便于我们深入观察。

对表11-1中12个季度蔬菜营业额的时间序列进行季节调整，其计算结果请参见表11-9和图11-9。

表11-9　　**某蔬菜公司3年12个季度蔬菜营业额季节调整计算表**

t	1	2	3	4	5	6	7	8	9	10	11	12
y	250	320	370	340	270	335	410	360	290	365	435	395
s	80.9	99.0	116.8	103.3	80.9	99.0	116.8	103.3	80.9	99.0	116.8	103.3
y/s（%）	309	323	319	330	334	338	351	348	358	369	372	382

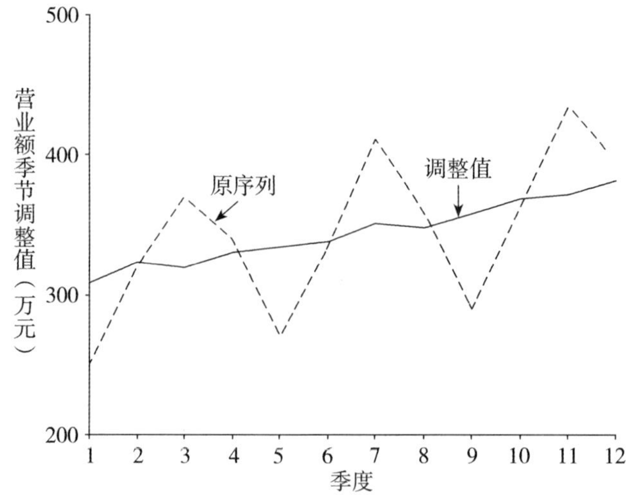

图 11-9 某蔬菜公司 3 年 12 个季度蔬菜营业额季节调整

本章小结

时间序列从数量方面记录了现象的变动历程，为我们对现象未来发展的预测提供了依据。运用统计方法从时间序列中挖掘和总结出具有规律性的东西，是时间序列分析的核心内容。尽管现代数理统计学提供了不少精准而严谨的分析工具，但由于其统计模型的理论假设过于严格，现实中的应用场合因而受到一定程度的限制。传统的时间序列分析方法仍然具有比较广泛的应用价值。本章简要介绍了传统的时间序列分析方法。

按照传统的观点，时间序列中的各个观测值，其构成内容可分解为 4 个部分，即长期趋势即 T_{t_i}、季节波动 S_{t_i}、循环波动 C_{t_i} 和无规则波动 I_{t_i}。关于这 4 部分内容的结构关系有两个基本假设，即加法模型假设：$y_i = T_{t_i} + S_{t_i} + C_{t_i} + I_{t_i}$ 和乘法法模型假设：$y_i = T_{t_i} \times S_{t_i} \times C_{t_i} \times I_{t_i}$。本章所介绍的分析方法基于乘法模型假设。

波动性是时间序列的基本特征，传统时间序列分析方法所提供的描述手段主要有：增减量、发展速度和增减速度。其中增减量包括逐期增减量和累积增减量；发展速度包括环比发展速度和定基发展速度；增减速度包括环比增减速度和定基增减速度。

无规则波动无法用于对现象未来的发展预测，传统时间序列分析的主要内容是长期趋势、季节波动和循环波动的测定。本章着重介绍了长期趋势和季节波动的常用测定方法。

循环波动作为一种周期性波动，其周期往往较长，而且长短不一。测定循环波动通常需要准备一个较长的时间序列，限于篇幅，本章没有展开介绍。事实上，传统分析方法中对于循环波动的测定，采用的是与测定季节波动相同的思想方法。其基本步骤为：第一步，测定长期趋势T_{t_i}、季节波动S_{t_i}；第二步，将长期趋势T_{t_i}和季节波动S_{t_i}从原序列中剔除，即：

$$\frac{y_{t_i}}{T_{t_i}\times S_{t_i}}=\frac{T_{t_i}\times S_{t_i}\times C_{t_i}\times I_{t_i}}{T_{t_i}\times S_{t_i}}=C_{t_i}\times I_{t_i}$$

第三步，就派生序列$C_{t_i}\times I_{t_i}$进行移动平均，以消除无规则波动I_{t_i}，最终得出循环波动C_{t_i}。

测定长期趋势，主要有移动平均法和最小平方法。这两种方法相比较，移动平均法是一种比较客观的方法，除了移动平均项数的确定带有一定的主观性之外，其余计算过程都保持了与原序列观测值的密切关联。最小平方法则完全依赖于数据分析人员对趋势线类型的主观判断。

测定季节波动，主要有同季平均法和趋势剔除法。这两种方法的基本思想是一致的，前者适用于水平趋势序列，后者适用于向上或向下趋势序列。

问题思考

1.时间序列中的观测值可以分解为哪几部分构成内容？关于这几部分内容的结构关系存在什么样的理论假设？

2.什么叫平稳序列、非平稳序列？非平稳序列包括哪几种可能情形？

3.逐期增减量与累积增减量有什么关系？环比发展速度与定基发展速度有什么关系？发展速度与增减速度有什么关系？

4.平均发展速度的平均对象是什么？为什么采取几何平均的方法来计算平均发展速度，而不采用算术平均法？如何计算平均增减速度？

5.采用移动平均法测定长期趋势时，确定移动平均的项数应当遵循什么原则？移动平均法有什么优点和缺陷？

6.采用最小平方法测定长期趋势有什么优点和缺陷？

7.测定季节波动的同季平均法，其适用条件是什么，包括哪些基本步骤？

8.测定季节波动的趋势剔除法，其适用条件是什么，包括哪些基本步骤？

9.循环波动与季节波动有何异同之处？

判断对错

1.时间序列中的各个发展水平，理论上可分解为长期趋势、季节波动、循环波动和无规则波动4个构成部分。 (　　)

2.时间序列中各个逐期增减量之和等于相应的累积增减量。 (　　)

3.时间序列中各个环比发展速度之和等于最后的定基发展速度。 (　　)

4.时间序列中的平均发展速度是各个环比发展速度的几何平均数。 (　　)

5.时间序列中的平均增减速度是各个环比增减速度的几何平均数。 (　　)

6.时间序列中的平均增减速度为平均发展速度减1。 （ ）

7.如果时间序列包含季节波动，在采用移动平均法测定长期趋势时，应以季节周期长短或其倍数为移动平均的项数。 （ ）

8.按季平均法适用于水平趋势时间序列的季节波动测定。 （ ）

机上作业

1.某机械公司近10年的产品销售额见附表1。

附表1 某机械公司近10年产品销售额 单位：万元

年份	1	2	3	4	5	6	7	8	9	10
销售额	25	27	33	31	35	40	37	42	45	50

要求：

（1）计算增减量、发展速度、增减速度和平均增减速度。

（2）应用3项或5项移动平均计算趋势值。

（3）应用最小平方法拟合趋势直线，并预测第12年的销售额趋势值。

2.某房屋公司近7年来，每年各个季度的建筑材料销售额见附表2。

附表2 某房屋公司近7年来每年各个季度的建筑材料销售额 单位：万元

年份	季度			
	第1季度	第2季度	第3季度	第4季度
1	210	180	60	246
2	214	216	82	230
3	246	228	91	280
4	258	250	113	298
5	279	267	116	304
6	302	290	114	310
7	321	291	120	320

要求：

（1）运用移动平均法测定长期趋势。

（2）选择适当的方法测定季节波动。

（3）对原序列进行季节调整。

3.某公司股票近11年来每年年末收盘价见附表3。

附表3 某公司股票近11年来每年年末收盘价 单位：元

年份	1	2	3	4	5	6	7	8	9	10	11
价格	12.9	16.8	20.6	20.3	18.3	27.8	29.1	36.0	40.6	35.0	49.6

要求：

（1）画出时间序列动态图。

（2）运用最小平方法测定长期趋势。

（3）给出第4年和第9年的趋势值。

（4）预测第15年末的股票收盘价格。

（5）近11年来价格的平均增减速度是多少？

4.甲乙两城市某种工业品产量数据见附表4。

附表4　　甲乙两城市某种工业品产量数据

年份	甲城市	乙城市
2010	758	1 350
2011	770	1 376
2012	785	1 385
2013	954	1 397
2014	803	1 409

要求：

（1）计算甲乙两城市该产品产量的平均增减速度。

（2）按这几年的平均增减速度计算，要经过多少年甲城市可以赶上乙城市？

5.某企业2014年上半年各月产值及各月末工人人数数据见附表5。

附表5　　某企业2014年上半年各月产值及各月末工人人数

月份	1	2	3	4	5	6
月末人数（人）	700	710	705	716	720	718
产值（万元）	200	206	203	218	222	225

注：2013年12月末工人数为197人。

要求：计算该企业2014年上半年的平均劳动生产率。

［提示：时间序列根据观测值所反映的时间状况不同，可分为时点序列和时期序列。所谓时点序列是指其各个时间上的观测值所反映的内容，是现象在某一个时点上的状态，例如，工人人数、材料库存量、存款余额等。所谓时期序列是指其各个时期上的观测值所反映的内容，是现象在一段时期里所发生的总量，例如，产品产量、产值、利润等。由这两种时间序列计算平均数，方法略有不同：

时期序列的平均数算法：

$$\bar{y} = \frac{y_1 + y_2 + \cdots + y_n}{n}$$

间隔相等的时点序列的平均数算法：

$$\bar{y} = \frac{\frac{y_1}{2} + y_2 + \cdots + \frac{y_n}{2}}{n-1}$$］

6.某地区近4年各月产值数据见附表6。

附表6 **某地区近4年各月产值** 单位：亿元

年份＼月份	1	2	3	4	5	6	7	8	9	10	11	12
1	4.78	3.97	5.05	5.12	5.27	5.45	4.95	5.03	5.37	5.34	5.54	5.44
2	5.18	4.61	5.69	5.71	5.90	6.05	5.65	5.76	6.14	6.14	6.47	6.55
3	6.46	5.62	6.96	7.12	7.23	7.43	6.78	6.76	7.03	6.85	7.03	7.22
4	6.82	5.68	7.38	7.40	7.60	7.95	7.19	7.35	7.76	7.83	8.17	8.47

要求：

（1）采用移动平均法测定长期趋势。

（2）采用同季平均法测定季节波动。

（3）对原序列进行季节调整。

名人简介

克莱夫·格兰杰（Clive Granger，生于1934年）：美国著名经济学家、统计学家。出生于英国威尔士，早期就读于诺丁汉大学，接受当时英国第一个经济学数学双学位教育，1955年留校任教，1957年在天文学杂志上发表了第一篇论文：关于太阳黑子活动的一个统计模型。1959年在诺丁汉大学获得统计学博士学位。在20世纪60年代早期，格兰杰去普林斯顿大学做访问学者，在著名学者约翰·怀尔德·图基（John Wilder Tukey）和奥斯卡·摩根斯坦（Oscar Morgenstein）门下深造。1974年移居美国，成为圣地亚哥加州大学经济学院教授。随后，他开创了该学院的计量经济学研究工作，并使之成为全世界最出色的计量经济学研究基地之一。他的论文几乎涵盖了过去40年间该领域的主要进展，主要著作有《经济时间数列的谱分析》《股价的可预测性》《商品价格的投机、套利和预测》《经济时间数列预测》《双线性时间数列模型导论》《经济序列建模：经济计量方法阅读材料》《经济学的实证建模：设定和估计》等。高中时期，在所有学生公开表达自己理想的一次机会上，格兰杰因为一时口吃随口说出了“统计学家”一词，按他自己的话说，那一时的口吃决定了他将来的职业。他与美国经济学家罗伯特·恩格尔（Robert F.Engle）同获2003年诺贝尔经济学奖。

主要参考文献

[1] 埃维森，格根. 统计学基本概念与方法［M］. 吴喜之，程博，柳林旭，等，译. 北京：高等教育出版社，2000.

[2] 安德森，斯威尼，威廉斯. 商务与经济统计［M］. 张建华，等，译.北京：机械工业出版社，2000.

[3] 徐建邦，冯叔民，孙玉环. 统计学［M］. 大连：东北财经大学出版社，2001.

[4] 贾俊平，何晓群，金勇进. 统计学［M］. 3版. 北京：中国人民大学出版社，2007.

[5] 林德，等. 商务与经济统计技术［M］. 易丹辉，等，译. 北京：中国人民大学出版社，2005.

[6] 沃拉克. 统计学：在经济和管理中的应用［M］. 王琪延，等，译. 北京：中国人民大学出版社，2006.

[7] 卢纹岱. SPSS for Windows统计分析［M］. 3版. 北京：电子工业出版社，2007.

[8] 赵振伦. 统计学［M］. 北京：经济科学出版社，2005.

[9] 彦虹. 医学统计学［M］. 北京：人民卫生出版社，2005.

[10] 肖智，钟波，高波. 应用统计学实验［M］. 重庆：重庆大学出版社，2007.

[11] 周爽，朱志洪，朱星萍. 社会统计分析：SPSS应用教程［M］. 北京：清华大学出版社，2006.

[12] 王吉利，何书元，吴喜之. 统计学教学案例［M］. 北京：中国统计出版社，2004.

[13] 董逢谷，朱荣明. 统计学案例集［M］. 上海：上海财经大学出版社，2002.

[14] MILTON. 深入浅出数据分析［M］. 北京：电子工业出版社，2013.

[15] 陈胜可. SPSS统计分析从入门到精通［M］. 北京：清华大学出版社，2013.

[16] 西内启. 看穿一切数字的统计学［M］. 北京：中信出版社，2013.

[17] 宇传华. SPSS与统计分析［M］. 北京：电子工业出版社，2014.

[18] 武松，潘发明，等. SPSS统计分析大全［M］. 北京：清华大学出版社，2014.

[19] 李金昌，苏为华. 统计学［M］. 北京：机械工业出版社，2009.

[20] 刘小平，李忆，段俊. 统计学——理论、案例、实训［M］. 北京：电子

工业出版社，2017.

［21］张爱武，孙慧慧．统计案例分析［M］．北京：电子工业出版社，2017.

［22］邓维斌，周玉敏，刘进，等．SPSS23统计分析实用教程［M］．北京：电子工业出版社，2017.

［23］刘超．简明应用统计学［M］．北京：中国人民大学出版社，2015.

［24］胡德华．统计学原理［M］．北京：清华大学出版社，2017.

附录　常用统计表

附表 1

二项概率

$$P(X \leqslant k) = \sum_{x=0}^{k} p(x)$$

$n = 5$

k	p														
	0.01	0.05	0.10	0.20	0.25	0.30	0.40	0.50	0.60	0.70	0.75	0.80	0.90	0.95	0.99
0	0.951	0.774	0.590	0.328	0.237	0.168	0.078	0.031	0.010	0.002	0.001	0.000	0.000	0.000	0.000
1	0.999	0.997	0.919	0.737	0.633	0.528	0.337	0.187	0.087	0.031	0.016	0.007	0.000	0.000	0.000
2	1.000	0.999	0.991	0.942	0.896	0.837	0.683	0.500	0.317	0.163	0.104	0.058	0.009	0.001	0.000
3	1.000	1.000	1.000	0.993	0.984	0.969	0.913	0.812	0.663	0.472	0.367	0.263	0.081	0.023	0.001
4	1.000	1.000	1.000	1.000	0.999	0.998	0.990	0.969	0.922	0.832	0.763	0.672	0.410	0.226	0.049

$n = 6$

k	p														
	0.01	0.05	0.10	0.20	0.25	0.30	0.40	0.50	0.60	0.70	0.75	0.80	0.90	0.95	0.99
0	0.941	0.735	0.531	0.262	0.178	0.118	0.047	0.016	0.004	0.001	0.000	0.000	0.000	0.000	0.000
1	0.999	0.967	0.886	0.655	0.534	0.420	0.233	0.109	0.041	0.011	0.005	0.002	0.000	0.000	0.000
2	1.000	0.998	0.984	0.901	0.831	0.744	0.544	0.344	0.179	0.070	0.038	0.017	0.001	0.000	0.000
3	1.000	1.000	0.999	0.983	0.962	0.930	0.821	0.656	0.456	0.256	0.169	0.099	0.016	0.002	0.000
4	1.000	1.000	1.000	0.998	0.995	0.989	0.959	0.891	0.767	0.580	0.466	0.345	0.114	0.033	0.001
5	1.000	1.000	1.000	1.000	1.000	0.999	0.996	0.984	0.953	0.882	0.822	0.738	0.469	0.265	0.059

$n = 7$

k	p														
	0.01	0.05	0.10	0.20	0.25	0.30	0.40	0.50	0.60	0.70	0.75	0.80	0.90	0.95	0.99
0	0.932	0.698	0.478	0.210	0.133	0.082	0.028	0.008	0.002	0.000	0.000	0.000	0.000	0.000	0.000
1	0.998	0.956	0.850	0.577	0.445	0.329	0.159	0.063	0.019	0.004	0.001	0.000	0.000	0.000	0.000
2	1.000	0.996	0.974	0.852	0.756	0.647	0.420	0.227	0.096	0.029	0.013	0.005	0.000	0.000	0.000
3	1.000	1.000	0.997	0.967	0.929	0.874	0.710	0.500	0.290	0.126	0.071	0.033	0.003	0.000	0.000
4	1.000	1.000	1.000	0.995	0.987	0.971	0.904	0.773	0.580	0.353	0.244	0.148	0.026	0.004	0.000
5	1.000	1.000	1.000	1.000	0.999	0.996	0.981	0.937	0.841	0.671	0.555	0.423	0.260	0.044	0.002
6	1.000	1.000	1.000	1.000	1.000	1.000	0.998	0.992	0.972	0.918	0.867	0.790	0.522	0.302	0.068

$n = 8$

k	p														
	0.01	0.05	0.10	0.20	0.25	0.30	0.40	0.50	0.60	0.70	0.75	0.80	0.90	0.95	0.99
0	0.923	0.663	0.430	0.168	0.100	0.058	0.017	0.004	0.001	0.000	0.000	0.000	0.000	0.000	0.000
1	0.997	0.943	0.813	0.503	0.367	0.255	0.106	0.035	0.009	0.001	0.000	0.000	0.000	0.000	0.000
2	1.000	0.994	0.962	0.797	0.679	0.552	0.315	0.145	0.050	0.011	0.004	0.001	0.000	0.000	0.000
3	1.000	1.000	0.995	0.944	0.886	0.806	0.594	0.363	0.174	0.058	0.027	0.010	0.000	0.000	0.000
4	1.000	1.000	1.000	0.990	0.973	0.942	0.826	0.637	0.406	0.194	0.114	0.056	0.005	0.000	0.000
5	1.000	1.000	1.000	0.999	0.996	0.989	0.950	0.855	0.685	0.448	0.321	0.203	0.038	0.006	0.000
6	1.000	1.000	1.000	1.000	1.000	0.999	0.991	0.965	0.894	0.745	0.633	0.497	0.187	0.057	0.003
7	1.000	1.000	1.000	1.000	1.000	1.000	0.999	0.996	0.983	0.942	0.900	0.832	0.570	0.337	0.077

$n = 9$

k	p														
	0.01	0.05	0.10	0.20	0.25	0.30	0.40	0.50	0.60	0.70	0.75	0.80	0.90	0.95	0.99
0	0.914	0.630	0.387	0.134	0.075	0.040	0.010	0.002	0.000	0.000	0.000	0.000	0.000	0.000	0.000
1	0.997	0.929	0.775	0.436	0.300	0.196	0.071	0.020	0.004	0.000	0.000	0.000	0.000	0.000	0.000
2	1.000	0.992	0.947	0.738	0.601	0.463	0.232	0.090	0.025	0.004	0.001	0.000	0.000	0.000	0.000
3	1.000	0.999	0.992	0.914	0.834	0.730	0.483	0.254	0.099	0.025	0.010	0.003	0.000	0.000	0.000
4	1.000	1.000	0.999	0.980	0.951	0.901	0.733	0.500	0.267	0.099	0.049	0.020	0.001	0.000	0.000
5	1.000	1.000	1.000	0.997	0.990	0.975	0.901	0.746	0.517	0.270	0.166	0.086	0.008	0.001	0.000
6	1.000	1.000	1.000	1.000	0.999	0.996	0.975	0.910	0.768	0.537	0.399	0.262	0.053	0.008	0.000
7	1.000	1.000	1.000	1.000	1.000	1.000	0.996	0.980	0.929	0.804	0.700	0.564	0.225	0.071	0.003
8	1.000	1.000	1.000	1.000	1.000	1.000	1.000	0.998	0.990	0.960	0.925	0.866	0.613	0.370	0.086

$n = 10$

k	p														
	0.01	0.05	0.10	0.20	0.25	0.30	0.40	0.50	0.60	0.70	0.75	0.80	0.90	0.95	0.99
0	0.904	0.599	0.349	0.107	0.056	0.028	0.005	0.001	0.000	0.000	0.000	0.000	0.000	0.000	0.000
1	0.996	0.914	0.736	0.376	0.244	0.149	0.046	0.011	0.002	0.000	0.000	0.000	0.000	0.000	0.000
2	1.000	0.988	0.930	0.678	0.526	0.383	0.167	0.055	0.012	0.002	0.000	0.000	0.000	0.000	0.000
3	1.000	0.999	0.987	0.879	0.776	0.650	0.382	0.172	0.055	0.011	0.004	0.001	0.000	0.000	0.000
4	1.000	1.000	0.998	0.967	0.922	0.850	0.633	0.377	0.166	0.047	0.020	0.006	0.000	0.000	0.000
5	1.000	1.000	1.000	0.994	0.980	0.953	0.834	0.623	0.367	0.150	0.078	0.033	0.002	0.000	0.000
6	1.000	1.000	1.000	0.999	0.996	0.989	0.945	0.828	0.618	0.350	0.224	0.121	0.013	0.001	0.000
7	1.000	1.000	1.000	1.000	1.000	0.998	0.998	0.945	0.833	0.617	0.474	0.322	0.070	0.012	0.000
8	1.000	1.000	1.000	1.000	1.000	1.000	0.998	0.989	0.954	0.851	0.756	0.624	0.264	0.086	0.004
9	1.000	1.000	1.000	1.000	1.000	1.000	1.000	0.999	0.994	0.972	0.944	0.893	0.651	0.401	0.096

$n=15$

k	p														
	0.01	0.05	0.10	0.20	0.25	0.30	0.40	0.50	0.60	0.70	0.75	0.80	0.90	0.95	0.99
0	0.860	0.463	0.206	0.035	0.013	0.005	0.000	0.000	0.000	0.000	0.000	0.000	0.000	0.000	0.000
1	0.990	0.829	0.549	0.167	0.080	0.035	0.005	0.000	0.000	0.000	0.000	0.000	0.000	0.000	0.000
2	1.000	0.964	0.816	0.398	0.326	0.127	0.027	0.004	0.000	0.000	0.000	0.000	0.000	0.000	0.000
3	1.000	0.995	0.944	0.648	0.297	0.091	0.018	0.002	0.000	0.000	0.000	0.000	0.000	0.000	0.000
4	1.000	0.999	0.987	0.836	0.686	0.515	0.217	0.059	0.009	0.001	0.000	0.000	0.000	0.000	0.000
5	1.000	1.000	0.998	0.939	0.852	0.722	0.403	0.151	0.034	0.004	0.001	0.000	0.000	0.000	0.000
6	1.000	1.000	1.000	0.982	0.943	0.869	0.610	0.304	0.095	0.015	0.004	0.001	0.000	0.000	0.000
7	1.000	1.000	1.000	0.996	0.983	0.950	0.787	0.500	0.213	0.050	0.017	0.004	0.000	0.000	0.000
8	1.000	1.000	1.000	0.999	0.996	0.985	0.905	0.696	0.390	0.131	0.057	0.018	0.000	0.000	0.000
9	1.000	1.000	1.000	1.000	0.999	0.996	0.966	0.849	0.597	0.278	0.148	0.061	0.002	0.000	0.000
10	1.000	1.000	1.000	1.000	1.000	0.999	0.991	0.941	0.783	0.485	0.314	0.164	0.013	0.001	0.000
11	1.000	1.000	1.000	1.000	1.000	1.000	0.998	0.982	0.909	0.703	0.539	0.352	0.056	0.005	0.000
12	1.000	1.000	1.000	1.000	1.000	1.000	1.000	0.996	0.973	0.873	0.764	0.602	0.184	0.036	0.000
13	1.000	1.000	1.000	1.000	1.000	1.000	1.000	1.000	0.995	0.965	0.920	0.833	0.451	0.171	0.010
14	1.000	1.000	1.000	1.000	1.000	1.000	1.000	1.000	1.000	0.995	0.987	0.965	0.794	0.537	0.140

$n=20$

k	p														
	0.01	0.05	0.10	0.20	0.25	0.30	0.40	0.50	0.60	0.70	0.75	0.80	0.90	0.95	0.99
0	0.818	0.358	0.122	0.012	0.003	0.001	0.000	0.000	0.000	0.000	0.000	0.000	0.000	0.000	0.000
1	0.983	0.736	0.392	0.069	0.024	0.008	0.001	0.000	0.000	0.000	0.000	0.000	0.000	0.000	0.000
2	0.999	0.925	0.677	0.206	0.091	0.035	0.004	0.000	0.000	0.000	0.000	0.000	0.000	0.000	0.000
3	1.000	0.984	0.867	0.411	0.225	0.107	0.016	0.001	0.000	0.000	0.000	0.000	0.000	0.000	0.000
4	1.000	0.997	0.957	0.630	0.415	0.238	0.051	0.006	0.000	0.000	0.000	0.000	0.000	0.000	0.000
5	1.000	1.000	0.989	0.804	0.617	0.416	0.126	0.021	0.002	0.000	0.000	0.000	0.000	0.000	0.000
6	1.000	1.000	0.998	0.913	0.786	0.608	0.250	0.058	0.006	0.000	0.000	0.000	0.000	0.000	0.000
7	1.000	1.000	1.000	0.968	0.898	0.772	0.416	0.132	0.021	0.001	0.000	0.000	0.000	0.000	0.000
8	1.000	1.000	1.000	0.990	0.959	0.887	0.596	0.252	0.057	0.005	0.001	0.000	0.000	0.000	0.000
9	1.000	1.000	1.000	0.997	0.986	0.952	0.755	0.412	0.128	0.017	0.004	0.001	0.000	0.000	0.000
10	1.000	1.000	1.000	0.999	0.996	0.983	0.872	0.588	0.245	0.048	0.014	0.003	0.000	0.000	0.000
11	1.000	1.000	1.000	1.000	0.999	0.995	0.943	0.748	0.404	0.113	0.041	0.010	0.000	0.000	0.000
12	1.000	1.000	1.000	1.000	1.000	0.999	0.979	0.868	0.584	0.228	0.102	0.032	0.000	0.000	0.000
13	1.000	1.000	1.000	1.000	1.000	1.000	0.994	0.942	0.750	0.392	0.214	0.087	0.002	0.000	0.000
14	1.000	1.000	1.000	1.000	1.000	1.000	0.998	0.979	0.874	0.584	0.383	0.196	0.011	0.000	0.000
15	1.000	1.000	1.000	1.000	1.000	1.000	1.000	0.994	0.949	0.762	0.585	0.370	0.043	0.003	0.000
16	1.000	1.000	1.000	1.000	1.000	1.000	1.000	0.999	0.984	0.893	0.775	0.589	0.133	0.016	0.000
17	1.000	1.000	1.000	1.000	1.000	1.000	1.000	1.000	0.996	0.965	0.909	0.794	0.323	0.075	0.001
18	1.000	1.000	1.000	1.000	1.000	1.000	1.000	1.000	0.999	0.992	0.976	0.931	0.908	0.264	0.017
19	1.000	1.000	1.000	1.000	1.000	1.000	1.000	1.000	1.000	0.999	0.997	0.988	0.878	0.642	0.182

$n=25$

k	p														
	0.01	0.05	0.10	0.20	0.25	0.30	0.40	0.50	0.60	0.70	0.75	0.80	0.90	0.95	0.99
0	0.778	0.277	0.072	0.004	0.001	0.000	0.000	0.000	0.000	0.000	0.000	0.000	0.000	0.000	0.000
1	0.974	0.642	0.271	0.027	0.007	0.002	0.000	0.000	0.000	0.000	0.000	0.000	0.000	0.000	0.000
2	0.998	0.873	0.537	0.098	0.032	0.009	0.000	0.000	0.000	0.000	0.000	0.000	0.000	0.000	0.000
3	1.000	0.966	0.764	0.234	0.096	0.033	0.002	0.000	0.000	0.000	0.000	0.000	0.000	0.000	0.000
4	1.000	0.993	0.902	0.421	0.214	0.090	0.009	0.000	0.000	0.000	0.000	0.000	0.000	0.000	0.000
5	1.000	0.999	0.967	0.617	0.378	0.193	0.029	0.002	0.000	0.000	0.000	0.000	0.000	0.000	0.000
6	1.000	1.000	0.991	0.780	0.561	0.341	0.074	0.007	0.000	0.000	0.000	0.000	0.000	0.000	0.000
7	1.000	1.000	0.998	0.891	0.727	0.512	0.154	0.022	0.001	0.000	0.000	0.000	0.000	0.000	0.000
8	1.000	1.000	1.000	0.953	0.851	0.677	0.274	0.054	0.004	0.000	0.000	0.000	0.000	0.000	0.000
9	1.000	1.000	1.000	0.983	0.929	0.811	0.425	0.115	0.013	0.000	0.000	0.000	0.000	0.000	0.000
10	1.000	1.000	1.000	0.994	0.970	0.902	0.586	0.212	0.034	0.002	0.000	0.000	0.000	0.000	0.000
11	1.000	1.000	1.000	0.998	0.989	0.956	0.732	0.345	0.078	0.006	0.001	0.000	0.000	0.000	0.000
12	1.000	1.000	1.000	1.000	0.997	0.983	0.846	0.500	0.154	0.017	0.003	0.000	0.000	0.000	0.000
13	1.000	1.000	1.000	1.000	0.999	0.994	0.922	0.655	0.268	0.044	0.011	0.002	0.000	0.000	0.000
14	1.000	1.000	1.000	1.000	1.000	0.998	0.966	0.788	0.414	0.098	0.030	0.006	0.000	0.000	0.000
15	1.000	1.000	1.000	1.000	1.000	1.000	0.987	0.885	0.575	0.189	0.071	0.017	0.000	0.000	0.000
16	1.000	1.000	1.000	1.000	1.000	1.000	0.996	0.946	0.726	0.323	0.149	0.047	0.000	0.000	0.000
17	1.000	1.000	1.000	1.000	1.000	1.000	0.999	0.978	0.846	0.488	0.273	0.109	0.002	0.000	0.000
18	1.000	1.000	1.000	1.000	1.000	1.000	1.000	0.993	0.926	0.659	0.439	0.220	0.009	0.000	0.000
19	1.000	1.000	1.000	1.000	1.000	1.000	1.000	0.998	0.971	0.807	0.622	0.383	0.033	0.001	0.000
20	1.000	1.000	1.000	1.000	1.000	1.000	1.000	1.000	0.991	0.910	0.786	0.579	0.098	0.007	0.000
21	1.000	1.000	1.000	1.000	1.000	1.000	1.000	1.000	0.998	0.967	0.904	0.766	0.236	0.034	0.000
22	1.000	1.000	1.000	1.000	1.000	1.000	1.000	1.000	1.000	0.991	0.968	0.902	0.463	0.127	0.002
23	1.000	1.000	1.000	1.000	1.000	1.000	1.000	1.000	1.000	0.998	0.993	0.973	0.729	0.358	0.026
24	1.000	1.000	1.000	1.000	1.000	1.000	1.000	1.000	1.000	1.000	0.999	0.996	0.928	0.723	0.222

附表 2

正态概率

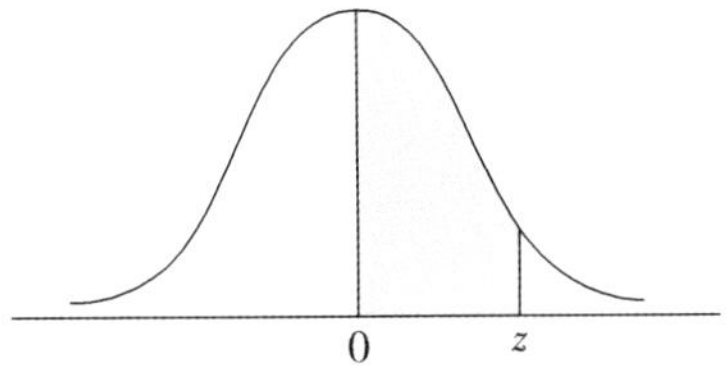

z	0.00	0.01	0.02	0.03	0.04	0.05	0.06	0.07	0.08	0.09
0.0	0.0000	0.0040	0.0080	0.0120	0.0160	0.0199	0.0239	0.0279	0.0319	0.0359
0.1	0.0398	0.0438	0.0478	0.0517	0.0557	0.0596	0.0636	0.0675	0.0714	0.0753
0.2	0.0793	0.0832	0.0871	0.0910	0.0948	0.0987	0.1026	0.1064	0.1103	0.1141
0.3	0.1179	0.1217	0.1255	0.1293	0.1331	0.1368	0.1406	0.1443	0.1480	0.1517
0.4	0.1554	0.1591	0.1628	0.1664	0.1700	0.1736	0.1772	0.1808	0.1844	0.1879
0.5	0.1915	0.1950	0.1985	0.2019	0.2054	0.2088	0.2123	0.2157	0.2190	0.2224
0.6	0.2257	0.2291	0.2324	0.2357	0.2389	0.2422	0.2454	0.2486	0.2517	0.2549
0.7	0.2580	0.2611	0.2642	0.2673	0.2704	0.2734	0.2764	0.2794	0.2823	0.2852
0.8	0.2881	0.2910	0.2939	0.2967	0.2995	0.3023	0.3051	0.3078	0.3106	0.3133
0.9	0.3159	0.3186	0.3212	0.3238	0.3264	0.3289	0.3315	0.3340	0.3365	0.3389
1.0	0.3413	0.3438	0.3461	0.3485	0.3508	0.3531	0.3554	0.3577	0.3599	0.3621
1.1	0.3643	0.3665	0.3686	0.3708	0.3729	0.3749	0.3770	0.3790	0.3810	0.3830
1.2	0.3849	0.3869	0.3888	0.3907	0.3925	0.3944	0.3962	0.3980	0.3997	0.4015
1.3	0.4032	0.4049	0.4066	0.4082	0.4099	0.4115	0.4131	0.4147	0.4162	0.4177
1.4	0.4192	0.4207	0.4222	0.4236	0.4251	0.4265	0.4279	0.4292	0.4306	0.4319
1.5	0.4332	0.4345	0.4357	0.4370	0.4382	0.4394	0.4406	0.4418	0.4429	0.4441
1.6	0.4452	0.4463	0.4474	0.4484	0.4495	0.4505	0.4515	0.4525	0.4535	0.4545
1.7	0.4554	0.4564	0.4573	0.4582	0.4591	0.4599	0.4608	0.4616	0.4625	0.4633
1.8	0.4641	0.4649	0.4656	0.4664	0.4671	0.4678	0.4686	0.4693	0.4699	0.4706
1.9	0.4713	0.4719	0.4726	0.4732	0.4738	0.4744	0.4750	0.4756	0.4761	0.4767
2.0	0.4772	0.4778	0.4783	0.4788	0.4793	0.4798	0.4803	0.4808	0.4812	0.4817
2.1	0.4821	0.4826	0.4830	0.4834	0.4838	0.4842	0.4846	0.4850	0.4854	0.4857
2.2	0.4861	0.4864	0.4868	0.4871	0.4875	0.4878	0.4881	0.4884	0.4887	0.4890
2.3	0.4893	0.4896	0.4898	0.4801	0.4804	0.4906	0.4909	0.4911	0.4913	0.4916
2.4	0.4918	0.4920	0.4922	0.4925	0.4927	0.4929	0.4931	0.4932	0.4934	0.4936
2.5	0.4938	0.4940	0.4941	0.4943	0.4945	0.4946	0.4948	0.4949	0.4951	0.4952
2.6	0.4953	0.4955	0.4956	0.4957	0.4959	0.4960	0.4961	0.4962	0.4963	0.4964
2.7	0.4965	0.4966	0.4967	0.4968	0.4969	0.4970	0.4971	0.4972	0.4973	0.4974
2.8	0.4974	0.4975	0.4976	0.4977	0.4977	0.4978	0.4979	0.4979	0.4980	0.4981
2.9	0.4981	0.4982	0.4982	0.4983	0.4984	0.4984	0.4985	0.4985	0.4986	0.4986
3.0	0.4987	0.4987	0.4987	0.4988	0.4988	0.4989	0.4989	0.4989	0.4990	0.4990

资料来源：HALD.Statistical Tables and Formulas［M］. New York：Wiley & Sons，Inc.，1952. Reproduced by Permission of Hald and the Publisher，John Wiley & Sons，Inc.

附表3

t检验临界值

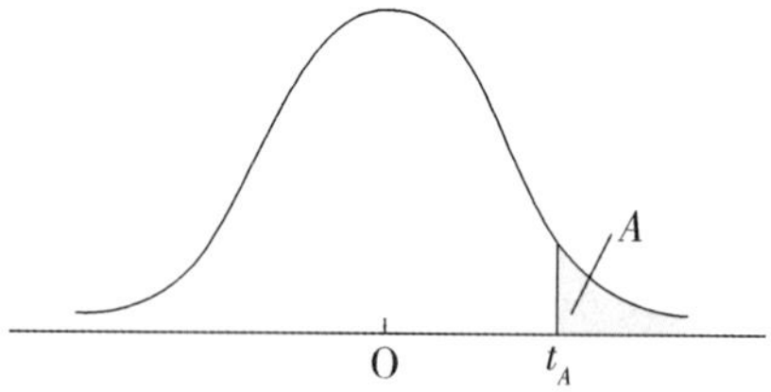

自由度	$t_{0.100}$	$t_{0.050}$	$t_{0.025}$	$t_{0.010}$	$t_{0.005}$	自由度	$t_{0.100}$	$t_{0.050}$	$t_{0.025}$	$t_{0.010}$	$t_{0.005}$
1	3.078	6.314	12.706	31.821	63.657	24	1.318	1.711	2.064	2.492	2.797
2	1.886	2.920	4.303	4.965	9.925	25	1.316	1.708	2.060	2.485	2.787
3	1.638	2.353	3.182	4.541	5.841	26	1.315	1.706	2.056	2.479	2.799
4	1.533	2.132	2.776	3.747	4.604	27	1.314	1.703	2.052	2.473	2.771
5	1.476	2.015	2.571	3.365	4.032	28	1.313	1.701	2.048	2.467	2.763
6	1.440	1.943	2.447	3.143	3.707	29	1.311	1.699	2.045	2.462	2.756
7	1.415	1.895	2.365	2.998	3.499	30	1.310	1.697	2.042	2.457	2.750
8	1.397	1.860	2.306	2.896	3.355	35	1.306	1.690	2.030	2.438	2.724
9	1.383	1.833	2.262	2.821	3.250	40	1.303	1.684	2.021	2.423	2.705
10	1.372	1.812	2.228	2.764	3.169	45	1.301	1.679	2.014	2.412	2.690
11	1.363	1.796	2.201	2.718	3.106	50	1.299	1.676	2.009	2.403	2.678
12	1.356	1.782	2.179	2.681	3.055	60	1.296	1.671	2.000	2.390	2.660
13	1.350	1.771	2.160	2.650	3.012	70	1.294	1.667	1.994	2.381	2.648
14	1.345	1.761	2.145	2.624	2.977	80	1.292	1.664	1.990	2.374	2.639
15	1.341	1.753	2.131	2.602	2.947	90	1.291	1.662	1.987	2.369	2.632
16	1.337	1.746	2.120	2.583	2.921	100	1.290	1.660	1.984	2.364	2.626
17	1.333	1.740	2.110	2.567	2.898	120	1.289	1.658	1.980	2.358	2.617
18	1.330	1.734	2.101	2.552	2.878	140	1.288	1.656	1.977	2.353	2.611
19	1.328	1.729	2.093	2.539	2.861	160	1.287	1.654	1.975	2.350	2.607
20	1.325	1.725	2.086	2.528	2.845	180	1.286	1.653	1.973	2.347	2.603
21	1.323	1.721	2.080	2.518	2.831	200	1.286	1.653	1.972	2.345	2.601
22	1.321	1.717	2.074	2.508	2.819	∞	1.282	1.645	1.960	2.326	2.576
23	1.319	1.714	2.069	2.500	2.807						

资料来源：MERRINGTON. Table of Percentage Points of the t-Distribution [J]. Biometrika, 1941：300. Reproduced by Permission of the Biometrika Trustees.

附表 4

χ^2检验临界值

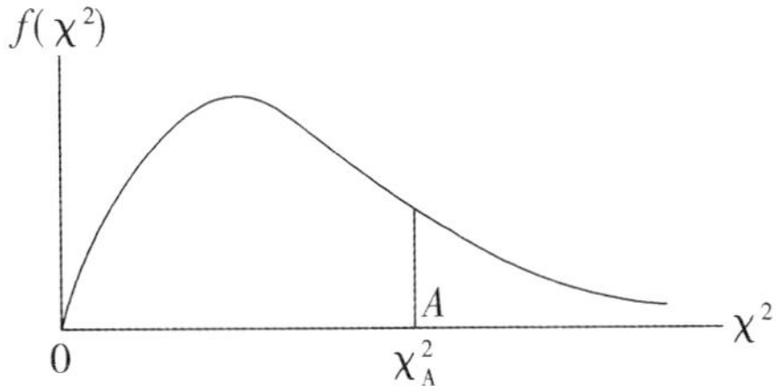

自由度	$\chi^2_{0.995}$	$\chi^2_{0.990}$	$\chi^2_{0.975}$	$\chi^2_{0.950}$	$\chi^2_{0.900}$	$\chi^2_{0.100}$	$\chi^2_{0.050}$	$\chi^2_{0.025}$	$\chi^2_{0.010}$	$\chi^2_{0.005}$
1	0.0000393	0.0001571	0.0009821	0.0039321	0.0157908	2.70554	3.84146	5.02389	6.63490	7.87944
2	0.0100251	0.0201007	0.0506356	0.102587	0.210720	4.60517	5.99147	7.37776	9.21034	10.5966
3	0.0717212	0.114832	0.215795	0.351846	0.584375	6.25139	7.81473	9.34840	11.3449	12.8381
4	0.206990	0.297110	0.484419	0.710721	1.063623	7.77944	9.48773	11.1433	13.2767	14.8602
5	0.411740	0.554300	0.831211	1.145476	1.61031	9.23635	11.0705	12.8325	15.0863	16.7496
6	0.675727	0.872085	1.237347	1.63539	2.20413	10.6446	12.5916	14.4494	16.8119	18.5476
7	0.989265	1.239043	1.68987	2.16735	2.83311	12.0170	14.0671	16.0128	18.4753	20.2777
8	1.344419	1.646482	2.17973	2.73264	3.48954	13.3616	15.5073	17.5346	20.0902	21.9550
9	1.734926	2.087912	2.70039	3.32511	4.16816	14.6837	16.9190	19.0228	21.6660	23.5893
10	2.15585	2.55821	3.24697	3.94030	4.86518	15.9871	18.3070	20.4831	23.2093	25.1882
11	2.60321	3.05347	3.81575	4.57481	5.57779	17.2750	19.6751	21.9200	24.7250	26.7569
12	3.07382	3.57056	4.40379	5.22603	6.30380	18.5494	21.0261	23.3367	26.2170	28.2995
13	3.56503	4.10691	5.00874	5.89186	7.04150	19.8119	22.3621	24.7356	27.6883	29.8194
14	4.07468	4.66043	5.62872	6.57063	7.78953	21.0642	23.6848	26.1190	29.1413	31.3193
15	4.60094	5.22935	6.26214	7.26094	8.54675	22.3072	24.9958	27.4484	30.5779	32.8013
16	5.14224	5.81221	6.90766	7.96164	9.31223	23.5418	26.2962	28.8454	31.9999	34.2672
17	5.69724	6.40776	7.56418	8.67176	10.0852	24.7690	27.5871	30.1910	33.4087	35.7185
18	6.26481	7.01491	8.23075	9.39046	10.8649	25.9894	28.8693	31.5264	34.8053	37.1564
19	6.84398	7.63273	8.90655	10.1170	11.6509	27.2036	30.1435	32.8523	36.1908	38.5822
20	7.43386	8.26040	9.59083	10.8508	12.4426	28.4120	31.4104	34.1696	37.5662	39.9968
21	8.03366	8.89720	10.28293	11.5913	13.2396	29.6151	32.6705	35.4789	38.9321	41.4010
22	8.64272	9.54249	10.9823	12.3380	14.0415	30.8133	33.9244	36.7807	40.2894	42.7956
23	9.26042	10.19567	11.6885	13.0905	14.8479	32.0069	35.1725	38.0757	41.6384	44.1813
24	9.88623	10.8564	12.4011	13.8484	15.6587	33.1963	36.4151	39.3641	42.9798	45.5585
25	10.5197	11.5240	13.1197	14.6114	16.4734	34.3816	37.6525	40.6465	44.3141	46.9278
26	11.1603	12.1981	13.8439	15.3791	17.2919	35.5631	38.8852	41.9232	45.6417	48.2899
27	11.8076	12.8786	14.5733	16.1513	18.1138	36.7412	40.1133	43.1944	46.9630	49.6449
28	12.4613	13.5648	15.3079	16.9279	18.9392	37.9159	41.3372	44.4607	48.2782	50.9933
29	13.1211	14.2565	16.0471	17.7083	19.7677	39.0875	42.5569	45.7222	49.5879	52.3356
30	13.7867	14.9535	16.7908	18.4926	20.5992	40.2560	43.7729	46.9792	50.8922	53.6720
40	20.7065	22.1643	24.4331	26.5093	29.0505	51.8050	55.7585	59.3417	63.6907	66.7659
50	27.9907	29.7067	32.3574	34.7642	37.6886	63.1671	67.5048	71.4202	76.1539	79.4900
60	35.5346	37.4848	40.4817	43.1879	46.4689	74.3970	79.0819	83.2976	88.3794	91.9517
70	43.2752	45.4418	48.7576	51.7393	55.3290	85.5271	90.5312	95.0231	100.425	104.215
80	51.1720	53.5400	57.1532	60.3915	64.2778	96.5782	101.879	106.629	112.329	116.321
90	59.1963	61.7541	65.6466	69.1260	73.2912	107.565	113.145	118.136	124.116	128.299
100	67.3276	70.0648	74.2219	77.9295	82.3581	118.498	124.342	129.561	135.807	140.169

资料来源：THOMPSON.Tables of the Percentage Points of the x^2-Distribution ［J］. Biometrika, 1941：188-189.Reproduced by Permission of the Biometrika Trustees.

附表5

F检验临界值

$A = 0.05$

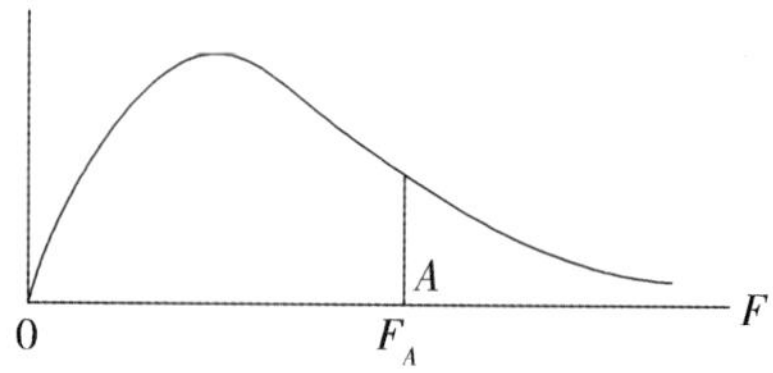

v_2 \ v_1	分子自由度								
	1	2	3	4	5	6	7	8	9
1	161.4	199.5	215.7	224.6	230.2	234.0	236.8	238.9	240.5
2	18.51	19.00	19.16	19.25	19.30	19.33	19.35	19.37	19.38
3	10.13	9.55	9.28	9.12	9.01	8.94	8.89	8.85	8.81
4	7.71	6.94	6.59	6.39	6.26	6.16	6.09	6.04	6.00
5	6.61	5.79	5.41	5.19	5.05	4.95	4.88	4.82	4.77
6	5.99	5.14	4.76	4.53	4.39	4.28	4.21	4.15	4.10
7	5.59	4.74	4.35	4.12	3.97	3.87	3.79	3.73	3.38
8	5.32	4.46	4.07	3.84	3.69	3.58	3.50	3.44	3.39
9	5.12	4.26	3.86	3.63	3.48	3.37	3.29	3.23	3.18
10	4.96	4.10	3.71	3.48	3.33	3.22	3.14	3.07	3.02
11	4.84	3.98	3.59	3.36	3.20	3.09	3.01	2.95	2.90
12	4.75	3.89	3.49	3.26	3.11	3.00	2.91	2.85	2.80
13	4.67	3.81	3.41	3.18	3.03	2.92	2.83	2.77	2.71
14	4.60	3.74	3.34	3.11	2.96	2.85	2.76	2.70	2.65
分母自由度 15	4.54	3.68	3.29	3.06	2.90	2.79	2.71	2.64	2.59
16	4.49	3.63	3.24	3.01	2.85	2.74	2.66	2.59	2.54
17	4.45	3.59	3.20	2.96	2.81	2.70	2.61	2.55	2.49
18	4.41	3.55	3.16	2.93	2.77	2.66	2.58	2.51	2.46
19	4.38	3.52	3.13	2.90	2.74	2.63	2.54	2.48	2.42
20	4.35	3.49	3.10	2.87	2.71	2.60	2.51	2.45	2.39
21	4.32	3.47	3.07	2.84	2.68	2.57	2.49	2.42	2.37
22	4.30	3.44	3.05	2.82	2.66	2.55	2.46	2.40	2.34
23	4.28	3.42	3.03	2.80	2.64	2.53	2.44	2.37	2.32
24	4.26	3.40	3.01	2.78	2.62	2.51	2.42	2.36	2.30
25	4.24	3.39	2.99	2.76	2.60	2.49	2.40	2.34	2.28
26	4.23	3.37	2.98	2.74	2.59	2.47	2.39	2.32	2.27
27	4.21	3.35	2.96	2.73	2.57	2.46	2.37	2.31	2.25
28	4.20	3.34	2.95	2.71	2.56	2.45	2.36	2.29	2.24
29	4.18	3.33	2.93	2.70	2.55	2.43	2.35	2.28	2.22
30	4.17	3.32	2.92	2.69	2.53	2.42	2.33	2.27	2.21
40	4.08	3.23	2.84	2.61	2.45	2.34	2.25	2.18	2.12
60	4.00	3.15	2.76	2.53	2.37	2.25	2.17	2.10	2.04
120	3.92	3.07	2.68	2.45	2.29	2.17	2.09	2.02	1.96
∞	3.84	3.00	2.60	2.37	2.21	2.10	2.01	1.94	1.88

资料来源：MERRINGTON，THOMPSON.Tables of Percentage Points of the Inverted Beta（F）-Distribution［J］. Biometrika，1943：73-88. Reproduced by Permission of the Biometrika Trustees.